高等学校专业教材

冷库建筑

谈向东　主编

中国轻工业出版社

图书在版编目(CIP)数据

冷库建筑/谈向东主编．—北京：中国轻工业出版社，2024.2

高等学校专业教材

ISBN 978-7-5019-5486-5

Ⅰ．冷…　Ⅱ．谈…　Ⅲ．冷藏库-建筑设计-高等学校-教材　Ⅳ．TU249.8

中国版本图书馆 CIP 数据核字（2006）第 067830 号

责任编辑：李亦兵　　责任终审：孟寿萱　　封面设计：刘　鹏

版式设计：马金路　　责任校对：唐　杰　　责任监印：张　可

出版发行：中国轻工业出版社（北京鲁谷东街5号，邮编：100040）

印　　刷：三河市万龙印装有限公司

经　　销：各地新华书店

版　　次：2024年2月第1版第9次印刷

开　　本：720×1000　1/16　印张：19

字　　数：316千字

书　　号：ISBN 978-7-5019-5486-5　定价：36.00元

邮购电话：010-85119873

发行电话：010-85119832　010-85119912

网　　址：http://www.chlip.com.cn

Email：club@chlip.com.cn

240198J1C109ZBW

前　言

随着改革开放后二十多年市场经济的长足发展，我国食品冷藏链与物流已初具规模，其中一个环节——冷库是食品冷藏链中不可或缺的。

上海水产大学制冷空调工程系在制冷工艺设计、冷库建筑设计方面已有五十多年的经验积累和教学实践，培养了近千名第一线的制冷行业技术工程人员，其中不乏制冷工艺设计、冷库建筑设计的领军人物。

上海水产大学制冷空调工程系的制冷教学中，《冷库建筑》是一门必修的课程，经过多年的积累，特别是潘起元教授二十多年的努力，形成了制冷教学的一个特色，多次对教学内容不断修缮与改进；作为她的学生，也是《冷库建筑》课程教学的实践者，将其编写出书是对老师的纪念和继承；同时再次感谢潘起元教授对本书进行了仔细的审核并提出很多意见，对出书作出了贡献。

上海水产大学在新一轮本科教学改革中，对《冷库建筑》教材的修改，给了很大的支持与帮助，列为校级资助项目（编号：233030）；我的同事们余克志、厉建国、谢晶等在工作百忙之中，抽出大量的业余时间，尽心尽力地多次修改自己承担的编写内容；其中，本书第二章食品冷库建筑设计原理部分内容由余克志讲师、第六章组合冷库由厉建国工程师、第七章气调冷库由谢晶教授通力完成；本书中部分图由严磊、戚彬、钱亘同学协助绘制；有些工作由潘伏忠、闫辉、梁冯雷同学协助完成。在此一并感谢。

全书由谈向东主编，方恒和高级工程师审稿。

《冷库建筑》教材的完成，目的是总结冷库建筑教学，使其较完整地梳理一下在冷库建筑教学、设计中涉及的各个节点与要点，其中难免有很多的疏漏和不足，敬请读者和制冷行业的技术人员指正。

《冷库建筑》的全体编写人员，向制冷行业的技术人员，特别是向冷库建筑教学和设计方面的参与者征求修改意见，以帮助我们再版时进一步完善。

谈向东

2006 年 6 月于上海

引　言

在这门课开课时，按惯例对“冷库建筑”作个总体介绍，方便大家学习、掌握。

1. 制冷

顾名思义，就是制造“冷”。“冷”的一般理解就是低于常温的感觉；但是“制冷专业”出身的学生就不能按这个常理去简单理解，这里的“冷”在专业领域里应该准确地理解为“温度或温度范围，包容温度范围的空间”。“制冷”就是制造并保存一个人工环境；更广泛地理解是制造并保存一个特定温度范围的过程或方法。

例如：在哈尔滨(或北方)的一个冷库里，要求冻鱼温度为－18℃。在夏天需要制冷机去打“冷”；但是到冬天的大环境下，只需开一下冷库门，将外面的冷空气直接放进去即可，并需要控制时间(太冷的话，还要加热)。

制冷即制造并保存一个适宜的温度或温度范围的过程；冷库即为保存这个温度或温度范围的专有建筑。

2. 人工制冷

人工制冷是借助于一种专门装置，消耗一定的外界能量，迫使热量从温度较低的被冷却物体，转移给温度较高的周围介质，得到人们所需的各种低温。

制冷一般可分为二个部分：

(1) 制造冷源(提供动力)；

(2) 保护冷源(围护结构即冷库)。

3. 冷库

冷库是指为保存人工制造温度或温度范围的专用建筑。

随着我们进入 21 世纪，生活水平和技术制造水平的发展，现代冷库不仅能制造“冷”，而且可以控制冷库内的空气成分(即 CA 气调库)和湿度等；建筑材料也从土建冷库发展为装配式冷库。

冷库是城市的冰箱。

4. 食品冷库

食品冷库是指商业、水产、外贸等行业的冷库内放置的对象为食品(水产、肉类、禽蛋、水果等)的冷库。

5. 冷库建筑设计

冷库建筑设计不仅作为本课程学习的重点，也是学习冷库建筑的设计语言、方法。

6．冷库建筑学习的意义

冷库建筑学习的意义是学习怎样建造、如何保护冷源的建筑——冷库。

7．冷库建筑学习的重点

(1) 从什么是建筑、什么是冷库建筑着手，了解建筑、结构建造的一般理论；

(2) 对相关建筑材料的了解（特别是隔热材料的了解）和怎样处理；

(3) 为制冷设备的安装，设计创造出合理的空间；

(4) 学习冷库建筑的设计语言、方法。

我们的专业虽不是建筑工程专业，但是通过本课程的学习，可以掌握“冷库建筑”的基本原理，了解冷库建筑的基本做法，在今后工作中，指导建筑、结构设计，并做出合理方案。

8．冷库建筑学习的过程

除正常的作业外，希望大家多看一些冷库，接受感性知识，并在课程结束时，做一个模拟的冷库规划设计，进行书面考核。

目　录

第一章 概 述

第一节 食品冷库建筑结构的特点

一、食品冷库建筑的特点

建造各种不同类型的建筑物都是为了满足人们的物质生产和文化生活的需要。

冷库主要是对食品进行冷加工和冷藏的建筑物，它包括各类库房、氨(氟里昂)制冷机房、变配电室及其附属建(构)筑物。

冷库是用人工制冷的方法，对易腐食品进行冷加工或冷藏的建筑物，以供调节淡、旺季，保证市场供应，执行出口任务和做长期储备之用。换句话说，冷库是城市的"冰箱"。

冷库不同于一般工业或民用建筑，主要表现在：受生产工艺条件的制约，它要为易腐食品在低温条件下，进行冷却—保鲜—冻结—冷藏等工艺作业；为保持食品的色泽、味道和营养价值提供必要条件。这个必要条件就是"冷"，按冷库使用性质的不同，冷间温度一般在－40～0℃左右。因此建筑物经常处于低温条件下，故冷库建筑必须采用相应的技术措施，以适应它的特点。图 1－1 所示为 54 000t 吴泾冷库建筑群外观。

图 1－1 54 000t 吴泾冷库建筑群外观

1. 冷库既是工厂又是仓库

冷库不仅是个储藏食品的仓库，而且是食品冷加工的生产性厂房，它必须满足各种不同食品冷加工生产工艺流程的合理要求，同时与库内外的运输条件、包装规格、托板（货架）大小、货物堆装方式、设备布置等有关，这种仓库是一种低温仓库。

2. 隔热

冷库库房内的温度，一般较库外温度低（北方的冷却物冷藏间在冬天除外），而且受外界和内部环境温度波动的影响。

一方面库外环境温度是随着自然界气温的变化而变化的。如每天昼夜气温变化，每年春、夏、秋、冬四季气温的变化，因此库外环境经常处于周期性温度波动之中；另一方面，因制冷设备的开关、库门的开启、货物的进出也会使库内的温度产生波动，这时需用制冷方法来补充库房所需的冷量。为了减少冷量的损耗，必须阻挡外界热量通过冷库库房的外围护结构进入库内，因此冷库建筑的围护结构必须设置具有适当隔热能力的隔热层，即隔热层要有一定的厚度和连续性。

3. 隔汽和防潮

冷库的围护结构设置了隔热层可以减少热量的传递，但在热量传递过程中，大气中的水蒸气也是随着温度的不同而从高温侧传到低温侧（即由水蒸气分压力高的一侧传到水蒸气分压力低的一侧）。当水蒸气通过围护结构时，会在围护结构的材料孔隙中凝结成水分。水分遇冷则结成霜或冰，使材料的热导率大大增加，隔热材料失去了它的隔热性能，严重时会破坏冷库的围护结构。因此，在隔热材料的热面侧必须设置隔汽层、为了防止屋面水、地下水、地面水、使用水渗入库内的隔热层，设置防潮层也是十分必要的。

4. 冷桥

目前，冷库库房的隔热构造大多采用内隔热的施工方法，在构造上必然存在许多“冷桥”（即传递热量的桥梁）。

为了防止热量的传递影响库房温度的稳定性和防止建筑结构的损坏，在设计、施工和使用时，必须注意尽可能减少“冷桥”，在出现“冷桥”的地方，必须加以处理和预防。

5. 门、窗、洞

为了减少库房内外温度和湿度变化的影响，冷库库房一般不开窗，门、洞也尽量少开。因此要求工艺、水、电等设备管道尽量集中，减少开洞个数。

门是冷库库房货物进出的必要通道，但也是库内外空气热湿交换最显著的地方，由于热湿交换使门的周围产生凝结水，遇冷结成霜或冰，多次频繁的进出、冻融的交替作用，使门附近的建筑结构材料受破坏，故在门的周围必须采取措施，如加设风幕、电热丝、门套（门斗）和门帘等。

6．辐射热

为了减少太阳的辐射热，冷库库房外表面的颜色要用浅色（如白色、乳白色、银灰色等），围护结构的外表面应平整光滑，有利于反射防热，尽量避免大面积的西晒，如必须朝西可采用遮阳的方法，屋顶设架空通风层，减少太阳辐射热直接通过屋面传入库房，影响库房温度。

7．地坪防冻

由于低温库房的温度常年低于摄氏零度以下，若库房地坪下的土壤得不到足够热量的补充，温度会逐渐下降，以致产生地坪下土壤冻涨而引起地坪冻鼓或地基冻鼓现象，危及建筑、结构安全，因此低温冷库的地坪，除了设置防潮、隔热层外，还要采取地坪防冻的措施，使地坪下的土壤保持在0℃以上。

二、食品冷库结构的特点

（一）土建结构形式

冷库结构主要是指承担建筑物各部分重量（如人、货物、设备等）和建筑本身重量的主要构件，如屋架、梁、楼板、柱子、基础等，这些构件构成了建筑的传力系统，按承重部分组成的材料不同，一般可分成以下几种结构类型：

1．钢结构

主要承重结构构件：如梁、柱、桁架等均是由各种类型的钢材组成，目前多用于大型的装配式冷库。

2．钢筋混凝土结构

主要承重结构构件是由钢筋混凝土组成。如钢筋混凝土梁、板、柱、基础等组成的钢筋混凝土框架系统，多用于单层冷库；多层冷库多用钢筋混凝土无梁楼盖结构。

3．混合结构

主要承重部分由砖、钢筋混凝土木屋架组成。如砖墙、砖柱、钢筋混凝土梁和板，多用于单层小型冷库。

4．砖木结构

主要承重部分有砖木组成。如砖墙、砖柱、木楼板、木屋架等，这类结构因大量使用木料，对防火不利，目前在冷库中很少使用。

（二）由于冷库库房具有低温的特殊性，因此冷库结构也有较一般建筑不同特点

1．荷载

冷库库房主要是用作存放食品，它的动荷载可达1～3t/m^2。

2．温度内力

冷库建筑结构在冷间降温后，由于建筑材料的热胀冷缩，而产生垂直或水平

方向的冷缩变形，在构件之间的相互约束作用下产生温度内力，如设计不当，易产生裂缝，必须加以注意，采取必要的措施，以减少温度内力对结构的影响。

3. 建筑材料

由于冷库库房经常处于低温潮湿或冻融频繁的环境下，因此建筑结构所采用的材料应耐低温、耐湿、抗水性能好，故多采用钢筋混凝土结构。钢筋混凝土构件除应保证结构上的安全、耐久要求外，还要考虑受冻融、碳化、风化和化学侵蚀等影响，采用钢结构时可按最低工作温度高于 -30℃ 条件下优先用钢材。

对超低温冷库则更应考虑材料方面的功能。

三、食品冷库的建筑形式

（一）食品冷库的建筑形式

冷库库房的建筑形式是根据库址来决定平面布局、冷库的容量、生产工艺流程、制冷方式、产品堆装方法的，但不外乎是单层库或多层库两种（装配式或土建）。单层库房和多层库房各有优缺点，必须因时、因地等诸多因素而定。

1. 单层库房

中小型冷库容量的库房多采用单层，国外目前常使用钢结构的大跨度、层高大的预制装配式的大型冷库，因为单层冷库有许多优点：

（1）结构简单，施工速度快，建设周期短；

（2）库房层高不受载荷的限制，可尽量利用空间；货物的重量直接承受在地基上，基础费用少；

（3）跨度大，柱子少，平面利用率高。且便于使用各种运输和装卸机械；

（4）单层库房平面运输货物吞吐速度快。

单层冷库的缺点：

（1）相同库容的单层库房较多层库房的占地面积大，外围护结构面积也大，耗冷量多，隔热材料用量大；

（2）单层库房为低温库房时，地坪的防冻工程量较大。

总的来说，单层库房比多层库房优点多，在用地条件或建筑材料允许的情况下，应多建造单层库房，特别是大跨度，大层高的预制装配式冷库。

2. 多层库房

我国大、中型冷库库房多采用多层，层数一般宜采用 4～6 层，以便充分利用电梯设备，也不会因层数太多而影响货物吞吐速度。多层冷库库房的优点：

（1）相同库容量的多层库房较单层库房占地面积小；

（2）外围护结构面积小，耗冷量小，隔热材料省，每平方米土建造价较低。

多层库房的缺点：

（1）多层库房的荷载比较大，库房内柱子比较多，平面有效利用率较低，且不利于使用机械搬运；

(2) 多层库房总荷载大。如库址地基承载力差时，基础施工复杂，土建价格高；

(3) 楼板的承载力限制了货物的堆装高度。如采用机械堆装利用率低；

(4) 多层库房多为现浇钢筋混凝土无梁式楼盖结构，现场施工，施工期较长。

冷库库房的建筑形式除了分单层和多层外，还有地下冷库、山洞冷库等其它不同形式的冷库。

3. 全自动高货架单层冷库

这是20世纪60年代出现的一种新的冷库建筑形式，它具有单层冷库和多层冷库的优点，大大简化了建筑结构、制冷系统、货物装卸等方面的工作。

这种冷库层高一般在20～30m，库内沿纵向设两排或多排轻型钢制作的多层高货架，货架本身就是建筑物的结构构件，预制的外围护隔热墙板就固定在货架上(见图1-2)。两排货架之间设两台沿轨道可在库房内纵向水平移动的自动巷道式装卸机(见图1-3)，在一侧货架底层有两处货物进出口，巷道机由进出口的输送装置上接送货物，库内装卸作业和制冷系统操作全部自动化，可确保货物按先进先出的原则进行管理，管理人员可减少到最低限度，一般只有2～3人。

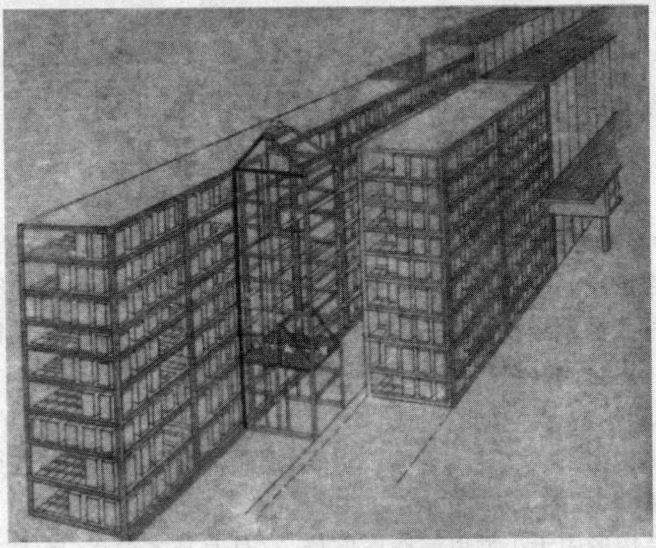

图 1-2 全自动高货架单层冷库剖视图

这种类型的冷库适用于吞吐量大，货物进出频繁的大、中型冷库。但全自动高货架单层冷库一次性投资比普通冷库高60%～70%；同时，技术水平要求高，配套系统复杂，管理水平要求较高。目前，还没有被广泛采用，但却是冷库建筑发展的方向。

图 1-3 铲车进出货架实景

（二）食品冷库的结构形式

我国冷库库房的结构形式常用的是梁板式结构和无梁式楼盖结构两种，属大型预制装配式的钢结构，具有构件工厂预制、成套生产、现场安装简便、施工期短、投产迅速、资金周转快等特点，值得推广和发展。

1. 梁板式结构

梁板式结构由梁、板、柱三种构件组成，楼面荷载由楼板传给主梁，再由主梁经柱子传给基础，如图 1-4 所示。

梁板式结构多用于小型单层冷库库房，它具有技术简单、施工方便的特点，冷库要求整体性好，宜用现浇梁板式结构，为方便制冷管道安装和便于库房气流组织，库内的梁多做成反梁；多层冷库不宜采用梁板式结构，因板底有主次梁通过，不利于隔热层和隔汽层的铺设，也不利于制冷管道的安装和气流组织，更不能充分利用建筑空间，梁板连接部位容易孳生霉菌，影响冷藏卫生。

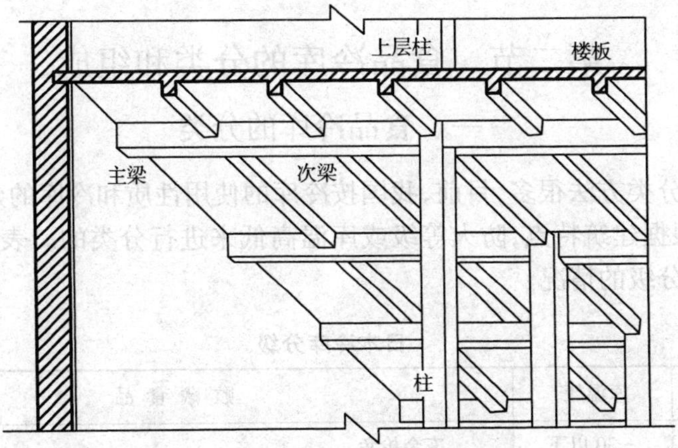

图 1-4　梁板式楼层构造透视图

2. 无梁式楼盖结构

无梁式楼盖结构是由板、柱帽、柱子组成，如图 1-5 所示。

图 1-5　无梁式楼盖构造透视图

无梁式楼盖具有以下优点：

(1) 现浇板底光滑平整，有利于顶排管和风道的设置，同时也有利于库内气流组织。

(2) 因板底无梁，库房内的空间可以充分利用，可节省土建投资。

(3) 板底如需倒贴隔热层和隔汽层时，施工方便且材料省。

(4) 板底光滑平整，不易积聚灰尘，库内卫生条件较好。

因此，多层冷库库房多采用这种结构形式。为了整体性好，多用现浇无梁式楼盖。

第二节　食品冷库的分类和组成

一、食品冷库的分类

冷库的分类方法很多，目前，我国按冷库的使用性质和冷库的建设规模来分类；国外有根据建筑特点，防火等级或库温高低来进行分类的。表1　1所示为日本按库温分级的情况。

表 1-1　　日本冷库分级

级　别	库温/℃	贮 藏 食 品
超SA级	-30以下	冻金枪鱼
SA(F)级	-30～-20	冻畜肉、冻鱼、冻鲸、冻牡蛎、冷冻调理食品、冰淇淋
A(C)级	-20～-10	冻畜肉、冻家禽、冷冻水果、冷冻蔬菜
B(B)级	-10～-2	冰蛋、奶油、咸鱼、干酪、熏制品、灌肠
C(C)级	-2～10	鲜鱼(短期)、奶油(短期)、牛奶、酒类、蛋白、火腿、咸干鱼

(一) 按食品冷库的使用性质分类

1. 生产性冷库

生产性冷库主要建在食品产地附近(鲜活货源的运输距离不大于100km)、货源较集中的地区或渔业基地，通常作为肉类联合加工厂、鱼品加工厂、乳品加工厂等企业的一个组成部分。表1-2为上海地区万吨生产性、分配性冷库生产能力配置示意。

表 1-2　　上海地区万吨生产性、分配性冷库生产能力配置示意

企业名称 生产能力	上海水产冷冻三厂(隐沙路)	上海江浦冷冻厂	吴泾冷库	水产冷库	商业冷库
冷藏/t	10 000	15 000	54 000	3 000	3 000
冻结/(t/d)	300	200	200	120～180	45～60
制冰/(t/d)	200	120	—	120～180	15
贮冰/t	4 200	3 000	—	3 000	300

这类冷库配有相应的屠宰间、理鱼间或整理间。设有较大的冷却、冻结能力和一定的冷藏容量，食品在此进行冷加工后，经过短期贮存即运往销售地区、直接出口或运至分配性冷库作较长期的贮藏。

由于它的生产方式是零进整出，并要求建在交通方便的地区，为了便于冻肉、冻鱼外运，商业系统、水产系统对1 500t以上的生产性冷库均配备适当的制

冰能力和冰库。

2．分配性冷库

分配性冷库主要建在大中城市,人口较多的工矿区及水陆交通枢纽,专门贮藏经过冷加工的食品,以供调节淡旺季节,保证市场供应,执行出口任务和长期贮备之用。

它的特点是冷藏容量大,冻结能力较小,仅用于外地调入冻结食品,在运输过程中软化部分的再冻及当地小批量生鲜食品的冻结。

由于这类冷库的冷藏量大,进出货比较集中,故要求库内运输流畅,吞吐迅速,建在交通运输比较方便的地区。商业系统的分配性冷库也包括一些以中转和贮备为主的冷藏库。

3．中转性冷库

中转性冷库这类冷库主要是指建在渔业基地的水产冷库,它能进行大批量的冷加工,并可在冷藏车、船的配合下,起中转作用,向外地调拨或提供出口。

4．零售性冷库

零售性冷库一般建在工矿企业或城市的大型副食品商店或菜场内,供临时贮存零售食品。它的特点是库容量小,贮存期短,其库温则随使用要求而不同。

(二) 按建设规模分类

商业系统冷库如表 1－3 所示分为四类。

表 1－3　商业冷库分类

规模分类	冷藏容量/t	冻结能力/(t/d)	
		生产性冷库	分配性冷库
大型冷库	10 000 及 10 000 以上	120～160	40～80
大中型冷库	5 000 以上～10 000 以下	80～120	40～60
中小型冷库	1 000～5 000	40～80	20～40
小型冷库	＜1 000	20～40	＜20

注：见《冷库设计规范》(GB 50072—2001)及条例说明。

(三) 按结构类别分类

1．土建冷库

土建冷库是目前建造较多的一种冷库,可建成单层或多层。

建筑物的主体一般为钢筋混凝土框架结构或者混合结构。

土建冷库的围护结构属重体结构,热惰性较大,室外空气温度的昼夜波动和围护结构外表面受太阳辐射引起的昼夜温度波动,在围护结构中衰减较大,故围护结构内表面温度波动就相应较小,库温也就易于稳定,耗冷量较少。

2．组合冷库

组合冷库为单层形式，库体为钢框架轻质预制隔热板装配结构，如图1－6所示，其承重构件多采用薄壁型钢材制作。

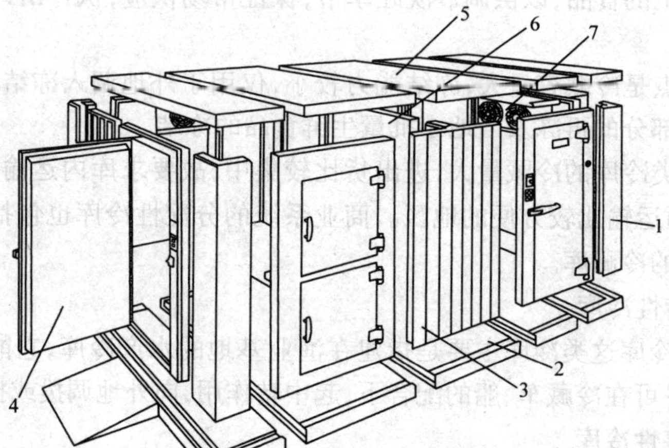

图1－6 组合板式冷库示意图

1—角板 2—底板 3—库板 4—库门 5—顶板 6—内库板 7—冷风机

库板的内、外面板均用彩色钢板（基材为镀锌钢板），库板的芯材为发泡硬质聚氨酯或粘贴聚苯乙烯泡沫板。

由于除地面外，所有构件均是按统一标准在专业工厂成套预制，在工地现场组装，所以施工进度快，建设周期短。

3．覆土冷库

覆土冷库又称土窑洞冷库，洞体多为拱形结构，有单洞体式，也有连续拱形形式。一般为砖石砌体，并以一定厚度的黄土覆盖层作为隔热层。用作低温的覆土冷库，洞体的基础应坐落在不易冻胀的砂石层或者基岩上。

由于它具有因地制宜、就地取材、施工简单、造价较低、坚固耐用等优点，在我国西北地区得到较大的发展。

4．山洞冷库

山洞冷库一般建造在石质较为坚硬、整体性好的岩层内，洞体内侧一般作衬砌或锚固处理，洞体的岩层覆盖厚度一般不小于200cm。

这类冷库连续使用时间越长，其隔热效果越佳，热稳定性能越好。

二、食品冷库的组成

食品冷库由冷库库房和冷库（冷冻厂）组成，见表1－4所示。

表 1-4 冷库的组成

冷库库房	冷加工间	冷却间、晾肉间、待冻间 冻结间、再冻间、包冰衣间、制冰间
	冷藏间	冻结物冷藏间、冷却物冷藏间
	冰 库	
冷库(冷冻厂)	库房辅助用房	办公、休息、更衣、烘衣、贮藏、厕所、楼梯、电梯间、穿堂、走道、过磅、站台 机器间、设备间
	动力用房	变配电间、锅炉房
	生产工艺用房	加工间、屠宰间、理鱼间、整理间 其它(化验间、仓库、车库、水泵房、水塔、冷却塔等)
	行政福利用房	办公楼、医务室、职工宿舍、俱乐部、托儿所、食堂等
	其 它	危险品仓库、围墙、出入口、传达室等

(一) 冷库库房

1. 冷加工间

泛指食品(冰块)冷藏前进行冷却、冻结等用的房间。

(1) 冷却间 水果、蔬菜、鲜蛋等食品在进行冷藏前需要逐步降温用。它的室温为0℃±2℃;肉类屠宰后也可用冷却间将它冷加工成为肉味鲜美的冷却肉。

如果采用二次冻结工艺也需设冷却间,将屠宰后的家畜胴体温度由35℃降至4℃后,再进入冻结间,冷却间的室温为0℃±2℃,当食品达到冷却温度后,称为"冷却物",进入冷却物冷藏间。

当果蔬、鲜蛋的一次进货量小于冷藏间容量的5%时,也可不经冷却间而直接进入冷却物冷藏间。因此,很多中小型冷库不设冷却间。

(2) 晾肉间 为猪肉一次冻结工艺而设置,房间面积一般相当于一间半至两间冻结间的容量,室温保持在20℃左右,应与屠宰车间相连,围护结构都不作隔热层,但在南方地区也有做隔热层的。

(3) 待冻间 经过整理后的水产品,在冻结前暂存用。

(4) 冻结间 需要长期贮藏的食品,当该食品中心由常温或冷却状态,迅速降至约-18～-15℃,达到冻结终温的食品称为"冻结物"。

冻结间是借助冷风机或专用冻结装置,用于冻结食品的冷间,它的室温为-30～-23℃(国外有采用-40℃或更低温度的冻结间)。

(5) 再冻间 设于分配性冷库里,供从外地调入冻结食品时,品温超过-8℃的食品,在进入冻结物冷藏间之前再冻用。再冻间冷分配设备的选用与冻结间相同。

(6) 包冰衣间(托盘间) 食品冻结完毕后,需要托盘、包冰衣,使食品冷藏贮存保持光泽，减少干耗。

(7) 制冰间　它的位置宜靠近设备间，水产冷库因制冰量大，且需经过碎冰楼往船上装冰，故它常设在冷藏间的顶层。制冰间要有较好的通风采光条件，室内高度要考虑到提冰设备运行的方便，并要求排水通畅，以免室内积水和过分潮湿。

2. 冷藏间

(1) 冷却物冷藏间（又称高温冷藏间）　室温为 －2～4℃左右，相对湿度85%～95%，根据贮藏食品的不同而异。

它主要用于贮藏经过冷却的鲜蛋、果蔬，由于新鲜果蔬在贮藏中仍有呼吸作用，库内除保持合适的温湿度条件外，还要引进适量的新鲜空气。如贮藏冷却肉，贮藏时间不宜超过 14～20d。

(2) 冻结物冷藏间（又称低温冷藏间）　室温为 －25～－18℃，相对湿度95%～100%，用于较长期的贮藏冻结食品。

在国外的普通冻结物冷藏间一般控制在 －25℃，专业冻结物冷藏间温度可降至 －30～－28℃；贮藏金枪鱼用冷藏间室温为 －60～－45℃，即所谓超低温冷藏间。

(3) 冰库（贮冰间）　冰库温度为 －4℃（盐水制冰）或 －10℃（快速制冰），冰库一般设于主库靠制冰间和出冰台附近，也有与制冰间一起单独建造；水产冷库若制冰间设在顶层时，冰库多设在制冰间的下层。冰库内壁要设护壁，保护墙壁不受冰块的撞击。

3. 库房辅助用房

(1) 办公室　供冷库库房管理人员日常办公用，面积按管理人员多少而定，北方地区的办公室应装有采暖设备。

(2) 休息室　供冷库房内操作人员工间或上班前休息用，休息室最好能直接受到阳光照射，北方地区室内应装有采暖设备。

(3) 更衣室　供库内操作人员及进库检查人员入库前更衣用。

(4) 烘衣室　烘干棉衣用，提高棉衣的保暖性，保护个人的健康，延长棉衣使用期。

(5) 过磅间　供货物进出库时过磅人员使用，其位置应设在站台地磅的后面。

(6) 穿堂（走道）　为食品进出库的通道，起到沟通各冷间的作用，穿堂分常温穿堂和低温穿堂两种。

(7) 电梯间　为多层冷库内垂直运输之用，其大小数量及设置位置视吞吐量及工艺要求而定。

(8) 站台　冷库站台供装卸货物之用，有敞开式和封闭式两种站台。

(二) 动力用房

1. 机器间（制冷机房）

它是冷库主要的动力车间，装有制冷压缩机、中间冷却器、调节站、仪表屏（有的机器间还包括控制室、操作工人休息室）等。

目前，国内冷库的机器间多与主库相连以缩短管道距离，多为单层建筑；冷库也有不设集中供冷的机器间的；或将机器间布置在楼层上，提高地面利用率。

2．设备间

一般分为高压设备间、低压设备间、水泵房等。

高压设备间含冷凝器、高压贮液桶、油分离器等制冷设备；低压设备间安装循环贮液桶、氨泵等制冷设备，其位置紧靠机器间；小型冷库机器设备不多时，机器间和设备间合为一间。

水泵房中安置制冷系统专用配套使用的水泵等辅助设备。

3．变、配电间

它包括变压器间、高压配电间、低压配电间。

变、配电间应尽量靠近负荷最大的机器间，变压器间也可单独建造，高度不得低于 5m，要求通风良好。小型冷库也可将变压器放在室外，只设配电间，不设变电间。

变、配电间内的具体布置视冷库使用电器特殊的工艺要求而定。

4．锅炉房

厂区内锅炉房应设置在夏季主导风向的下风侧，并应尽可能接近用汽负荷中心，它的容量应根据生产和生活的用汽量而定。

（三）生产工艺用房

1．屠宰间

它的任务是宰杀生猪加工成白条肉，根据建库地区货源和销售情况来确定其生产规模及厂房大小。

根据冷库加工对象不同，可设牛、羊、鸡、兔等加工车间。

2．理鱼间或整理间

理鱼间是供水产品冻结前进行清洗、分类、分级、处理、装盘、过磅、包装等工序的场所，一般按 $10 \sim 15m^2/t$ 操作面积计算；处理虾、贝类时还应适当加大。

理鱼间或整理间都要求有良好的通风、采光条件，地面要便于冲洗和排水。

果蔬、鲜蛋在冷加工前，先在整理间进行挑选、分级、整理、过磅，以保证产品质量。

3．加工车间

商业冷库常设有食用油加工间、腌腊肉加工间、熟食加工间、副食品加工间、肠衣加工间、制药车间等。

水产冷库常设有腌制车间、鱼粉车间、制药车间等。

4．其它

如化验间、仓库、车库、水泵房、水塔、冷却塔等，均按冷库规模相应大小而定。

（四）行政福利用房

如办公楼、医务室、职工宿舍、俱乐部、托儿所、食堂等，均按民用建筑设计要求而定。

（五）其它

（1）危险品仓库　专贮汽油、酒精、丙酮、制冷剂等易燃易爆物品的库房应单独建造，并远离其它建筑 20m 以外。

（2）围墙　包括出入口、传达室及绿化设施等。

（3）道路　根据人流、物流分开的原则，以及各类流量的大小，实际的建筑空间、绿化等辅助设施的具体位置；更重要的是根据交通法则和各类交通工具，按实际设置道路。

图 1－7 所示为上海江浦冷冻厂总平面图，图 1－8 所示为上海水产冷冻三厂总平面图。

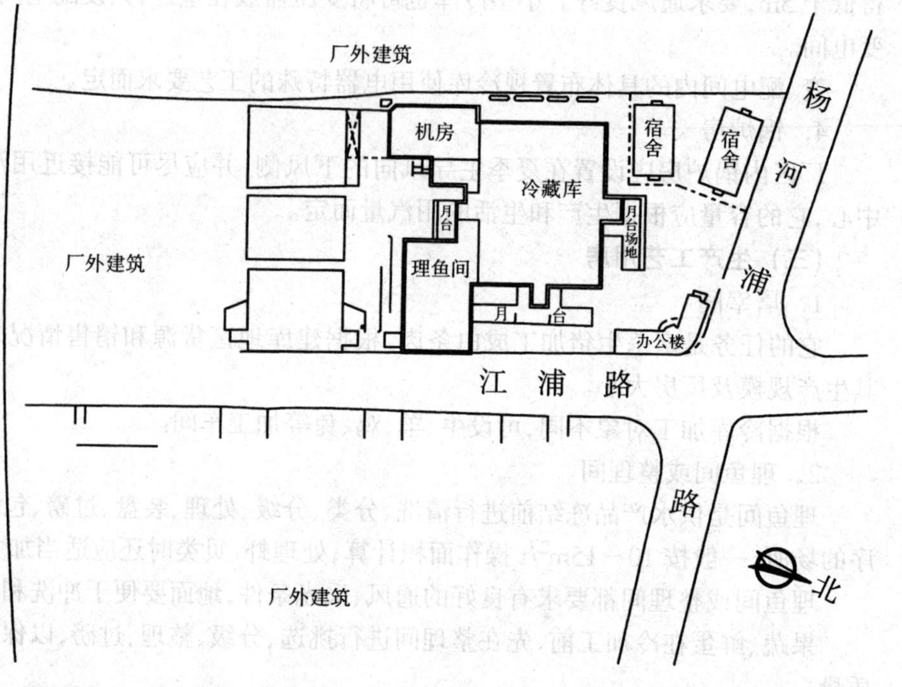

图 1－7　上海江浦冷冻厂总平面图

随着国家现代化发展的进程，冷库的组成与设计已经与 20 世纪 80 年代有很大的不同，学习时要注意根据市场经济对食品冷库的不同专业要求，依据《冷库设计规范》（GB 50072—2001）中涉及的经济指标、技术规范，总体把握冷库设计的适用性和先进性。

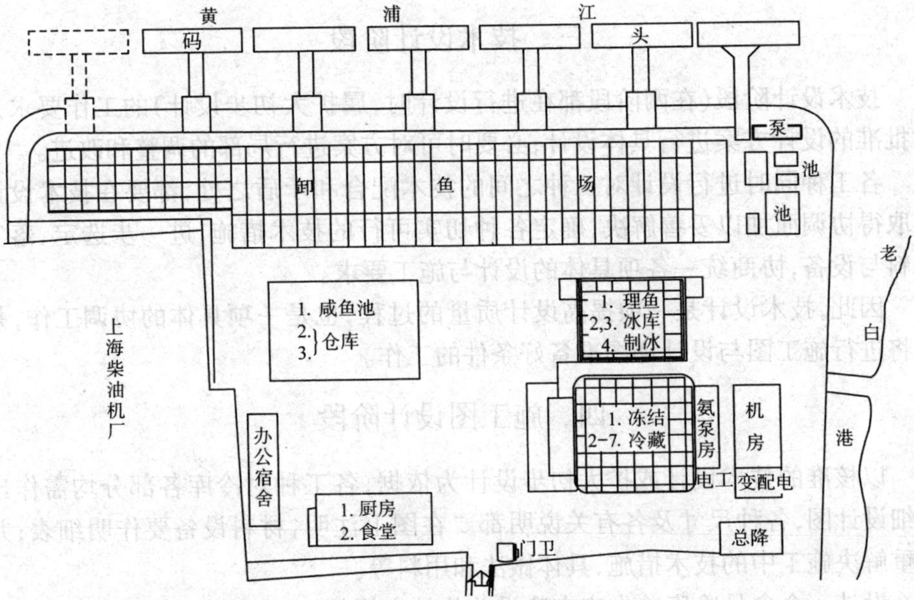

图 1-8 上海水产冷冻三厂总平面图

第三节 食品冷库设计的程序及各设计阶段的文件要求

建筑设计工作是国家基本建设的重要环节,具有较强的政策性和技术性,根据国家规定,一般工程均采用扩大初步设计和施工图两个阶段进行设计;如果工程规模较大,技术比较复杂的个别特殊工程,则需采用初步设计、技术设计和施工图三个阶段设计,冷库的设计过程大概分为以下四个阶段。

一、勘察、收集资料的准备阶段

要求对建库地点进行详细的踏勘,包括了解周围环境、交通运输、水电设施等情况;了解该工程与城镇规划的关系;食品原料的来源与成品运出等;向有关方面索取气象、水文、地质、地形勘察资料、城市规划资料、建筑材料与建筑施工资料等。对这些资料要进行科学分析,作为设计依据和参考。

二、方案设计阶段

方案设计阶段(或称初步设计阶段)的工作要求是明确设计主导思想,对整个冷库设计先有一个轮廓或框架的设想,然后逐步发展形成一个比较成熟的,而且能付诸实施的设计方案;在此方案的基础上考虑材料、设备等选择,提出技术经济指标并编制工程设计概算。

三、技术设计阶段

技术设计阶段(在两阶段都在进行设计时,属扩大初步设计)的工作要求是对批准的设计方案进行具体设计;必要时可对方案进行局部的调整和改进。

各工种同时进行设计对工种之间的技术配合和矛盾之处,都要在技术设计中取得协调而加以妥善解决,确定各种切实可行的技术措施,进一步选定、落实用料与设备,协商统一各项具体的设计与施工要求。

因此,技术设计是一项提高设计质量的过程,也是一项具体的协调工作,是为将进行施工图与设计详图准备好条件的工作。

四、施工图设计阶段

以核准的技术设计或扩大初步设计为依据,各工种对冷库各部分均需作出详细设计图,各种尺寸及各有关说明都要在图上注明,材料设备要作明细表;并着重解决施工中的技术措施,具体做法和用料等。

设计一个食品冷库首先应有建设单位的主管部门批文和城建部门同意设计的批文,方可向设计单位办理委托设计手续,各个设计阶段所需的文件现扼要介绍如下:

(一) 设计任务书

设计任务书一般包括下列主要内容:

(1) 建设的理由和依据　此处建库的理由和可能产生的经济效益等。

(2) 拟建冷库的名称、所在地区和经营性质。

(3) 冷库的规模　屠宰、加工、冷却、冻结、制冰的能力,冷藏容量等。

(4) 可行性的分析论证。

(5) 冷库的建筑结构　单层或多层、建筑材料、工程结构等。

(6) 全部工程的投资额　由土建、制冷工艺、屠宰加工、水电、暖通等项的综合。

(7) 建筑期限、工程开工、竣工日期、分几期完成等。

(8) 水、电、燃料来源。

(9) 其它　如污水排放、生产协作、技术协作、市政工程设施、防火等。

(10) 附件　实测地形图、地质勘探资料、自然资料,有关的会议记录、协议文件、总平面布置草图。

(二) 扩大初步设计文件

扩大初步设计简称“扩初”,扩初设计应编制下列主要设计文件:

1. 设计说明书

内容有:

(1) 设计任务书 包括设计依据、生产规模、设计分工等;

(2) 库址概述 包括所在位置、自然条件(气象、水文、地形、地质);

(3) 工程概况 包括冷库的组成、工程概况、全库主要数据(生产能力、职工总数、主要设备、电力安装容量、用水量、蒸汽用量、运输量、总平面布置的技术经济指标、土方工程量、总投资额等)及设计中尚存在的问题;

(4) 设计组成 包括总平面布置;制冷及生产工艺(基本情况、生产流程及运输、主库的隔热及耗冷量计算、制冷机器设备的选用计算、原料综合利用等);给排水(给水概况、生产、生活、消防设计用水量、设计方案、水源及供水方式、排水量、排水方式、防洪、排洪措施、存在问题);供电与电讯(负荷计算、电源供应、库内电力、照明系统及网络布置、信号系统、电话及广播等);供热(蒸汽供应、管道);码头水工结构等。

2. 工程图

工程图包括冷库总平面图,冷库平、立、剖面图,制冷系统原理图,电器系统图,给排水系统图,码头方案设计图等。

3. 明细表

明细表包括主要设备总明细表(分制冷工艺、加工工艺、土建、机修、锅炉房、给排水、电气等部分)、材料明细表。

4. 工程概算

工程概算包括以下各项分列:

(1) 建设场地准备工作 青苗及树木赔偿、拆迁费、土石方工程等;

(2) 主要生产项目 主库、机房、屠宰车间(理鱼间或整理间)、码头等;

(3) 辅助生产项目 机修间、一般仓库、危险品仓库、汽车库、车间办公室等;

(4) 动力工程项目 库外电力网络及变电站、库内变电所、库内电力网络、锅炉房、库区内蒸汽管道等;

(5) 运输及通信 铁路专用线、库区道路、通信及广播、厂外电话线路等;

(6) 室外给排水项目 水泵站、深井、海水泵站、给水管道、排水系统、污水处理场等;

(7) 行政福利 办公楼、单身宿舍、医务室、食堂、浴室、运动设施等;

(8) 其它 围墙、大门、传达室、绿化、家具、工具房等。

(三) 施工图设计的文件

施工图是提交施工单位进行施工的图纸,它的内容包括:

1. 设计说明书

设计说明书主要说明设计的依据、生产指标、设计范围、设计条件、概述设计方案的拟定和它的特点,并附有设计中决定采用的机器设备明细表。

2. 设计计算书

设计计算书包括库房耗冷量计算、制冰耗冷量计算、制冷压缩机及附属设备的选用计算等，要求计算公式正确，步骤清楚，数据选择恰当，以求结果精确和选用合理。

3．施工图纸

施工图纸的详尽程度，必须保证施工单位能根据它进行各项工程的实际施工，其内容和数量与冷库的规模、制冷装置的自动化程度、施工安装单位的水平等有关，一般有以下儿部分：

(1) 建筑施工图(简称建施) 图纸目录、建筑施工说明、建筑作法、冷库总平面图、冷库各部分的平面图、剖面图、立面图；平、立、剖面节点大样图等。

(2) 结构施工图(简称结施) 图纸目录、结构施工说明、冷间各部分的基础平面图、基础详图、各楼层层面结构平面图、梁、板、柱详图、机器间操作平台、冷凝器水池结构图、吊轨道等安装图。

(3) 制冷工艺施工图(简称工艺或冷施) 设计说明书，制冷工艺安装说明书，设备材料规格数量表，机器间、设备间的平、立、剖面图，机房详图透视图，冷藏平、立、剖面图，冻结间平、立、剖面图；冷风机安装图；设备、管道隔热层包扎图；冷藏间顶管作详图；管道安装图，安装吊点图；定型及非标准设备制作图；选用的通用图等。

(4) 电气部分 电气设计说明书，设备材料规格表，变配电系统图，变配电平、立、剖面图，库房动力、照明平面布置图，机器间、设备间、水泵房动力平面图，屋顶防雷做法图，冷库电缆敷设大样图等。

(5) 给排水施工图 给排水设计说明书，给排水设备材料规格表，冻结间、机房、制冰间给排水平面图、系统图，水泵房平面图等。

(6) 供热施工图 采暖设计说明书，采暖工程平面图、系统图，采暖工程设备材料表，地下水防冻平、剖面图，各种设备详图等。

4．工程预算

根据设计说明书及施工图纸，计算出工程的经费(土建、材料、机器设备、施工安装等)，造表费用等。

(四) 图纸勘误通知书和变更设计通知书

施工图在审阅或使用中如发现误差，应提请设计单位勘误，再由设计单位发出图纸勘误通知书。

在施工过程中，如遇到下列情况之一者，应提出变更设计通知书：

(1) 所用设备、材料的规格型号与原设计不同；

(2) 施工中遇到技术障碍或者出现了未曾预计的困难；

(3) 部分设计失当；

(4) 考虑采用新技术、新工艺、新设备和新材料；

(5) 采纳了合理化建议等。

(五) 编制竣工图

当规模较大的冷库工程施工全部结束时,需由管工程的建设单位组织施工单位、设计单位以及其它有关部门合作,作出工程竣工图(包括总体及个体建筑的竣工图)。

这项工作应按照施工修改实际情况,由施工单位提供资料;由设计单位对照原施工图作出最后竣工图。

竣工图一方面作为工程的技术档案备查,另一方面为今后在使用、管理、维修以及扩建和工程改造时作为依据。

参见图1-9系统工程设计程序普遍结构。

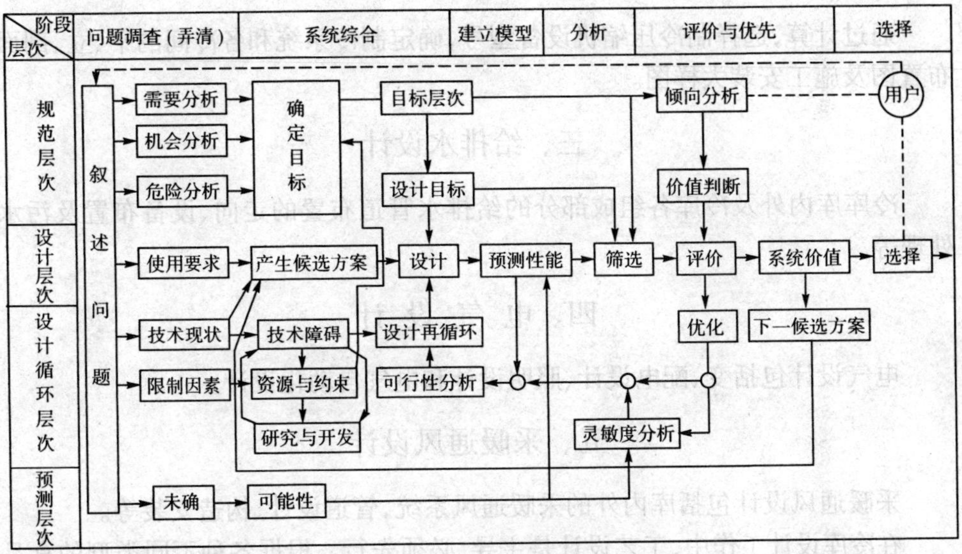

图1-9 系统工程设计程序

第四节 食品冷库设计的一般要求和设计过程中各工种的配合

在进行食品冷库设计时,首先必须认真贯彻适用、经济,在可能的条件下注意美观的建筑设计方针;其次应满足食品冷藏的技术要求和卫生要求,做到技术先进、经济合理、安全适用、确保质量。

食品冷库设计应在总结实践经验和科学实验的基础上,积极慎重地采用新技术、新工艺、新设备和新材料,使生产流程合理、节约能源、操作维修方便。

一个完整的冷库设计应包括以下内容:

一、土 建 设 计

土建设计包括建筑设计和结构设计两个部分。

1．建筑设计

整个冷藏企业的总体布置,冷库各组成的平、立、剖面图及其节点详图(包括它们的外部形状、装修、构造施工要求等)。

2．结构设计

冷库各组成部分承重结构的布置情况,构件类型的大小及构造作法(包括梁、板、柱、基础平面、剖面节点构造图)。

二、工 艺 设 计

通过计算,选择制冷压缩机设备型号,确定制冷系统和各冷间的平、立、剖面布置图及施工安装大样图。

三、给排水设计

冷库库内外及冷库各组成部分的给排水管道布置的走向、设备布置及污水处理等。

四、电 气 设 计

电气设计包括变、配电设计、照明设计和电气自动化设计。

五、采暖通风设计

采暖通风设计包括库内外的采暖通风系统,管道设计、构造安装等。

在冷库设计工作中,工艺设计是主导,必须先行。根据各种不同类型的食品冷库的规模,确定各冷间的公称容积及各加工间、机器间、设备间的建筑面积,然后根据生产流程决定它们之间的相对位置,提出工艺对建筑的要求,建筑设计一般是在工艺平面布置方案基础上进行的;同样,水、电设计也是根据工艺要求而定的。

因此,各工种必须在设计和施工期间,密切配合,才能做出一个比较理想的合乎实际的冷库设计。

第五节 学习的内容、目的和方法

一、学习的内容

食品冷库是根据人工制冷科学技术的发展,研究和设计一个对易腐食品进行加工和低温贮藏专用的建筑空间,它包括库房、动力用房及其它附属建筑物。

食品冷库建筑设计是受制冷工艺的影响和制约,它必须满足工艺流程的需要,方便生产,有利于节约能源,降低成本,并能为工人创造良好的劳动条件,因此它们之间的关系是非常密切的,学习的内容主要包括:

(1) 根据各种不同食品的冷加工工艺流程,结合城市规划对冷库总体设计的要求,既要避免污染,又要取得良好的交通运输条件;在建设用地的范围内,进行总体布置,合理布局,明确辖区,注意节约用地;

(2) 根据冷库的性质、规模,结合用地条件,当地建筑材料和施工水平,决定冷库的建筑结构形式,如单层还是多层,预制还是现浇,采用钢结构还是钢筋混凝土结构等;

(3) 根据各冷间的冷加工或冷藏容量,冷间的温、湿度条件,制冷方式和制冷设备的布置,货物堆装的方法及运输方式,决定各冷间的大小及其相互位置,使之成为一个有机结合的整体;

(4) 根据冷藏、冻结设备、运输和堆装工具情况,提出对库房高度的要求,进行库内外的竖向设计;

(5) 根据各冷间的温、湿度条件,决定隔热、隔汽和防潮的具体要求。如外墙、屋顶采用什么材料作隔热层;隔热层要多厚、地坪采取什么防冻措施等;

(6) 视机器设备设置的平面位置及相关尺寸大小,有关管道穿墙与吊挂支架预埋时预留孔、预埋件的位置及尺寸大小等。

二、学习的目的

制冷工艺专业与土建、水电关系密切,但均为不同的学科体系。

特别是涉及土建的内容多、面也广,因此本教科书就要叙述性地讲一些和制冷工艺设计有密切关系的内容,如食品冷库的总平面布置;平、立、剖面设计要求;隔热、隔汽、防潮处理等。

根据国家制冷工艺专业培养的目标:“从事食品冷库装置设计,冷库技术管理(冷藏链技术服务)”的要求和分配比较多的在冷库设计、冷库工程安装、制冷技术服务工作人员的现实情况,学习食品冷库建筑的目的是:在于今后的工作,从事冷库设计或冷库维修时,能很好地和土建人员密切配合,能较准确地提出工艺对土建设计的要求和技术设计资料。

三、学习的方法

食品冷库建筑设计是基本建设的一个组成部分,因此冷库建设必须符合多快好省的总原则,在冷库设计过程中,会碰到各种矛盾(如主观与客观的矛盾,工艺要求与土建的矛盾,建筑材料与结构形式的矛盾,工艺、建筑、水电各工种之间的矛盾等),因此考虑问题必须从各方面去看,不能只从单方面看,或者强调一方面的需要，要学会分析矛盾和解决矛盾的方法，逐步掌握食品冷库设计的一般规律，为今后发展我国的冷藏事业作贡献。

随着信息时代的到来，冷库建筑设计从一张纸、一把尺、一支笔、一块橡皮过渡到计算机 CAD 绘图。

冷库建筑设计是一门实践性很强的课程，学习时需要多看、多想、多做、多练。

第二章　食品冷库建筑设计原理

第一节　食品冷库建筑基本知识

冷库的建造施工需要建筑施工图。一般冷库土建施工图纸包括：总平面图、平面图、剖面图、立面图、结构平面图及建筑结构详图和配备必要的定型图集。这些图可简单地分为建筑施工图（简称“建施”）和结构施工图（简称“结施”）两大类。

除了建筑施工图和结构施工图外，一座冷库的施工图还应包括：制冷空调、屠宰加工工艺、给水排水、电气、机械传递、采暖通风等各种工艺专业的施工图纸。这些图纸的内容与冷库建筑图纸一起付诸实施，可把符合功能要求、设备配套、达到设计预期效果的冷库建造出来。本节将着重学习、掌握建筑制图标准，提高阅图、制图能力。

一、施工图编制与制图标准

（一）施工图的编制

施工图的种类甚多，涉及到建筑、结构、采暖通风、给水排水、电气等几个专业。

为查阅图纸方便起见，一个工程的施工图纸（包括必要的详图）通常总是按下列顺序编排的，即总平面图，建筑施工图，结构施工图，制冷工艺（“冷施”），采暖通风施工图（“暖施”），给水排水施工图（“水施”），电气照明施工图（“电施”）等。各专业图纸的编排一般是全局性的图纸在前，说明局部的图纸在后，在全部施工图前面还须编有图纸目录和总说明。

全套施工图纸的绘制程序一般是建筑施工图领先。有了简明的建筑图，其它各专业人员即可以此作为依据，进行各专业的设计绘图工作。因此，各专业人员均须能看懂建筑施工图。

在识读全套图纸时，应按照“总体了解、顺序识读、前后对照、重点细读”的读图方法。

1. 总体了解

一般是先看目录、总平面图和施工总说明，以大致了解工程的概况，如工程设计单位、建设单位、新建房屋的位置、周围环境、施工技术要求等。对照目录检查图纸是否齐全，采用了哪些标准图并准备齐这些标准图。然后看建筑平、立、剖面图，大体上想象一下建筑物的立体形象及内部布置。

2．顺序识读

在总体了解建筑物的情况以后，根据施工的先后顺序，从基础、墙体（或柱）、结构平面布置、建筑构造及装修的顺序，仔细阅读有关图纸。

3．前后对照

读图时，要注意平面图、剖面图对照着读，建筑施工图和结构加工图对照着读。土建施工图与设备施工图对照着读，做到对整个工程施工情况及技术要求心中有数。

4．重点细读

根据工种的不同，将有关专业施工图再有重点地仔细读一遍。对本专业而言，应重点注意冷库库房、机房的结构，制冷设备的位置，制冷管线的布置等问题。

（二）施工图制图标准

为了使建筑图画法统一，图面简洁清晰，符合施工要求，有利于提高设计效率，保证图纸质量，建设部于 2001 年分别颁布了《房屋建筑制图统一标准》（GB/T 50001—2001）、《总图制图标准》（GB/T 50103—2001）、《建筑制图标准》（GB/T 50104—2001）、《建筑结构制图标准》（GB/T 50105—2001）、《给水排水制图标准》（GB/T 50106—2001）、《采暖通风与空气调节制图标准》（GB/T 50114—2001）。

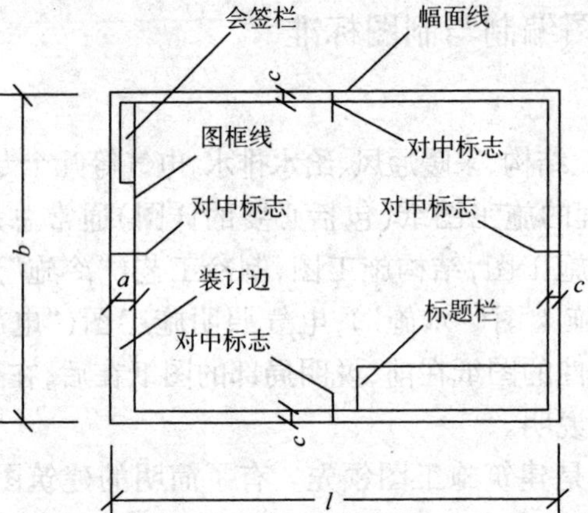

图 2－1 A0～A3 横式幅面

本课程与前四个标准（统称为“标准”）中的有关内容关系比较密切，现分述如下。

1．图纸幅面

“标准”规定，图纸幅面的规格为 A0、A1、A2、A3、A4 共五种，各号图纸的规格见表 2－1。各幅面样式见图 2－1、图 2－2和图 2－3。

表 2－1 设计图纸基本幅面尺寸表 单位：mm

基本幅面代号	A0	A1	A2	A3	A4
$b \times l$	841×1 189	594×841	420×594	297×420	210×297
c	10			5	
a	25				

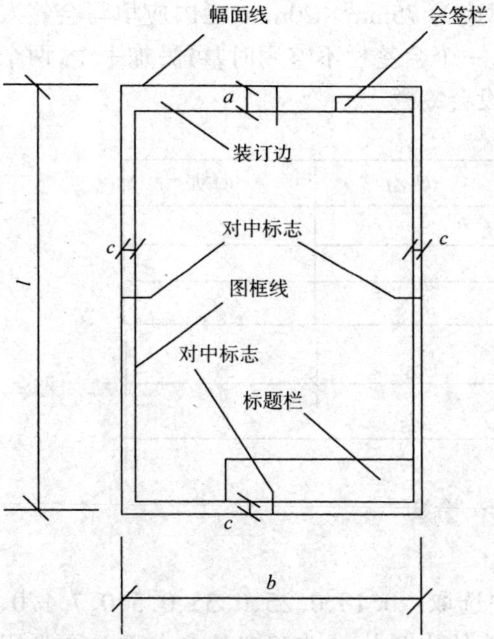

图 2-2　A0～A3 立式幅面

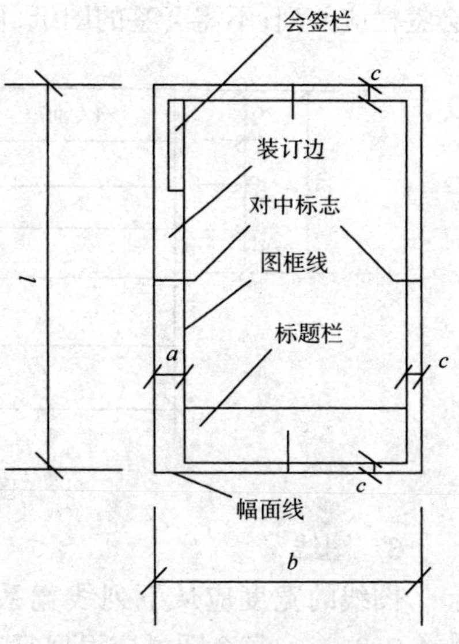

图 2-3　A4 幅面

为使图纸整齐划一，在全套施工图中应以一种规格的图纸为主，尽量避免大小幅面掺杂使用。

特殊情况下，图纸的长边可加长，但其短边不得加长，且应符合表 2-2 的规定。

表 2-2　　图纸长边加长尺寸　　单位：mm

幅面代号	长边尺寸	长边加长后尺寸									
A0	1 189	1 338	1 487	1 635	1 784	1 932	2 081	2 230	2 378		
A1	841	1 051	1 261	1 472	1 682	1 892	2 102				
A2	594	743	892	1 041	1 189	1 338	1 487	1 635	1 784	1 932	2 081
A3	420	631	841	1 051	1 261	1 472	1 682	1 892			

注：有特殊需要的图纸，可采用 $b\times l$ 为 841mm×892mm 与 1 180mm×1 261mm 的幅面。

2．标题栏与会签栏

（1）标题栏　标题栏应按图 2-4 的格式分区。

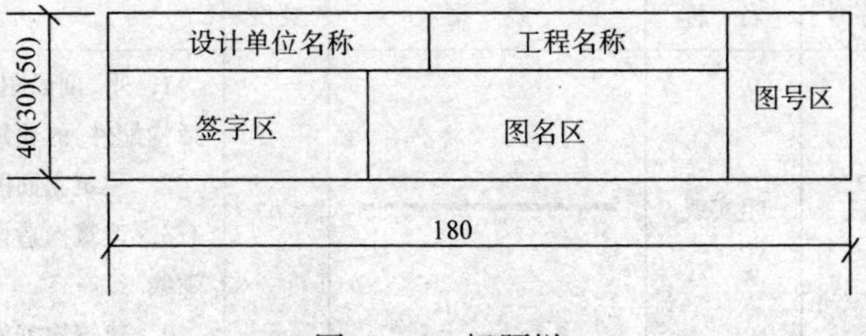

图 2-4　标题栏

（2）会签栏　会

签栏应按图 2-5 的格式绘制。其尺寸应为 75mm×20mm，栏内应填写会签人员所代表专业、姓名、日期（年、月、日）；一个会签栏不够用时，可另加一个，两个会签栏应并列；不需会签的图纸，可不设会签栏。

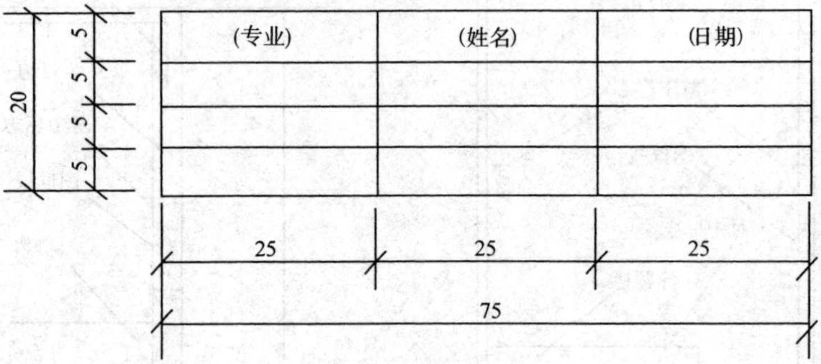

图 2-5 会签栏

3. 图线

图线的宽度应从下列线宽系列中选取：0.18、0.25、0.35、0.5、0.7、1.0、1.4、2.0mm。每个图样应根据复杂程度的比例大小，先确定基本线宽 b，再选用表 2-3 中适当的线宽组。

表 2-3 线宽组

线宽比	线宽组/mm					
b	2.0	1.4	1.0	0.7	0.5	0.35
$0.5b$	1.0	0.7	0.5	0.35	0.25	0.18
$0.35b$	0.7	0.5	0.35	0.25	0.18	

注：(1) 需要缩微的图纸，不宜采用 0.18mm 线宽；

(2) 在一张图纸内，各不同线宽组中的细线，可统一采用较细的线宽组的细线。

对于常见的建筑图，各种线条有不同的要求，见表 2-4。

表 2-4 图面各种线条的规定

序号	名 称	线 型	宽度	适 用 范 围
1	粗实线		b	1. 平、剖面图中被剖切的主要建筑构造（包括构配件）的轮廓线 2. 建筑立面图的外轮廓线 3. 建筑构造详图中被剖切的主要部分的轮廓线 4. 建筑构配件详图中的构配件的外轮廓线

续表

序号	名　称	线　型	宽度	适 用 范 围
2	中实线		0.5b	1. 平、剖面图中被剖切的次要建筑构造(包括构配件)的轮廓线 2. 建筑平、立、剖面图中建筑构配件的轮廓线 3. 建筑构造详图及建筑构配件详图中一般轮廓线
3	细实线		0.35b	小于 0.5b 的图形线、尺寸线、尺寸界线、图例线、索引符号、标高符号等
4	中虚线		0.5b	1. 建筑构造及建筑配件不可见的轮廓线 2. 平面图中的起重机(吊车)轮廓线 3. 拟扩建的建筑物轮廓线图框线等
5	细虚线		0.35b	图例线，小于 0.5b 的不可见轮廓线
6	粗点划线		b	起重机(吊车)轨道线
7	细点划线		0.35b	中心线、对称线、定位轴线
8	折断线		0.35b	不需画全的断开界线
9	波浪线		0.35b	1. 不需画全的断开界线 2. 构造层次的断开界线

图纸的图框线和标题栏线，可采用如表 2－5 所示的线宽。

表 2－5　图框线、标题栏线的宽度　单位：mm

幅面代号	图框线	标题栏外框线	标题栏分格线会签栏线
A0、A1	1.4	0.7	0.35
A2、A3、A4	1.0	0.7	0.35

4. 比例

由于房屋建筑的体形庞大，必须将其缩小若干倍方能画在图纸上，这样就产生了图形的大小与实际的大小相比的关系，这就叫缩尺比例。例如 1m 长的构件，在图纸上画成 10mm 长，即为原长的百分之一。我们称这种图样的比例是 1∶100，也就是说图上的 1mm 相当于实际的 100mm；而 10mm 就相当于实际的 1 000mm(即 1m)。

比例宜注写在图名的右侧，字的底线应取平，比例的字高。应比图名的字高小一号或二号，见图 2－6。

一套施工图中，有的图样是说明建筑总体布置的；有的图样是说明一幢房屋的全貌的，有的则说明局部的构造和尺寸。因此，要根据各个图样的不同内容和不同要求选用适当的比例，“标准”中规定了各种图样的常用比例，现摘录如表2－6所示。

平面图 1:100　　⑤ 1:20

图 2－6　比例的注写

一般情况下一个图样应选用一种比例。根据专业制图的需要，同一图样可选用两种比例。

表 2－6　**常用制图缩尺比例**

图　名	比　例
建筑物或构筑物的平面图、立面图、剖面图	1:50,1:100,1:200
建筑物或构筑物的局部放大图	1:10,1:20,1:50
配件及构造详图	1:1,1:2,1:5,1:10,1:20,1:50

5. 符号

(1) 剖切符号

① 剖面剖切符号：剖面图所表达的内容是与剖切平面的位置和剖视的投射方向有关，因此在作剖视时，应该在物体的正投影图中，被剖切的图面处用剖切符号表示它的剖切位置和投射方向。

剖切符号由剖切位置线（亦称副切线）和副视方向线组成。

剖切位置线是用一组不穿越图形的粗实线表示，一般长度为6～10mm；在副切线的两端用另一组垂直于副切线的短粗实线表示投射方向，它就是剖视方向线，一般为4～6mm，并在该短线方向用数字注写剖切符号的编号，如1－1、2－2等，如图2－7所示。当剖切面在图上需要转折时，其转折处应画出局部折线表示，如图2－7中的3－3剖视。

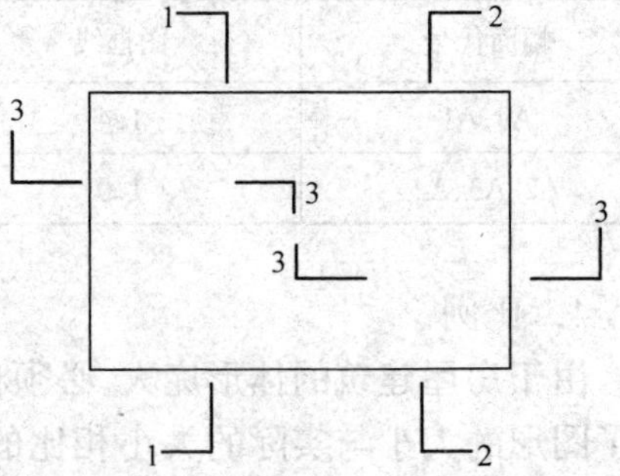

图 2－7　剖面剖切符号

② 断（截）面剖切符号：断（截）面的剖切符号，应只用剖切位置线表示，并应以粗实线绘制。断（截）面剖切符号的编号宜采用阿拉伯数字，按顺序连续编排，并应注写在剖切位置线的一侧，编号所在的一侧应为该断（截）面的剖视方向（见图2－8）。

(2) 索引符号与详图符号　一套完整的施工图所包括的图很多，而放大的详图又往往不能与有关图纸布置在一起，为了便于相互查找，“标准”规定了索引标志与详图标志，分别注明在放大引出部位和详图处。

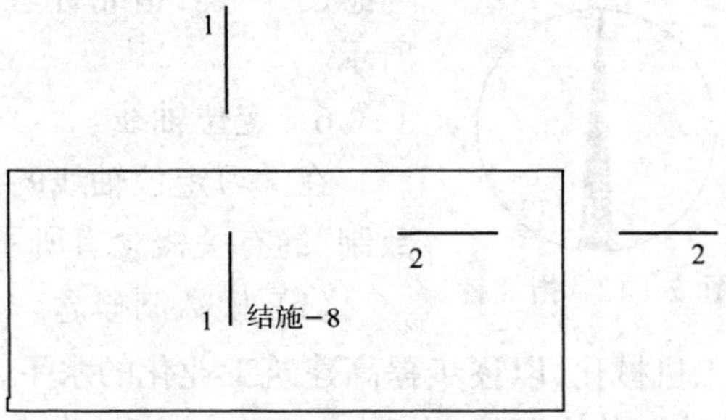

图 2-8　断(截)面剖切符号

① 索引符号：索引符号的圆及直径均应以细实线绘制[见图 2-9(1)]，索引符号应按下列规定编写：

a. 索引出的详图，如与被索引的图样同在一张图纸内，应在索引符号的上半圆中用阿拉伯数字注明该详图的编号，并在半圆中间画一段水平细实线[见图 2-9(2)]。

b. 索引出的详图，如与被索引的图样不在同一张图纸内，应在索引符号的下半圆中用阿拉伯数字注明该详图所在图纸的图纸号[见图2-9(3)]。

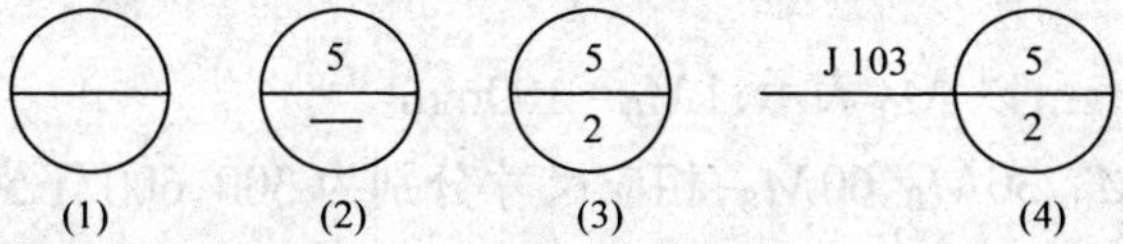

图 2-9　索引符号

c. 索引出的详图，如采用标准图，应在索引符号水平直径的延长线上加注该标准图册的编号[见图 2-9(4)]。

② 详图符号：详图的位置和编号，应以详图符号表示，详图符号应以粗实线绘制，详图应按下列规定编号：

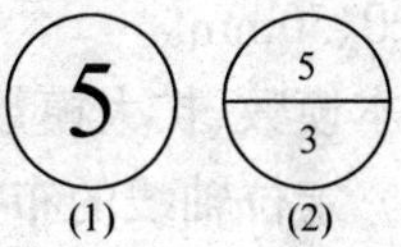

图 2-10　详图符号

(1) 与被索引图样同在一张图纸内

(2) 与被索引图样不在一张图纸内

a. 详图与被索引的图样同在一张图纸内时，应在详图符号内用阿拉伯数字注明详图的编号[见图2-10(1)]。

b. 详图与被索引的图样，如不在同一张图纸内，可用细实线在详图符号内画一水平直径。在上半圆中注明详图编号，在下半圆中注明被索引图纸的图纸号[见图 2-10(2)]。

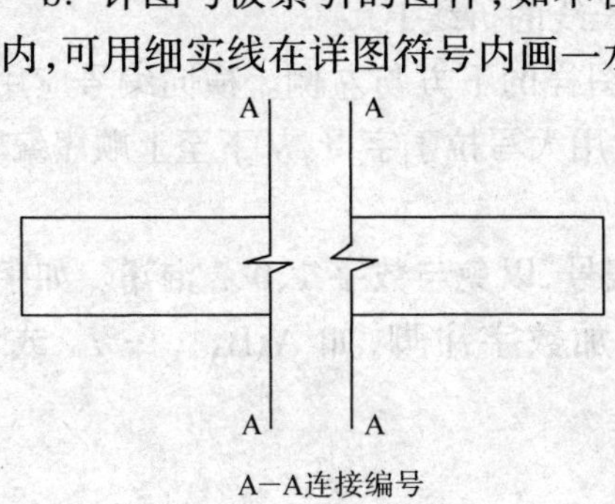

图 2-11　连接符号

③ 其它符号

a. 连接符号：连接符号应以折断线表示需连接的部位，应以折断线两端靠图样一侧的大写拉丁字母表示连接编号(见图 2-11)。两个被连接的图样，必须用相同的字母编号。

b. 指北针：指北针应放在建筑物主要面图旁的明显位置上，所指的方向应与总图一致。指北针宜用细实线绘制，其形状如图 2－12 所示。

图 2－12 指北针

6. 定位轴线

在学习定位轴线的布置和画法规定之前，应首先对"模数制"的有关概念有所了解。分述如下：

（1）模数制概念 为了通过设计标准化、生产工厂化、施工机械化，以逐步提高建筑工业化的水平，原国家城乡建设环境保护部制定了《建筑模数协调统一标准》GBJ2—1986，作为统一与协调建筑尺度的基本标准。

为了使不同类型的建筑物及其各组成部分间的尺寸统一与协调，《建筑模数协调统一标准》规定了建筑成材、建筑制品、建筑构配件以及建筑跨度、层高等的模数数列，模数数列是以选定的模数基数为基础而展开的数值系统。

它规定了基本模数为 100mm，以 M_0 表示；$1M_0=100$mm。

扩大模数 $3M_0$、$6M_0$、$15M_0$、$30M_0$、$60M_0$，相应尺寸分别为 300、600、1 500、3 000、6 000mm。一般民用建筑的开间进深尺寸用 $3M_0$ 的数列，即它的尺寸应为 300mm 的倍数，如 2 400、2 700、3 000、3 300、3 600mm 等。

基本模数分倍数的模数尺寸，有 $1/10M_0$、$1/5M_0$、$1/2M_0$；其相应尺寸分别为 10、20、50mm。

基本模数、扩大模数和分模数构成一个完整的模数数列。

（2）定位轴线的布置与画法 定位轴线是用来确定房屋主要承重结构或构件的位置及其尺寸的。因此，在施工图中凡承重墙、柱、梁、屋架等主要承重的位置处均应画上定位轴线，并进行编号，作为设计与施工放线的依据。

定位轴线的编号应标写在轴线端部的圆内，圆应用细实线绘制。定位轴线圆的圆心，应在定位轴线的延长线上或延长线的折线上。

平面图上定位轴线的编号，宜标注在图样的下方与左侧。横向编号应用阿拉伯数字，从左至右顺序编写，竖向编号应用大写拉丁字母，从下至上顺序编写，如图 2－13 所示。

拉丁字母中的 I、O、Z 不得用为轴线编号，以免与数字 1、0、2 混淆。如字母数量不够使用，可增用双字母或渗字母加数字注脚，如 A_AB_A……Y_A 或 A_1 B_1……Y_1。

7. 尺寸注法

施工图中均应注明详细的尺寸，尺寸注法由尺寸界线、尺寸线、尺寸起止符号和尺寸数字所组成（见图 2－14）。根据"标准"规定，除标高及总平面图上的尺寸以 m 为单位外，其余一律以 mm 为单位，为了使图面清晰，尺寸数字后一般不必注写单位。

在图形外面的尺寸界线是用细实线以图形的轮廓线或中线来代替。尺寸线必须以细实线圈出，而不能用其它线代替，尺寸线与尺寸界线相交处，应适当延长。尺寸线的起止点用 45°的粗短线方向应以所注数字为准，自数字的左下角向右上角倾斜。尺寸数字应标注在水平尺寸的上方垂直尺寸线的左方、中部。

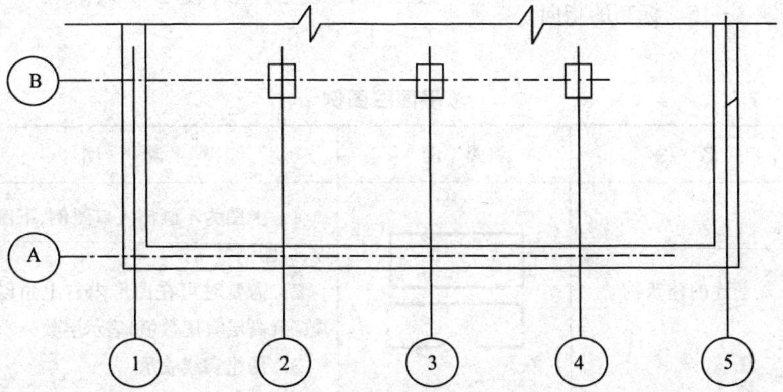

图 2-13　定位轴线编号顺序

整个冷库建筑的大小，各单间库房的大小，冷藏门的尺寸，通道的大小、门、窗及楼，电梯间的位置等都反映在平面图中，通常在冷库建筑平面图的外墙上用三道尺寸线表明，第一道尺寸为外墙总尺寸；第二道尺寸为墙或柱的轴线尺寸；第三道尺寸为外墙面上门、窗洞和窗间墙的细部尺寸。此外，室内也注有内门位置及其它构件的尺寸。施工时根据这些尺寸确定墙及门、窗洞的位置等。

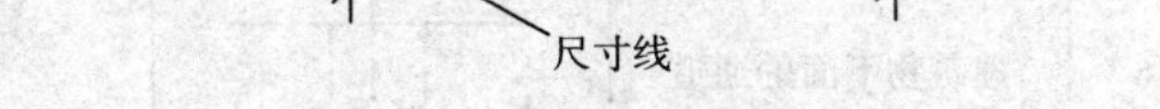

图 2-14　尺寸的组成

8．标高

标高是用以表明房屋各部分(如室内外地面、窗台，门窗口上沿、雨棚和檐口底荫，各层楼板和梁底以及女儿墙等处)高度的标注方法。

标高的表示方法用标高符号，标高数字应以 m 为单位，注写到小数点以后第三位。在总平面图中，可注写到小数点以后第二位。零点标高应注写成

±0.000,正数标高不注“+”,负数标高应注“-”(见图2-15)。

9. 常用图例

冷库建筑图均按比例缩小画在图纸上,由于图纸的篇幅有限,有些构件不能如实反映在图纸上,这就必需采用一些符号来代表某些构件和建筑材料,这些符号称图例。在“标准”中有统一规定。详见表2-7、表2-8、表2-9、表2-10和表2-11。

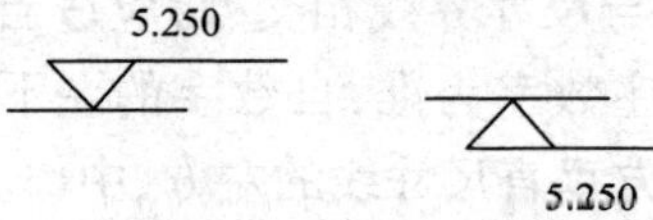

图 2-15　标高的指向

表 2-7　　　　总平面图图例

序号	名　称	图　例	说　　明
1	新建的建筑物	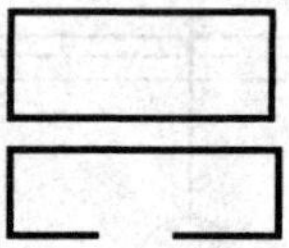	1. 上图为不画出入口图例,下图为画出入口图例 2. 需要时可在图形内右上角以点数或数字(高层宜用数值)表示层数 3. 用粗实线表示
2	原有的建筑物	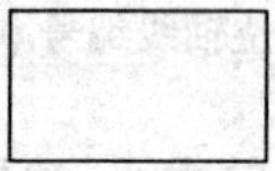	1. 应注明拟利用者 2. 用细实线表示
3	计划扩建的预留地或建筑物		用中虚线表示
4	拆除的建筑物	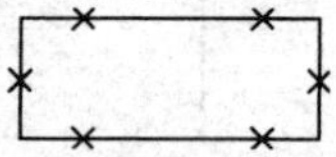	用细实线表示
5	新建的地下建筑物或构筑物	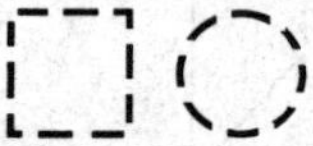	用粗虚线表示
6	建筑物下面的通道	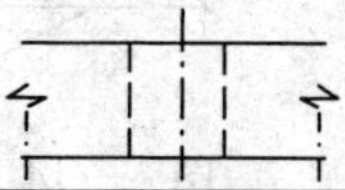	
7	散状材料露天堆场	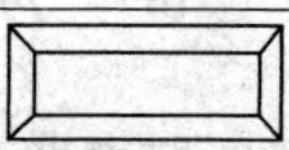	需要时可注明材料名称
8	其它材料露天堆场或露天作业场		需要时可注明材料名称
9	铺砌场地	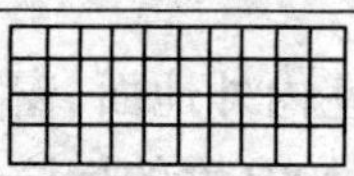	
10	敞棚或敞廊	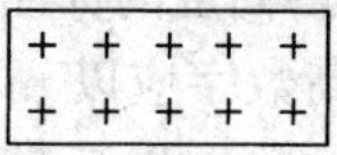	

续表

序号	名　称	图　例	说　　明
11	高架式料仓	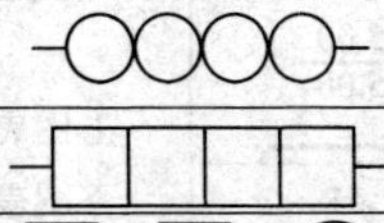	
12	漏斗式贮仓		左右图表示底卸式，中图表示侧卸式
13	冷却塔(池)	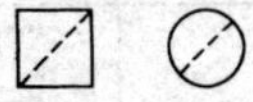	应注明冷却塔或冷却池
14	水塔、贮罐	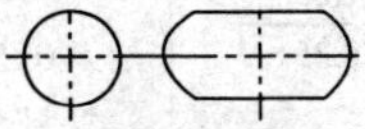	左图为水塔或立式贮罐，右图为卧式贮罐
15	水池、坑槽	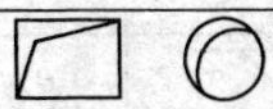	
16	明溜矿槽(井)	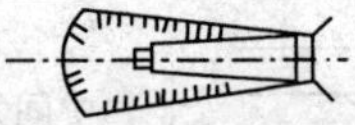	
17	斜井或平洞	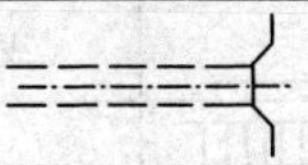	
18	烟　囱		实线为烟囱下部直径，虚线为基础，必要时可注写烟囱高度和上下口直径
19	挡土墙		被挡土在"突出"的一侧
20	围墙及大门	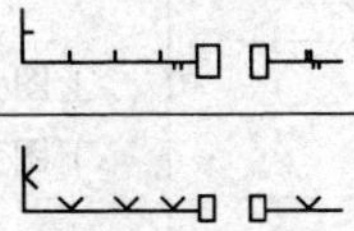	上图表示砖石、混凝土及金属材料围墙 下图表示镀锌铁丝网、篱笆等围墙 如仅表示围墙时不画大门
21	台　阶		箭头指向表示向上
22	露天桥式起重机		
23	露天电动葫芦	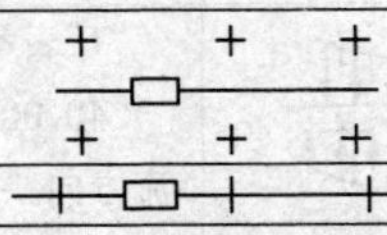	"+"表示支架
24	门式起重机	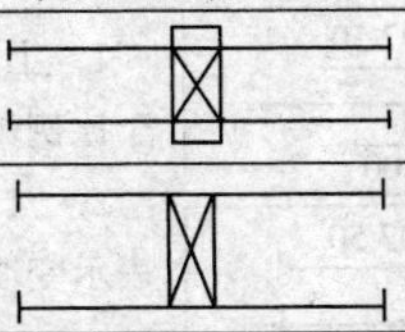	上图表示有外伸臂 下图表示无外伸臂
25	架空索道		"I"为支架位置
26	斜坡圈扬机道	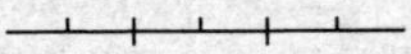	
27	斜坡栈桥(皮带廊等)	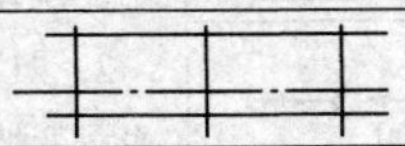	细实线表示支架中心线位置

续表

序号	名 称	图 例	说 明
28	坐 标	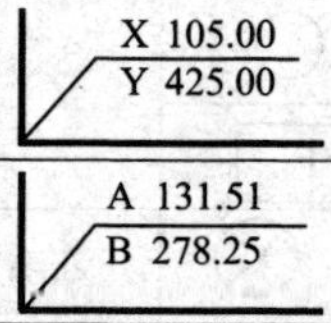	上图表示测量坐标 下图表示施工坐标
29	方格网交叉点标高	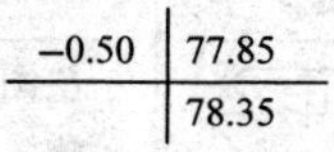	“78.35”为原地面标高 “77.85”为设计标高 -0.50为施工高度 “-”为挖方（“+”为填方）
30	填方区、挖方区、未整平区及零点线	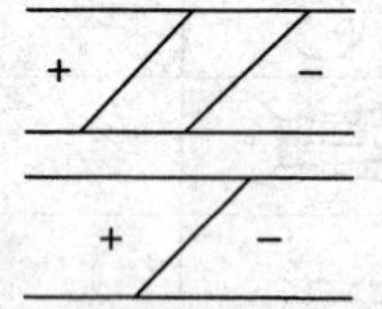	“+”为填方区 “-”为挖方区 中间为未平整区 点划线为零点线
31	填挖边坡	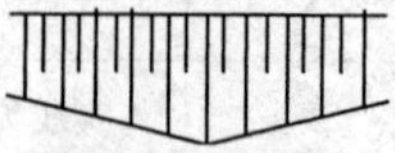	边坡较长时，可在一端或两端局部表示
32	护 坡	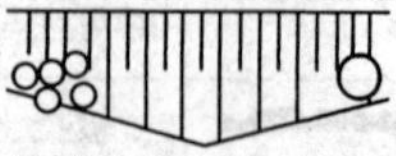	边坡较长时，可在一端或两端局部表示
33	分水脊线与谷线	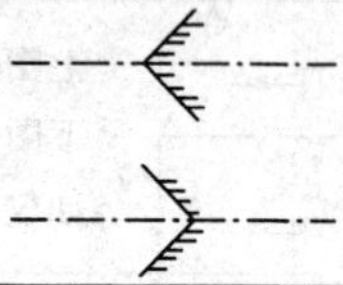	上图为脊线 下图为谷线
34	洪水淹没线		阴影部分表示淹没区 在底图背面涂红
35	地表排水方向		
36	截水沟或排洪沟	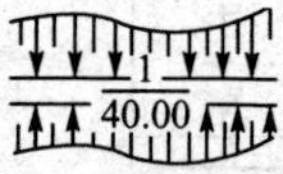	“1”表示1%，为沟底纵坡度 “40.00”表示变坡点间距离，箭头表示水流方向
37	排水明沟	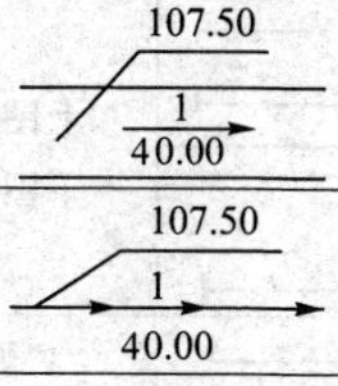	1. 上图用于比例较大的图面中，下图用于比例较小的图面中 2. “1”表示1%，为沟底纵坡度，“40.00”表示变坡点间距离，箭头表示水流方向 3. “107.50”为沟底标高
38	砌筑的排水明沟	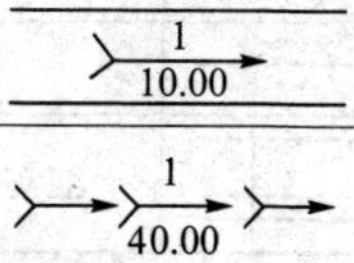	1. 上图用于比例较大的图面中，下图用于比例较小的图面中 2. “1”表示1%，为沟底纵坡度，“40.00”表示变坡点间距离，箭头表示水流方向

续表

序号	名　称	图　例	说　明
39	有盖的排水沟	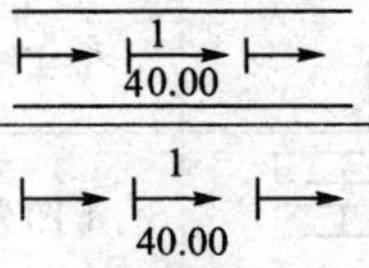	1. 上图用于比例较大的图面中，下图用于比例较小的图面中 2. “1”表示 1%，为沟底纵坡度，“40.00”表示变坡点间距离，箭头表示水流方向
40	雨水井		
41	消火栓井		
42	急流槽		箭头表示水流方向
43	跌水	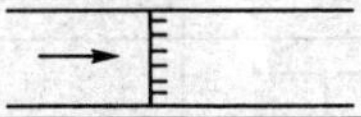	
44	拦水(渣)坝	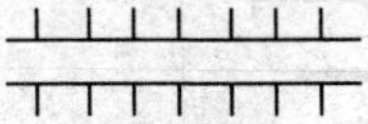	
45	透水路堤	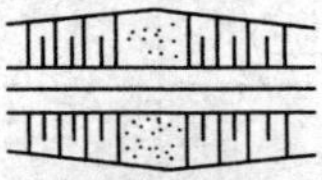	边坡较长时，可在一端或两端局部表示
46	过水路面		
47	室内标高	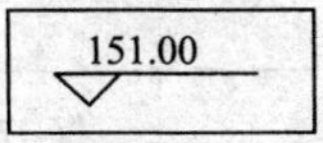	
48	室外标高		

表 2-8　　道路与铁路图例

序号	名　称	图　例	说　明
1	新设计的道路	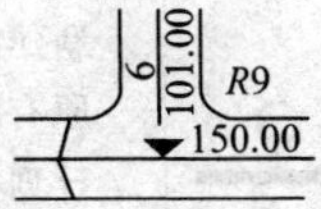	1. *R*9 表示道路转弯半径为 9m，“150.00”表示路面中心标高，“6”表示 6%，为纵向坡度，“101.00”表示变坡间距离 2. 图中斜线为道路断面示意，根据实际需要绘制
2	原有的道路		
3	计划扩建的道路		
4	拆除的道路		
5	人行道	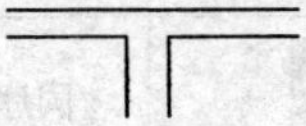	
6	道路曲线段	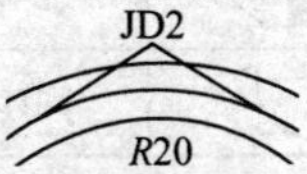	“JD2”为曲线转折点编号 “*R*20”表示道路曲线半径为 20m

续表

序号	名 称	图 例	说 明
7	汽车衡	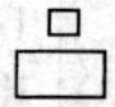	中实线表示汽车衡
8	汽车洗车台	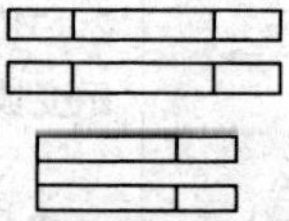	上图为贯通式 下图为尽头式
9	平交道	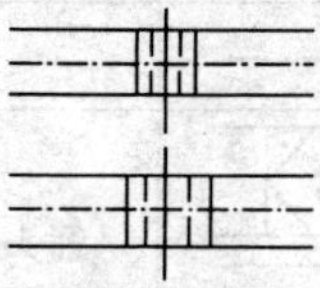	上图为无防护的平交道 下图为有防护的平交道 阴影部分在底图背面涂红
10	平 隆	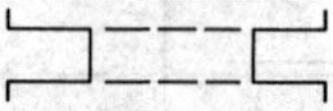	
11	新建的标准轨距铁路		
12	原有的标准轨距铁路		
13	计划扩建的 标准轨距铁路		
14	拆除的标准轨距铁路		
15	新建的窄轨铁路		“GJ762”为轨距,以 mm 计
16	原有的窄轨铁路	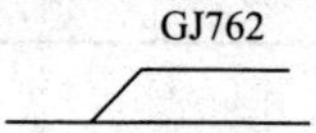	“GJ762”为轨距,以 mm 计
17	计划扩建的窄轨铁路	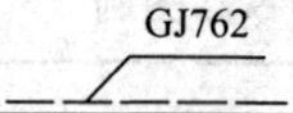	“GJ762”为轨距,以 mm 计
18	拆除的窄轨铁路	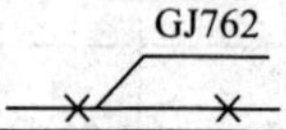	“GJ762”为轨距,以 mm 计
19	新建的有架线的 标准轨距电气铁路		新建的用粗实线表示线路 原有的用细实线表示线路 计划扩建的用中虚线表示线路 拆除的用细线加“×”表示线路
20	新建的有架线的 窄轨电气铁路	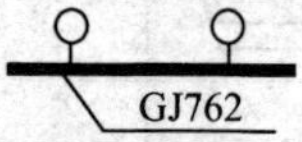	同序号 15 - 19
21	工厂、矿山接轨站	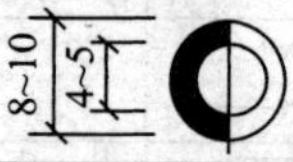	尺寸以 mm 计
22	工厂、矿山车站或编组站		同序号 21
23	厂内或矿内车站		同序号 21

续表

序号	名　称	图　例	说　明
24	会让站	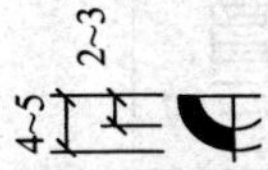	同序号 21
25	线路桥	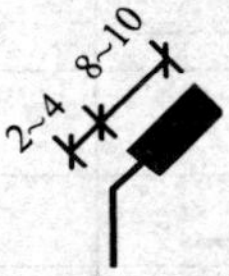	倾斜 45°角
26	单开道岔	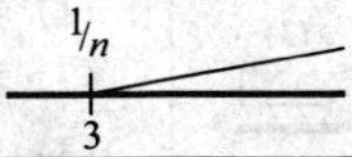	1. “1/n”表示道岔号数 2. 1、3、5、7 表示道岔编号
27	单式对称道岔	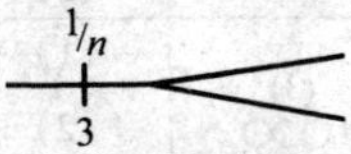	
28	单式交分道岔	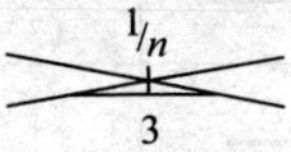	
29	复式交分道岔	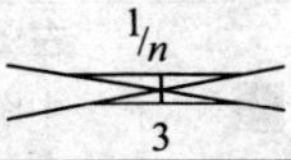	
30	交叉渡线	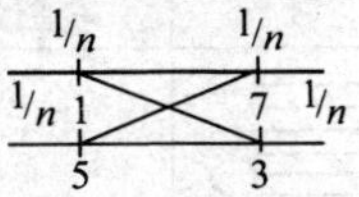	
31	菱形交叉		
32	驼　峰	 	上图为一线驼峰 下图为双线驼峰
33	减速器		上图为单侧 下图为双侧
34	车　挡		上图为土堆式 下图为非土堆式
35	坡度标	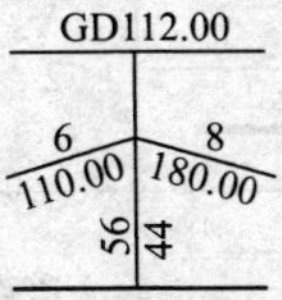	“GD112.00”为轨顶标高，“6”、“8”表示纵向坡度为 6‰、8‰，倾斜方向表示坡度，“110.00”“180.00”为变坡点间距离，“56”“44”为至前后百尺标的距离
36	铁路曲线段	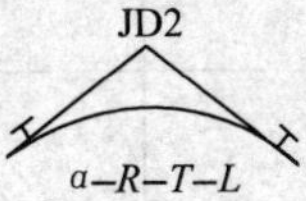	“JD2”为曲线转折点编号，“α”为曲线转向角，“R”为曲线半径，“T”为切线长，“L”为曲线长
37	轨道衡		粗线表示铁路

续表

序号	名　称	图　例	说　明
38	站　台		
39	煤　台	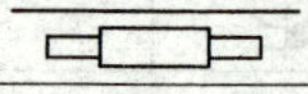	
40	灰坑或检查坑	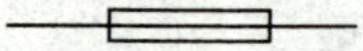	
41	转　盘		
42	水　鹤		
43	臂板信号机	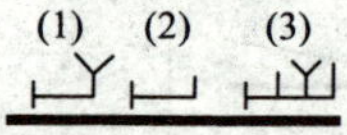	(1) 表示预告 (2) 表示出站 (3) 表示进站
44	高柱色灯信号灯	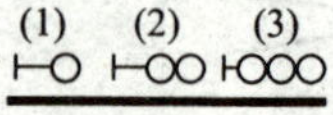	(1) 表示出站、预告 (2) 表示进站 (3) 表示驼峰及复示信号
45	矮柱色灯信号灯	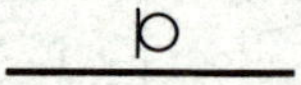	
46	灯　塔		左图为钢筋混凝土灯塔 中图为木灯塔 右图为铁灯塔
47	灯　桥	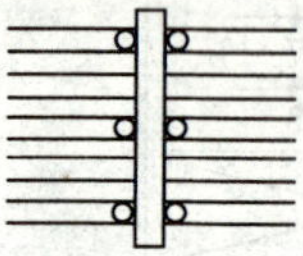	
48	铁路隧道	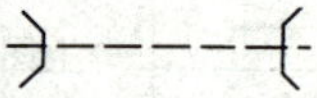	
49	涵洞、涵管	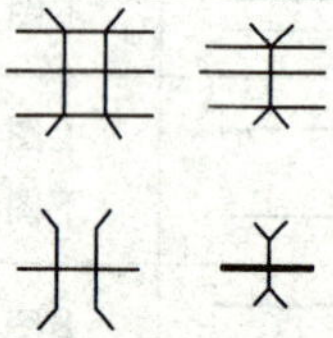	1. 上图为道路涵洞、涵管，下图为铁路涵洞、涵管 2. 左图用于比例较大的图面中，右图用于比例较小的图面中
50	桥　梁	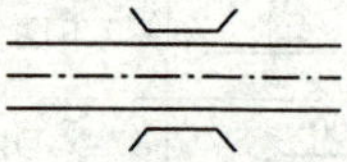 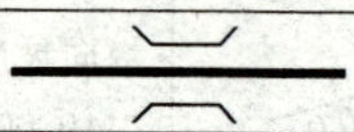	1. 上图表示公路桥，下图表示铁路桥 2. 用于旱桥时应注明
51	跨线桥	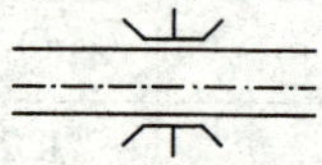	道路跨铁路
		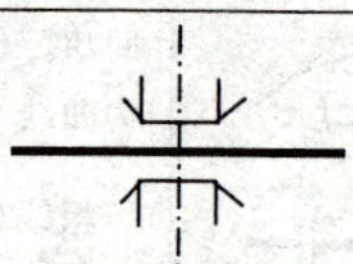	铁路跨道路

续表

序号	名　称	图　例	说　　明
51	跨线桥	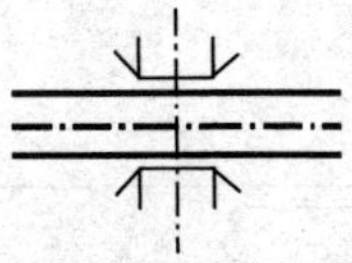	道路跨道路
		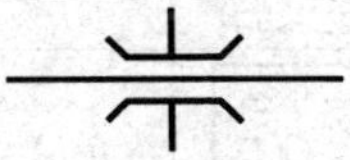	铁路跨铁路
52	码　头	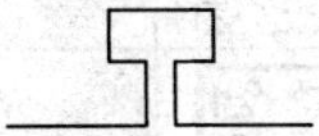 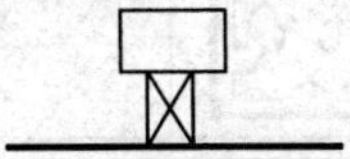	上图为固定码头 下图为浮动码头

表 2-9　　管线与绿化图例

序号	名　称	图　例	说　　明
1	管　线	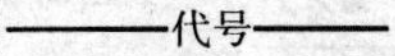	管线代号按现行国家有关标准规定标注
2	地沟管线	 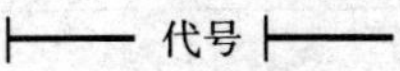	1. 上图用于比例较大的图画，下图用于比例较小的图画 2. 管线代号按现行国家有关标准规定标注
3	管桥管线	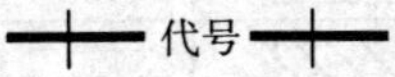	管线代号按现行国家有关标准规定标注
4	架空电力、电讯线	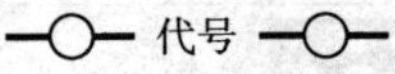	1. “○”代表电杆 2. 管线代号按现行国家有关标准规定标注
5	针叶乔木		
6	阔叶乔木		
7	针叶灌木		
8	阔叶灌木	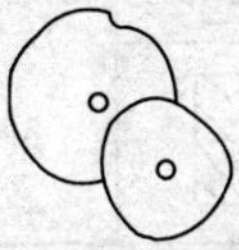	

续表

序号	名 称	图 例	说 明
9	草本花卉		
10	修剪的树篱		
11	草 地	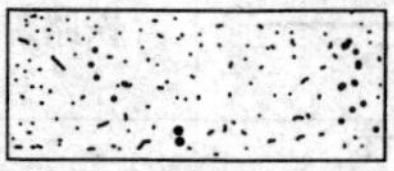	
12	花 坛	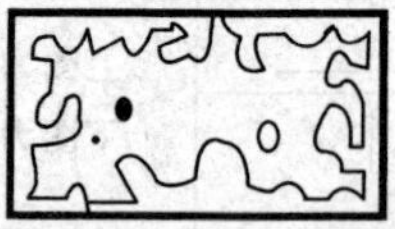	

表 2-10　　建筑材料及配件图例

序号	名 称	图 例	说 明
1	自然土壤		包括各种自然土壤
2	夯实土壤	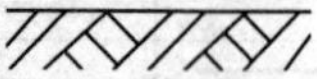	
3	砂、灰、土	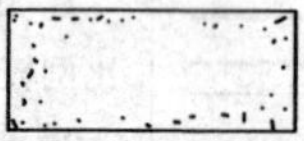	靠近轮廓线点较密的点
4	砂砾石、碎砖三合土	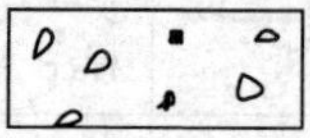	
5	天然石材	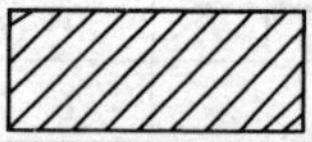	包括岩层、砌体、铺地、贴面等材料
6	毛 石		
7	普通砖	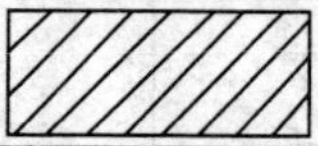	1. 包括砌体、砌砖 2. 断面较窄,不易画出图例线时,可涂红
8	耐火砖	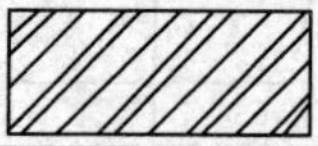	包括耐酸砖等
9	空心砖	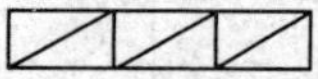	包括各种多孔砖
10	饰面砖	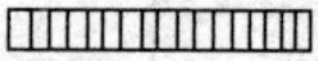	包括铺地砖、马赛克、陶瓷锦砖、人造大理石等
11	混凝土	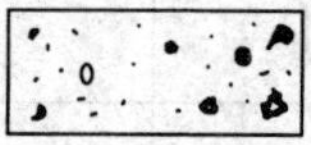	1. 本图例仅适用于能承重的混凝土及钢筋混凝土 2. 包括各种标号、骨料、添加剂的混凝土 3. 在剖面图上画出钢筋时,不画图例线 4. 断面较窄,不易画出图例线时,可涂黑
12	钢筋混凝土		

续表

序号	名　称	图　例	说　明
13	焦渣、矿渣	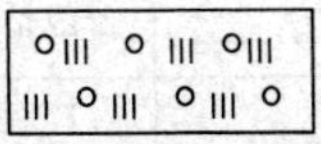	包括与水泥、石灰等混合而成的材料
14	多孔材料		包括水泥珍珠岩、沥青珍珠岩、泡沫混凝土、非承重加气混凝土、泡沫塑料、软木等
15	纤维材料		包括麻丝、玻璃棉、矿渣棉、木丝板、纤维板等
16	松散材料		包括木屑、石灰木屑、稻壳等
17	木　材		1. 上图为横断面，左上图为垫木、木砖、木龙骨 2. 下图为纵断面
18	胶合板	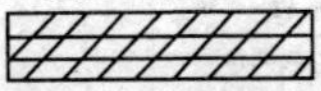	应注明“×层胶合板”
19	石膏板	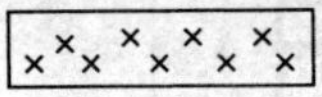	
20	金　属	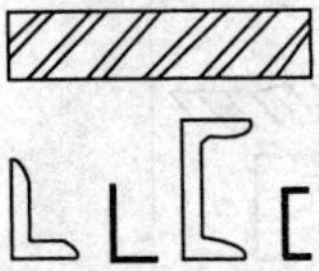	1. 包括各种金属 2. 图形小时，可涂黑
21	网状材料		1. 包括金属、塑料等网状材料 2. 注明材料
22	液　体	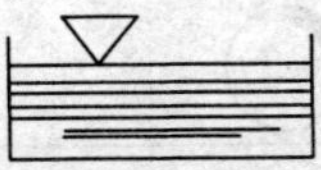	注明液体名称
23	玻　璃		包括平板玻璃、磨砂玻璃、夹丝玻璃、钢化玻璃等
24	橡　胶		
25	塑　料		包括各种软、硬塑料及有机玻璃等
26	防水材料		构造层次多或比例较大时，采用上面图例
27	粉　刷		

注：序号1、2、5、7、8、12、14、18、20、24、25图例中的斜线、短斜线、交叉斜线等一律为45°。

表 2-11　　构造及配件图例

序号	名称	图例	说明
1	土墙		包括土筑墙、土坯墙、三合土墙等
2	隔断		1. 包括板条抹灰、木制、石膏板、金属材料等隔断 2. 适用于到顶与不到顶隔断
3	栏杆		上图为非金属扶手 下图为金属扶手
4	楼梯	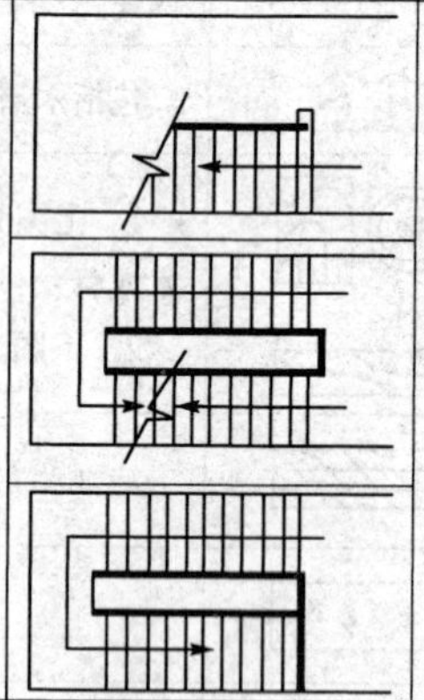	1. 上图为底层楼梯平面，中图为中间层楼梯平面，下图为顶层楼梯平面 2. 楼梯的形式及步数应按实际情况绘制
5	坡道	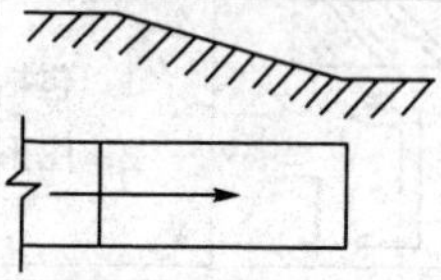	
6	检查孔	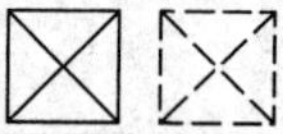	左图为可见检查孔 右图为不可见检查孔
7	孔洞		
8	坑槽		
9	墙预留洞	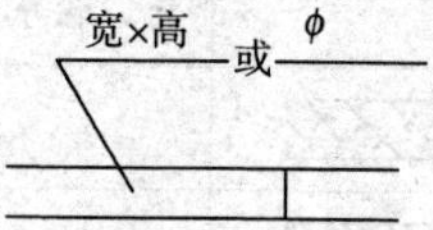	
10	墙预留槽	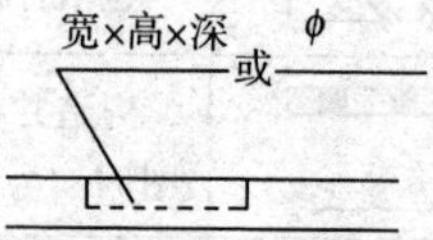	
11	烟道	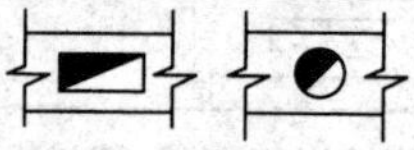	

续表

序号	名　称	图　例	说　明
12	通风道	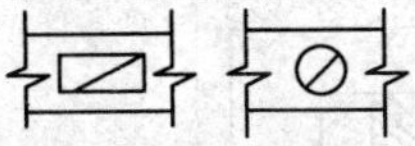	
13	新建的墙和窗	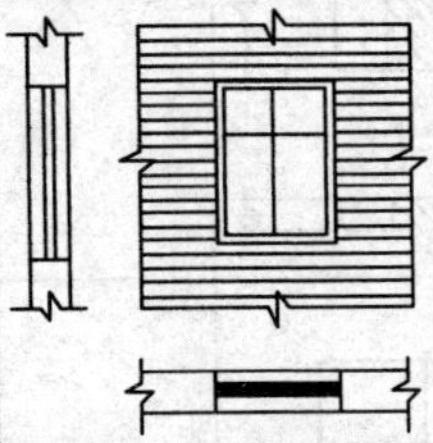	本图为砖墙图例，若用其它材料，应按所用材料的图例绘制
14	改建时保留原有的墙和窗	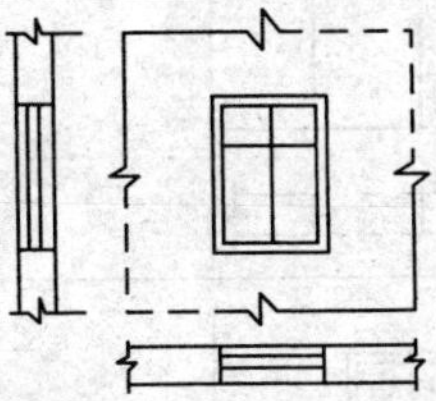	
15	应拆除的墙	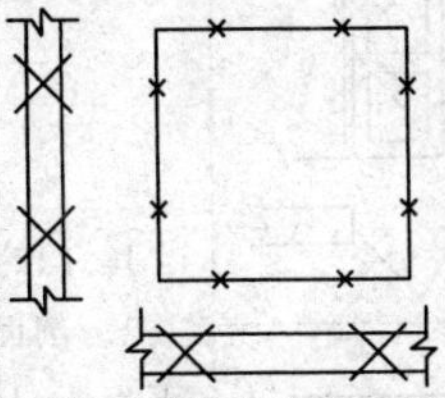	
16	在原有墙或楼板上新开的洞	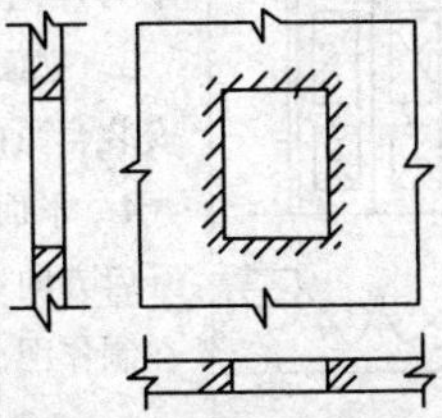	
17	在原有洞旁放大的洞	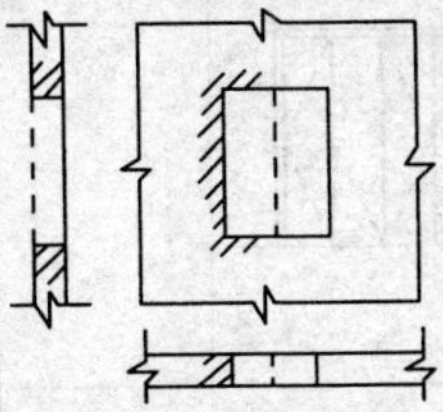	
18	在原有墙或楼板上全部填塞的洞	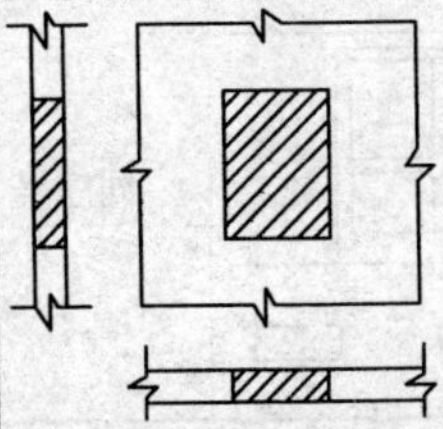	

续表

序号	名称	图例	说明
19	在原有墙或楼板上局部填塞的洞	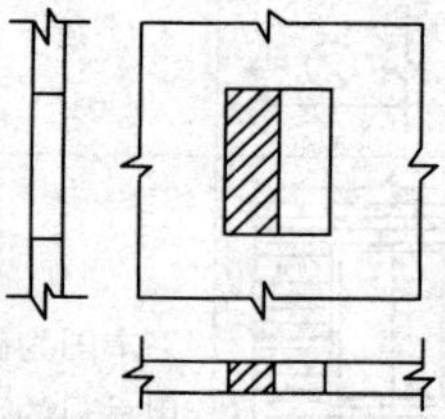	
20	空门洞	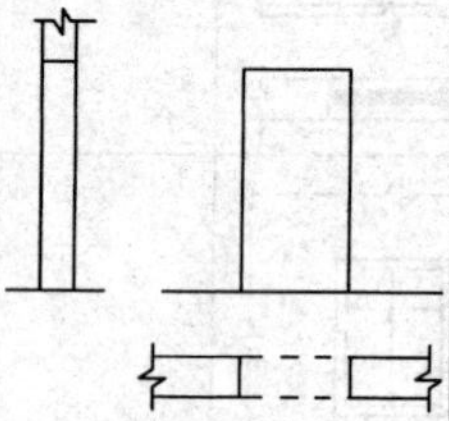	
21	单扇门(包括平开或单面弹簧)	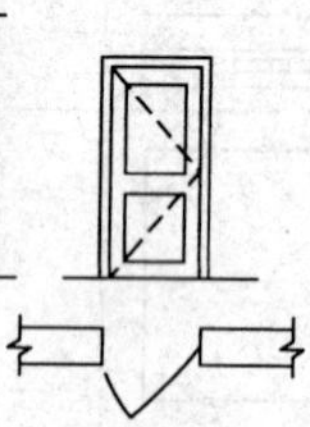	1. 门的名称代号用M表示 2. 剖面图上左为外、右为内,平面图上下为外,上为内 3. 立面图上开启方向线交角的一侧为安装合页的一侧,实线为外开,虚线为内开 4. 平面图上的开启弧线及立面图上的开启方向线在一般设计图上不需表示,仅在制作图上表示 5. 立面形式应按实际情况绘制
22	双扇门(包括平开或单面弹簧)	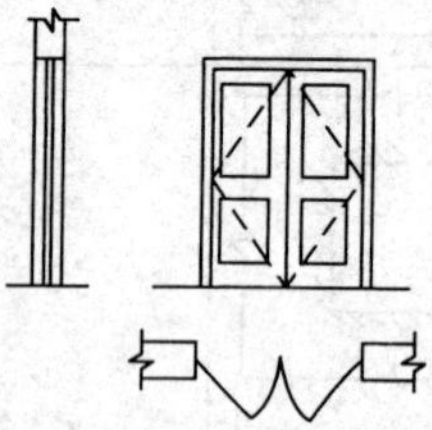	
23	对开折叠门	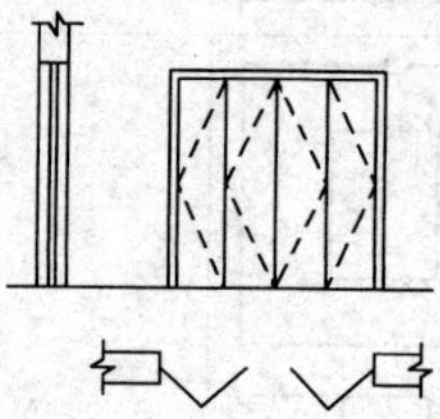	
24	墙外单扇推拉门	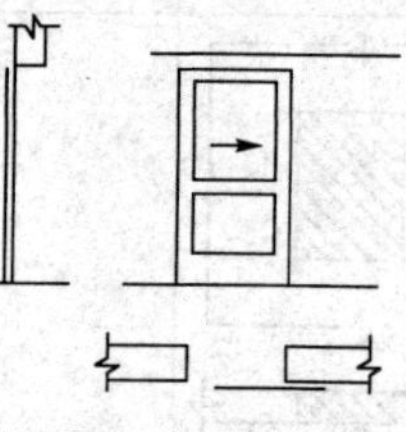	同序号21说明中的1、2、5

续表

序号	名　称	图　例	说　　明
25	墙外双扇推拉门	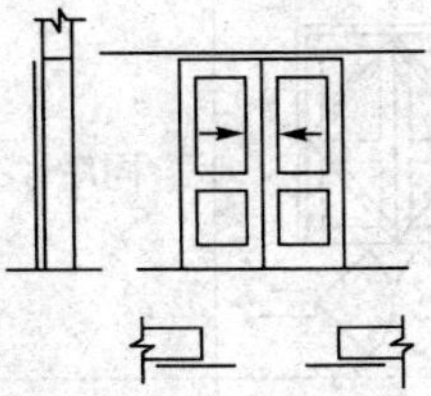	同序号 21 说明中的 1、2、5
26	墙内单扇推拉门	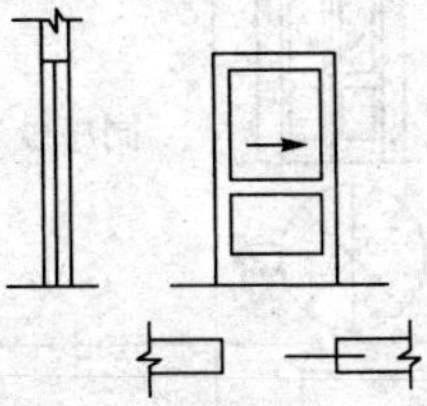	同序号 21 说明中的 1、2、5
27	墙内双扇推拉门	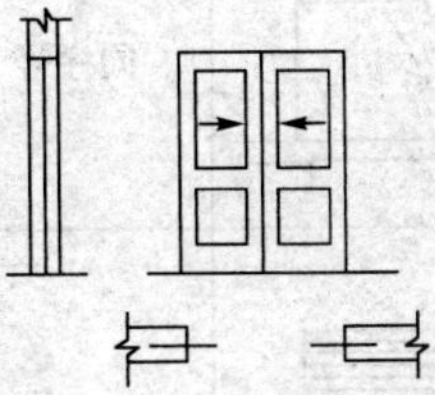	同序号 21 说明中的 1、2、5
28	单扇双面弹簧门	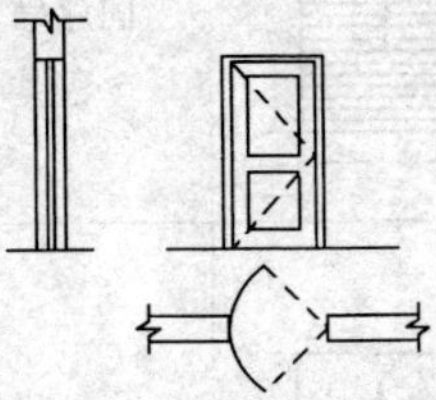	同序号 21
29	双扇双面弹簧门	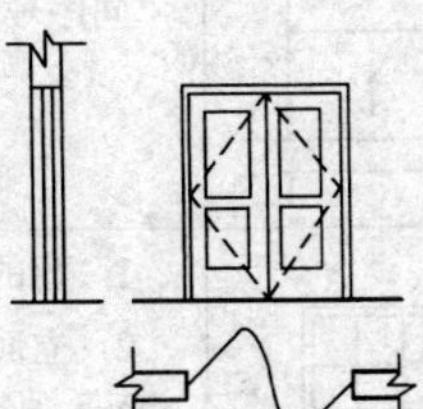	同序号 21
30	单扇内外开双层门 （包括平开或单面弹簧）	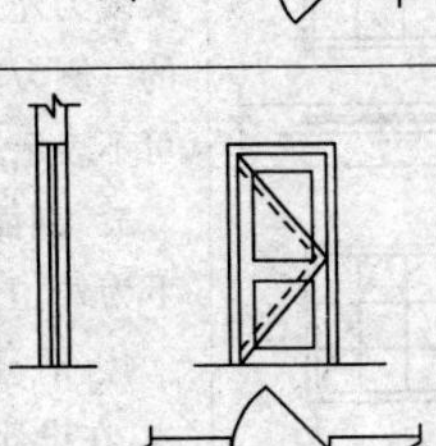	同序号 21

续表

序号	名 称	图 例	说 明
31	双扇内外开双层门 (包括平开或单面弹簧)	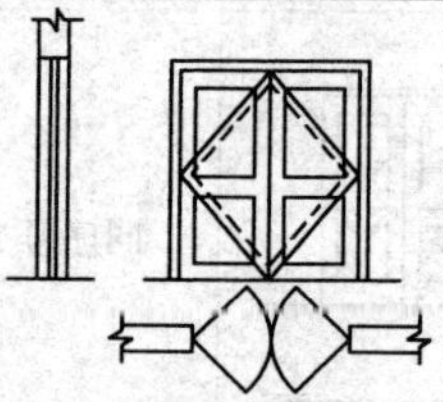	同序号 21
32	砖 门	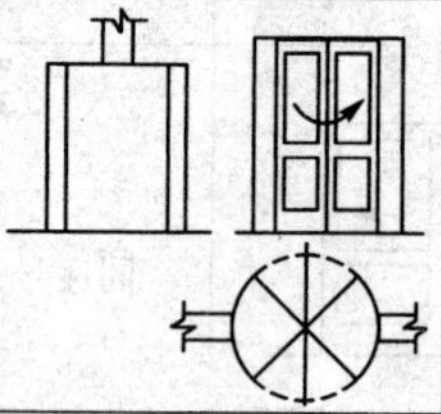	同序号 21 说明中的 1、2、4、5
33	折叠上翻门	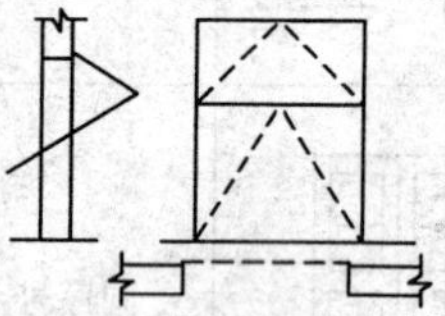	同序号 21
34	卷 门	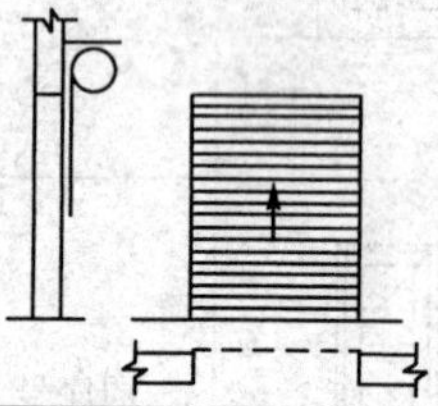	同序号 21 说明中的 1、2、5
35	提升门	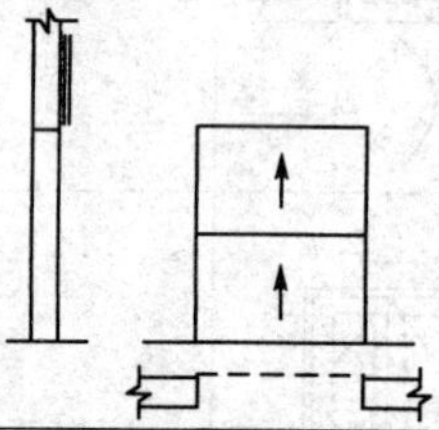	同序号 21 说明中的 1、2、5
36	单层固定窗	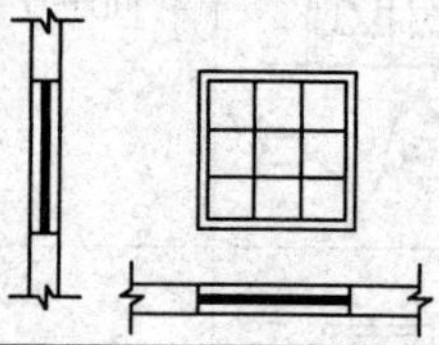	1. 窗的名称代号用 C 表示 2. 立面图中的斜线表示窗的开关方向,实线为外开,虚线为内开,开启方向线交角的一侧为安装合页的一侧,一般设计图中可不表示 3. 剖面图上左为外、右为内,平面图上下为外,上为内 4. 平、剖面图上的虚线仅说明开关方式,在设计图中不需表示 5. 窗的立面形式应按实际情况绘制
37	单层外开上悬窗	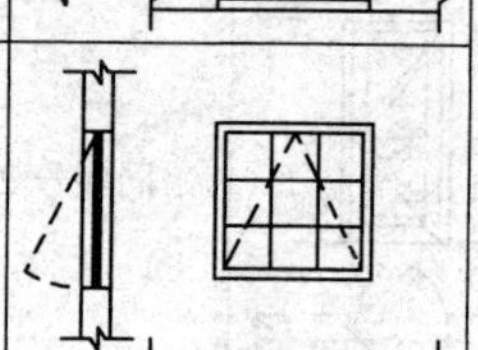	

续表

序号	名　称	图　例	说　　明
38	单层中悬窗	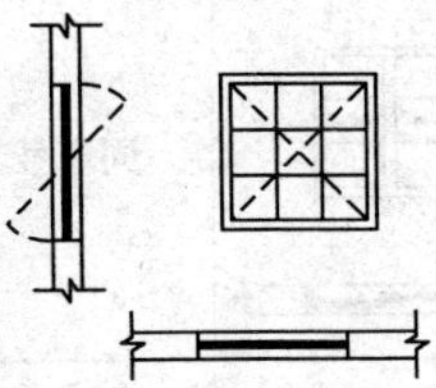	同序号 36
39	单层内开下悬窗	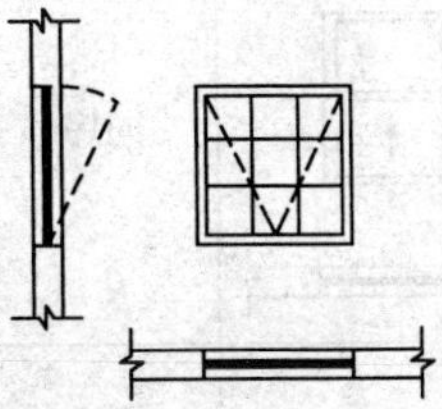	同序号 36
40	单层外开平开窗	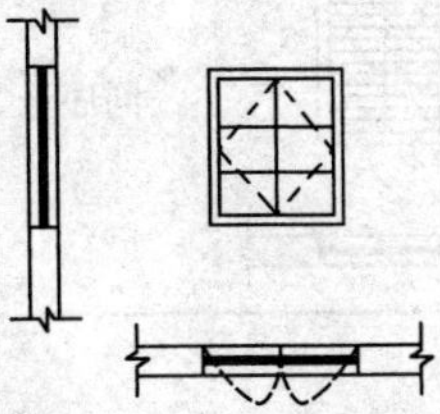	同序号 36
41	立转窗	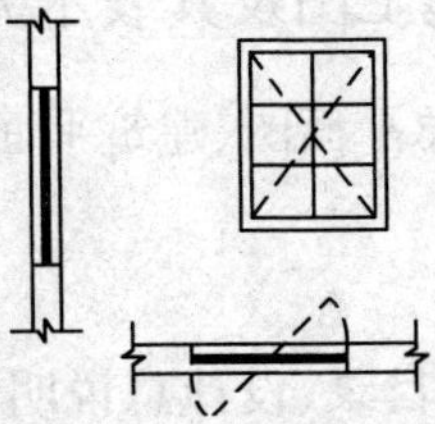	同序号 36
42	单层内开平开窗	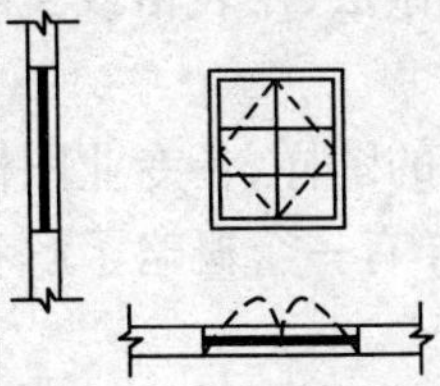	同序号 36
43	双层内外开平开窗	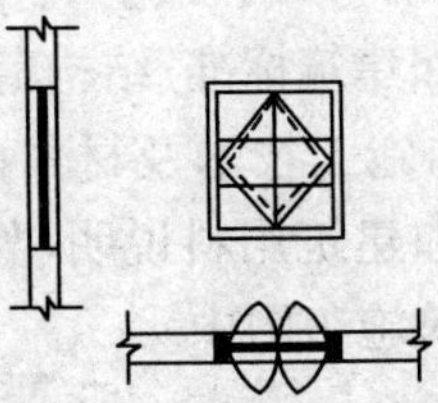	同序号 36

续表

序号	名 称	图 例	说 明
44	左右推拉窗	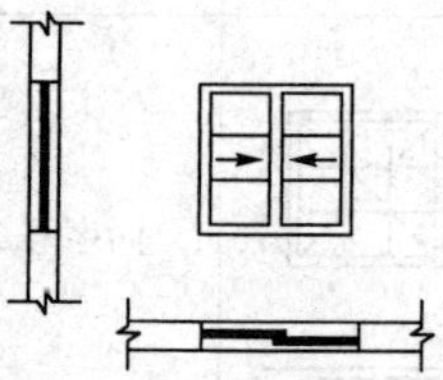	同序号 36 说明中的 1、3、5
45	上推窗	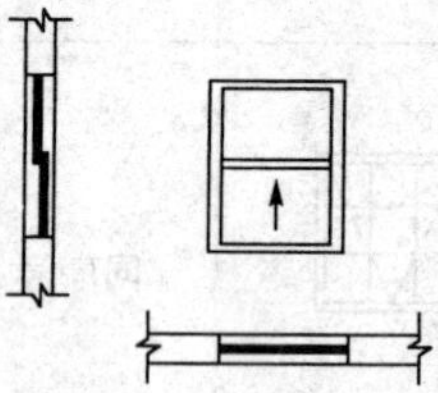	同序号 36 说明中的 1、3、5
46	百叶窗	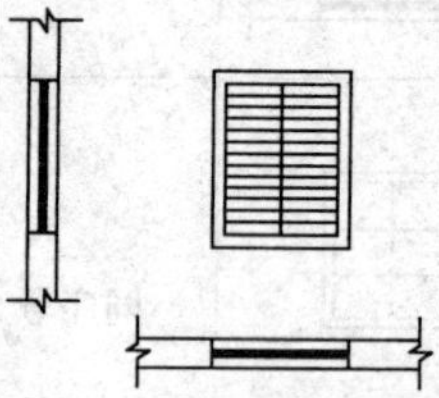	同序号 36

二、建筑施工图及其表示方法

建筑施工图包括首页图、建筑总平面图、建筑平面图、建筑立面图、建筑剖视图等。

（一）首页图

首页图的内容一般包括：图纸目录、设计总说明、门窗表和楼地面、内外墙和散水台阶等处的构造做法和装修做法，用表格或文字说明。

1．图样目录

列表说明该工程有哪几个专业的图样，各专业图样的名称、张数并按图样装订顺序依次编号，以便于对整套图样有一个概略了解和查找图样。

2．设计总说明

主要说明工程的概貌和总的要求，其内容包括：本工程设计依据（有关的地质、水文、气象资料等）、设计标准（如建筑标准、结构荷载等级、抗震要求、采暖通风要求、照明标准等）、施工要求（如施工技术及材料的要求等）、技术经济指标（如建筑面积总造价、单位造价等）和建筑用料说明（如砖、混凝土等的强度等级等）。小型工程的总说明可放在建筑施工图中。

3．门窗表

为了便于订货和加工，应列有门窗表。

4. 屋顶、楼地面、内外墙面、散水、顶棚、女儿墙、压顶及栏杆扶手等的构造做法和装修做法。

(二) 建筑总平面图

建筑总平面图是拟建房屋所在基地一定范围内的水平投影图，主要反映拟建房屋、原有建筑物等的平面形状、位置和朝向，室外场地、道路、绿化等的布置，地形、地貌、标高以及与原有环境的关系和邻界情况等。

建筑总平面图也是拟建房屋定位、施工放线、土方施工以及绘制水、电、暖等管线总平面图和施工总平面图的依据。

建筑总平面图(见图 2-16)的图示内容包括：

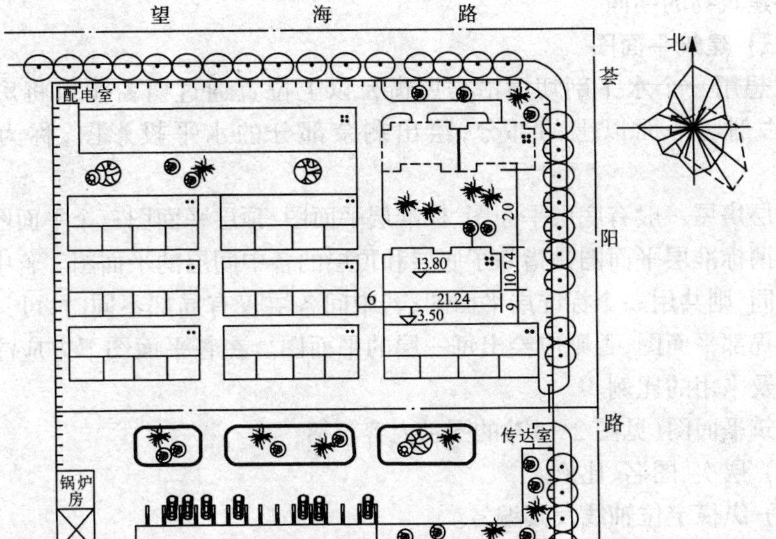

图 2-16　建筑总平面图

道路中心线　围墙　绿树　绿地
原有建筑物　拟建建筑物　新建建筑物
总平面图1:500

(1) 图名、比例。由于总平面图所包括的区域面积较大，所以绘制时常采用1:500、1:1 000、1:2 000、1:5 000 等小比例，房屋只用外围轮廓线的水平投影表示，如图所示。

(2) 应用图例来表明新建区、扩建区或改建区的总体布置，表明各建筑场和构筑场的位置、道路、广场、室外场地和绿化等的布置情况以及各建筑物的层数等。在总平面图上一般应画上所采用的主要图例及其名称。此外，对于标准中缺乏规定而需要自定的图例，必须在总平面图中绘制清楚，并注明其名称。

(3) 确定新建、改建或扩建工程的具体位置，一般根据原有房屋或道路来定位，并以 m 为单位标注出定位尺寸。

当新建成片的建筑物和构筑物或较大的公共建筑或厂房时，往往用坐标来确定每一建筑物及道路转折点的位置；地形起伏较大的地区，还应画出地形等高线。

(4) 注明新建房屋底层室内地面和屋外整平地面的绝对标高和层数(常用黑小圆点数表示层数)。

(5) 画上带有指北针的风向频率玫瑰图或指北针，表示该地区的常年风向频率和建筑物的朝向。

(三) 建筑平面图

假想用一个水平剖切面沿房屋窗台以上位置通过门窗洞口将房屋剖切开，移去剖切平面以上的部分，绘出剩余部分的水平投影图，称为建筑平面图。

多层房屋一般有底层平面图、标准层平面图、顶层平面图三个平面图。

所谓标准层平面图是指除了底层和顶层的各中间层的平面图。若中间各层完全相同，则共用一个标准层平面图；若中间各层仅有局部不同时，可只绘出不同处的局部平面图，否则应绘出每一层的平面图。在各平面图下方应注明相应的图名及采用的比例。

建筑平面图(见图 2-17)的图示内容包括：

(1) 层次、图名、比例。

(2) 纵横定位轴线及其编号。

(3) 各房间的组合和分隔、墙、柱的断面形状及尺寸等。

(4) 门窗布置及其型号。

(5) 楼梯的形状、走向和级数。

(6) 其它构件如台阶、花台、雨篷、阳台以及各种装饰的位置、盥洗室、厨房等固定设施的布置。

(7) 标注出平面图中尺寸和标高，以及某些坡度。

(8) 底层平面图中应表明剖视图的剖切位置线和剖视方向及其编号，绘制表明房屋朝向的指北针。

(9) 层顶平面图中应表示出屋顶形状、屋面排水方向、坡度或泛水，以及其它构配件的位置。

(10) 详图索引符号。

(11) 各房间名称，必要时注明各房间的有效使用面积。

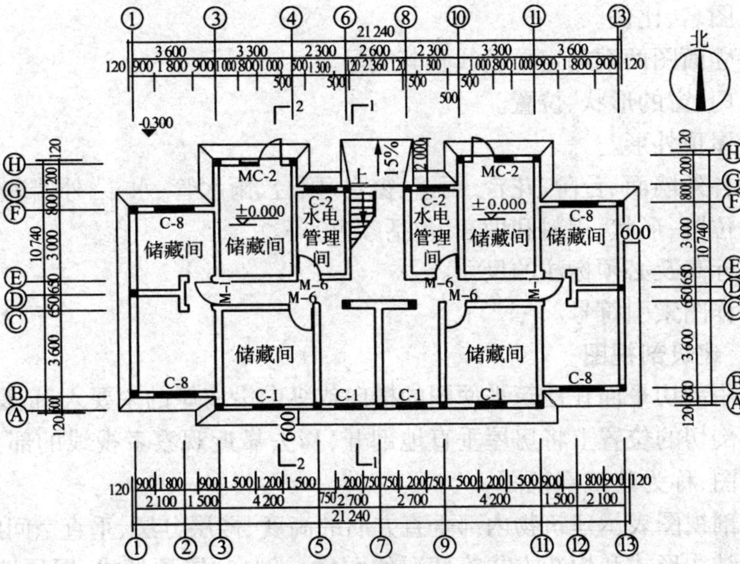

底层平面图 1:100

图 2－17　建筑平面图

（四）建筑立面图

在与房屋立面平行的投影面上所作的正投影图，称为建筑立面图，简称立面图。建筑立面图是用来表示建筑物的外形和外墙面装饰要求的图样。立面图可根据房屋的朝向来命名，如南立面图、北立面图、东立面图、西立面图。也可以根据主要入口来命名，通常把主要入口或反映房屋主要外貌特征的立面图称为正立面图，而其它三个面分别为背立面图和左、右侧立面图，还可以根据立面图两端轴线的编号来命名。

建筑立面图(见图 2－18)的图示内容包括：

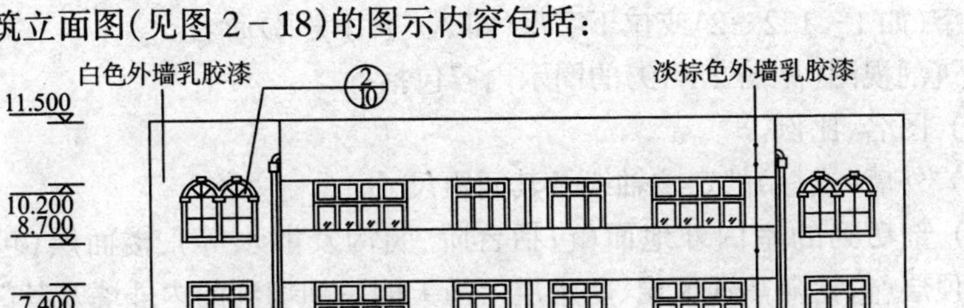

正立面图 1:100

图 2－18　建筑立面图

(1) 图名、比例。

(2) 立面图两端的定位轴线及其编号。

(3) 门、窗的形状、位置。

(4) 屋顶外形。

(5) 各外墙面、台阶、花台、雨篷、窗台、阳台、雨水管、水斗、外墙装饰及各种线脚等的位置、形状、用料和做法(包括颜色)等。

(6) 标高及必须标注的尺寸。

(7) 详图索引符号。

(五) 建筑剖视图

假想用剖切平面在建筑平面图的横向或纵向沿房屋的主要入口、窗洞口、楼梯等需要剖切的位置上将房屋垂直地剖开,移去靠近观察者视线的部分后所作的正投影图,称为建筑剖视图。

建筑剖视图表示建筑物内部垂直方向的高度、楼层分层、垂直空间的利用以及简要的结构形式和构造方式等情况的图样。例如,屋顶形式、屋顶坡度、接口形式、楼板搁置方式、楼梯的形式及其简要的结构、构造等。由于剖视图表示的是建筑物内部空间在垂直方向的安排和组织,所以只有与平面图、立面图结合剖视图以及辅以详图,才能清楚地识读建筑物内部构配件。故剖视图也是建筑物不可缺少的重要图样之一。

要想使剖视图达到较好的图示效果,必须合理选择剖切位置和剖切后的投射方向。剖切位置应根据图样的用途和设计深度,在平面图上选择能反映全貌、构造特征以及有代表性的部位剖切。在设计过程中,剖切位置一般选在楼梯间通过门窗洞口的位置。剖切数量视建筑物的复杂程度和实际情况而定,并用阿拉伯数字(如1-1、2-2)或拉丁字母(如A-A、B-B)命名。

建筑剖视图(见图2-19)的图示内容包括:

(1) 图名、比例。

(2) 外墙(或柱)的定位轴线及其间距尺寸。

(3) 剖切到的室内外地面(包括台阶、明沟及散水等)、楼面层(包括吊天棚)、屋顶层(包括隔热通风层、防水层及吊天棚);剖切到的内外墙及其门、窗(包括过梁、圈梁、防潮层、女儿墙及压顶);剖切到的各种承重梁和连系梁、楼梯梯段及楼梯平台、雨篷、阳台以及剖切到的孔道、水箱等的位置、形状及其图例。一般不画出地面以下的基础。

(4) 未剖切到的可见部分,如看到墙面及其凹凸轮廓、梁、柱、阳台、雨篷、门、窗、踢脚、勒脚、台阶(包括平台踏步)、水斗和雨水管,以及看到的楼梯段(包括栏杆、扶手)和各种装饰等的位置和形状。

(5) 竖直方向的尺寸和标高。

(6) 详图索引符号。

(7) 某些用料注释。

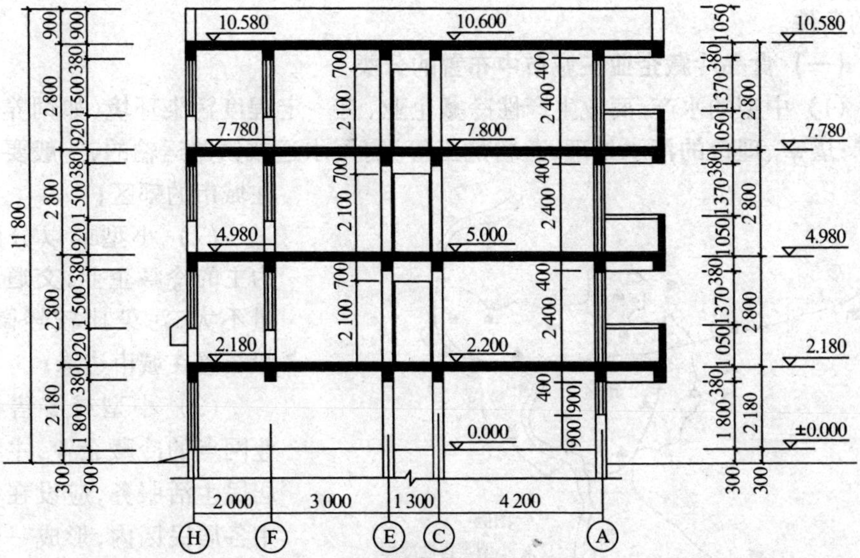

2-2剖视图 1:100

图 2-19　建筑剖视图

第二节　食品冷库的总平面布置

一、食品冷藏企业在城市中的规划布置

建国以来我国冷藏事业得到了迅速的发展,它对促进我国农、牧、渔业生产,繁荣市场,改善人们生活和扩大外贸出口起着重要作用。

目前,水产、商业冷库网点已普及全国各省、市、自治区,初步形成一个以大、中、小型冷藏企业相配套的冷库网。截至 2000 年 12 月"中国食品冷藏链大会"总结的数据,参见表 2-12。随着今后人们物质文化生活水平的不断提高,食品冷藏企业也应适应现代化发展的要求,因此在城市建设中,如何合理布置各种类型的食品冷藏企业,成为城市建设的重要内容之一。

表 2-12　1982—1998 年中国水产冷库发展数据

年份	总产量/万 t	冷库量/万 t	冷库数/座	冻结能力/(万 t/d)	冻鱼量/万 t	制冰能力/(万 t/d)	制冰量/万 t
1982	515	25	255	0.8	69	0.7	193
1998	3 800	126	4 258	10.8	288	10	662
增长(倍)	7.4	5	16.7	13.5	4.2	14.2	3.4

食品冷藏企业的正确与合理的布局，必须从城市的整体出发。生产与生活同时兼顾，考虑其对城市的影响及与城市的关系，并为企业间的生产协作创造良好的条件。

（一）食品冷藏企业在城市中布置的分类

（1）中型的水产、商业生产性冷藏企业，有一定程度污染环境（如饲养区的臭味；屠宰、理鱼的污水处理；鱼粉加工等）需用水运或铁路运输的，一般要布置在城市的郊区；

（2）小型或以分配性为主的冷藏企业，交通运输量不大，污染比较轻微，一般布置在城市边缘；

（3）小型或零售性商业网点的冷藏企业，主要为居民生活服务，应设在城市中各居民区内，形成一个完善的食品冷藏链。如图2-20所示。

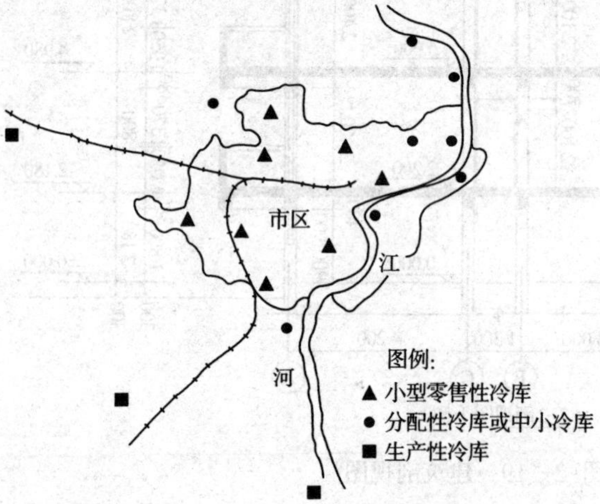

图 2-20 食品冷藏企业在城市中的布置

（二）食品冷藏企业布置与风向的关系

肉类、鱼类等加工企业应布置在城市居住区夏季风向最小频率的上风侧，这样可使居住区受污染的程度减小。

因为夏季人们在户外的时间多，而冬季人们多在室内活动，门窗开启的时间也少，含有灰尘或气味的空气对人的危害程度也就因季节不同而有所不同，故以夏季风向作为肉类、鱼类冷加工企业在城市中布置的主要依据。如图2-21所示。

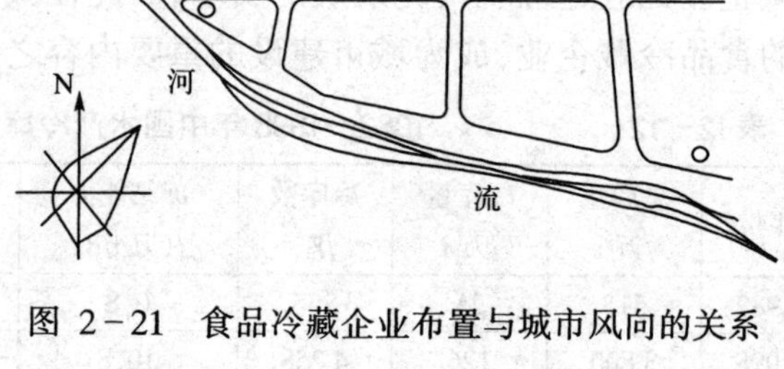

图 2-21 食品冷藏企业布置与城市风向的关系

（三）交通运输对食品冷藏企业在城市中布置的影响

大型食品冷藏企业一般都有铁路专用线引入，因此它必须靠着铁路接轨点，引入厂区的专用线不应将市区隔断或影响市内交通,这就决定了大型冷藏企业多在市郊布置。鱼类冷藏企业多沿河流布置,因为鱼货多从水运来,可设专用码头,这类冷库应布置在河流的下游,以利污水的排放,同时应布置在城市的边缘地带,把河岸首先让给居住区。

二、食品冷库库址的选择

(一) 库址选择的原则

(1) 库址选择要根据计划任务书规定的建库规模和生产纲领,选择相应的用地面积,要注意节约用地,尽量选用荒地或劣地,不占或少占良田好土,并适当考虑今后发展的可能性,如果必须较多征用土地,必须对因失去土地所造成的困难给予妥善的处理。

(2) 库址必须符合城市规划的要求,应布置在城市居住区夏季最小频率风向的上风侧。

(3) 库址周围应有良好的卫生条件,必须避开有害气体、烟雾、粉尘等的工业企业和传染病医院、火葬场等。

(4) 库址应选择在交通运输方便的地方,大型冷库主要依靠铁路或水运的应靠近码头和铁路专用线,以陆路运输的必须接近城市道路或公路,以缩短厂外新建道路的费用。同时库址必须符合铁路、码头或公路设置的技术要求,如铁路专用线的接轨点、坐标、标高、距离;水运的码头泊位、船的吨位、吃水深度;公路的坡度等。

(5) 考虑职工上下班要求,如果冷库远离市区必须用专车接送或就在库址周围设置职工住宅和必要的生活设施,也可与邻近的工厂协作,共同使用日常生活福利设施,如小商店、电影院、中小学校等。

(6) 冷库的用水、用电量比较大,库址必须保证有可靠的水源、电源和热源。冷库用水可用江河水或深井水,小型冷库在缺乏天然水的情况下,可采用自来水作循环水,沿海冷库可用海水作冷却水;冷库要有一个可靠电源,尽量缩短新建高压输电线路,一般不考虑自己发电,以免增加投资。

(7) 地形、地质及用地条件应符合建库的要求,选址时必须摸清库址设置的地形、地质情况,包括地质构造、地耐力、洪水位、地下水位、冻土深度等;库址应选在平坦、地势较高的区域;用地大小应满足冷库生产工艺流程的需要,并能合理布置全厂的建筑物和构筑物。

(二) 库址选择的程序

(1) 根据商业系统或水产系统冷库的布置要求,进行库址的选择,应先经过现场踏勘、搜集原始资料后,在多种方案全面分析比较的基础上,选择库址的范围。报送主管单位审批。

(2) 选定库址的具体位置后，在上级审批的库址范围内进一步落实建厂的条件。

(三) 库址选择的工作步骤

1．组织准备工作

大中型食品冷库应由主管部门或省、市、自治区主管部门的有关领导主持建设、工艺、土建设计、勘测、地质、水文等有关单位领导和技术人员组成选厂工作组。小型冷库可由建设单位，会同设计单位配合当地建设规划部门一起组成选址工作小组。

2．技术准备工作

(1) 选址应由负责工艺的专业人员按照任务书要求，编制工艺布置方案，做出工艺总平面布置方案草图，初步确定库房的外形和用地面积。

(2) 各专业要认真研究任务书的内容，对一些主要指标进行估算，如职工总人数，主要设备，各库房的建筑面积，用水、用电量以及污水处理量等。

(3) 注意与建库有关的外部情况，如了解库址附近的工业布局、协作条件，公共福利设施情况；了解水、电、铁路、公路情况，收集 1∶50 000～1∶100 000 地形图；了解地震、地质、水文、气象资料(气温和湿度、降雨降雪量、风向频率、日照等)；了解库址周围的有关情况。

(4) 现场踏勘主要的任务是具体落实库址条件，按照库址选择要求的具体条件，进行深入细致的调查研究，使库址条件落实可靠。

(5) 选址报告

根据现场勘测、调查研究取得的资料，在具体技术条件落实的基础上，对所选的各建库地点，进行综合分析、比较，提出推荐的库址方案、编写选址报告，报送上级机关审批。

(四) 选址报告一般包括的内容

1．概述

扼要叙述库址选择的依据、工作进行的过程，选择工作组的组成人员，选址的主要原则，提出几个可供挑选的库址，并推荐一个比较理想的方案。

2．选址要求及选址的指标

说明冷库的性质，生产特点要求条件，选址主要的指标，如全厂用地面积，职工人数，各建筑物(构筑物)的建筑面积，用电量、用水量、耗煤量、运输量(包括运入和运出)、污水处理措施及技术经济指标等。

3．区域位置及库址概况

说明库址的地理位置、海拔高度、行政区划归属的市、县、乡和详细地点名称。

说明库址与周围大中城镇的距离、方位与附近工矿企业协作配套及主要的交通运输的距离方位，并附比例为 1∶5 000～1∶10 000 的区域位置图。

叙述库址区域及其附近的地形、地貌，可利用场地及将来发展规划、厂区建筑物布置的初步意见，附 1:500～1:2 000 的总平面规划示意图。

4．占地、拆迁情况

说明占地范围内的耕地情况、单位亩产量、拆迁户数及人口，并估计需补偿费用。

5．地质、地震、气象、水文情况

对库址范围的地质，如土质、岩溶、滑坡、地震的烈度，曾发生地震的历史记录及破坏情况；气象如气温、降水量、最大积雪量、最大冻结深度、库址所在地的汇水面积、最大洪水量及水位、洪水的历史记录等，都要调查收集写在报告中。

6．交通、通讯情况

说明库址所在地区铁路、公路及水运情况；通讯设施情况等。

7．供应及其它情况

说明当地电力资源、原料、照明、水源、地方材料，施工力量的情况，可为建厂利用的情况。

8．库址方案的分析比较

对提出的几个库址方案从技术条件、基建费、经营费等几方面分析比较。

9．有关附件

（1）库址区域位置（比例 1:5 000～1:10 000）。

（2）总平面规划示意图（比例 1:5 000～1:2 000）。

（3）当地领导机关同意建库的文件或会议纪要等。

（4）有关单位同意文件、证明文件或协议文件（铁路接轨、电力、动力供应、通讯、供水、污水处理情况等）。

选址需用资料如表 2－13 所示，技术条件比较表如表 2－14 所示，基建费及经营费比较表如表 2－15 所示。

表 2－13 选址需用资料

序号	资料内容
1	批准的计划任务书等有关文件
2	库址需要用地面积，生活区需要用地面积，全库及生活区总建筑面积
3	1:5 000～1:10 000 区域位置地形图；1:500～1:1 000 库址地形图
4	原料及产品主要运输方式，运输量，旺季最大调入量，最大月份出量
5	铁路、公路接轨点、标高、当地铁路部门建议的路线示意图
6	批准全库职工总数，白天工作总人数，生活区单身及带眷人口数
7	生产需用电力及备用电量、电压等

续表

序号	资料内容
8	生产需用最大及平均蒸汽量，生活采暖蒸汽量
9	库内生产、生活及消防用水量；生产、生活污水排出量
10	水源、电源的引入点；污水排出
11	风玫瑰图，历年最大风速
12	国家及地方主要建筑材料估计用量
13	施工期间劳动力、水、电等需用量
14	总平面布置示意图、所有建筑物的利用及今后企业扩展示意图

表 2-14　技术条件比较表

序号	条件	方案甲	方案乙	方案丙
1	库址现在所有权，使用情况，现有建筑及耕作情况，拆迁量及赔偿费用			
2	地形、地势、坡度、标高			
3	日照、通风等气象条件			
4	水文地质条件（土壤成分、地耐力、地下水位、水量及水质、地下有无可利用的矿产资源）			
5	土石方工程（竖向设计、土石方数量、概算）			
6	铁路专用线接轨条件（新建铁路长度，建设条件、概算）			
7	库区内外新建道路（新建长度、建设条件、概算）			
8	需建码头情况（位置、岸线长度、装卸吊运设备、建设条件、概算）			
9	与现有城镇建设及未来发展的关系			
10	能否利用现有的管线及其它企业协作的可能性，如需新建，其费用的比较 给水工程：水源及净水方式，给水能力，建设条件，概算 排水工程：排水条件和处理方式，建设条件，概算 供电工程：供电量，建设条件，概算 供热工程：供热量，建设条件，概算			
11	当地建设施工条件（建材供应情况、施工力量），施工对投产时间和投资的影响			
12	其它企业施工协作和生产协作的条件			
13	经营条件 与原料，燃料基地的距离 与产品销售地区的距离			

表 2-15　基建费及经营费比较表

序号	工程项目	方案甲	方案乙	方案丙
1	一、基建费用 因施工条件的差异而所需增加的费用 临时供水、供电、道路及其线路费用； 临时工棚费用； 基础费用(随地质条件增减)； 建筑防震费用； 地下水处理费用； 其它			
2	库址开拓费用 库区内土石方工程及场地平整费用； 原有建(构)筑物的拆迁费用； 购置土地费用； 青苗赔偿费用			
3	交通运输费用 铁路及桥涵费用； 道路及桥涵费用； 码头建设装卸吊运设备费用			
4	给排水及防洪措施费用 给水、净水设施、管线及泵房费用； 排水、排污管线及污水处理设施费用； 防洪措施费用及其它费用			
5	动力工程费用 供电线路及发电厂、变电站分摊投资费用； 供热线路、锅炉房或热电站需要分摊投资费用			
6	生活居住区住宅建筑及公共服务设施费用总计			
7	二、每年经营费用 原料、燃烧及成品运输装卸费用； 给排水费用； 供电、供热费用； 其它 总计			

三、食品冷藏库的总平面布置

(一) 总平面布置的依据和内容

1. 总平面布置的依据

总平面布置主要依据上级批准的设计任务书、库址选择报告下达后进行的一项设计工作,根据工艺设计人员提出的工艺布置方案,会同土建、水、电设计人员一起研究讨论决定布置方案,由土建工程负责人在1∶500～1∶2 000的地形图上对冷库的所有建筑物、构筑物、道路、上下水道、供热管道、绿化设施等进行总平面设计和竖向设计。

这是一项比较复杂的综合性任务,需各方技术人员密切配合从实际情况出发,分清主次,使总平面布置能最大限度地满足生产与经济方面的要求,又能合理解决环境卫生和建筑艺术等问题,正确合理的冷库总平面布置可以为国家节约大量的财富和加快建设的速度,也可以为冷库创造良好的经营管理条件和良好的生产生活环境。

2. 总平面布置的内容

(1) 根据生产工艺过程、厂地条件,合理布置厂区内所有的建筑物、构筑物和其它设施。

(2) 正确地选择厂区内外交通运输系统、合理地组织人流和物流。

(3) 根据生产要求,结合厂址条件,合理地布置地上和地下工程管网。

(4) 进行厂区竖向布置。

(5) 进行厂区的绿化与美化设计。

(6) 创造完美的建筑艺术群体。

(二) 食品冷藏库的总平面组成

不同性质、不同种类规模的食品冷藏库的总平面组成虽然有所不同,但基本上分为下列各组成部分(见图2－22):

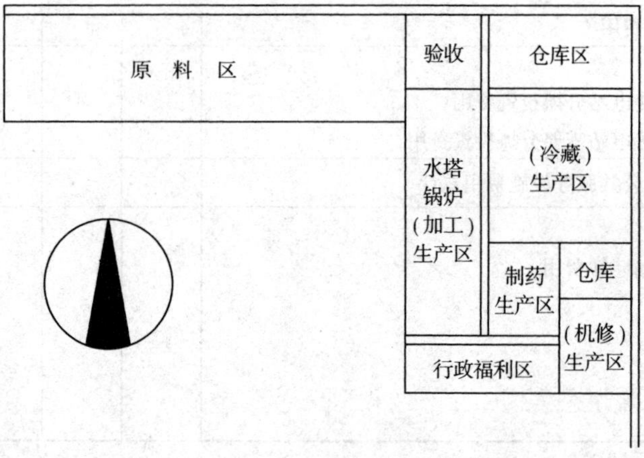

图 2－22 冷库总平面组成

(1) 生产区　包括冷却间、冷藏间、冻结间、制冰间、机房、变配电间、工人休息室、铁路、公路站台;整理间、屠宰间、机修间、洗衣房、汽车库、仓库、水泵房、锅炉房、煤场、水塔、水池、冷却塔等。

(2) 原料区　包括卸猪站台、验收分级栏、猪栏、煮饲间、饲料仓库、卸鱼码头、接收暂存间等。

(3) 行政福利区　包括办公楼、食堂、厨房、浴室、集体宿舍、医务室、传达室、厕所等。

（4）隔离区　包括危险品仓库、急宰间、工业油加工间、鱼料车间、腌制车间及污水处理等。

（5）绿化与美化设施　围墙、绿化、宣传板、花圃、喷泉、水池等建筑小品。

（三）影响总平面布置的因素

总平面设计牵涉面比较广，因此影响的因素也比较多，设计中必须全面考虑各个因素的不同影响，分清主次，统一解决，同时这些影响因素也和各种不同性质、规模的食品冷库的具体条件和技术发展有关，且在不断变化发展。

对总平面影响较大的有下面一些因素：

（1）生产工艺流程　食品冷库作业是连续生产的企业，从原料—加工整理—冻结—冷藏—出库都是连续流水的过程、为保证生产过程中线路短捷和无逆向交叉、把各建筑物和构筑物的位置定下来，这是总平面布置的首要任务，由于鱼、肉食、蛋的工艺流程各不相同，故各种不同类型冷库的总平面布置不尽相同。

（2）运输方式　冷库生产运输方式对总平面布置的影响较大，同时对冷库的经营管理条件，基建投资、用地等也有显著影响。如铁路运输影响到厂址的确定要靠近铁路接轨点，用地大，且要平整。如以水运为主，则要接近码头。

（3）地形地质和气象条件　地区的气候、工程地质和地形对总平面布置的影响也很大、如主导风向决定了厂址位置及各建筑物、构筑物之间的相对位置，地耐力和地下水位会影响主库的布置、地形对总平面布置尤为突出，冷库的生产流程多在一个平面上进行，如地形坡度大、则平整地形的土方量就大。

（4）卫生与防火要求　平面布置必须保证防火间距，及一定的方位，以利于防火，为保证食品的卫生条件，对有污染的锅炉房、煤场、鱼类腌制池，鱼类加工厂下脚料堆场等和食品库要有一定的卫生防护距离。

（5）符合城市规划的要求　应与城市整体面貌相协调，特别是建在市区内的冷库必须与周围环境和建筑相适应。

影响总平面布置的因素还很多，如动力供应条件、施工条件，冷库发展规划等对冷库总平面都有不同程度的影响。但对总平面布置影响最大的是生产工艺流程和运输方式。

（四）总平面布置的基本要求

（1）首先必须满足生产工艺的要求，保证生产流程的连续性，将所有的建筑物、构筑物、道路、管线等按生产流程进行联系和组合，尽量避免作业线的交叉和迂回运输。水产品生产工艺流程如图 2－23 所示，肉类生产工艺流程如图2－24所示。

从水产品和肉类生产工艺流程可知冷库的主要生产流程多为横向生产线路，且多在同一个生产面上完成，同时这条生产线路多与铁路、河流线垂直或平行，见图 2－25。

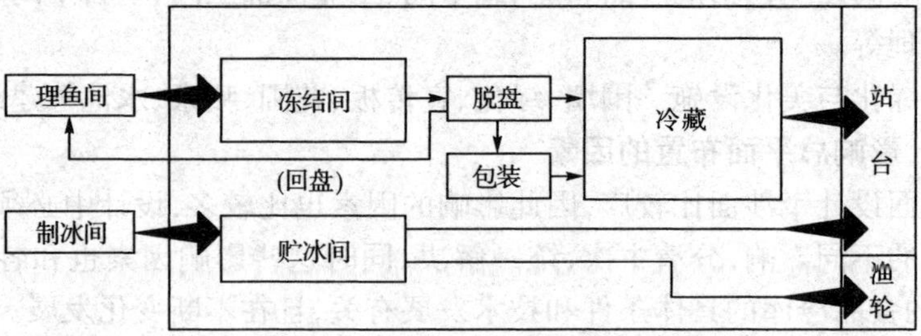

图 2-23 水产生产工艺流程示意图

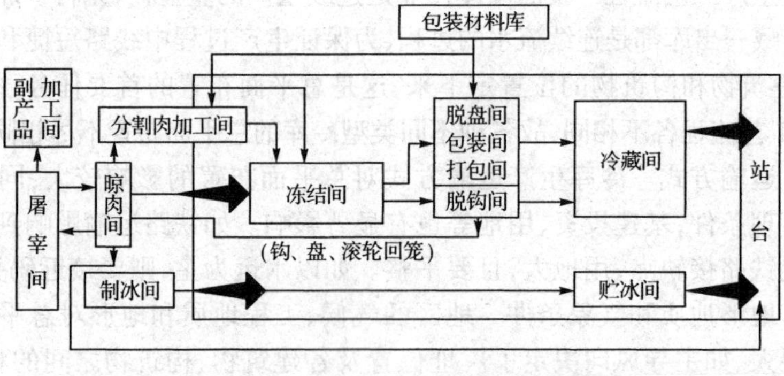

图 2-24 肉类生产工艺流程示意图

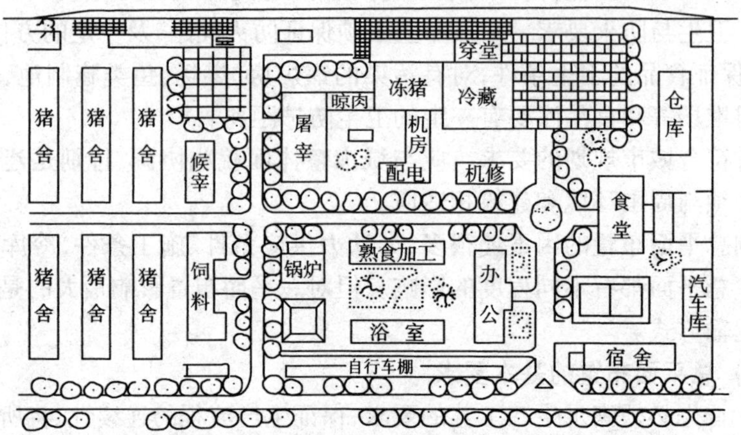

图 2-25 某3 000t肉类冷库总平面图

(2) 冷库是一个吞吐量比较大的工业企业,因此必须要有方便的运输设备和合理的运输路线,为满足生产要求,必须结合冷库货源进入与成品运出的具体情况下正确选择运输方式,如中小型冷库多以公路运输为主,大型的水产、肉类冷库多以铁路运输为主,有些水产冷库还以水运为主,要合理组织运输线路,使其最短捷,无交叉和反复运输现象,并尽可能避免人流和货流的交叉。

(3) 总平面布置应与厂区的地形、工程地质、水文地质等条件密切配合,以求技术上的合理和工程上的经济。

(4) 合理分区、紧凑布置。总平面布置应根据生产特点卫生及防火条件,将建筑物、构筑物按生产要求分区布置在厂区内,冷库应按夏季最大频率风向布置在厂内牲畜、家禽、鱼类等原料区和锅炉房、煤场、污水处理站的上风侧,机房、变、配电间尽量靠近冷库、为企业服务的生活福利设施宜布置在厂前区,以便于管理,建筑物的外形应力求简单规正,以求最大限度节省用地和缩短各种工程管网的长度。

(5) 满足卫生、防火、安全的要求。布置建筑物和构筑物时,应考虑日照方位及主导风向、如机房、理鱼间等。要求良好的通风和采光条件。冷库的站台不宜朝西,最好朝南。危险品仓库必须远离冷库,有污染的车间应布置在冷库和其它建筑物的下风侧。

(6) 总平面布置应做到近、远期结合,以近期为主,适当考虑今后扩建的可能,合理保留备用地,力求不占或少占农田,对于设有铁路专用线的新建冷库,其扩建库房位置宜留在专用线的两侧。

(7) 厂区要有良好的绿化与美化设施及良好的建筑艺术的群体,总平面布置中应为工人创造良好的生产环境和必要的安静休息场所,对厂区进行绿化和美化工作,形成卫生且优美的环境、建筑物和构筑物的布置及面貌处理应统一协调,形成完美的建筑艺术群体。

(五) 总平面布置的几项主要技术经济指标

(1) 总建筑面积	m^2
(2) 建筑物总占地面积	m^2
(3) 构筑物总占地面积	m^2
(4) 道路、人行道面积	m^2
(5) 铁路(注明轨距)长度	m
(6) 露天仓库或各种作业场地面积	m^2
(7) 总占地面积	m^2
(8) 围墙长度	m^2
(9) 建筑系数与利用系数	%

$$\text{建筑系数}=\frac{\text{建筑物、构筑物、露天仓库、露天操作场地之和}}{\text{厂区总占地面积}}\times 100\% \qquad (2-1)$$

$$\text{利用系数}=\text{建筑系数}+\frac{\begin{array}{c}\text{铁路、道路、人行道、露天堆场建构筑物、}\\ \text{散水占地面积与地上、地下管线面积之和}\end{array}}{\text{厂区总占地面积}}\times 100\% \qquad (2-2)$$

技术经济指标是总平面布置中的结果性资料,在这些指标中,建筑系数和利用系数是主要的指标,通过对它们的比较,可以反映出总平面布置的经济问题。

由于厂区建筑物和构筑物占厂区面积比重较大，所以常以建筑系数来衡量总平面布置的经济合理性，因此在满足工艺、卫生防火等要求的条件下，提高建筑系数有着非常重要的意义。

(10) 几种冷库利用系数和建筑系数的参考范围

厂区利用系数：

生产性冷库 ≥40%

分配性冷库、水产冷库 ≥70%

建筑系数：

生产性冷库 30%

分配性冷库、水产冷库 50%

(六) 总平面的竖向布置

竖向布置是总平面设计的主要组成的内容之一，为解决建设场地中所有建、构筑物、交通运输、场地地面的合理标高而作的设计。

1. 竖向布置的内容

(1) 根据建设场地地形，合理确定建筑物、构筑物、铁路、道路等标高，并使这些设计标高之间能互相协调，能为场内运输及装卸作业创造良好条件。

(2) 确定室外场地的排水坡度、合理组织场地雨水的排除。确定适当的排水方案。

(3) 在满足以上条件的同时，应尽可能做到建设场地内标高与自然标高相适应，力求土石方量最小，并使填挖尽可能在本工程内接近平衡。

2. 竖向布置的方式

根据自然地形坡度和运输要求，可采用下列三种竖向布置的方式进行设计。

(1) 连续式　就是在建筑场地范围内进行全面平整，平整的坡度可根据地形变化和排水方向而定，冷库总平面竖向设计多用此方式，因它的建筑密度大，且生产面在一个水平上，故冷库选址多选在自然地形较平坦的场地。如图2-26所示。

(2) 重点式　就是在建、构筑物附近进行重点平整，其它地面仍保留原有地面，这种布置适用于建筑密度小，交通运输线及地下管线简单的场地，冷库由于它的生产连续性要求比较高，故很少采用这种方式。重点式布置如图2-27所示。

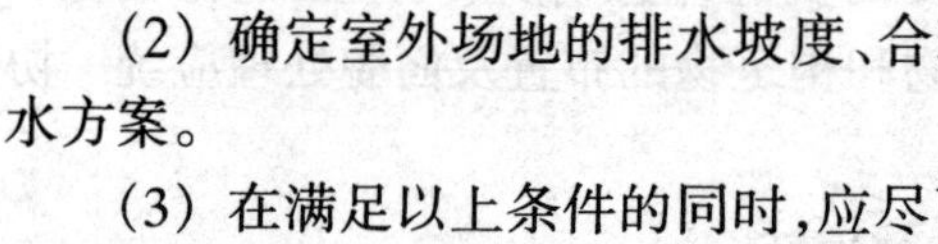

图 2-26　连续式布置

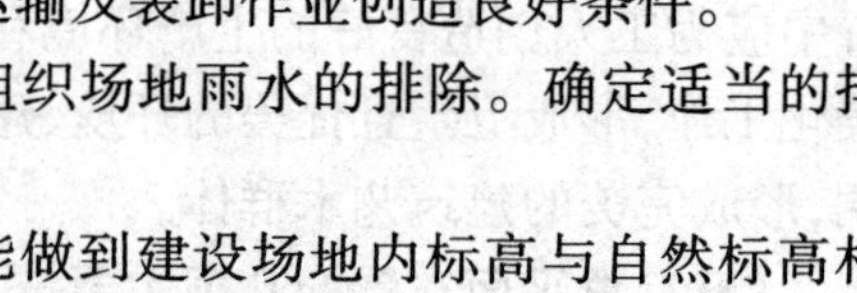

图 2-27　重点式布置

(3) 混合式　就是连续式和重点式混合布置的场地。

冷藏库的竖向布置一般与总平面设计统一考虑，在总平面图上附带表示，不单独出图(见图2－28),竖向布置应注出建筑物的坐标及设计标高,注出道路、铁路纵向坡、变坡点及交叉口的坐标和标高。标明地面排水方向(一般用箭头表示)及护坡、挡土墙、排水明沟、排水井等构筑物的位置。

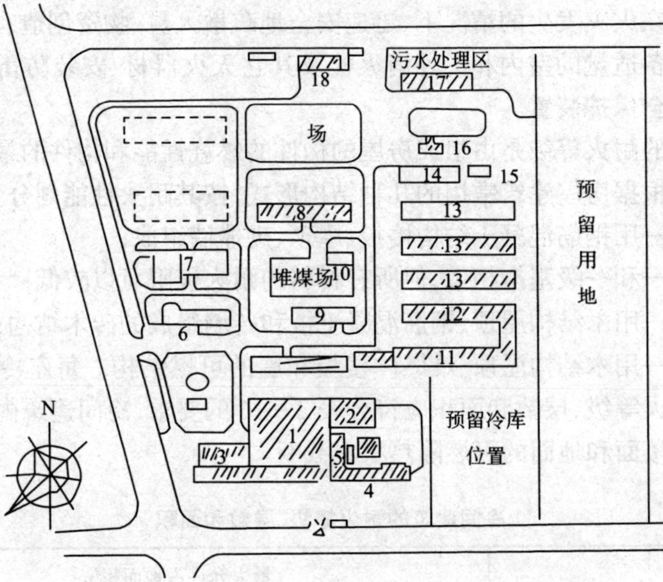

图 2－28　某3 000t商业冷冻厂总平面示意图

1—冷藏库　2—冻结间　3—整理间　4—机房　5—设备间　6—办公　7—食堂　8—机修　9—洗衣房浴室　10—锅炉　11—屠宰车间　12—待宰车间　13—候宰　14—煮饲料　15—卸猪舍　16—地磅　17—急宰　18—车库

场地平整的最小设计坡度应保证雨水经流,一般为0.5%,困难情况下可采用不小于0.3%的坡度,地面最大坡度以大致产生冲刷为限,一般不宜大于6%,明沟坡度一般为0.3%～0.5%。

竖向设计中还要做土石方量的计算。初步估算时可用横断面近似计算法,对于梯田洼地及地形起伏较大的地段可用分块局部计算法、精确计算地形变化比较平缓的地段时多用方格网计算法,计算土石工程量时,尚应考虑地下室工程,设备基础,地下管线的剩余土方,以及库区边界由于放坡等所需的土石方工程量。

四、食品冷库的安全防火及卫生

食品冷库的安全防火设计是冷库设计中的一个重要组成部分,是贯彻“以防为主,以消为辅”的消防工作方针,搞好防火安全,减少火灾损失是保卫生产建设的一项重要工作。

(一) 建筑防火设计

建筑防火设计主要包括以下几个方面:

(1) 在总平面布置和建筑单体设计中贯彻防火要求;

(2) 根据建筑物在生产使用中火灾危险的程度,采取相应耐火等级的建筑结构,设置必要的防火分隔物;

(3) 为在火灾发生的情况下,迅速安全地疏散人员、物资创造有利条件;

(4) 配备适量的室内和室外消火栓及其它灭火器材、安装防雷、防静电、自动报警等安全保护装置。

建筑物的耐火等级是由组成房屋的构件的燃烧性能和构件的最低的耐火极限决定的。根据房屋建筑常用的几种结构形式,按其耐火性能划分为四级:

一级——用钢筋混凝土结构楼板、屋顶、砌体墙组成;

二级——和一级基本相似,但所有材料的耐火极限可以较低;

三级——用木结构屋顶、钢筋混凝土楼和砖墙组成的砖木结构;

四级——用木结构屋顶、难燃体楼板和墙的可燃结构。每座冷库库房中冷间建筑的耐火等级、层数和面积应符合表 2-16 的要求,冷间建筑内防火墙应将外墙、屋面、楼面和地面的可燃隔热材料截断。

表 2-16 冷间建筑的耐火等级、层数和面积

冷间建筑耐火等级	最多允许层数	最大允许占地面积/m^2			
		单层		多层	
		冷间建筑	防火分区	冷间建筑	防火分区
一、二级	不限	6 000	3 000	4 000	2 000
三级	三层	2 100	700	1 200	400

注:本表不适用于轻型预制隔热板装配冷库。

(二) 卫生标准的要求

冷库总平面的布置应遵照国家卫生标准规定的要求,厂区内在排水、日照、通风等方面都应满足卫生要求。

合理的冷库总平面布置应将有污染的污水处理区,饲养栏等合并在同一区域内,并放在全年或夏季主导风向的下风侧,使它们与食品冷藏库、食堂、办公室、宿舍等保持一定的距离,为缩短它们之间的距离可在其间布置一些对卫生标准要求不高的非食品生产的车间,如材料仓库、综合利用车间等建筑(见表 2-17)。

表 2-17 库房与厂内建(构)筑物的卫生防护距离

序号	有关建(构)筑物名称	最小距离/m
1	肉类联合加工厂的急宰间、工业油加工间	70
2	肉类联合加工厂的污水处理场	100

续表

序号	有关建(构)筑物名称	最小距离/m
3	肉类联合加工厂的牲畜验收分级栏、饲养栏	50
4	锅炉房、煤场	30
5	鱼类加工厂的下脚料堆场,有除臭味设施的鱼粉厂、污水处理场	50

注:冷库公称容积小于 2 000m^3 时,其防护距离可适当缩小。

为了保证厂区内的建筑取得良好的通风和日照条件,卫生标准在建筑方位和主导风向方面都有所要求,如采用自然通风管作地坪防冻的冷库,其通风管的走向,应与夏季主导风向平行或与主导风向成不少于 45°的夹角,机房则要求布置在通风良好的地段,其长轴应与夏季主导风向垂直或成大于 45°夹角,当采用拱形和山形建筑平面时主导风向应与主轴平行或大于 45°角,见图 2－29。

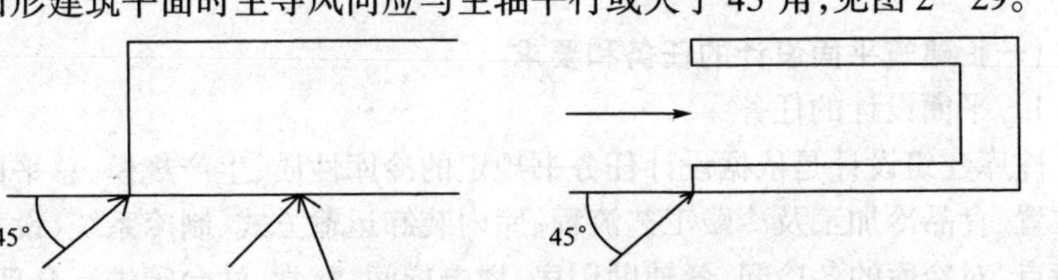

图 2－29　建筑方位与夏季主导风向关系

我国某些地区夏季太阳辐射热比较大,故冷藏库的长轴、冷库站台、变电间等不宜朝西布置,以减少日照辐射的影响。

建筑物之间的卫生距离应为两建筑物屋檐高度之和的一半,即:$D=1/2(H+h)$,见图 2－30。

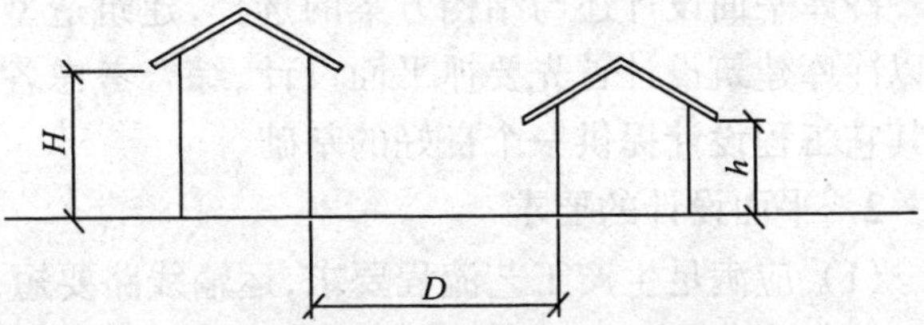

图 2－30　两建筑物之间的距离

不同高度的建筑布置时,应沿着日照和主导风向由低到高布置(见图 2－31)。

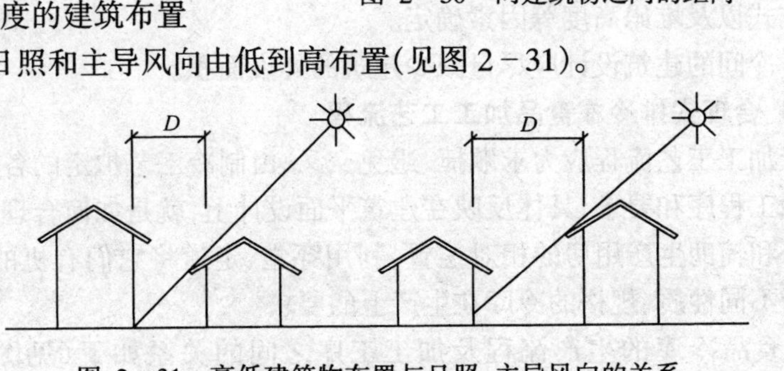

图 2－31　高低建筑物布置与日照、主导风向的关系

在山坡上布置建筑物时，应利用地形，将建筑物布置在向阳坡。这样既可取得良好的通风、日照条件，又能缩短建筑之间的间距（见图 2-32）。

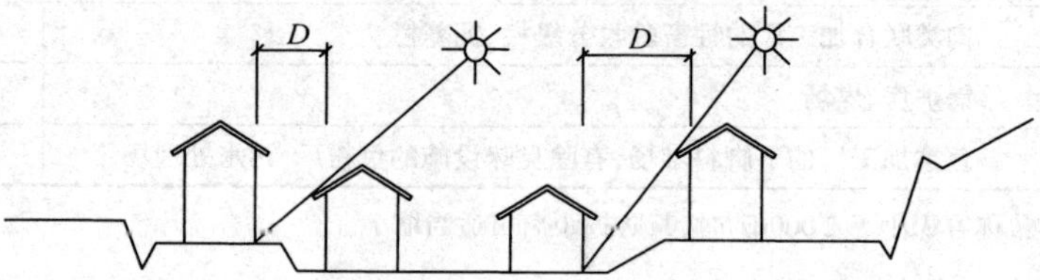

图 2-32 建筑在坡地上的布置

第三节 食品冷库建筑的平面、立面和剖面设计

一、食品冷库建筑的平面设计

（一）建筑平面设计的任务和要求

1. 平面设计的任务

冷库建筑设计是依据设计任务书规定的冷库性质、生产规模、总平面所给定的位置、食品冷加工及冷藏工艺流程、库内装卸运输方式、制冷系统、设备及管道的特点，对冷库的各冷间、各辅助用房、楼电梯间、穿堂、站台等进行合理布置，要求做到技术先进、安全适用、经济合理、适当注意美观。

冷库平面设计好坏直接影响制冷工艺、装卸运输线路和经营管理的合理性，也会影响库房面积利用率的高低、施工费用的多少和建筑使用寿命的长短。

冷库平面设计还与结构方案的选择，建筑造型、制冷设备布置有直接关系，所以冷库建筑设计首先要抓平面设计、综合考虑各方面的因素，反复推敲，才能为其它工程设计提供一个良好的基础。

2. 平面设计的要求

（1）应满足生产工艺流程要求，运输线路要短，避免迂回和交叉。

（2）冷藏间柱网尺寸和净高应根据建筑模数和货物包装规格，托盘大小、货物堆码方式以及堆码高度等因素确定。

（3）冷间的建筑设计应尽量减少建筑的外表面积。

（二）合理安排冷冻食品加工工艺流程

生产加工工艺流程应力求顺捷、避免交叉，由制冷工艺拟定的各种不同类型冷库的加工程序和要求，具体反映在建筑平面设计上，就是如何合理安排各种冷加工用房和辅助生产用房的相对位置，利用穿堂、走道将它们有机的联系起来，满足各种不同性质、规格的冷库在生产上的要求。

各类食品冷库的生产流程及加工工序之间的关系如下（见图 2-33、图 2-34和图 2-35）。

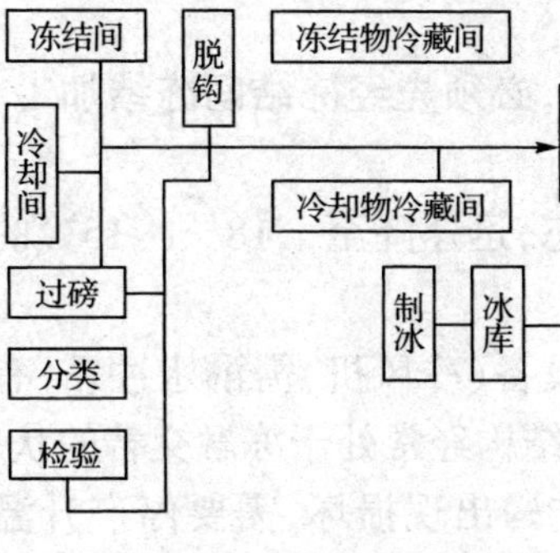

图 2-33　肉类生产性冷库生产流程线路示意图

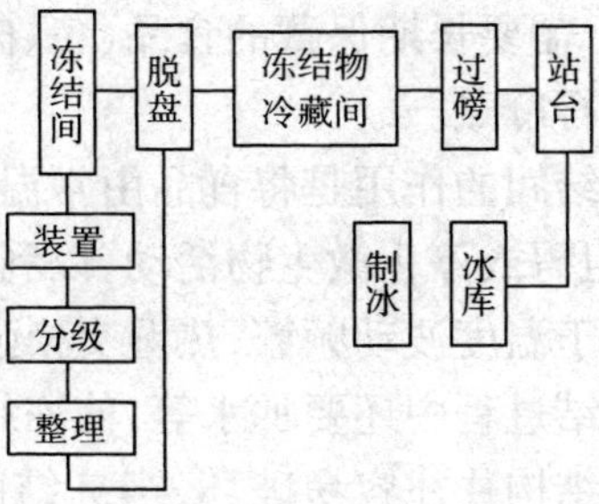

图 2-34　水产生产性冷库生产流程线路示意图

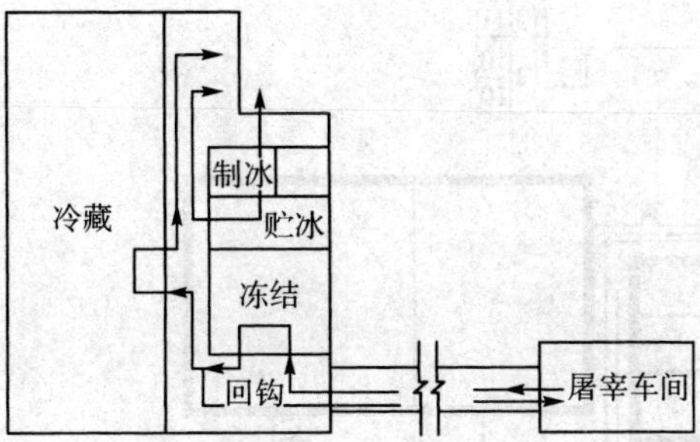

流程线路与平面布置之一

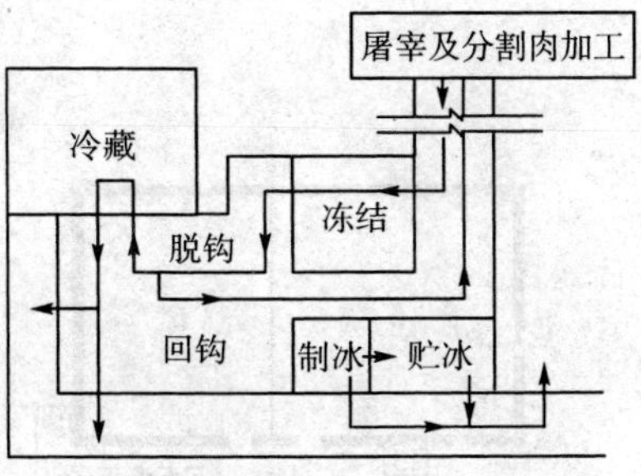

流程线路与平面布置之二

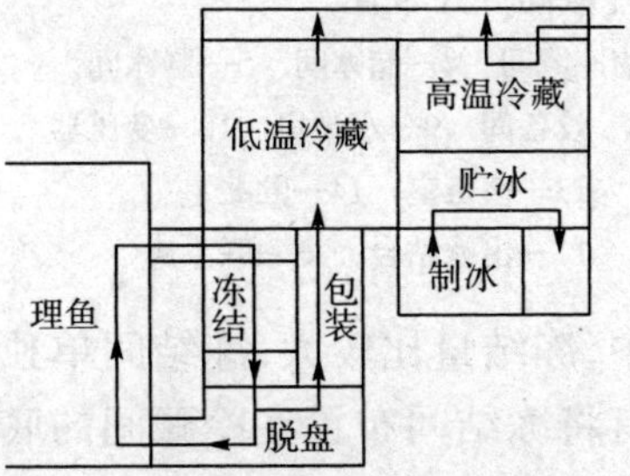

流程线路与平面布置之三

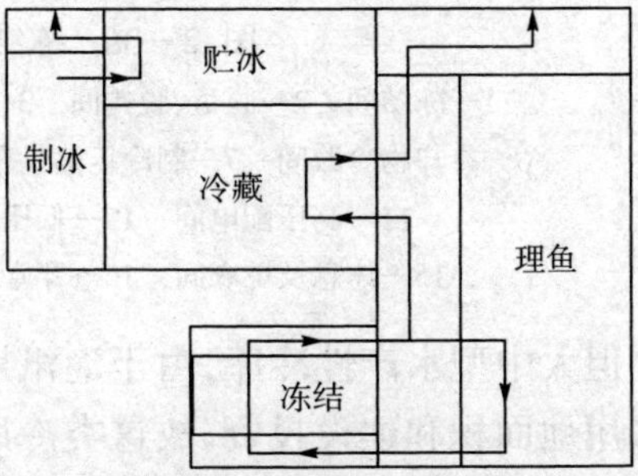

流程线路与平面布置之四

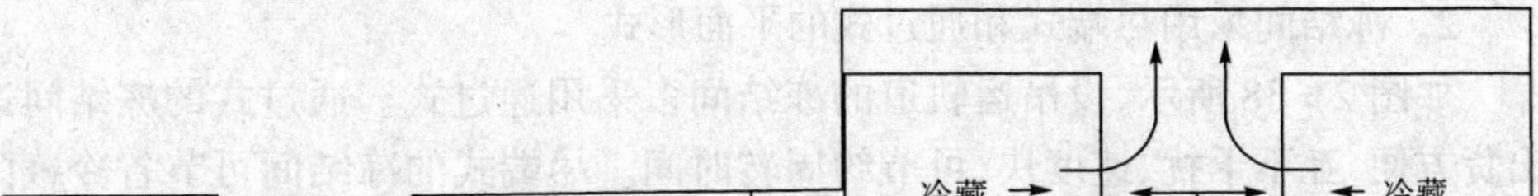

流程线路与平面布置之五

图 2-35　各类流程与平面布置的关系

（三）冻结间

1．需要长期保藏的食品（鱼、肉、家禽等），必须先经冻结间冻结加工，然后才能进行冷藏。

冻结间的作用是将食品由常温或冷却状态，迅速降至－18～－15℃的冻结状态，阻碍或停止微生物活动，以利保藏。

由于温度波动频繁，热湿交换强烈、制冷设备（冷风机）需淋水冲霜，有些食品在冻结过程中还要加水等，使冻结间的建筑结构经常处于冻融交替的状态，所以建筑结构往往容易破坏，当冻结间的建筑结构出现损坏，需要停产升温维修时，应不影响冷藏间部分的使用，故近年来冻结间的设计多与冷藏间分开自成一体（见图2－36）。

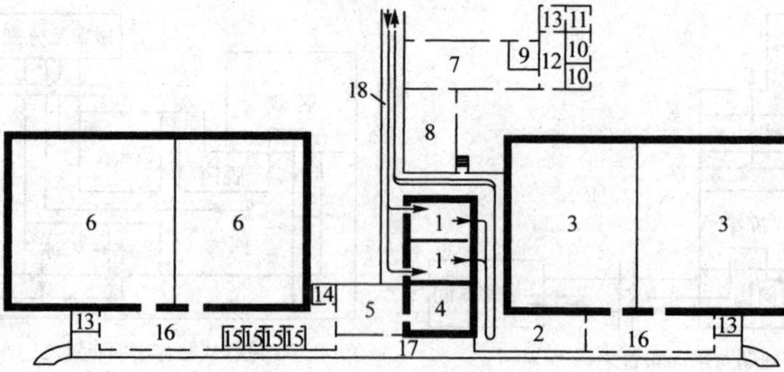

图 2－36 冻结间与冷藏间分开布置

1—冻结间 2—脱盘、脱钩间 3—冻结物冷藏间 4—储冰间 5—制冰间
6—冷却物冷藏间 7—制冷压缩机车间 8—设备间 9—水泵房 10—变压器
11—高压配电间 12—低压配电间 13—值班室 14—贮藏室
15—休息及更衣间 16—穿堂兼站台 17—出冰站台 18—联系廊

但大中型水产性冷库，由于渔汛期集中，冻结量比较大，冻结间单独布置会增加用地面积和建设投资，故这类冷库也有将冻结间布置在冷藏间的底层。如图2－37所示。

2．冻结间采用尽端式和通过式的平面形式

如图2－38所示，设吊运轨道的冻结间多采用通过式。通过式的冻结间进出货方便，互不干扰，速度快，可节约周转时间。尽端式的冻结间可节省冷藏门和穿堂走道面积、但进出货周转时间较长，适用于小型冷库和冻结量不大的冷库。冻结间的容量应与加工能力（如屠宰、理鱼等）相适应，一般采用5t/次，10t/次，15t/次，20t/次四种，大中型冷库多采用后两种。冻结间的间数最好不少于2间，以利周转。

3．冻结间面积大小的确定

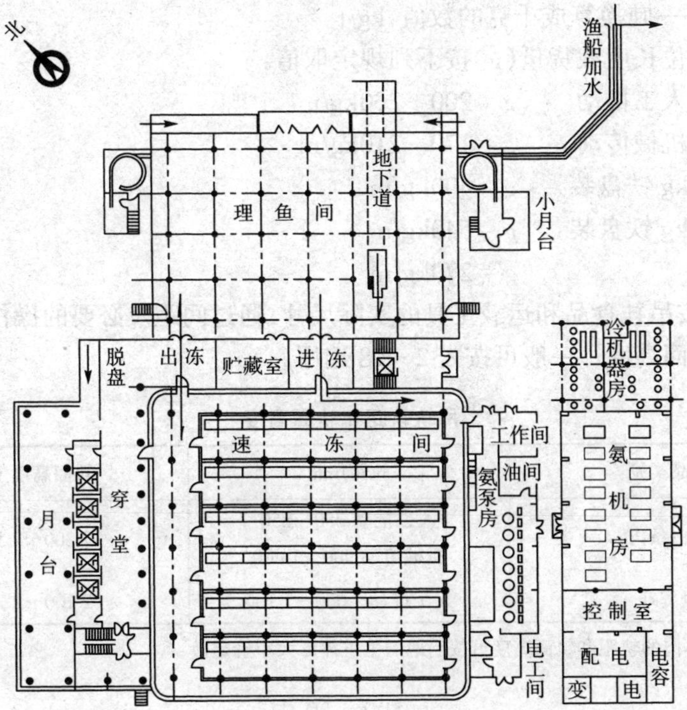

图 2-37　冻结间布置在多层库的底层

上海水产供销公司隐沙路万吨冷库主库底层平面布置示意图

这里主要介绍目前常用的吊轨式冻结间和搁架式冻结间面积的计算方法，如果采用其它冻结装置，则应根据具体情况而定。

(1) 吊轨式的冻结间

首先按照工艺已定的冻结间每日冷加工的能力，计算吊轨有效总长度。

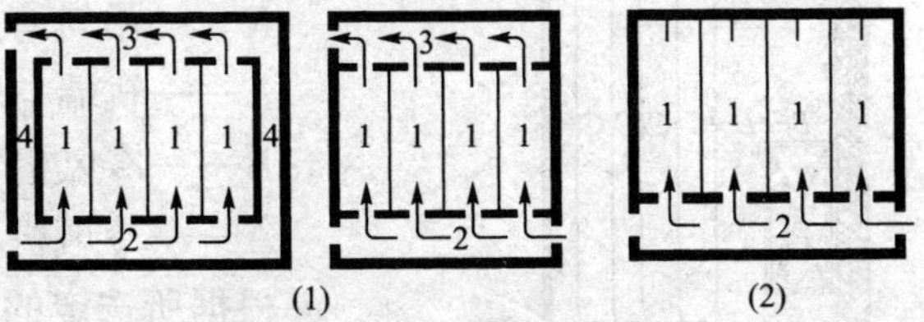

图 2-38　冻结间的平面布置

(1) 通过式　(2) 非通过式

$$G' = \frac{l \cdot g}{1\,000} \cdot n = \frac{l \cdot g}{1\,000} \cdot \frac{24}{\tau} \quad (2-3)$$

式中　G'——冻结间每次(日)冷加工能力，t

l——吊轨有效总长度，m

g——吊轨单位长度净载货量，kg/m

n——每日冻结的周转次数

τ——冻结周转时间，h

24——每日 24h

1 000——吨换算成千克的数值,kg/t

吊轨单位长度载货量(g)按下列规定取值:

肉类:人工推动　　$g=200\sim230$kg/m

　　　机械传动　　$g=170\sim210$kg/m

鱼:15kg 铁盘装　　$g=400$kg/m

　　20kg 铁盘装　　$g=540$kg/m

虾:　　　　　　　$g=270$kg/m

其次,按吊挂食品和运载工具的实际尺寸,通过间距及必要的操作空间确定吊轨距及轨面高度。一般可按表 2－18 选用。

表 2－18　**吊轨轨距和轨面高度**

食品类别	轨距/mm	轨面高度/mm
猪白条肉	人工推动 750～850 机械传动 900～1 000	2 300～2 500
鱼　虾	人工推动 1 000～1 100	2 100～2 300

注:冻牛羊肉的轨距和轨面高度可按当地的牛羊体形大小确定。

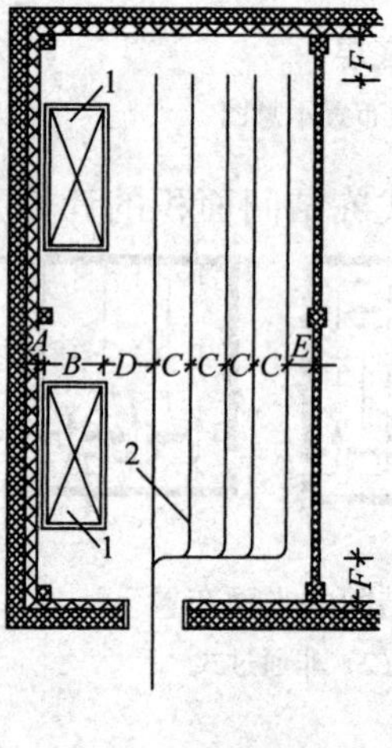

图 2－39　冻结间面积的确定

1—冷风机　2—吊轨

图 2－39 中:

C——吊轨的中心距(见表 2－18)

E——吊轨中心与墙或柱面的距离＜500

D——吊轨中心与冷风机边距离＜1 000

R——吊轨弯道半径

F——轨端与墙面距离＜700

B——冷风机宽度

A——冷风机与墙的距离

根据所选定的冷风机的大小、形式(落地或吊顶),即可计算冻结间所需面积。

[例 2－1] 有一生产性冷库,使用吊轨冻结白条肉,冻结加工能力为 60t/d,试计算冻结间所需面积。

解:计算吊轮的有效长度

$$l=\frac{G'}{\frac{g}{1\,000}}\cdot n=\frac{60}{\frac{200}{1\,000}}=300(\mathrm{m})$$

将冻结间分为三间,即每间需要有 100m 吊轨有效长度,如每间设 5 根吊轨、吊轨距用 800。

冻结间宽度 = 冷风机离墙的距离(300) + 冷风机宽度(1 000) +
第一根吊轨与冷风机边缘距离(1 000) +
5 根吊轨的中距(3 200) + 最后一根吊轨中线与墙面距离(500)
= 6 000(mm)

冻结间长度 = 轨端与墙面的距离(850) + 横轨中线与墙面距离(850) +
吊轨弯道半径(300) + 有效吊轨长度(100 000/5)
= 22 000(mm)

每间冻结间的净面积 = 6 × 22 = 132(m^2)

冻结间所需的建筑面积 = 3 × 132 = 396(m^2)

冻结间所需的实际建筑面积 $\frac{396}{0.8}$(考虑到围护结构的占地面积的系数) = 495　(m^2)

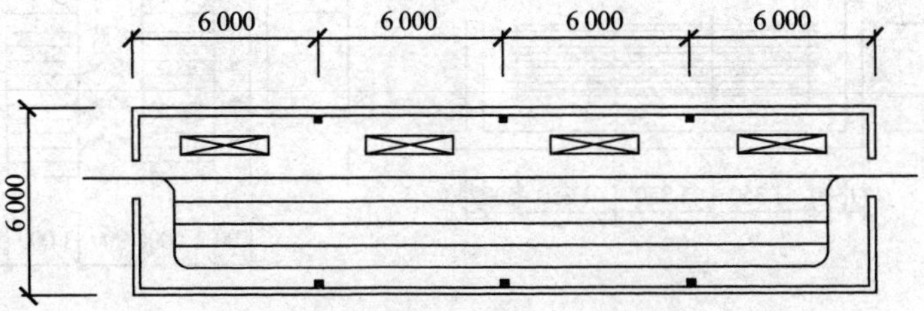

图 2-40　20t/d 冻结间平面布置图

(2) 排管搁架的冻结间　首先按照工艺已定的冻结间每日加工的能力,计算搁架各层水平面积之和。

$$G' = \frac{n \cdot F}{f} \cdot \frac{g}{1\,000} \cdot 24 \qquad (2-4)$$

式中　G'——冻结间每日的冷加工能力,t

n——搁架利用系数

F——搁架各层水平面积之和(不包括弯头部分),m^2

f——每件(盘、听或箱)冻结食品容器所占面积,m^2

g——每件食品净重,kg

24——每日小时数,h

1 000——吨换算成千克的数值,kg/t

搁架利用数(n)可按下规定采用:

冻盘装食品 $n = 0.85 \sim 0.90$

冻听装食品 $n = 0.70 \sim 0.75$

冻箱装食品 $n = 0.70 \sim 0.85$

其次,应按食品的包装规格决定搁架的宽度和高度。

搁架间的走道宽　　人工堆装 0.90～1.2m

机械堆装 1.8m

搁架平面宽度适应主要食品的盘子、箱子的排列、便于装卸。搁架如为单面操作时，搁架宽 800～1 000mm，搁架如为双面操作时，搁架宽 1 200～1 500mm。

搁架高度根据层数而定，考虑操作的方便，高度不宜大于 2 000mm，最下一层管架离地面的高度应不小于 250mm，间层高度一般为 250～400mm。

排管搁架冻结间示意图如图 2－41 所示。

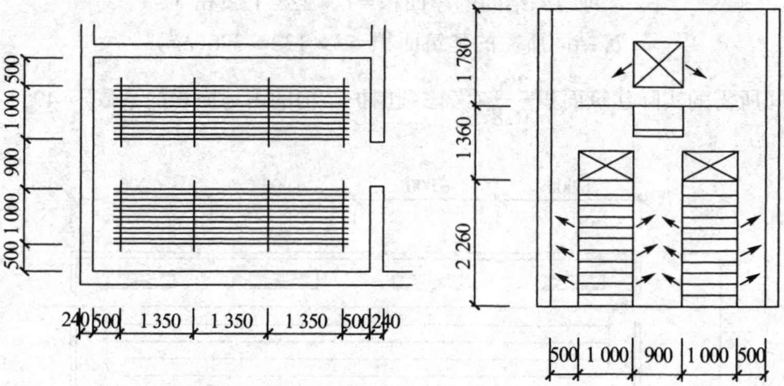

图 2－41 排管搁架冻结间示意图

在进行冻结间平面初步设计时可采用经验数据匡算，如采用人力推动吊轨，横向冻结间每 1t 冻肉需 6～7m² 净面积。

4. 冻结间的空间高度

冻结间的空间高度由冻结装置而定，如采用落地风机，冻结间高度一般采用 3.8～4.0m，如采用吊顶风机时冻结间高度为 4.5m 左右，总的是不要求有较大的空间，如冻结间与冷藏间设在同一库内，则冷藏间的高度受到制约，如冷藏间采用机械化装卸作业，则冷藏间要求有较大的空间高度，因此当冷藏间和冻结间的层高不能统一时，冷藏间和冻结间宜分开布置。落地式冻结间空间高度的确定如图 2－42 所示。吊顶风机冻结间空间高度的确定如图 2－43 所示。

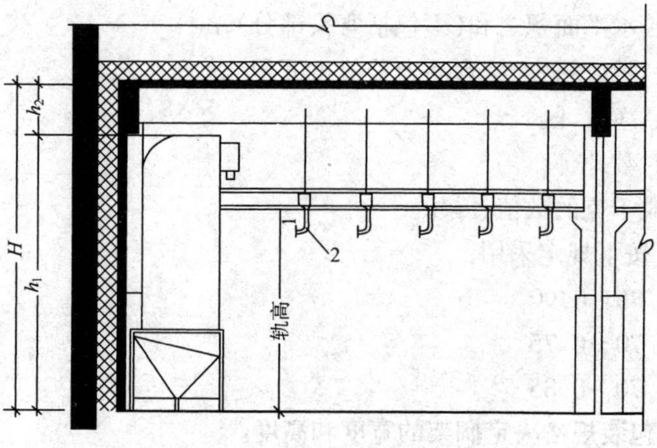

图 2－42 落地式冻结间空间高度的确定

5. 冻结间吊轨荷载的处理

设有吊轨的冻结间，食品及吊挂、装载工具的重量全部由吊轨传至承重结构，吊轨可以通过杆件传至梁板或直接传至冻结间内的支柱上，柱子可以挑出牛腿、搁置吊轨支架，如采用大跨度隔热吊顶时，则必须另立支柱，支柱可立在地坪建筑层的翻口上。这样可以避免支柱直通地下形成“冷桥”。

（四）冷却间在冷库中的布置

随着人们生活水平的提高，都喜爱冷却肉和分割肉，因此冷却间又成为冷库中的一个必要组成部分。冷却间多单独设置，它与分割、剔骨、包装工序紧密结合。

冷却间设计温度－2～10℃，冷却间的特点是水分多、热量大、食品多为活体，冷却间内如设吊轨，其计算方法与冻结间相同，但冷却间的冷风机多采用纵向吹风（见图 2－44）。

对直接放在地坪上冷却的食品，则按食品包装的情况，计算每平方米堆放食品的重量所占面积，加上走道和堆码之间的间隙所占的面积，即为冷却间内净面积。

冷却间多采用矩形，但不宜太长或太短。太短有效使用长度不大，太长冷风机采用纵向吹风时内压不够，故多用 15～20m 长，也不宜过宽，便于气流循环，一般采用 6m，冷却间的面积不宜太大，如冷却货物不满时也要大开风机，造成浪费，而且单间面积过大，进出货时，开门耗冷量多，每间面积多采用 72～108m^2，容量 15～20t。

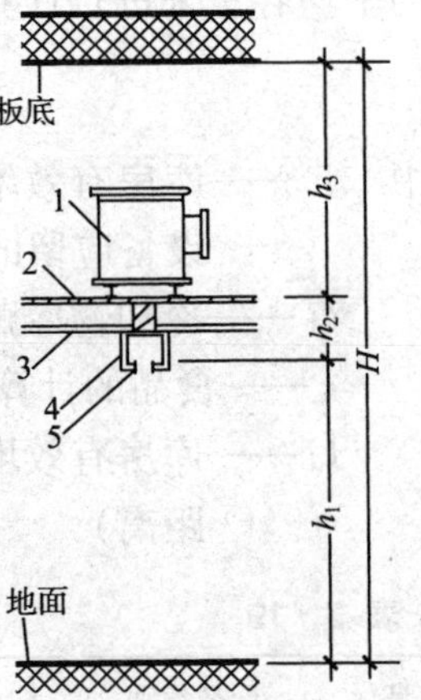

图 2－43　吊顶风机冻结间空间高度的确定

1—冷风机　2—导风板　3—吊平顶　4—槽形钢轨道　5—轨道槽

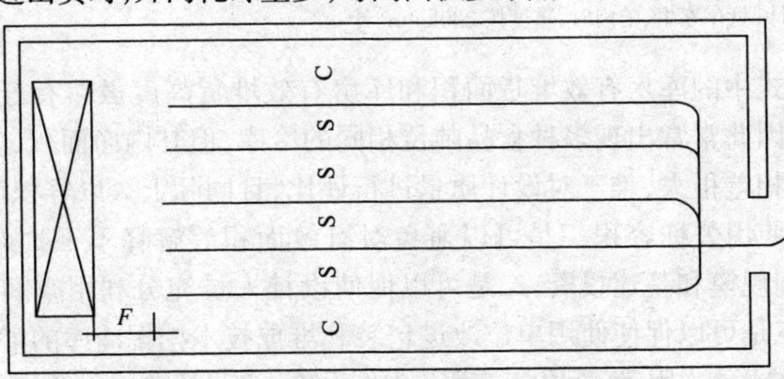

图 2－44　冷却间面积的确定

C—轨道中心与墙间距　F—汽缸机与轨道距离　S—轨道中心间距

冷却间的高度取决于吊轨和搁架的高度，吊轨高 2.3～2.5m，冷风机喷口中心距吊轨顶的距离 1.0～1.1m。喷口中心距天棚底面 0.7～1.0m，故冷却间净高取 4m 左右。

（五）冷却物冷藏间在冷库中的布置

冷却物冷藏间(简称高温间)主要用于贮藏鲜蛋、果蔬等食品,各种不同品种的食品要求不同的贮藏温度和湿度,因此冷却物冷藏间的温度条件要根据使用要求而定。如无特殊要求,冷却物冷藏间的设计库温为±0℃,相对湿度为90%。

1. 冷却物冷藏间面积的确定

过去计算冷却物冷藏间面积是根据冷却物的冷藏容量通过贮存食品每立方米的平均容重来进行计算的,计算公式为:

$$F=\frac{G}{r\cdot H} \tag{2-5}$$

式中 F——库房有效堆货面积(等于库房净面积－库内柱子总面积－距离或设备应留的总面积－库内走道总面积),m^2

G——冷却物冷藏食品的容重,kg

r——食品的计算重度,kg/m^3(见表 2－19)

H——库房有效堆放高度(即自垫木或垫仓板上表面至货顶表面的垂直距离)

表 2－19 食品计算重度

序号	食品类别	重度/(kg/m^3)	序号	食品类别	重度/(kg/m^3)
1	冻 肉	400	5	鲜水果	230
2	冻 鱼	470	6	冰 蛋	600
3	鲜 蛋	260	7	机制冰	750
4	鲜蔬菜	230	8	其 他	按实际重度采用

注:同一冷库如同时存猪、牛、羊肉(包括禽、兔肉)时,其重度均按 $400kg/m^3$ 计;当只存冻羊腔时,重度按 $250kg/m^3$ 计;只存冻牛、羊肉时,重度按 $230kg/m^3$ 计。

该计算式中的库房有效堆货面积和库房有效堆货高度虽然有若干规定,但误差很多。因此常常出现多种食品吨位相同的冷库,但其内净面积、内净容积和基建投资却相差很大,难于对设计质量进行评比,且国际上久以容积衡量冷库规模的大小。使用公称容积一是可以避免对有效面积等解释不一致而出现的矛盾,便于控制规模和基建投资;二是可以促使设计人员充分利用空间、提高容积利用系数;三是可以促使使用单位改进包装和堆放技术挖掘冷库的潜力。

冷库的贮藏能力用冷藏间内净容积(m^3)作为统一衡量标准、称公称容积,公称容积为冷藏间或贮冰间的净面积(不扣除柱、门斗和制冷设备所占的面积),乘以房间净高。

冷库贮藏吨位按下式计算:

$$G=\frac{\sum V\cdot r\cdot \eta}{1\,000} \tag{2-6}$$

式中　G——冷库贮藏吨位，t

V——冷藏间或贮冰间的公称容积，m^3

η——冷藏间或贮冰间的容积利用系数，冷藏间容积利用系数不小于表 2-20 规定值

r——食品的计算重度，kg/m^3

1 000——吨换算成千克的数值，1 000/t

表 2-20　冷藏间容积利用系数

公称容量/m^3	容积利用系数/η	公称容量/m^3	容积利用系数/η
500～1 000	0.40	10 001～15 000	0.60
1 001～2 000	0.50	>15 000	0.60
2 001～10 000	0.55		

注：(1) 对于仅贮存冻结食品或冷却食品的冷库，表内公称容积为全部冷藏间公称容积之和；对于同时贮存冻结食品和冷却食品的冷库，表内公称容积分别为冻结食品冷藏间或冷却食品冷藏间各自的公称容积之和。

(2) 蔬菜冷库的容积利用系数应按表的数值乘以 0.8 的修正系数。

冷却物冷藏间的平面形状最好采用方形或接近方形，面积不宜过大，因为各种食品的冷藏温度、湿度要求不同，库内各区域的温差不能太大，故多采用冷风机并设均匀送风道。为了排除水果、蔬菜贮存时析出的水分和各种气体成分，供给新鲜氧气，有设通风换气装置的，也有通过开门换气的。冷却物冷藏间的平面示意图如图2-45所示。

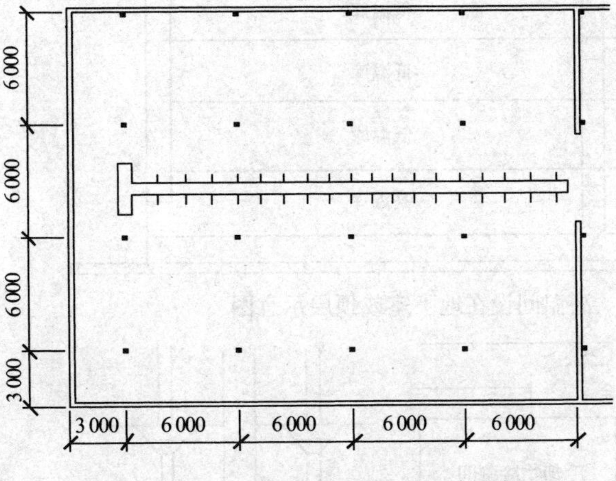

图 2-45　冷却物冷藏间的平面示意图

冷却物冷藏间的冷库平面布置中多与冻结物冷藏间分开布置，划清冷区和热区的界限，使库温单一，这样既可简化建筑构造，又可节省隔热材料，延长冷库的使用寿命。但只适用于大中型冷库(见图 2-46)。多层冷库在冷却物冷藏间和冻结物冷藏间贮存量比较悬殊的情况下，多将高温库放在地下室，这样可以节约地坪防冻处理的费用。但当地下水位较高，不能采用地下室作高温库时可将高温库设在一层或最顶层(见图 2-47)。

当高低温冷藏量相当时，也可采用分边或各自独立的平面布置形式，分边布

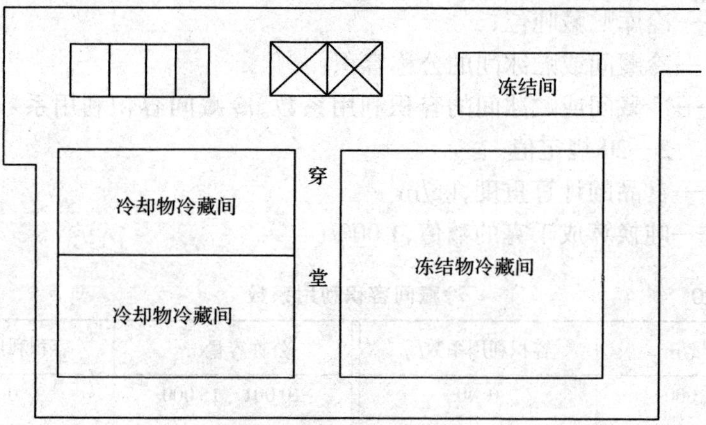

图 2-46 不同温度库房单独布置平面示意图

置可节约外围护结构面,但必须将两边楼板结构分开,中间作隔热层,以免出现"冷桥"(见图 2-48)。

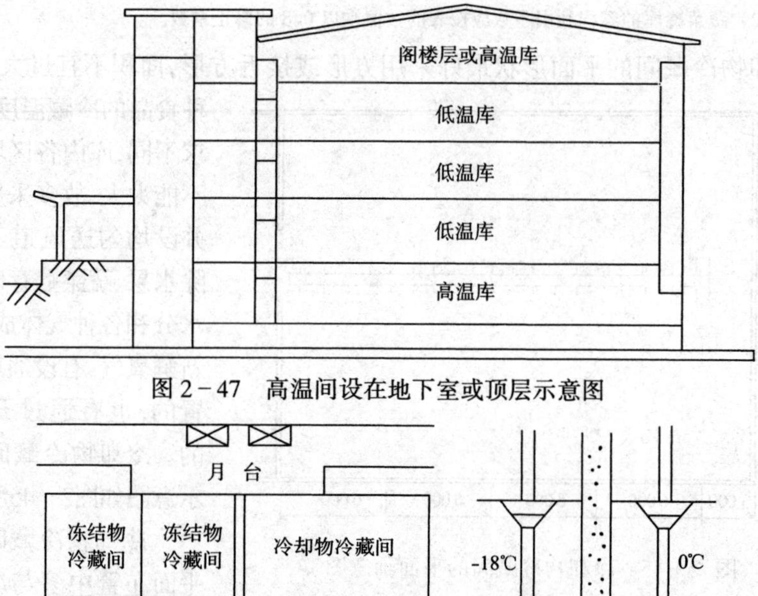

图 2-47 高温间设在地下室或顶层示意图

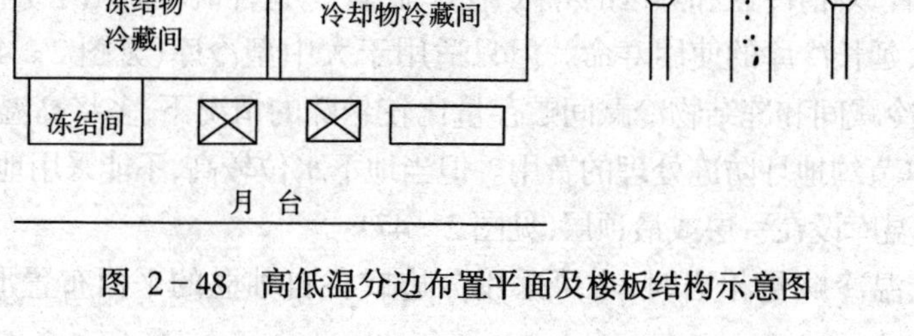

图 2-48 高低温分边布置平面及楼板结构示意图

2. 冷却物冷藏间高度的确定

冷却物冷藏间的高度与堆货高度和风道高度有关,因冷却物冷藏间大多采用单风道小喷吸嘴送风。如以人工堆码时,一般以堆高 2.6～3.6m 为计算依据,采用机械堆码可达 5.5～7m。但鲜蛋、水果的堆装高度要视包装箱、箩、筐所能承受的压力而定。如采用木箱包装或集装箱时,其堆高就不受包装箱的承压条件限制,纸箱包装鲜蛋和水果,当箱子高度为 310～380mm 时,一般堆放 6～7 层,竹箩、柳条筐口大底小,还应考虑堆码时的稳定性,有的可采用每堆放 2～3 层加铺木板条的方法,这样可以堆到 6～7 层;有的是将箩筐堆成宝塔形,塔顶可以堆到 7～8 层。

(六) 冻结物冷藏间在冷库中的布置

冻结物冷藏间(简称低温间)是长期贮存食品的,要求贮存温度不高于 -18℃,目前国内冻结物冷藏间设计室内温度一般采用 -18℃,而国外有采用 -30℃的低温间,目的是为更好的保持食品质量和降低干耗。

为了减少干耗,室内的相对湿度最好保持在 95%左右;库内温度波动范围 ±1℃,只允许微弱的自然空气循环,否则也会引起食品干耗,除包装食品可采用冷风机冷却外,一般多采用墙管和顶管。

1. 冻结物冷藏间面积大小的计算

计算方法与冷却物冷藏间相同。

[例 2-2] 建造一间贮存 500t 白条肉的冻结物冷藏间。如果建筑的外围护结构用稻壳作隔热层,冷藏间的净高采用 4.2m 时,需多大的建筑面积。

解 1: 按公称吨位计算:

$$F=\frac{G}{r\cdot H}=\frac{500\times 1\,000}{400\times[4.2-(0.1+0.3+0.3)]}$$

$$=357\text{m}^2\text{(有效使用面积)}$$

$$F_{\text{使}}=\frac{357}{0.7}=510\text{m}^2\text{(使用面积)}$$

$$F_{\text{建}}=\frac{510}{0.8}=637.5\text{m}^2\text{(建筑面积)}$$

解 2: 按公称容积计算:

$$F=\frac{G\times 1\,000}{r\cdot\eta}=\frac{500\times 1\,000}{400\times 0.55}=2\,273\text{m}^2$$

$$F_{\text{使}}=\frac{2\,273}{4.2}=541\text{m}^2\text{(内净面积)}$$

$$F_{\text{建}}=\frac{541}{0.8}=676\text{m}^2\text{(建筑面积)}$$

这里解释几个建筑名词:

结构面积——指的是在平面图中墙和柱子所占的面积(门窗部分计算在内);

建筑面积——指的是包括外墙以内的面积,有一层算一层(简单的可按轴线计算);

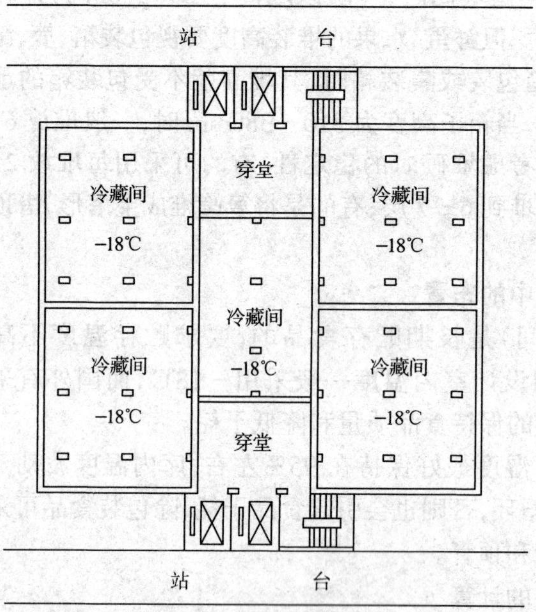

图 2-49 冻结物冷藏间通过常温穿堂联系

内净面积——外墙(或内墙)内表面的乘积(包括库内柱子的面积);

使用面积——内净面积-库内柱子面积-设备或管道所占用的面积;

有效使用面积——使用面积-库内走道总面积-货堆离墙面积。

$$建筑平面利用系数=\frac{使用面积}{建筑面积}$$

冻结物冷藏间的门最好能开在低温穿堂内(见图 2-49),使经过冻结的食品通过低温穿堂入库,可以减少库内的冷耗和保证库温的稳定,但低温穿堂需要保温和装有制冷设备,造价比较高,故目前比较多的是作常温穿堂(见图 2-50)。直接开向常温穿堂的冷藏门应装风幕,减少库内外冷热空气的交换。为了避免常温

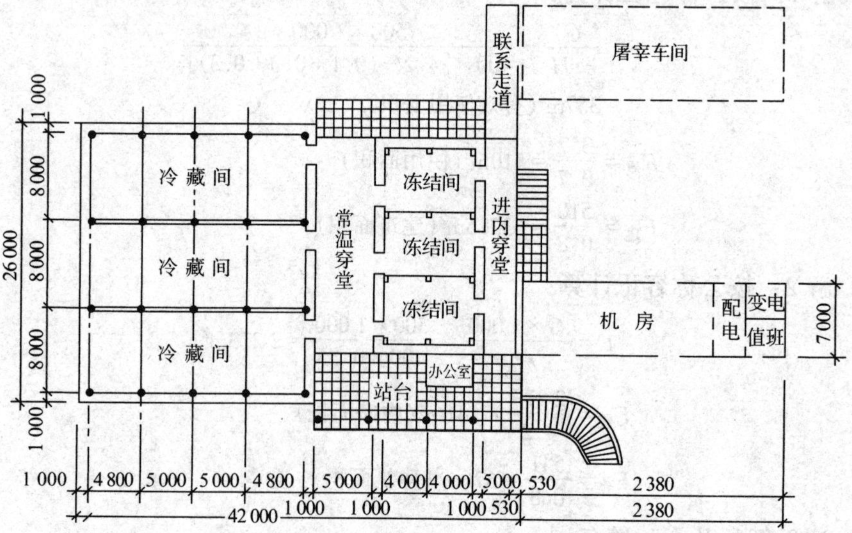

图 2-50 冻结物冷藏间通过常温穿堂联系

穿堂内出现潮湿和滴水现象，可以开窗，接受阳光照射、提高穿堂内表面的温度（略高于空气露点温度），同时还需对冷库门的上下左右进行防“冷桥”处理，库外常温穿堂的结构可以与主库结构分开，也可以合并，但合并时必须作好防冻处理。

2．冻结物冷藏间高度的确定

冻结物一般都能承受较大的压力，堆装高度主要决定于冻结物堆装的稳定性，采用人工堆装3.8～4.0m，机械堆装4.0～4.8m（多层），单层库可堆高5～7m。

冻结物冷藏的制冷设备主要采用墙管和顶管，顶管上层中心线离平顶间距光滑管不少于250mm，翅片管不少于300mm。墙管应设在靠外墙的一边，离地面较高处，墙管中心线离墙壁间距光滑管不少于150mm，翅片管不少于200mm、冷却排管的安装必须依靠预埋在墙及楼板的预埋件吊挂，因此必须提供合适的预埋件预留孔位置。

冻结物冷藏间分间大小，主要决定于食品的种类、特性、使用要求和宗教信仰等因素。

如外贸商品和市销商品分开，水产和肉类分开，少数民族地区禁食品和非禁食品分开，贮存单一品种的冻结物冷藏间以大间为宜，因单间容量大，空气的温度和湿度容易稳定，冷藏门、空气幕、设备管、阀门和穿堂、走道等辅助面积可以减少，并为运输，堆码等机械化作业提供方便，减少操作管理方面的冷量损耗。但分间也不能过大，一般大间控制在500m^{2}左右，否则不易做到库内各处温度一致，而影响食品冷藏质量。

（七）冰库（贮冰间）

一般把独立设置专供贮冰用的冷库称为冰库，而把附设在食品冷库内的贮冰用房叫贮冰间，大量用冰的主要是水产生产性冷库，水产冷库的冰主要供渔船用，故也有采用设在多层冷库之上，用重力作用将冰通过滑冰道送到渔码头的碎冰楼，再将冰卸在渔船上，如设单层库则需采用提升设备。冰库的设计温度为－4℃，制冷设备（蒸发器）多用顶管。

冰库的面积可采用下列计算方法：

按公称吨位计：

$$F=\frac{G}{r\cdot H} \tag{2-7}$$

按公称容积计：

$$V=\frac{G}{r\cdot \eta} \tag{2-8}$$

贮冰间的容积利用系数 η 按冷库净高而定，见表2－21。

表 2-21 储冰间容积利用系数

储冰间净高/m	容积利用系数/η	储冰间净高/m	容积利用系数/η
≤4.20	0.4	5.01～6.00	0.6
4.21～5.00	0.5	>6.00	0.65

[例 2-3] 某冰库贮冰量为 2 000t,试计算其所需的建筑面积。

解 1:按公称吨位计算:

$$F=\frac{2\,000\times 100}{750\times 2.5}=1\,067\text{m}^2(\text{有效使用面积})$$

$$F_{\text{建}}=\frac{1\,067}{0.7}=1\,524\text{m}^2(\text{建筑面积})$$

解 2:按公称容积计算:

$$V=\frac{2\,000\times 1\,000}{750\times 0.5}=5\,333\text{m}^3$$

$$F=\frac{5\,333}{4.5}=1\,185\text{m}^2(\text{使用面积})$$

$$F_{\text{建}}=\frac{1\,185}{0.78}=1\,519\text{m}^2(\text{建筑面积})$$

这里需解释的是:按公称吨位与公称容积计算建筑面积的结果原则上是一致或接近的,问题是建筑利用系数的选择;计算这些面积的建筑利用系数,要考虑平面设计时建筑模数、柱网等因素,不是一成不变的。

当贮冰间与制冰间同层相邻布置时,进冰洞宜与制冰间的倒冰台直接相通,库房地面的标高低于倒冰台,进冰洞口下表面应是向内倾斜的斜面,水平高差不小于 20mm。如果进冰洞和出冰洞共用一个洞口时,库房地面标高与进冰洞口下表面最低点标高取平。冰库堆码时容易碰坏墙壁,故冰库的四周需设置一层护壁,常用的护壁材料为木骨架上钉竹片,护壁离墙 150mm。

贮冰间的建筑净高,当用人工堆码冰时,单层库的净高宜采用 4.2～6m,多层库的净高宜采用 4.8～5.4m。如用桥式吊车堆码冰时,则建筑净高应不小于 12m。

(八) 理鱼间、屠宰间或整理间

水产冷库的理鱼间是用作鱼货进冻前的清洗、分类、分级、装盘、过磅等整理工作的场所,其面积的大小应按生产产品的品种、数量和工艺流程的要求而定,处理鱼类一般以 $10\text{m}^2/\text{t}$ 计,处理虾及贝类时还要大。

屠宰间根据每日班宰的头数决定所需的设备,按工艺流程的实际需要而定。

整理间是对在冷藏的食品(主要为冷却物)进行质量检查、处理及包装整理的工作间。

理鱼间、屠宰间或整理间都要和冻结间及冷藏间密切联系，对于加工冻结物的包装有冻结前的包装和冻结后的包装，有的需要在低温下进行，故包装间多作“空调”间，并需合乎卫生条件要求。理鱼间、屠宰间和整理间应该有良好的通风采光条件。

（九）脱钩间和脱盘间

白条肉冻结后要脱钩卸下扁担钩或单钩，分割肉、副产品、水产品等用铁盘盛载放入吊笼中或搁架上冻结，冻结完成后要经过脱盘，水产品还需镀冰衣，脱钩间多利用走道位置进行，走道宽不少于4m，需设两条以上轨道，一条是待脱钩的轨、一条是回转空轨，冻结物脱钩后用手推或铲车送到冷藏间。因此脱钩间的位置应方便运输，脱钩间有常温和低温两种，但目前多采用常温脱钩间。

脱盘间是一个带水作业的加工间，多在常温下进行，低温脱盘间容易损坏，一般不用。

脱钩间和脱盘间脱下来的钩和铁盘，必须回到屠宰间和理鱼间，回轨线路应避免迂回交叉。

（十）机房及制冰间

1．机房

机房通常是制冷机车间、高低压设备间、变电间、配电间、水泵房、工具房、值班室等组合在一起的统称。这部分的建筑设计要与制冷工艺和水电系统密切配合。

机房设计要求如下：

（1）机房在总平面布置时应考虑靠近冷负荷最大的冷间，如冻结间或制冰间，机房应布置在有污染建筑的上风侧，但又要设在人员密集建筑的下风侧，要有室外布置制冷设备（如冷凝器、水池）场地。

（2）机房要有良好的通风采光条件，与主库可分开或相接，设计时要考虑与主库之间的不同沉降，采取防止扭裂管道的措施。

（3）考虑防火、防爆、采取安全措施，设两个以上出入口，门窗均往外开启。

（4）机房面积大小应根据选用的制冷设备而定，制冷机间面积与制冷机的排列有关，可采用单列或双列的布置方式。如采用双列布置一般制冷机间宽7～9m，采用单列布置机房宽应大于4.5m。

机房高度是根据设备高度及检修高度而定，采用氨泵制冷系统机房高度（净高），一般为5.5～6m。图2－51和图2－52所示为冷库机房平面图。

（5）要防止机房的噪声，可设吸音板。

2．变电间和配电间

在整个冷库中，用电量最大的是机房，所以变、配电间多设在机房附近，高度不低于5m,可与机房相通,要有良好的通风采光条件,尽量避免西晒。

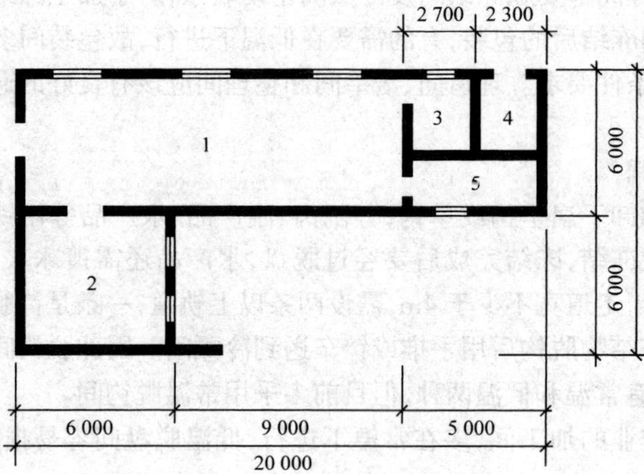

图 2-51 冷库机房布置方案一

1—制冷机房 2—设备间 3—配电间 4—变压器间 5—工具间

3. 自控室

随着自动化技术的发展,冷库也在采用局部或全部自动化。它与机房、变配电间有密切关系,其尺寸的大小根据自控设备而定,要有良好的通风采光和隔音措施。

4. 制冰间

制冰方法有盐水制冰和快速制冰等,采用快速制冰的制冰间,对建筑物要求比较简单,房间大小根据制冰设备而定。

盐水制冰间的大小,应根据日制冰量决定制冰池、融冰池和提冰设备的大小

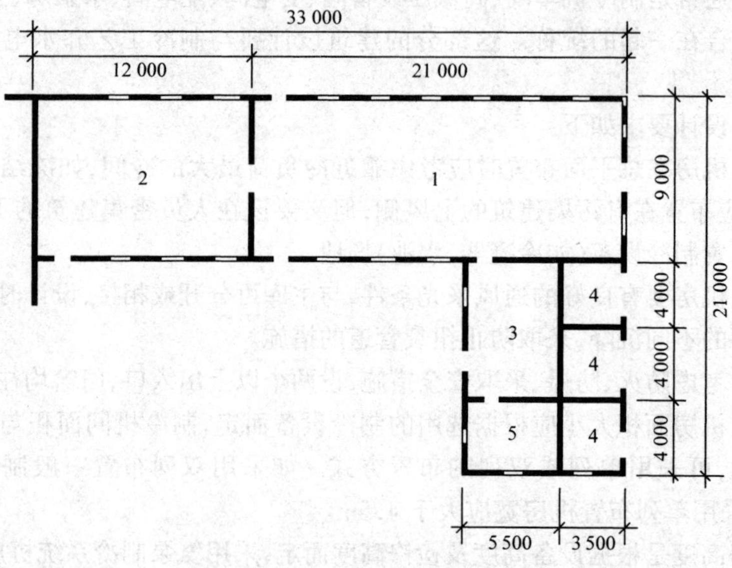

图 2-52 冷库机房布置方案二

1—制冷机房 2—设备间 3—低压配电室 4—变压器 5—工具间兼休息室

而定,有5t、10t、15t和20t冰池。盐水制冰间的平面图如图2-53所示。

盐水制冰是在低温(一般为-10℃)的盐水池中,将冰桶中的水冻结成冰,制

冰过程用的设备和设施是制冰池、融冰池(融冰水槽)、倒冰架、倒冰台、吊车和水

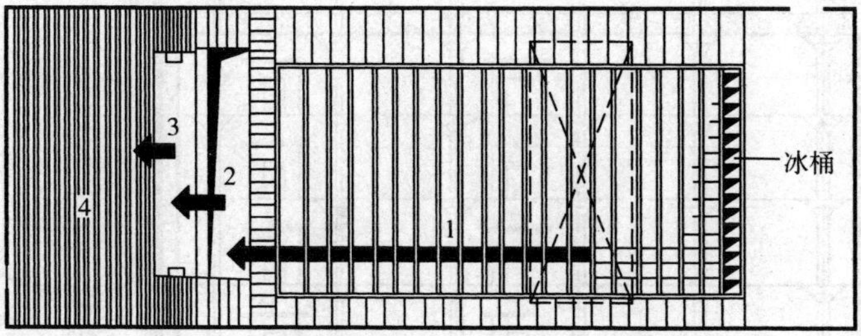

图 2-53　盐水制冰间的平面布置图

1—制冰池　2—融冰水槽　3—倒冰架　4—倒冰台

箱等。倒冰台的宽度,从倒冰架到对墙之间距离不少于 3m。倒冰台下设的地沟或地漏离贮冰间外墙不得少于 1m。制冰池的四周和底板均要作隔热处理,注意防止水从池壁隔热层的上口渗入,冰池不宜直接建造在地坪上,架空的制冰池效果较好。

二、食品冷库建筑剖面的设计

建筑剖面设计即为垂直方向的设计,解决房屋的剖面形式、构造及各部高度的问题,剖面设计要和平面设计统一考虑,根据生产工艺的需要解决冷库设计中各种设计标高。冷库的剖面示意图如图 2-54 所示。

(1) 层高　即房间的高度(地面至楼面或楼面至楼面的距离)。根据房间的性质、结构、构造、地区条件及经济等因素确定。冷库的层高:

多层冷库 4.6~4.8m;

单层冷库 5~7m(地下室高温库当条件限制时,允许不低于 3m)。

冻结间:4m(无挡风板时可降至 3.8m,采用吊顶风机时应大于 4.3m)。

(2) 窗台高　一般为 900~1 200mm,制冰间、包装间可以开高窗。

(3) 窗高　根据标准图集窗高从 600mm 开始以 300 作模数即 900、1 200、1 500mm 等,窗上口距离楼板的尺寸要考虑窗过梁或圈梁的高度。

(4) 室内外地坪的高差　为了避免室外雨水进入室内和土壤潮湿的影响,底层地面一般高出室外地坪 300、450、600mm 等,冷库站台为装卸运输的需要一般高出地面 900~1 200mm,如采用铁路运输站台高度为 1 100mm。室内外高差不宜过大,否则会增大墙体高度及回填土数量。

(5) 结构构造　表示屋顶、楼板、地面及墙身、阳台、雨篷等各部分的结构构造。

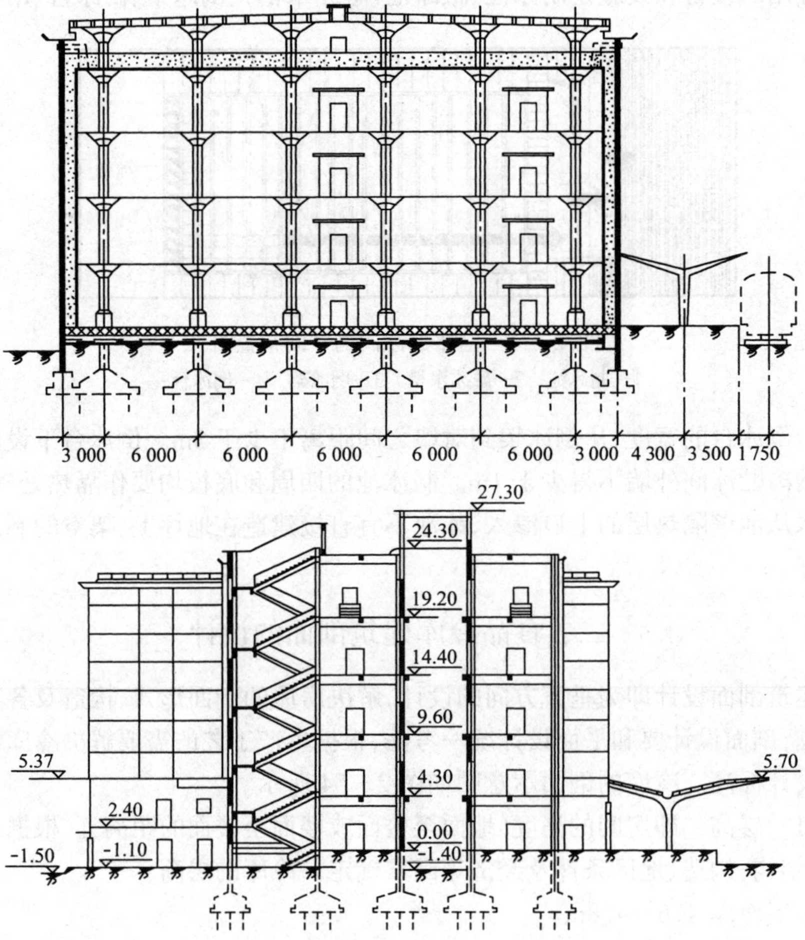

图 2－54 冷库剖面示意图

三、食品冷库的立面设计

立面设计是平面及剖面设计的继续，根据平面上水平方向的各种尺寸及剖面上垂直方向的尺寸，画出立面，并对平剖面加以调整，统一和加工以达到美观的目的。冷库平面图如图 2－55 所示，冷库立面图如图 2－56 所示。在设计平、剖面时要考虑到立面的形象，每幢建筑有 4 个立面，其中主要立面如临街立面要着重处理。其它次要立面可以简单些，立面处理的方法如下：

（1）门窗的安排与墙面虚实的对比　门窗位置一般位于开间的中间，门窗的高度和宽度尽可能与墙协调，比例适当，有虚有实，如处理得当可取得良好的艺术效果，“实”是指墙面，“虚”是指门窗或空花墙等开洞部分。

（2）墙面的凹凸变化　利用站台、雨篷等凸出部分，凹廊等凹入部分，在立

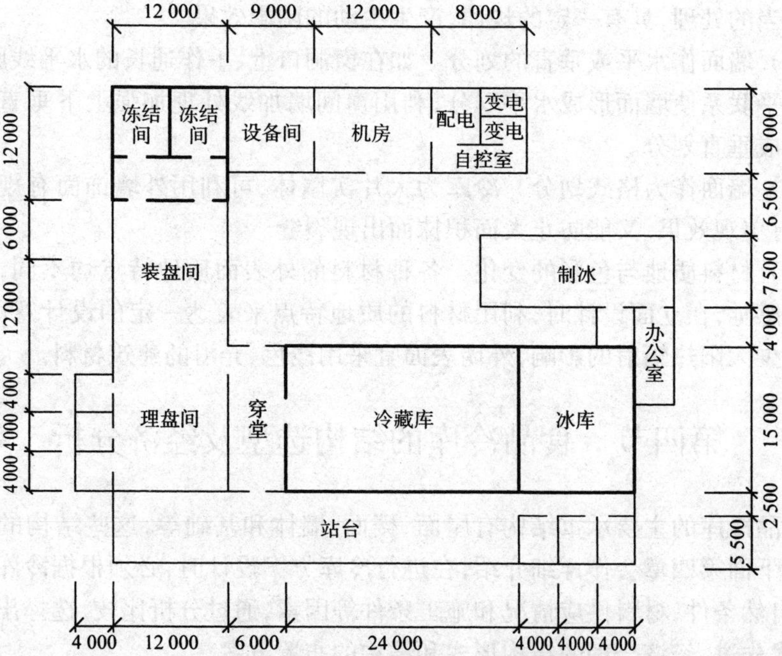

图 2-55　500t 水产冷库平面方案

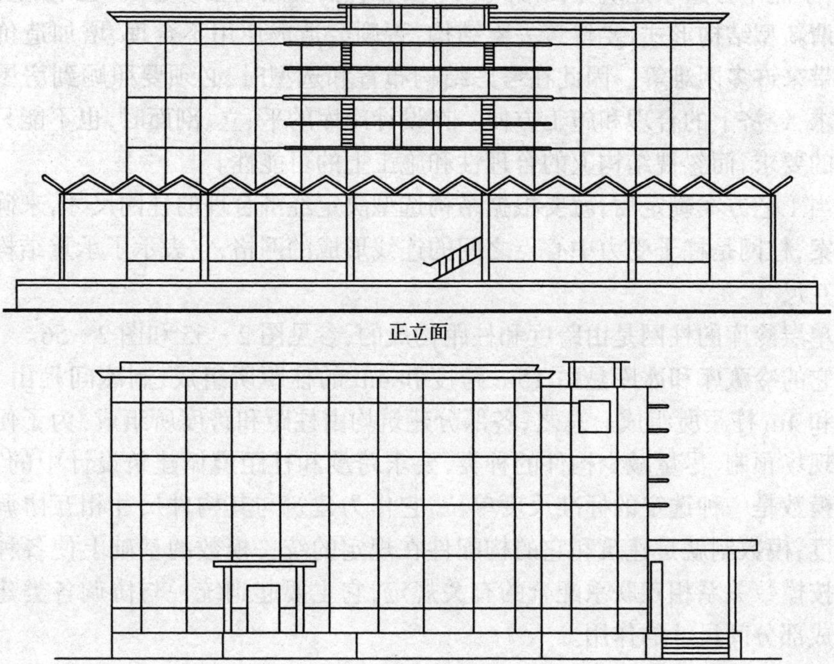

图 2-56　冷库立面图

面上适当的处理,具有一定的规律,产生生动的阴影效果。

(3) 墙面作水平或垂直的划分　如在窗洞口上、下作通长的水平线脚,加强窗的水平联系使墙面形成水平划分,利用窗间墙加线处理加强上下垂直联系使墙面形成垂直划分。

(4) 墙面作为格式划分　冷库为大片实墙体,可利用外墙饰面有规律的分格,既有美观效果,又能防止大面积抹面出现裂缝。

(5) 材料质地与色彩的变化　各种材料的外表面质地特点均不同,给人以不同的感觉,在立面设计时,利用材料的质地特点来表达一定的设计意图,冷库为了减少太阳热辐射的影响,外墙表面宜采用浅色、光滑的建筑材料。

第四节　食品冷库的结构选型及经济分析

食品冷库的主要承重结构有屋面、楼面、墙体和基础等,这些结构的形式和构造在下面第四章会作详细介绍,在进行冷库方案设计时,必须根据冷库的使用性质,自然条件,材料供应情况和施工条件等因素,通过分析比较,选择出坚固耐用、技术先进、经济合理的结构形式和结构的布置方案。

结构的布置和选型以及结构材料的选用要与建筑的平、立剖面的处理相互结合,不能单方追求建筑立面形式和平面布置而要结构去凑建筑,也不能为了追求所谓新型结构形式,要建筑去凑结构,否则会造成使用不合理、增加造价或给施工带来许多困难等。因此在考虑结构布置和选型时,必须要照顾到房屋的使用要求,经济上的合理和施工方便。在设计冷库的平、立、剖面时,也不能只顾建筑上的要求,而忽视结构上的合理性和施工上的可能性。

当工艺方案确定后,就要根据结构选型决定经济合理的柱网尺寸,来确定平面方案,柱网是柱子受力中心点之间的连线形成的网格,它表示了承重结构之间的相互尺寸。

单层冷库的柱网是由跨度和柱距构成的,参见图 2－55 和图 2－56。

它的冷藏库和冰库是由 15m 跨度和 4m 的柱距所组成、制冰间是由 7.5m 跨度和 4m 柱距所组成。总之,各部分建筑均由柱距和跨度所组成,为了便于工厂或现场预制,尽量减少构件的种类,要求跨度和柱距遵循建筑设计中的“模数制”,模数是一种选定的标准尺度单位,它作为建筑与其构件尺寸相互协调的基本尺度,模数制就是建筑和它的构配件在规定的统一模数的基础上使各种尺寸之间按模数关系相互联系配合的有关规定,它主要起到统一与协调各类建筑及各组成部分间尺寸的作用。

模数协调是使用基本模数确定房屋构件和房屋尺寸的一种方法。它是目前国际上建筑标准化中采用的基本方法,如国外装配式冷库,它的预制构件和配件都是统一化和规格化的(见图 2－57)。为大批生产创造了条件,可以组成多种不同的单元,使施工操作简化和合理化,并提高效率,使整个建筑过程有较好的经济效果。

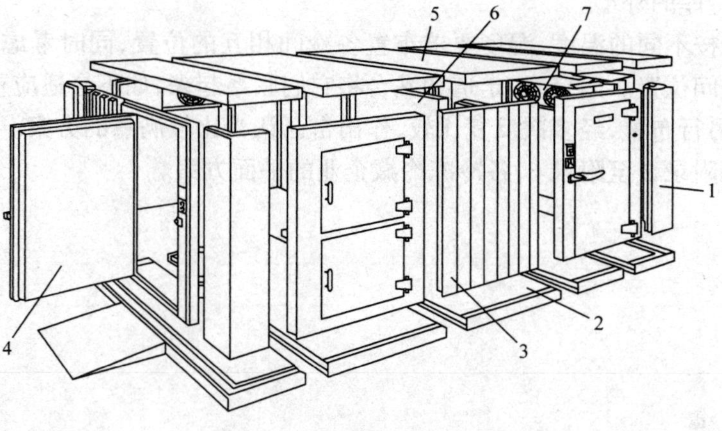

图 2－57 装配式冷库示意图

1—角板 2—底板 3—立板 4—库门 5—顶板 6—隔板 7—冷风机

柱网尺寸的大小和所采用的建筑材料有关,如采用钢结构或钢筋混凝土结构时,柱网的尺寸可取大,如柱距用 6m,跨度可以大于 12m,如采用混合结构,柱距应小于 6m,跨度也不能大于 12m。

多层冷库多采用无梁楼盖的结构形式,无梁楼盖最经济的柱网是6m×6m,柱网的边缘常用的作法有两种:一是边柱作法,将柱的外边缘紧贴外围护结构的内表面。其优点是结构受力好,节省钢材;缺点是制冷设备如用墙排管则不能统一布置。二是悬臂作法,即柱子离开外围护结构内表面一段距离,该距离如只考虑墙排管布置时采用 1.3m,如考虑利用悬臂部分空间利用时可采用 2.4m 左右(见图 2－58)。

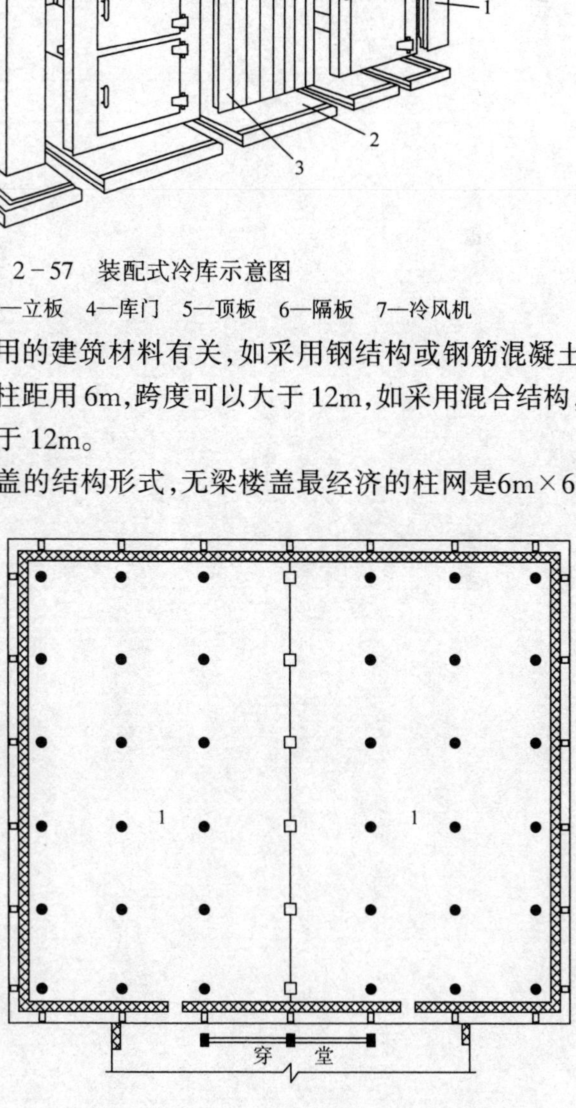

图 2－58 6m×6m 经济柱网示意图

冷库平面方案的拟定:

(1) 根据各冷间的加

工能力和冷藏容量，计算各冷间所需的建筑面积，然后按库址的地形和工艺平面决定冷库的平面形状和层数，把柱网纵横间距尺寸的乘积作为一个计算单位，如 6m×6m 柱网的一个计算单位为 $36m^2$，用这样单位来调整各冷间所需的建筑面积，拟定冷库的外形。

(2) 按不同的温度、湿度要求布置各冷间相互的位置，同时考虑机房、屠宰间或理鱼间位置。用穿堂、走道和站台将它们联系起来，如不合适应重拟冷库的外形，再另行布置，经多次反复比较，作出自己认为比较满意的方案。

参见附录 2 至附录 6，各冷冻冷藏企业的平面方案。

第三章 食品冷库建筑的隔热与隔汽防潮

第一节 食品冷库建筑热工基础知识

一、传热的基本方式

凡是存在温差的地方，就会有热量传递现象发生。热量总是自发的从高温物体转移到低温物体。

热量传递基本形式有三种：热传导、对流和热辐射。

（一）热传导

热传导（简称导热）是指热量靠物质微观粒子（分子、原子、自由电子等）的热运动，从物体中温度较高的部分传递到温度较低的部分；或者从温度较高的物体传递到与之接触的温度较低的另一物体的过程。

热传导可以在固体、液体、气体中发生，但只有在密实的固体中才存在单纯的导热过程。例如冷库的外墙外表面温度高于内墙表面温度时，热量以导热的方式由外墙外表面传给内墙的内表面。

（二）对流

对流是指温度不同的流体，依靠宏观的相对位移，把热量由一处传递到另一处的现象，这是流体所特有的一种传热方式。

工程上大量遇到的是流体流过一固体壁面时发生的热量交换过程，称作对流换热。

对流换热的强弱程度和流体的种类、流速、温度、性质（如黏度、热导率等）、固体壁面形状、大小、壁面温度等因数有关，单纯的对流换热过程是不存在的，在对流的同时总伴随着导热。

（三）热辐射

热辐射是指物体通过电磁波来传递能量的过程。其中，因为热的原因而发出辐射能的过程称为热辐射。

物体进行热辐射时，还伴随着能量形式的转化，即热能先转变为辐射能，向外通过空间传递到另一物体后，再由辐射能转变为热能，被第二个物体吸收。

自然界中所有的物体都在不停地向四周发出热辐射能，同时又不断地吸收其它物体发出的热辐射能。这种辐射与吸收过程的综合结果，就造成了以辐射方式进行的物体间的能量转移——辐射换热。温度越高，辐射越强；温度越低，辐射越弱。

物体放出或吸收的热量等于同一时间内放射和吸收辐射能之差。因此,即使在冷藏库的低温条件下,物体之间同样存在辐射换热,只是其能量不大而已。

其实,在传热过程中,很少是单一的热交换方式,而往往是几种传热方式同时存在的。

例如:冷库库外的热量通过外围护结构传入库内,一般要经过三个阶段(见图 3-1):

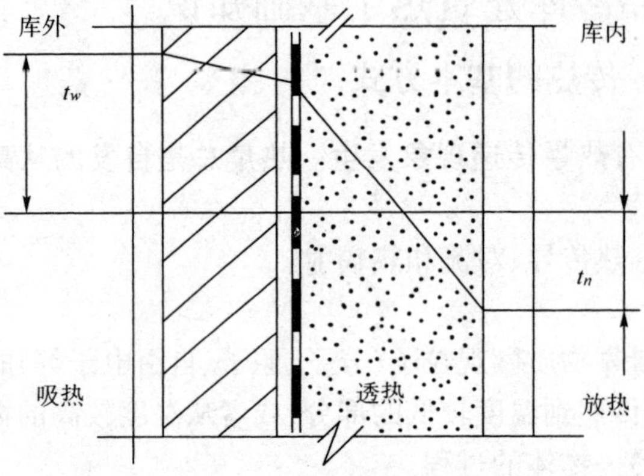

图 3-1 冷库外围护结构传热的过程

(1) 外表面吸热 围护结构外表面从库外空间,通过对流和热辐射的作用,接受外界环境的热量过程,这一过程称感热过程。

(2) 壁体材料层的导热 热量由围护结构的外表面,主要通过热传导的作用传至内表面,这一过程称透热阶段。

但一般建筑材料内部总有一些孔隙,在孔隙内除了存在导热作用外,同时还存在对流和热辐射的作用。

(3) 内表面放热 围护结构的内表面通过对流和热辐射的作用,向库内空间散发热量的过程,这一过程称放热阶段。

所以说冷库围护结构的传热过程是一个复杂的综合过程,但为了便于研究,才将它予以划分。同时还因为三种传热方式各有其特殊的规律,给划分围护结构的传热过程提供了有利条件。

由于热量传递的主要原因是有温度差存在,所以在研究传热时,必须掌握物体的温度分布情况,在某一瞬间物体内部所有各点温度的总计称温度场。

如物体的温度是沿一个方向或两个方向而变化时,相应的温度场称一向或两向温度场;若物体的温度是空间三个坐标的函数,相互的温度场称三向温度场。

凡物体中各点温度随时间而变化的温度场称不稳定温度场;反之则为稳定温度场。在稳定的温度场内发生的热传递现象称稳定传热过程,反之为不稳定传热过程。

冷库围护结构的传热过程严格说来是属不稳定传热过程,但由于我国目前大多数冷库的外围护结构多为重体结构,热惰性较大,为了简化计算过程,多采用稳定传热的计算方法。

二、通过平壁的稳定导热

在围护结构内所采用的建筑材料或多或少都会有一些空隙，存在着传热过程中对流与热辐射的方式。因此严格地说，热量通过材料层时，并不是只有导热方式，但因辐射和对流所占的比例很少，故在冷库建筑热工计算中，对通过围护结构实体材料层的传热过程均按导热考虑。

（一）经过单层平壁的导热

假定有一厚度为 δ 的单层匀质平壁（见图 3-2），其宽与高的尺寸比其厚度大得多。平壁内外表面的温度为 t_n 和 t_w，且 $t_w > t_n$。

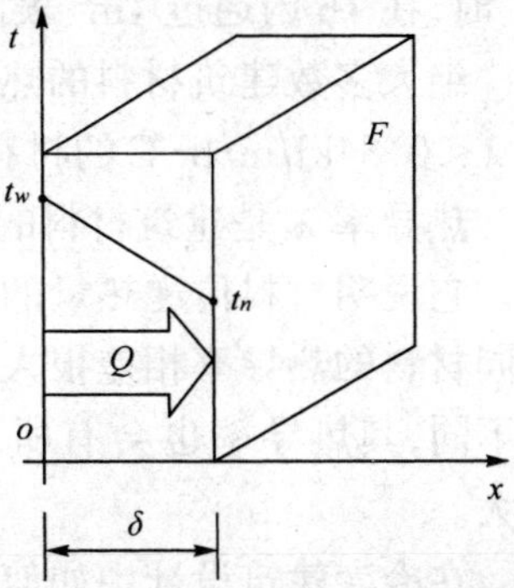

图 3-2　单层平壁的热传导

实践证明，在稳定导热条件下，通过壁面的传递热量 Q 与平壁材料的导热能力、壁面之间的温差、传热面积和传热时间成正比，与平壁的厚度成反比，即：

$$Q = \frac{\lambda}{\delta}(t_w - t_n) \cdot F \cdot Z \tag{3-1}$$

式中　λ——材料的热导率，kJ/(m·h·℃)

t_w、t_n——平壁的外表面和内表面的温度，℃

δ——平壁的厚度，m

F——平壁的表面积，m^2

Z——热传导的时间，h

在建筑工程中，常用的是单位时间通过单位面积的热流量，称作热流强度，用“q”表示，即：

$$q = \frac{\lambda}{\delta}(t_w - t_n) \tag{3-2}$$

从上式可以知道，$t_w - t_n$ 是决定热流强度 q 的大小和传递方向的内因。

在建筑热工中，将 $\frac{\lambda}{\delta}$ 称为传热系数，即：

$$K = \frac{\lambda}{\delta} \tag{3-3}$$

故

$$q = K\Delta t \tag{3-4}$$

传热系数的倒数称为材料层的热阻，即：

$$R = \frac{1}{K} \tag{3-5}$$

热阻的单位是 m^2·h·℃/kJ，它说明平壁抵抗热流通过的能力，或者说是热流通过平壁时遇到的阻力。

这种阻力越大,在同样的温度条件下,通过材料层的热量越少;反之阻力越小,通过材料层的热量就越大。要想增加热阻,可以加大平壁的厚度;或选用热导率 λ 小的材料。材料的热导率 λ 在数值上等于:当材料层单位长度内的温差1℃时,在 1h 内通过 $1m^2$ 表面积的热量。

绝大多数建筑材料的热导率介于 0.105～12.55kJ/m·h·℃之间,工程上常把 $\lambda<0.84$kJ/m·h·℃的材料称为隔热材料。参见表 3-1。

热导率 λ 是建筑材料的一个主要热物理特性指标。

它说明材料传递热量的能力;它与材料的成分、宽度和分子结构等有关,故不同材料的热导率相差很大。但即使是同一种材料,因其工作条件的温度和湿度不同,其热导率也会有所变化。尤其是材料的湿度对材料的导热系数影响最大。

在冷库建筑设计中如何确定隔热材料热导率的修正值,并保证隔热材料在施工使用过程中,不受潮是十分重要的。

同一种材料,在一般情况下容重越小,热导率也小;反之容重大,热导率也大。这是因为材料的容重越小,说明材料中的孔隙越多,而空气中热导率通常要比实体材料的热导率小。

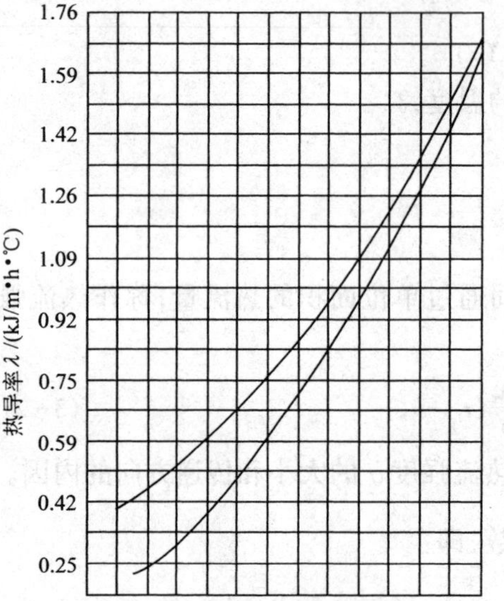

图 3-3 多孔无机材料在烘干条件下热导率与容重的关系

材料的导热性不仅与孔隙有关,而且还取决于孔隙的大小和形状。在孔隙率相同的条件下,孔隙尺寸越大,热导率越大,而且开口串通的孔隙比封闭孔隙的导热性要高。所以虽是同一种材料,如多孔混凝土,由于生产工艺不同,在加工中因发泡剂的种类和用量的不同,内部孔隙的大小、形状和孔隙的排列就可能大不一样,这就会引起导热性能的差异。图 3-3 所示为多孔无机材料在烘干状态下热导率和容重的关系。

对于容重很小的材料,特别是纤维状材料,当容重低于某个极限时,热导率反而增大。这是由于孔隙过大,会使孔壁温差增大,造成辐射传热量增加,同时对流换热也增加。特别是当孔隙变成互相贯通时,对流换热则更大。所以对这一类材料存在一个最佳

表 3-1　**冷库常用建筑材料热物理系数**

序号	材料名称	规格	密度 ρ /(kg/m^3)	测定时重量湿度 Wz/%	热导率 λ' 测定值 /(kJ/m·h·℃)	热导率 λ 设计值 (kJ/m·h·℃)	导温系数 $a\times10^3$ /(m^2/h)	比热容 C /(kJ/kg·℃)	蓄热系数 S_2 /(kJ/m^2·℃·h)	蒸汽渗透系数 μ /(g/m·h·mmHg)
1	碎石混凝土		2 280	0	5.44	5.44	3.33	0.71	48.08	0.006
2	钢筋混凝土		2 400	—	5.56	5.56	2.77	0.84	53.77	0.004
3	石　料							0.92	91.63	
	大理石，花岗岩		2 800	—	12.55	12.55	4.87			0.0028
	石灰岩		2 000	—	4.18	4.18	2.27			0.0086
4	实心重砂浆普通黏土砖砌体		1 800	—	2.93	2.93	1.85	0.88	45.19	0.014
5	土壤，砂碎石亚黏土		1 980	10	4.23	4.23	1.87	1.13	34.73	0.013
	亚黏土		1 840	15	4.02	4.02	1.72	1.26	49.58	
6	干砂填料	中砂	1 460	0	0.92	2.09	0.82	0.75	16.28	0.022
		粗砂	1 400	0	0.88	2.09	0.77	0.75	14.69	0.022
7	水泥砂浆	1:2.5	2 030	0	3.35	3.35	2.07	0.79	37.24	0.012
8	混合砂浆		1 700	—	3.14	3.14	2.21	0.84	34.06	0.013
9	石灰砂浆		1 600	—	2.93	2.93	2.19	0.84	31.92	0.016
10	建筑钢材		7 800	0	209.21	209.21	58.28	0.46	435.15	
11	铝		2 710	0	730.13	730.13	309.00	0.84	656.90	
12	红　松	热流方向顺木纹	510	—	1.59	1.59	1.40	2.22	21.76	0.004 8
		热流方向垂直木纹	420	—	0.40 0.63	0.42	0.58	1.80	8.79	0.022 4

续表

序号	材料名称	规格	密度 ρ /(kg/m³)	测定时重量湿度 Wz/%	热导率 λ′ 测定值 /(kJ/m·h·℃)	热导率 λ 设计值 (kJ/m·h·℃)	导温系数 $a\times10^3$ /(m²/h)	比热容 C /(kJ/kg·℃)	蓄热系数 S_2 /(kJ/m²·℃·h)	蒸汽渗透系数 μ /(g/m·h·mmHg)
13	炉 渣		660	0	0.63	1.05	1.00	0.84	8.91	0.029
			900	—	0.88	1.26	0.91	1.09	14.81	0.027
			1 000	—	1.05	1.46	1.25	0.84	15.19	0.028
14	炉渣混凝土	1:1:8		0	1.51	2.09	1.44	0.84	20.50	0.014
		1:1:10		0	1.34	1.88	1.45	0.79	16.74	0.014
15	胶合板	三合板		—	0.54~0.63	0.63	0.46	1.55	9.21	0.014
16	纤维板			—	0.96	0.96	0.30	1.51	12.55	0.014
17	刨花板			—	0.79	0.79	0.42	1.63	10.88	0.014
18	聚苯乙烯泡沫	自发型	18	—	0.13	0.17	6.23	1.17	0.84	0.003 7
		自熄型	19	—	0.13					
19	乳液聚苯乙烯泡沫		37	—	0.12	0.16	3.06	1.09	1.13	—
20	聚氨酯泡沫	硬质、聚醚型	40	—	0.08	0.11	1.65	1.26	1.00	0.003 4
21	沥青玻璃棉毡		70	—	0.15	0.29	1.42	1.38	2.05	—
			100	—	0.16	0.29	1.037	1.34	2.22	—
			150	—	0.16	0.29	0.88	1.21	2.72	0.065
22	沥青玻璃棉半硬板		120	—	0.15	0.27	—	—	—	—

23	玻璃纤维板		60	—	0.13	0.27	1.90	1.17	1.59	—
			90	—	0.15	0.27	1.40	1.09	1.84	—
			120	—	0.15	0.29	1.13	1.00	2.05	0.065
24	矿渣棉①		60	—	0.12	0.29	2.16	1.09	1.38	—
			90	—	0.13	0.29	1.26	1.05	1.67	0.065
25	沥青矿渣棉毡①		120	—	0.13	0.29	1.09	1.00	2.01	—
			160	—	0.13	0.29	0.90	0.92	2.26	0.065
26	矿渣棉半硬板①		65	—	0.13	0.27	1.68	1.21	1.63	—
27	软　木		170	—	0.21	0.25	0.62	2.05	4.27	0.003 4
28	稻　壳		120	5.9	0.22	0.54	1.09	1.67	3.39	0.06
29	泡沫混凝土②		370	0	0.35	沥青铺砌 0.46	0.89	0.84	4.77	0.024
30	膨胀珍珠岩	Ⅰ类	<70(80)	5.8	<0.19	0.31	2.11	1.30	2.09	—
		Ⅱ类	80～150	0.6	0.20	0.33	1.18	1.05	2.93	—
		Ⅲ类	150～250	—	0.25	0.42	—	—	—	—
31	加气混凝土②		500	0	0.42	沥青铺砌 0.54	0.93	0.96	7.28	0.0133

注：① 棉材应按在围护结构内实际充填密实程度的重度选用设计采用的热导率，凡棉材装置于双面铁皮夹层板内使用时，其设计热导率可按测定值，乘以1.3修正系数；

② 加气混凝土设计采用的热导率为沥青铺砌时的数值。

容重,即在这个容重下热导率最小。图 3-4 所示为玻璃棉热导率与容重的关系。图 3-5 所示为聚苯乙烯泡沫塑料热导率与容重的关系。

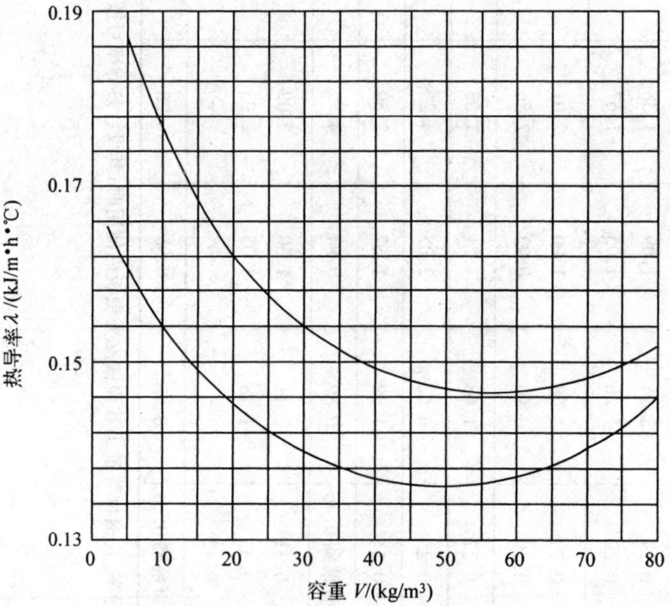

图 3-4 玻璃棉热导率与容重的关系

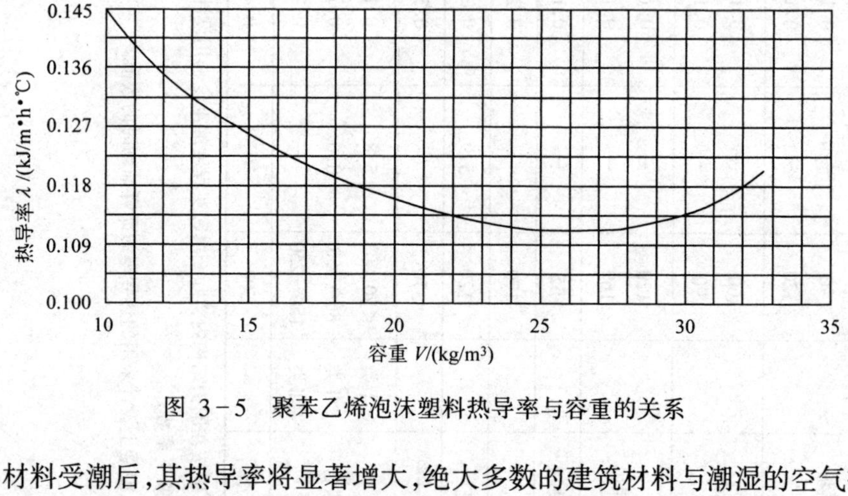

图 3-5 聚苯乙烯泡沫塑料热导率与容重的关系

材料受潮后,其热导率将显著增大,绝大多数的建筑材料与潮湿的空气接触时,就会从空气中吸收一定的水汽,因此不论在自然状态下或在围护结构中,建筑材料都会含有一定量的水分,材料湿度就是指材料中含这些游离水分多少的一个指标。

材料湿度有两种表示方法:一种称重量湿度;另一种称体积湿度。

重量湿度是指材料试样中的所含水分的重量与干燥试样的重量的百分比，即：

$$\omega_{重}=\frac{G_{湿}-G_{干}}{G_{干}}\times 100 \tag{3-6}$$

式中　$\omega_{重}$——材料的重量湿度，%

$G_{湿}$——湿的材料试样的重量

$G_{干}$——试样烘干后的重量

体积湿度是指材料试样中水分所占的体积与整个材料试样的体积之百分比，即：

$$\omega_{体}=\frac{V_1}{V_\alpha}\times 100 \tag{3-7}$$

式中　$\omega_{体}$——材料的体积湿度，%

V_1——试样中水分所占的体积，即 $G_{湿}-G_{干}$

V_α——整个试样的体积

重量湿度和体积湿度之间有如下换算关系：

$$\omega_{体}=\frac{\omega_{重}\cdot\gamma}{1\,000} \tag{3-8}$$

式中　γ——材料的干容重，kg/m^3

1 000——水的容重，kg/m^3

材料从空气吸收水汽的多少，与周围空气的温度、湿度和材料本身的分子结构、化学成分等因素有关。

空气湿度越高，湿度越高，材料吸收的水汽就越多。在一定温度和湿度的空气中，材料吸湿量达到某一定值时，就会处于平衡状态，这时材料的湿度称为"平衡湿度"。

材料受潮后，其热导率将显著增大，尤其是多孔材料。潮湿材料热导率增大的原因，是由于在材料的孔隙中有了水分（包括水蒸气和液态水）后，除孔隙中空气分子的导热、对流换热和孔隙壁面的辐射换热外，还存在着由蒸汽扩散引起的附加热传导，以及通过孔隙中水分子的导热，而水的导热能力比空气（$\lambda=0.1$）高 20 倍左右；如果孔隙中的水冻结成冰，则热导率更大，因冰的热导率比水大（$\lambda=8.4$）。

大家知道，干燥静止空气的 $\lambda=0.067\sim0.096$kJ/(m·h·℃)；水在 10～90℃时 $\lambda=2.09\sim2.51$kJ/(m·h·℃)；0～−90℃时，水的 $\lambda=8\sim14$kJ/(m·h·℃)。水的热导率是空气的 30 倍，冰的热导率又是水的 4 倍；也就是说：冰的热导率是空气的 120 倍。

据资料介绍和实验表明，隔热结构受潮后，其隔热性能将下降一半，甚至更

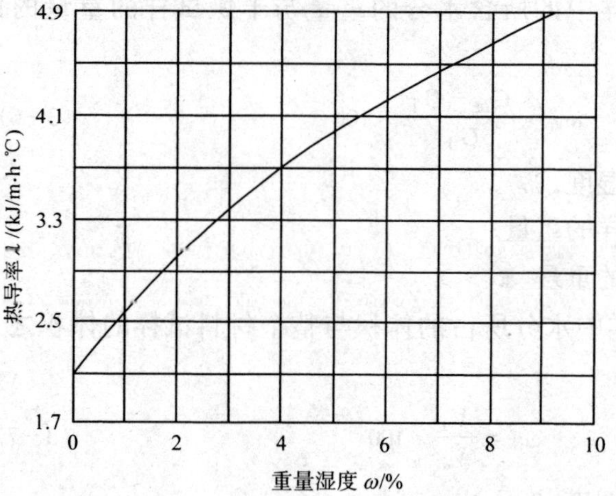

图 3-6 砖砌体热导率与材料湿度的关系

大，以致冷库所需的制冷量增加 10%～30%。由此可见，低温隔热结构的防潮和防水是十分重要的。

图 3-6 所示为砖砌体热导率与材料湿度的关系，图 3-7 所示为泡沫混凝土热导率与材料湿度的关系。

此外，温度和热流方向对材料热导率也有一定影响。温度越高，热导率越大。因为当温度增高时，分子的热运动加剧。但这种影响在建筑热工所遇到的温度范围内，可忽略不计。

对于各向异性的材料，如木材等纤维质的材料，当热流与纤维延伸方向平行时，热流受到阻力最小；而热流垂直于纤维延伸方向时，受到的阻力最大。故顺木纹方向的热导率是垂直于木纹方向热导率的数倍。

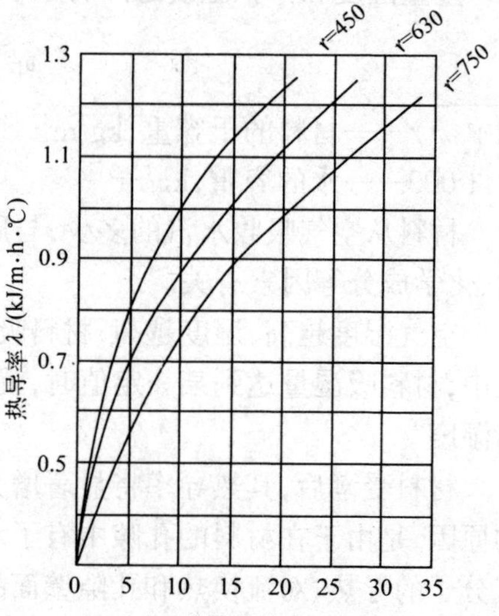

图 3-7 泡沫混凝土热导率与材料湿度的关系

在冷库建筑热工计算中，正确确定隔热材料热导率的计算值，对保证冷库围护结构热工性能的可靠性和经济性是十分重要的。

（二）经过多层平壁的导热

冷库建筑的外围护结构一般都是由几种不同材料组成的多层平壁，现以三层彼此密切结合的多层平壁为例：假设壁面很大，每层厚度各为 δ_1、δ_2 和 δ_3，热导率依次为 λ_1、λ_2 和 λ_3，且均为常数，多层壁的内外两侧的空气温度为 t_w 及 t_n，且 $t_w > t_n$，并假设其不随时间而变化，由于层与层之间紧密结合，可用 τ_w 和 τ_n 来表示间层接触面的温度（见图 3-8）。把整个平壁看作三个单层壁组成，应用下式分别计算出通过每一层的热流强度 q_1、q_2、q_3，即：

$$q_1 = \frac{\lambda_1}{\delta_1}(\tau_w - \tau_2)$$

$$q_2 = \frac{\lambda_2}{\delta_2}(\tau_2 - \tau_3)$$

$$q_3 = \frac{\lambda_3}{\delta_3}(\tau_3 - \tau_n)$$

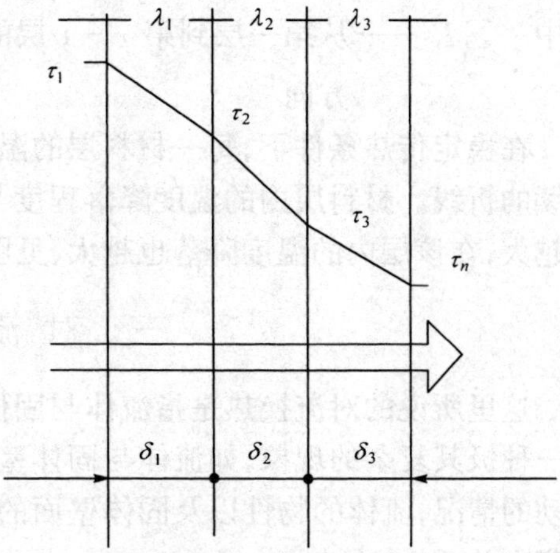

图 3-8　多层平壁的导热

在稳定导热条件下，通过整个平壁的导热量 q 与通过各层平壁的导热量是相等的，即：

$$q = q_1 = q_2 = q_3$$

由上述可得：

$$\tau_w - \tau_2 = q\frac{\delta_1}{\lambda_1} = qR_1$$

$$\tau_2 - \tau_3 = q\frac{\delta_2}{\lambda_2} = qR_2$$

$$\tau_3 - \tau_n = q\frac{\delta_3}{\lambda_3} = qR_3$$

式中　$\frac{\delta_n}{\lambda_n} = R_n$ 为平壁的热阻；将 $q = \frac{1}{R_0}(t_w - t_n)$ 代入上式，即得：

$$\tau_2 = \tau_w - \frac{t_w - t_n}{R_0}R_1$$

$$\tau_3 = \tau_w - \frac{t_w - t_n}{R_0}(R_1 + R_2)$$

$$\tau_n = \tau_w - \frac{t_w - t_n}{R_0}(R_1 + R_2 + R_3)$$

将 $\tau_w = t_w - \frac{t_w - t_n}{R_0}R_w$ 代入上式，即得：

$$\tau_2 = t_w - \frac{t_w - t_n}{R_0}(R_w + R_1)$$

$$\tau_3 = t_w - \frac{t_w - t_n}{R_0}(R_w + R_1 + R_2)$$

$$\tau_n = t_w - \frac{t_w - t_n}{R_0}(R_w + R_1 + R_2 + R_3)$$

由此可推知，对于多层平壁内任一层内表面温度 τ_r 可写成：

$$\tau_r = t_w - \frac{t_w - t_n}{R_0}\left(R_w + \sum_{i=1}^{r-1} R_i\right)$$

式中 $\sum_{i=1}^{r-1}R_i$——从第一层到第 $r-1$ 层的热阻之和，材料层次编号是顺热流的方向

在稳定传热条件下，每一材料层的温度分布是一直线，在多层平壁中成一条连续的折线。材料层内的温度降落程度与各层材料的热阻成正比，材料层的热阻越大，在该层内的温度降落也越大，见图 3－8。

三、对流换热

这里所说的对流换热是指流体与固体壁面之间的热量交换过程，这一过程是一种极其复杂的现象，如流体与固体壁面的温差，流体运动发生的原因，流体运动的情况，流体的物性以及固体壁面的形状、大小和位置等，都与对流换热的强度有关。

当围护结构的壁面与相接触而流动着的空气之间存在着温差时，相互间就会产生对流换热，其中包括空气分子之间的导热和由空气分子相对位移而引起的热量转移两种传热方式。

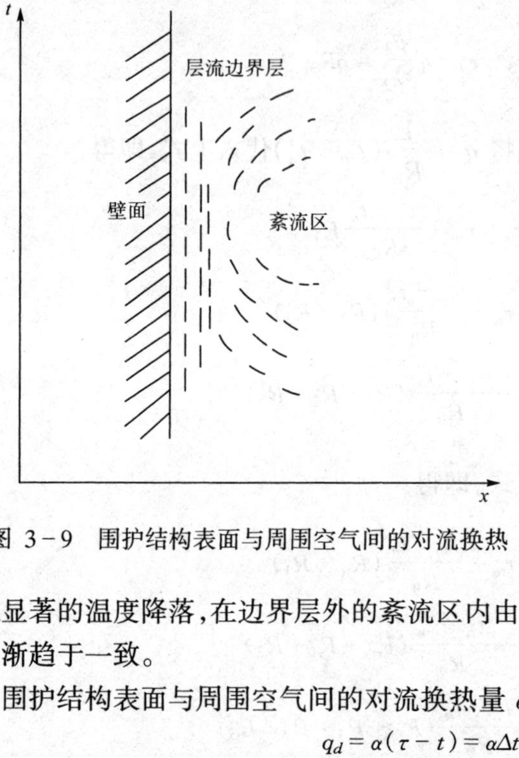

图 3－9 围护结构表面与周围空气间的对流换热

根据实验观察得知，空气沿壁面流动时，在紧靠壁面处有一薄层空气平行于壁面作有规则的流动，见图 3－9，这一薄层称作“层流边界层”。

在层流边界层内，热量的转移主要靠导热；距表面稍远处的空气呈不规则流动，这一区域称作“紊流区”，在紊流区热量的转移是靠空气分子的相对位移，通过温度观测可以看出，在层流边界层内，因空气导热性低而出现显著的温度降落，在边界层外的紊流区内由于空气冷热分子的互相混合，温度逐渐趋于一致。

围护结构表面与周围空气间的对流换热量 q_d 常用下式进行计算：

$$q_d = \alpha(\tau - t) = \alpha\Delta t \tag{3-9}$$

式中 $\Delta t = \tau - t$——围护结构表面与周围空气间的温差，℃

α——对流换热系数，kJ/(m²·h·℃)

从式(3－9)可见，影响对流换热的一切复杂因素都归结到对流换热系数 α

去了,对流换热系数在数值上等于:当固体壁面与流体主体部分的温差为 1℃时,单位时间通过单位面积的换热量。

求解对流换热强度,实际上也就是如何确定对流换热系数 α 的问题。

在传热学中有许多计算 α 的公式,但都有其特定的应用条件,使用时要注意,在已知壁面与空气的温差和气流速度的条件下,可按下列经验公式计算围护结构内外表面的对流换热系数。

(1) 自然对流条件下(指流体运动是由于流体内部温差不同而引起的),对围护结构内表面:

垂直平面:

$$\alpha = 1.7\sqrt{\Delta t} \tag{3-10}$$

水平平壁：当热流由下而上时

$$\alpha = 2.15\sqrt{\Delta t} \tag{3-11}$$

当热流由上而下时

$$\alpha = 1.13\sqrt{\Delta t} \tag{3-12}$$

(2) 受迫对流条件下(指流体运动是受外力作用而引起的)：通常这时总伴有自然对流的作用,外力作用引起的对流换热主要取决于风速的大小,同时也与表面的粗糙程度有关,对中等粗糙的平面,可按下列近似公式来计算 α:

对围护结构内表面

$$\alpha = 2 + 3.6v \tag{3-13}$$

对围护结构外表面

$$\alpha = (2 \sim 5) + 3.6v \tag{3-14}$$

式中　v——流体运动的速度

四、辐 射 换 热

以电磁波的形式向外放射辐射能是一切物体($T > -273$℃时)的固体特性。任何物体不但能向四周辐射能量,同时还能接受四周其它物体投射来的辐射能。其中一部分被吸收而转化成热能,一部分则被反射回去;有的物体还可以让部分辐射能穿透过去,见图 3-10。

任何物体的辐射能力越大,它对外来辐射的吸收能力也越强。两物体表面间的辐射换热见图 3-11。

在工程上,把能将外来辐射能完全吸收的物体称作“绝对黑体”或简称黑体。黑体的辐射能力也最强,普通建筑材料的辐射能力均小于黑体,但它们的辐射光谱与同温度的黑体相仿,只是强度较小一些,在工程上统称为“灰体”。

物体表面向外辐射的能量,与其表面的绝对温度的四次方成正比,即:

$$Q=C\left(\frac{T}{100}\right)^4F \qquad (3-15)$$

式中　Q——物体表面向外辐射的总能量，kJ/h

T——物体的绝对温度（$T=273+t_0$），K

F——物体表面的面积，m^2

C——物体表面的辐射系数，$kJ/m^2\cdot h\left(\frac{K}{100}\right)^4$

它是说明物体辐射能力的一个指标，用实验法测定。

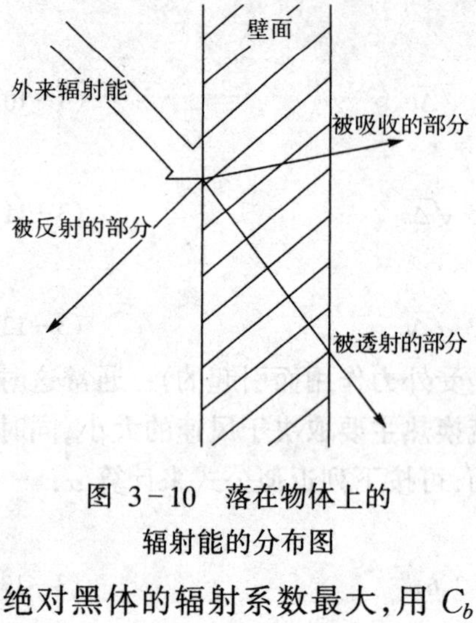

图 3-10　落在物体上的辐射能的分布图

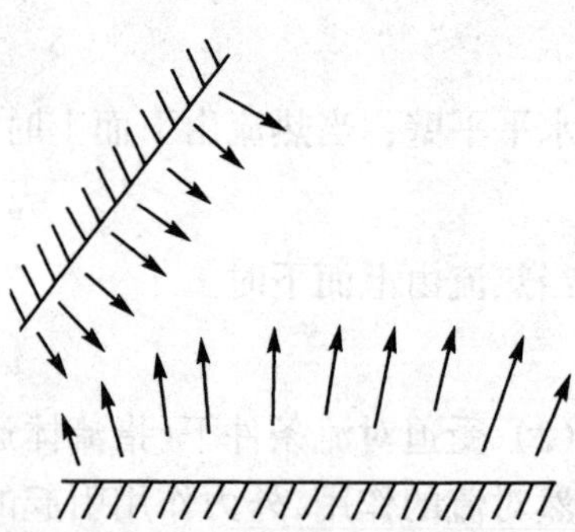

图 3-11　两物体表面间的辐射换热

绝对黑体的辐射系数最大，用 C_b 表示，根据实验测得 $C_b=4.96kJ/m^2\cdot h\left(\frac{K}{100}\right)^4$，建筑材料的 C_b 与材料的成分，表面状况和湿度有关，常用建筑材料的 C_b 可见表 3-2。

表 3-2　　材料表面的辐射系数

材料名称	表面状况	辐射系数 $C/\left[kJ/m^2\cdot h\left(\frac{K}{100}\right)^4\right]$	材料名称	表面状况	辐射系数 $C/\left[kJ/m^2\cdot h\left(\frac{K}{100}\right)^4\right]$
石棉板	粗糙	19.87	花岗岩	磨光	8.79
混凝土	粗糙	12.97	油　漆	—	16.74
建筑纸	无光泽	19.33	瓷　砖	光平	13.81
水	平静	19.87	铝	未磨光	0.92
木　材	刨平	15.98	铝	氧化的	2.30
红　砖	粗糙	19.29	铝　箔	光平	1.04～4.01
大理石	磨光	19.33	锯　屑	—	14.77
砂　石	磨平	11.97	水泥砂浆	光平	14.02
窗玻璃	光平	19.46	石灰粉刷	粗糙	18.83

由表可见,粗糙表面的辐射系数比光滑表面的大,而铝箔的辐射系数比较低,现代建筑上常用铝箔来提高围护结构的保温、隔热性能。

对于任意两个物体间辐射换热量可近似地按下式计算:

$$q_{1-2}=\frac{C_1\cdot C_2}{C_b}\left[\left(\frac{T_1}{100}\right)^4-\left(\frac{T_2}{100}\right)^4\right] \tag{3-16}$$

式中　C_1、C_2——分别为表面 1 和表面 2 的辐射系数

C_b——绝对黑体的辐射系数

T_1、T_2——分别为表面 1 和表面 2 的绝对温度

q_{1-2}——单位时间内,单位面积 1 和单位面积 2 间的辐射换热量,$kJ/m^2\cdot h$

在建筑热工计算中,常把辐射换热的计算公式表达成与对流换热相似的计算形式:

$$q_r=\alpha_r(\theta_1-\theta_2) \tag{3-17}$$

式中　q_r——两固体壁面的辐射换热量,$kJ/(m^2\cdot h)$

θ_1、θ_2——分别为表面 1 和表面 2 的温度,℃

α_r——辐射换热系数,$kJ/(m^2\cdot h\cdot ℃)$

根据 $q_{1-2}=\frac{C_1\cdot C_2}{C_b}\left[\left(\frac{T_1}{100}\right)^4-\left(\frac{T_2}{100}\right)^4\right]$ 及 $q_r=\alpha_r(\theta_1-\theta_2)$可得:

$$\alpha_r=\frac{C_1-C_2}{C_b}\frac{\left(\frac{T_1}{100}\right)^4-\left(\frac{T_2}{100}\right)^4}{\theta_1-\theta_2} \tag{3-18}$$

利用上式计算围护结构外表面的辐射换热系数时,可令 $C_1=C_2$,并均取围护结构外表面的辐射系数,取 θ_1 为室外空气温度,即认为其它结构壁面温度与室外空气温度相同,θ_2 即是所讨论的外围护结构的外表面温度。

计算围护结构外表面的辐射换热时,C_1 即是围护结构对表面的辐射系数,C_2 可近似地取绝对黑体的辐射系数,即 $C_2=C_b$(因为由围护结构外表面射出去的热量几乎全部被外界空间所吸收)。θ_1、θ_2 分别取围护结构外表面及室外空气温度。

即:

$$q_r=\frac{\theta_1-\theta_2}{\frac{1}{\alpha_r}}=\frac{\theta_1-\theta_2}{R_r} \tag{3-19}$$

式中　$R_r=\frac{1}{\alpha_r}$——辐射换热热阻,$m^2\cdot h\cdot ℃/kJ$

五、平壁的稳定传热

一种流体通过固体壁面把热量传给另一种流体的过程,称作传热过程。

温度场不随时间而变的传热过程称稳定传热过程，这是一种以导热、对流和辐射结合起来的复杂过程。

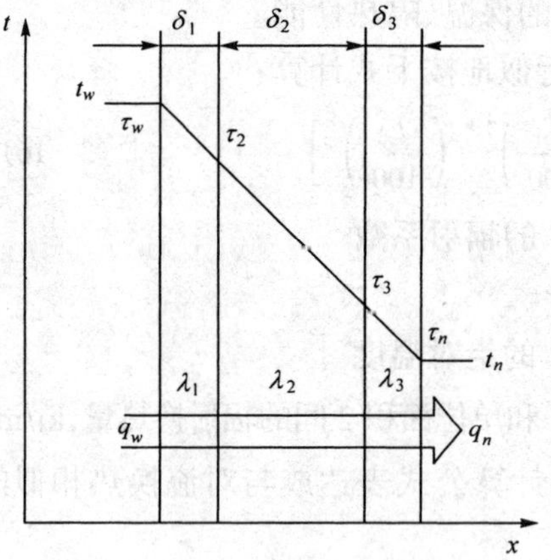

图 3-12 平壁的稳定传热过程

如有一由三层平壁组成的围护结构，其厚度分别为 δ_1、δ_2 及 δ_3，材料热导率为 λ_1、λ_2 和 λ_3；围护结构两侧空气温度分别为 t_w 和 t_n（见图 3-12），求室外空气通过围护结构传给室内空气的热量。

传热过程分：

（一）外表面吸热

因 $t_w > \tau_1$ 外表面吸收了室外空气的热量，所以称为吸热，是对流换热与辐射换热的综合过程，即：

$$q_w = \alpha_w(t_w - \tau_w) \tag{3-20}$$

式中 q_w——库外表面的吸热量（$q_w = q_{wc} - q_{wr}$），kJ/(m²·h)

q_{wc}——库外空气以对流换热的形式传给外表面的热量，kJ/(m²·h)

q_{wr}——库外其它表面以辐射形式传给外表面的热量，kJ/(m²·h)

α_w——外表面的热转移系数，kJ/(m²·h·℃)；它是外表面的对流换热系数 α_{wc}，及辐射换热系数 α_{wr} 之和

t_w——库外空气温度，℃

τ_w——围护结构外表面温度，℃

（二）壁体材料层的导热

多层壁导热的计算公式，按：

$$q_\lambda = \frac{\tau_w - \tau_n}{\dfrac{\delta_1}{\lambda_1} + \dfrac{\delta_2}{\lambda_2} + \dfrac{\delta_3}{\lambda_3}} \tag{3-21}$$

式中 q_λ——通过平壁的导热量，kJ/(m²·h)

τ_w——平壁外表面的温度，℃

τ_n——平壁内表面的温度，℃

（三）内表面的散热

因 $\tau_w > \tau_n$，内表面失去热量，所以称为散热。

与外表面吸热相似，是平壁把热量以对流及辐射的方式传给库内的空气，即：

$$q_n = \alpha_n(\tau_n - t_n) \tag{3-22}$$

式中 q_n——内表面的散热量，kJ/(m²·h)

α_n——内表面的热转移系数

稳定传热过程的传热量 q 应满足：

$$q = q_w = q_\lambda = q_n \tag{3-23}$$

联立上述各式，可得：

$$q = \frac{t_w - t_n}{\frac{1}{\alpha_w} + \sum\frac{\delta}{\lambda} + \frac{1}{\alpha_n}} = K_0(t_w - t_n) \tag{3-24}$$

式中　q——通过平壁的传热量，kJ/(m²·h)

K_0——平壁的总传热系数，kJ/(m²·h·℃)

总传热系数的意义是当 $t_w - t_n = 1$℃时，在单位时间内通过单位表面积的传热量。可把上式写成热阻形式，即：

$$q = \frac{t_w - t_n}{R_0} \tag{3-25}$$

式中　R_0——平壁的总传热阻，(m²·h·℃)/kJ

总传热阻是总传热系数的倒数，它表示热量从平壁一侧空间传到另一侧空间时所受到的阻力。

从式(3-25)可以看到，在相同的室外温差条件下，R_0 越大，通过壁的热量 q 就越少。所以 R_0 是衡量围护结构在稳定传热条件下的一个重要热工性能指标。

由上两式对比可得：

$$R_0 = \frac{1}{\alpha_w} + \sum\frac{\delta}{\lambda} + \frac{1}{\alpha_n} = R_w + \sum R + R_n \tag{3-26}$$

式中　R_w——平壁外表面的热转移阻，$R_w = \frac{1}{\alpha_w}$，(m²·h·℃)/kJ

R_n——平壁内表面的热转移阻，$R_n = \frac{1}{\alpha_n}$，(m²·h·℃)/kJ

$\sum R$——平壁各材料层热阻之和

在冷库建筑热工设计中，除特殊需要外，表面热转移系数或热转移阻都直接采用表3-3的经验计算数据。一些材质的传热系数和热阻值如表3-4、表3-5和表3-6所示。

表 3-3　库房围护结构外表面和内表面放热系数和换热阻

围护结构部位及环境条件	α_w /(kJ/m²·h·℃)	α_n /(kJ/m²·h·℃)	R_w /(m²·h·℃/kJ)	R_n /(m²·h·℃/kJ)
无防风设施的屋面、外墙的外表面	83.7		0.012	
顶棚上为阁楼或有房屋和外墙外部紧邻其它建筑物的外表面	41.8		0.024	

续表

围护结构部位及环境条件	α_w /(kJ/m²·h·℃)	α_n /(kJ/m²·h·℃)	R_w /(m²·h·℃/kJ)	R_n /(m²·h·℃/kJ)
外墙和顶棚的内表面、内墙和楼板的表面、地坪的上表面：				
(1) 冻结间、冷却间有强力通风装置时		104.6		0.010
(2) 冷却物冷藏间有强力通风装置时		62.8		0.016
(3) 冻结物冷藏间有送风冷却装置时		41.8		0.024
(4) 冷却间无机械送风装置时		29.3		0.034
地面下为通风架空层	29.3		0.034	

注：地坪下为通风加热管道和直接铺设于土壤上的地面和地下室外墙埋入地下的部位 α_w 可不计。

表 3-4　　冷库外墙、顶棚、内隔墙的传热系数 K 和总热阻 R_0

两侧温差/℃	$K\Delta t=9$		$K\Delta t=10$		$K\Delta t=11$	
	K /(kJ/m²·h·℃)	R_0 /(m²·h·℃/kJ)	K /(kJ/m²·h·℃)	R_0 /(m²·h·℃/kJ)	K /(kJ/m²·h·℃)	R_0 /(m²·h·℃/kJ)
80	0.46	2.17	0.50	1.99	0.59	1.71
70	0.54	1.84	0.59	1.71	0.67	1.49
60	0.63	1.59	0.71	1.41	0.75	1.33
50	0.75	1.33	0.84	1.20	0.92	1.09
40	0.96	1.04	1.05	0.96	1.17	0.85
30	1.26	0.80	1.38	0.72	1.55	0.65
20	1.55	0.65	1.67	0.60	1.88	0.53
10	1.88	0.53	2.09	0.48	2.51	0.40

注：采用价廉隔热材料时采用 $K\Delta t$ 值小的数值。

表 3-5　　库房楼面的传热系数 K 和总热阻 R_0

楼板上的温度差/℃	K/(kJ/m²·h·℃)	R_0/(m²·h·℃/kJ)	采用软木隔热层的推荐厚度/m
33～35	0.71	1.41	0.30
23～28	0.84	1.20	0.25
15～20	1.05	0.96	0.20
8～13	1.34	0.75	0.15
5	1.88	0.53	0.10

表 3－6　库房地坪的传热系数 K 和总热阻 R_0

库房温度/℃	K/(kJ/m^2·h·℃)	R_0/(m^2·h·℃/kJ)	采用软木隔热层的推荐厚度/m
－35	0.79	1.26	0.30
－28	0.92	1.09	0.25
－18～－23	1.13	0.88	0.20
－10～－15	1.46	0.68	0.15
－5	2.09	0.48	0.10

注：地坪铺设于架空层上时也可采用本表。

六、材料的蓄热系数和围护结构的热惰性指标

冷库围护结构所受到的环境的热作用，不论是室内或室外，都是随时间而变化的；这时围护结构内部的温度和通过围护结构的热流量也发生变化，这种传热过程称为稳定传热过程。如外界热作用是随着时间呈现周期性的变化，则为周期性不稳定传热。

冷库围护结构所受到的热作用都带有一定的周期波动性，如室外气温和太阳辐射热的昼夜、小时变化，在一定时间内可以近似地看作每天重复性的周期变化；室内制冷设备运行和停止的间歇时间，也会引起室内气温周期性的波动。因此冷库围护结构的传热实际上是一个周期性不稳定传热过程。

但为了简化冷库围护结构的计算，可按平壁的稳定传热原理进行计算，即假定冷库室内外的空气温度、围护结构内外表面的温度以及热流的大小，在传热过程中始终保持一个固定的数值，不随时间而变化。除了简化计算外，更主要的是由于我国目前大多数冷库围护结构的热惰性比较大，冷库室外周期性的温度波动通过围护结构到达冷库围护结构内表面时，其波幅衰减很大，因此可忽略内外热作用的不稳定因素，按稳定传热原理进行计算。

热惰性指标用“D”表示，热惰性指标的大小是围护结构热稳定性的特征，一般按热惰性指标的大小将围护结构分为重体性、中重体性和轻体性三种：

$D \geqslant 6$　　称重体性

$3 < D < 6$　　称中重体性

$D \leqslant 3$　　称轻体性

各种建筑材料都具有一定的热阻和一定的蓄热能力；所谓蓄热能力是指热浪产生周期波动时，材料层贮藏（加热时）或释放（冷却时）热量能力的大小，材料蓄热能力的大小是用蓄热系数“S”来表示，材料的蓄热系数与材料的比热容、容重、导热系数有关。

热阻“R”是表示围护结构抵抗导热的能力；蓄热系数“S”是围护结构抵抗温度波动的能力；热阻和蓄热系数结合才能比较全面评价围护热惰性的优劣，因此围护结构的热惰性指标：

$$D = R \cdot S \tag{3-27}$$

$$\sum D = R_1 \cdot S_1 + R_2 \cdot S_2 + \cdots\cdots$$

式中 $\sum D$——平壁的总热惰性指标，等于各层材料的热惰性指标之和

$S_1, S_2 \cdots\cdots$——各材料层的蓄热系数，kJ/(m^2·h·℃)

$R_1, R_2 \cdots\cdots$——各材料层的热阻，(m^2·h·℃)/kJ

冷库围护结构的“D”值越大，温度波动在围护结构中衰减也大，围护结构表面温度波动就越少，库内温度也易于稳定。目前我国的冷库围护结构大多数是属于重体结构，热惰性指标比较大，当库内制冷系统停止运行时，库温回升比较慢，这种结构形式有利于节能。为了加快冷库建设的速度，也建造了一批夹心墙板的装配式冷库，这些冷库的围护结构属轻体性结构，热稳定性比较差。在传热计算中如采用稳定传热进行计算误差比较大，应采用周期性不稳定传热原理进行计算。当采用轻体结构时，动力供应必须有充分的保证，为保持库房温度相对的稳定，制冷系统必须连续工作，耗电量比较大。几种围护结构的 D、V 和 ζ 值见表 3-7。

表 3-7 几种围护结构的 D、V_0 和 ζ 比较

部位及作法	热惰性指标 D	总衰减度 V	延迟时间 ζ/s
外墙 240mm 厚砖墙、200mm 软木	7.669	686	20.9
外墙 240mm 厚砖墙、600mm 厚稻壳	9.74	2 910	25.9
外墙 240mm 厚砖墙，200mm 厚聚苯乙烯泡沫塑料	4.75	353	12.4
外墙 150mm 厚砖墙，200mm 厚聚苯乙烯泡沫塑料	3.35	135	8.6
屋顶 160 厚聚氨酯泡沫塑料夹心墙板	1.6	33	3.92
屋顶 150 无梁楼盖上铺 900mm 稻壳	10.24	4 325	27.2
屋顶 150 厚无梁楼盖上铺 250mm 厚软木	7.35	481	19.45

七、湿空气的概念

湿空气是指干空气和水蒸气的混合物。室内空气都是含有一定水分的湿空气。在一定的温度与压力条件下，一定容积的干空气所能容纳的水蒸气量是有一定限度的，达到这个限度称为饱和水蒸气，未达到这个限度的称为未饱和水蒸气。

处于饱和状态的湿空气中，水蒸气呈现的压力称作饱和蒸汽压或最大水蒸气压力，用符号 E 来表示，未饱和空气的蒸汽压用 e 来表示，单位是毫米水银柱高(mmHg)。由于空气所含的水分越多，空气的水蒸气压力就愈大，因水蒸气分压力的大小能反映空气中含水分的多少。可以用它来表示空气的绝对湿度，而相对湿度则是空气的水蒸气分压力与同温度下空气的最大水蒸气分压力之比(以百分数来表示)。

$$\phi=\frac{e}{E}\times 100\% \tag{3-28}$$

式中　ϕ——空气的相对湿度，%

e——同温度下空气中的水蒸气的最大水蒸气分压力，mmHg(可从表 3-8 查得)

表 3-8　在各种温度下最大水蒸气分压力 E 值(大气压力 $p=760$mmHg 时)

t/℃	0	2	4	6	8	t/℃	0	2	4	6	8
-40	0.09	—	—	—	—	-20	0.77	0.76	0.75	0.73	0.71
-39	0.10	—	—	—	—	-19	0.85	0.83	0.82	0.80	0.79
-38	0.12	—	—	—	—	-18	0.94	0.92	0.90	0.88	0.87
-37	0.13	—	—	—	—	-17	1.03	1.01	0.99	0.97	0.96
-36	0.15	—	—	—	—	-16	1.13	1.11	1.09	1.07	1.05
-35	0.17	—	—	—	—	-15	1.24	1.22	1.19	1.17	1.15
-34	0.18	—	—	—	—	-14	1.36	1.34	1.31	1.29	1.26
-33	0.20	—	—	—	—	-13	1.49	1.46	1.43	1.41	1.38
-32	0.23	0.23	0.22	0.22	0.21	-12	1.63	1.60	1.57	1.55	1.52
-31	0.25	0.25	0.24	0.24	0.23	-11	1.78	1.75	1.72	1.69	1.66
-30	0.28	0.28	0.27	0.26	0.25	-10	1.95	1.91	1.88	1.84	1.81
-29	0.31	0.30	0.29	0.29	0.28	-9	2.13	2.09	2.05	2.01	1.98
-28	0.34	0.34	0.33	0.33	0.32	-8	2.32	2.28	2.24	2.20	2.17
-27	0.38	0.37	0.36	0.36	0.35	-7	2.53	2.49	2.45	2.41	2.36
-26	0.42	0.41	0.40	0.39	0.39	-6	2.76	2.72	2.67	2.63	2.58
-25	0.47	0.46	0.45	0.44	0.43	-5	3.01	2.96	2.91	2.86	2.81
-24	0.52	0.51	0.50	0.49	0.48	-4	3.28	3.22	3.17	3.11	3.06
-23	0.58	0.56	0.55	0.54	0.53	-3	3.57	3.51	3.45	3.39	3.34
-22	0.64	0.62	0.61	0.60	0.59	-2	3.88	3.92	3.75	3.69	3.63
-21	0.70	0.69	0.67	0.66	0.65	-1	4.22	4.15	4.08	4.01	3.95

续表

t/℃	0	2	4	6	8	t/℃	0	2	4	6	8
0	4.58	4.51	4.44	4.36	4.30	25	23.76	24.04	24.33	24.62	24.91
		4.65	4.72	4.79	4.86	26	25.21	25.51	25.81	26.12	26.46
1	4.93	5.00	5.07	5.14	5.22	27	26.74	27.06	27.37	27.70	28.02
2	5.29	5.37	5.45	5.53	5.61	28	28.35	28.68	29.02	29.35	29.70
3	5.69	5.77	5.85	5.93	6.02	29	30.04	30.39	30.75	31.10	31.46
4	6.10	6.19	6.27	6.36	6.45	30	31.82	32.19	32.59	32.93	33.31
5	6.54	6.64	6.73	6.82	6.92	31	33.70	34.08	34.47	34.86	35.26
6	7.01	7.11	7.21	7.31	7.41	32	35.66	36.07	36.48	36.89	37.31
7	7.51	7.62	7.72	7.83	7.93	33	37.73	38.16	38.58	39.02	39.46
8	8.05	8.16	8.27	8.38	8.49	34	39.90	40.34	40.80	41.25	41.77
9	8.61	8.73	8.85	8.97	9.09	35	42.18	42.64	43.12	43.60	44.08
10	9.21	9.33	9.46	9.59	9.71	36	44.56	45.05	45.55	46.05	46.56
11	9.84	9.98	10.11	10.24	10.38	37	47.07	47.58	48.10	48.36	49.10
12	10.52	10.66	10.80	10.94	11.09	38	49.69	50.23	50.77	51.32	51.909
13	11.23	11.38	11.53	11.68	11.83	39	52.44	53.01	53.58	54.16	54.74
14	11.99	12.14	12.30	12.46	12.62	40	55.32	55.91	56.61	57.11	57.72
15	12.79	12.95	13.12	13.29	13.46	41	58.84	58.96	59.59	60.22	60.86
16	13.63	13.81	13.99	14.17	14.35	42	61.50	62.14	62.80	63.46	64.12
17	14.53	14.72	14.90	15.09	15.28	43	64.80	65.48	66.16	66.86	67.56
18	15.48	15.67	15.87	16.07	16.27	44	68.26	68.97	69.69	70.41	71.14
19	16.48	16.69	16.89	17.11	17.32	45	71.88	72.62	73.36	74.12	74.88
20	17.54	17.75	17.97	18.20	18.42	46	75.65	76.43	77.21	78.00	78.80
21	18.65	18.88	19.11	19.35	19.59	47	79.60	80.41	81.23	82.05	82.87
22	19.83	20.07	20.32	20.57	20.82	48	83.71	84.56	85.42	86.28	87.14
23	21.07	21.32	21.58	21.85	22.11	49	88.02	88.90	89.79	90.69	91.59
24	22.38	22.65	22.92	23.20	23.48	50	92.51				

注：本表摘自西安冶金建筑学院物理实验室《建筑热工设计》。

从上式中可知，影响空气相对湿度的大小有两种情况：

一是 e 值不变，即空气中水蒸气含量不变。E 值变大则相对湿度变小，E 变小则相对湿度变大。则附录Ⅱ可见温度越低 E 值愈小，当温度降到 E 值与 e

值相等时，空气的相对湿度为 100%；

二是 E 值不变，即空气的温度不变，则相对湿度的大小将随 e 值而改变，即空气中水蒸气的含量大小而改变，当 e 值增加到与 E 值相等时，相对湿度为 100%。在上述两种情况下空气中的水蒸气的含量都达到饱和状态，这时空气的温度称为露点，用“t_1”来表示，当空气温度达到露点温度时，将开始从空气中凝结出水分来。

［例 3-1］　已知空气 $t=20℃$，相对湿度 $\phi=70\%$。求露点温度。

解：查表 3-8，当 $t=20℃$ 时，$E=17.54$mmHg，

因 $\phi=70\%$，故此时空气的水蒸气分压力 $e=17.54\times0.7=12.278$(mmHg)

查表 3-8，当温度为 14.4℃ 时水蒸气最大分压力为 12.30 mmHg。故该温度即当空气温度为 20℃ 和相对湿度为 70% 时的露点温度。

另可查表 3-9，当空气温度为 20℃ 和相对湿度为 70% 时的露点温度为 14.0℃。

表 3-9　各种气温、相对湿度下的露点温度　单位：℃

空气温度/℃	露点空气的相对湿度/%								
	60	65	70	75	80	85	90	95	100
36	26.5	28.0	29.3	30.5	31.7	32.9	34.0	35.1	36.0
34	24.6	26.1	27.4	28.6	29.8	31.0	32.1	33.1	34.0
32	22.7	24.2	25.4	26.7	27.8	29.0	30.0	31.1	32.0
30	20.9	22.3	23.6	24.8	25.9	27.0	28.1	29.1	30.1
28	19.0	20.4	21.7	22.9	24.0	25.1	26.1	27.1	28.1
26	17.2	18.5	19.8	21.0	22.1	23.1	24.1	25.1	26.0
24	15.2	16.6	17.8	19.0	20.1	21.1	22.1	23.1	24.0
22	13.4	14.7	15.9	17.0	18.1	19.1	20.1	21.1	22.0
20	11.5	12.8	14.0	15.1	16.2	17.2	18.2	19.1	20.0
18	9.6	10.9	12.1	13.2	14.2	15.2	16.2	17.1	18.0
16	7.7	9.0	10.2	11.3	12.3	13.3	14.3	15.2	16.0
14	5.8	7.0	8.2	9.3	11.3	11.8	12.3	13.2	14.0
12	3.9	5.1	6.3	7.4	9.3	9.4	10.3	11.2	12.0
10	2.1	3.3	4.4	5.4	7.4	7.4	8.3	9.2	10.0
8	0.3	1.4	2.5	3.5	5.4	5.4	6.3	7.2	8.0
6	-1.5	-0.4	0.7	1.7	3.5	3.6	4.4	5.2	6.0
4	-3.2	-2.1	-1.1	-0.2	1.7	1.8	2.5	3.3	4.0
2	-4.9	-3.9	-3.0	-2.1	-0.2	0.3	0.5	1.3	2.0

续表

空气温度/℃	露点空气的相对湿度/%								
	60	65	70	75	80	85	90	95	100
0	−6.5	−5.5	−4.6	−3.7	−2.9	−2.1	−1.3	−0.6	0
−2	−8.4	−7.4	−6.4	−5.6	−4.8	−4.0	−3.3	−2.6	−2.0
−4	−10.3	−9.3	−8.3	−7.5	−6.7	−6.0	−5.3	−4.6	−4.0
−6	−12.1	−11.2	−10.3	−9.5	−8.7	−8.0	−7.3	−6.6	−6.0
−8	−13.9	−13.0	−12.2	−11.4	−10.7	−10.0	−9.3	−8.6	−8.0
−10	−15.4	−14.8	−14.1	−13.3	−12.6	−11.9	−11.2	−10.6	−10.0
−12	−17.7	−16.7	−15.9	−15.1	−14.4	13.8	−13.2	−12.6	−12.0
−14	−19.8	−18.8	−17.9	−17.1	−16.4	−15.8	−15.2	−14.6	−14.0
−16	−21.9	−20.9	−20.0	−19.2	−18.4	−17.8	−17.1	−16.5	−16.0
−18	−24.1	−23.0	−22.2	−21.4	−20.9	−19.8	−19.1	−18.5	−18.0
−20	−26.2	−25.2	−24.2	−23.4	−22.6	−21.8	−21.1	−20.5	−20.0

[例 3−2]　已知空气 $t=18℃$,相对湿度 $\phi=90\%$。求露点温度。

解：查表 3−8,当 $t=18℃$ 时,$E=15.48$ mmHg,

因 $\phi=90\%$,故此时空气的水蒸气分压力 $e=15.48\times0.9=13.932$(mmHg)

查表 3−8,当温度为 16.4℃时水蒸气最大分压力为 13.99 mmHg。故该温度即当空气温度为 18℃和相对湿度为 90%时的露点温度。

另可查表 3−9,当空气温度为 18℃和相对湿度为 90%时的露点温度为 16.2℃。

第二节　食品冷库围护结构的隔热设计

一、隔 热 材 料

可以作隔热的材料很多,但食品冷库使用隔热材料要求较严：

(1) 热导率小；

(2) 不散发有毒物质或异味,不易变质；

(3) 块状材料要不易变形,易于切割加工,并便于与基层粘结；

(4) 地面、楼面采用的隔热材料,其抗压强度不应小于 2.5kg/cm^2；

(5) 难燃或非燃的材料。

目前我国食品冷库常用的隔热材料有如下几种。

(一) 软木

软木很早就用于冷库围护结构隔热,是目前冷库隔热的优良材料之一,它的优点是：

(1) 热导率小,为 0.167～0.293kJ/(m^2·h·℃);容量也小,为 150～280kg/m^2;
(2) 不易变质、无毒、无臭;
(3) 抗压强度高,为 10～15kg/cm^2;
(4) 难燃、吸水性小;
(5) 富有弹性,易于切割加工,便于安装施工。

软木是用栓皮栎或黄波罗树皮加工而成。这类树皮松软,其中含有无数个呈六方形的密闭小孔,并含大量树脂;将树皮经过破碎、筛选、加压、烘熔等过程,制成各种形状和尺寸的软木板、砖/管壳等制品,常用软板的规格有 914×305×25(50、75、100)等。

由于软木产量少,价格高,冷库中主要用于模板、地面,设备管道的隔热及冷桥处理上。

(二) 稻壳

稻壳是目前我国食品冷库中大量使用的隔热材料之一,稻壳产地广,易于就地取材、价格便宜,并具有良好的隔热性能,容重一般在 150～180kg/m^3,热导率 0.25～0.33kJ/(m·h·℃)。缺点是占用体积大,易受潮腐烂,下沉量大,稻壳受潮后热导率显著增大,一般用于外墙阁楼层,使用时应过筛除尘、尽量晒干,其重量湿度不应超过 10%,由于冷库使用稻壳隔热时,材料用量大,加上稻壳在其它方面的用途日益广泛,因此采购也不容易,特别是北方地区则更难。

(三) 泡沫塑料

1. 聚苯乙烯泡沫

聚苯乙烯泡沫是用聚苯乙烯树脂为基料,加入发泡剂(丁烷或戊烷),并用水蒸气加热形有无数微小气孔的发泡小球,在常压下进行熟化,此过程称为预发泡,将熟化后的发泡小球放在模具中进行加热,使它们彼此融合成型而制成一种具有微细闭孔结构的硬质泡沫塑料。冷库所采用的聚苯乙烯泡沫塑料,自熄增效剂、抗氧化剂和紫外线吸收剂等成分,使产品具有自熄性和较强的耐气候性。这种泡沫塑料的优点是质松、隔热性能好、吸水性小、耐低湿性能好、有一定的弹性、易于切割。其物理性能如表 3－10 所示。

表 3－10　聚苯乙烯泡沫塑料的物理性能

容重/(kg/m^3)		21	31	41	51
抗压强度/(kg/cm^2)	压缩 10%	1.22	1.81	2.43	2.86
	压缩 25%	1.44	2.16	2.96	3.58
	压缩 50%	3.05	3.64	3.95	5.15
	压缩 70%	3.31	—	—	—

续表

容重/(kg/m^3)	21	31	41	51
抗拉强度/(kg/cm^2)	1.3	2.5	2.9	3.4
抗弯强度/(kg/cm^2)	3.02	3.8	5.17	5.27
冲击强度/(kg/cm^2)	1.46	0.49	0.56	0.82
耐热性(不变形)	75℃			
耐寒性(不变性、不脆)	-80℃			
体积吸水性(24h)/%	0.016	0.004	—	—
热导率/(kJ/m·h·℃)	0.113	0.115	0.151	0.167
水分渗透/(g/m^2·h)	0.38	0.31	0.31	0.32

2. 聚氯乙烯泡沫塑料

聚氯乙烯泡沫塑料是由聚氯乙烯树脂加入发泡剂、稳定剂和溶剂，经加热塑料发泡而成。可作成开孔、闭孔及软质、硬质等多种型式，硬质聚氯乙烯泡沫塑料具有较好抗压强度（>1.8kg/cm^2）耐腐蚀、不吸水、不燃烧、隔热性能好（热导率不大于0.155kJ/(m^2·h·℃)。

3. 聚醛泡沫塑料

聚醛泡沫塑料是以尿素－甲醛合成树脂为基料，与发泡剂、硬化剂混合、经机械搅拌形成具有一定稳定性的泡沫，并经干燥而成为具有无数互不相通的微小细孔的泡沫塑料。它的优点是容重小、隔热性能好、高温时不燃烧、防蛀、能用于低温、在常用的各种泡沫塑料中它的价格最低。缺点是质地疏松、吸水性强、机械强度低，多用于填充式的隔热结构。

4. 聚氨酯泡沫塑料

聚氨酯泡沫塑料是用聚醚树脂与多元异氰酸酯在催化剂、稳定剂、发泡剂等的作用下，经发泡反应制得的闭孔型泡沫塑料。冷库常用的是硬质聚氨酯泡沫塑料，可在现场直接喷涂或灌注成型使用。它还可以根据不同的使用要求配制成不同密度、耐热、耐燃的泡沫体，适于快速施工。聚氨酯泡沫塑料的优点是容重和热导率小、强度高吸水率低、有自熄性、能用于较低的温度（－100℃）它能与金属、非金属材料粘结（粘结强度1～3kg/cm^2），并形成无缝隙的封闭整体，是一种比较理想的冷库隔热材料；缺点是价格比较高。它的主要性能为：

容重	25～50kg/m^3
吸水性	0.118kg/m^2
安全使用温度	－196～－120℃
热导率	0.075～0.084kJ/m^2·h·℃
抗压强度	>2.5kg/cm^2

耐油性	在机油中浸 24h 无变化
耐碱性	在 45%烧碱中浸 24h 无变化
耐酸性	在 20%盐酸中浸 24h 无变化
可熄性	离火 1～2s 即熄

（四）玻璃棉及其制品

玻璃棉是把熔化的玻璃液用压缩空气（或蒸汽）以极高的速度喷吹而成，它具有热导率小、弹性好、不燃、不腐蚀、不受虫蛀鼠咬、化学稳定性好等优点，但普通玻璃纤维对皮肤和呼吸有刺激，施工时要有特殊的劳动保护。如将玻璃棉作成制品（板毡、管壳），施工比较方便。玻璃棉纤维直径小于 1～3μm 的称超细玻璃棉。由于它直径细、纤维长、比较柔软、对皮肤无刺激，是一种很好的隔热材料，但目前价格较贵。

（五）矿渣棉及其制品

矿渣棉是以铁矿渣为主要原料，经熔化，用高压蒸汽喷吹冷却而成的无机纤维材料。它的主要成分是 SiO_2（占 36%～39%）、CaO（占 38%～24%）、Al_2O_2 及 HgO。矿渣棉具有质轻、热导率小、不燃、不蛀、不腐烂、不易受潮和冰冻，化学稳定性强，隔热性能好的特点。它的缺点是在施工时纤维对人的皮肤、呼吸道有刺激，因此多加工成各种规格的板、毡、管壳等矿渣制品。

（六）膨胀珍珠岩

珍珠岩（包括松脂岩、黑瞿岩、流纹岩等）是一种酸性岩浆喷出的玻璃熔岩。因具有珍珠裂隙结构而得名，当熔岩流喷出地表面时，由于在空气中的急速冷却收缩，黏度增大，其结晶水存留在玻璃质中，这种熔岩经过破碎（粒径 0.1～0.5mm），放入炉内 400～500℃ 预热后，在 1 300～1 400℃ 左右的高温中进行悬浮瞬间焙烧时，所含的结晶水急剧汽化压力升高。在黏稠的玻璃上其体积迅速膨胀，冷却后就形成了一种白色或灰白色的中性无机多孔粒状材料即为膨胀珍珠岩。它具有容重小、热导率小、无毒、无臭、无刺激、不霉烂、不燃烧、抗冻性好、资源丰富、价格低廉、施工方便安全等优点。它的缺点是吸水率很高，但吸湿性不大。为了克服吸水率高的缺点，可采用憎水性强的材料作为胶结材料，制成膨胀珍珠岩制品，如沥青膨胀珍珠岩制品，水泥膨胀珍珠岩制品、水玻璃膨胀珍珠岩制品等。水泥膨胀珍珠岩可用于冷库外墙和阁楼层作填充松散隔热材料，沥青膨胀珍珠岩制品可用于地坪、楼板屋面等。膨胀珍珠岩的物理性能如表 3－11 所示。

（七）炉渣

沪渣可用作高温库地坪的隔热材料，应选用粒径 10～40mm 炉渣，当容重 800～1 000kg/m^3，热导率 0.67～1.05kJ/(m^2·h·℃)，使用时最大重量湿度应大于 8%，含硫量不超过 2%。用前要过筛、消除杂质、曝晒干。炉渣的优点是废物利用、易采购、价格便宜。但它的热导率大，且不易保持干燥，故在低温库不宜使用。

表 3-11　　膨胀珍珠岩的物理性能

指标名称	单位	材料分类		
		Ⅰ	Ⅱ	Ⅲ
容　重	kg/m^3	＜80	81～150	151～250
热导率	kJ/(m·h·℃)	＜0.165	0.165～0.210	0.210～0.275
颗料级配	质量分数	＞2.5mm 不超过 5% ＜0.15mm 不超过 8%	＜0.15mm 超过 8%	＜0.15mm 不超过 8%
重量湿度	质量分数	＜2%	＜2%	＜2%

(八) 加气混凝土

加气混凝土是用水泥、生石灰、矿渣(或其它活动性掺料)、砂、铝粉(加气剂,为水泥重量的万分之几左右)等作为原料,砂子、矿渣放入球磨机湿磨成浆,送入料浆罐后加入水泥不断搅拌再加入铝粉和碱粉,一面搅拌一面向模具浇注,硬化后取出切割,进行蒸汽养护,养护完成后即可出厂。加气混凝土制品的特点是容重小、隔热性能好、强度高,外形尺寸准确,加工性好(可锯刨、钻孔、钉钉子等),拼接安装方便和耐酸碱性较差。它的主要性能见表 3-12。

表 3-12　　加气混凝土的主要性能

指标名称	1	2	3
干容重/(kg/cm^3)	400	500	600
抗压强度/(kg/cm^2)	15	30	40
热导率/kJ/(m·h·℃)	0.335	0.418	0.502
饱和含水率/%	70～80		
使用后的平衡含水率/%	3		
抗浆性/(容重 $500kg/m^3$)	在 -17℃和 -20℃冻融循环 15 次重量损失 4%,抗压强度降低 15%		

(九) 泡沫混凝土

泡沫混凝土系用水泥加起泡剂(水胶、松香及碳酸钾的混合物)制成,它的优点是抗压强度大(6～8.5kg/cm^2),抗冻持久性、耐火性都比较好,缺点是吸湿性大,易受潮而降低隔热效果。

(十) 泡沫玻璃

泡沫玻璃是用纤维下脚料磨成粉状,与发泡剂混合后,烘干并在发泡炉内发泡,再经退火而制成。容重为 128～200kg/m^3,热导率 0.176～0.192kJ/m·h·℃,其优点在于它是完全闭孔,吸水率小,体积湿度在 0.2%以下,抗压强度可达 7kg/cm^2,抗弯强度 5.3kg/cm^2。耐火性和抗冻性好,既能承重又能隔热防潮,是一种比较理想的冷库隔热材料,但目前产量小,价格高。

（十一）铝箔波形纸板

铝箔波形纸板是以三层或五层高强波纸板为基层，在纸板的两面贴上铝箔作成的一种轻型隔热材料。它的特点是重量轻、刚度好，有较好的隔热性能，同时造价低、构造简单、材料来源容易、加工方便，是一种技术上比较先进、经济上比较合理的反射性隔热材料，但由于纸板吸水性强、吸水后纸板容易起翘、蓄热量小、热惰性差而未能得以推广使用。

隔热材料之所以能隔热是因为材料内含有无数微小的气泡，这些气泡对热流的通过产生很大的阻力，当气泡周围温度完全一样，气泡内的空气处于静止状态，所通过的热量很少。当周围温度不同时，由于辐射和对流换热的作用会产生比较显著的热量传递，但气泡内的对流会随着气泡的变小而变得非常微弱。材料孔隙大小和形状对热导率有很大的影响。孔隙尺寸越大且开口串通时，则比孔隙尺寸小且封闭的热导率高。故冷库宜选用封闭、微孔、热导率小的隔热材料。考虑到隔热材料用于冷库内，会受潮湿环境及水蒸气渗透的影响，含湿量会加大，同时在低温下使用材料的热导率也会加大，为了保证冷库围护结构热工性能的可靠性与经济性，为了保证若干年内冷库的正常使用，计算时所采用的隔热材料热导率已作了修正，隔热材料热导率修正系数 b 值可按表 3－13 规定采用。

表 3－13　　隔热材料的热导率的修正系数 b 值

材料名称	b	材料名称	b
软　木	1.2	聚氨酯泡沫塑料	1.4
稻　壳	1.7	矿　棉	1.8
膨胀珍珠岩	1.7	沥青珍珠岩	1.2
聚苯乙烯泡沫塑料	1.3	泡沫混凝土	1.3
炉　渣	1.6	加气混凝土	1.3
玻璃棉	1.8	水泥膨胀珍珠岩	1.3
岩　棉	1.8	水玻璃膨胀珍珠岩	1.3

注：泡沫混凝土、加气混凝土、水泥膨胀珍珠岩及水玻璃膨胀珍珠岩的修正系数，均为烘干的块状材料用沥青等不含水粘结材料贴、砌筑时的数值。

二、冷库围护结构隔热计算

（一）室外空气计算温度

太阳辐射热是以电磁波的形式将能量直接传到围护结构外表面，经吸收转化为热能的，室外高温空气则是通过表面的直接换热向围护结构传热的。当围护结构同时受到太阳辐射和气温的作用时，尽管传热方式不同，但它们综合的效果是使围护结构的温度上升到某一个定值。如果以一个单一的温度代替太阳辐射和气温的共同作用，若其效果相同，则这种替换将大大简化计算工作。在“冷库设计规范”中规定，库房围护结构传入热量的室外计算温度，应采用夏季空气调节日平均温度($t_{\omega p}$)，这是根据我国目前建设的冷库大多数热惰性指标 $D>6$ 而定的，它对库内温度波动影响很小，能满足贮藏食品的要求。至于轻型结构($D\leqslant4$)，在我国建库中所占的比例较小，这类冷库的室外计算温度也采用值 $t_{\omega p}$，但应乘以室内外温差修正系数 a，即相当于按不确定传热计算。围护结构两侧温差修正系数如表 3－14 所示。

表 3－14　　围护结构两侧温差修正系数 a 值

序号	围护结构部分	a
1	$D>4$ 的外墙：	
	冻结间、冻结物冷藏间	1.05
	冷却间、冷库物冷藏间、储冰间	1.10
2	$D>4$ 相邻有常温房间的外墙：	
	冻结间、冻结物冷藏间	1.00
	冷却间、冷却物冷藏间、储冰间	1.00
3	$D>4$ 的冷间顶棚、其上为通风阁楼、室面有隔热层或通风层：	
	冻结间、冻结物冷藏间	1.15
	冷却间、冷却物冷藏间、储冰间	1.20
4	$D>4$ 的冷间顶棚、其上为不通风阁楼，屋面有隔热层或通风层：	
	冻结间、冻结物冷藏间	1.20
	冷却间、冷却物冷藏间、储冰间	1.30
5	$D>4$ 的无阁楼屋面，屋面有通风层：	
	冻结间、冻结物冷藏间	1.20
	冷却间、冷却物冷藏间、储冰间	1.30
6	$D\leqslant4$ 的外墙：冻结物冷藏间	1.30
7	$D\leqslant4$ 的无阁楼屋面：冻结物冷藏间	1.60
8	半地下室外墙外侧为土壤	0.20
9	冷间地面下部无通风等加热设备时	0.20
10	冷间地面隔热层下有通风等加热设备时	0.60
11	冷间地面隔热层下为通风架空层时	0.70
12	两侧均为冷间时	

注：(1) D 为围护结构热惰性指标。

(2) 序号 9～12 两侧温度的取值见第 5.1.9 条(规范)。

(3) 负温穿堂可参照冰结物冷藏间选用 a 值。

(4) 表内未列的其它室温等于或高于 0℃ 的冷间可参照各项冷却间的 a 值选用。

(二) 围护结构的传热阻的确定

冷库各冷间所需的冷藏温度是靠制冷系统的运行和围护结构的保温相互配

合来保证的，从传热基本知识中可以知道，在稳定传热条件下，衡量围护结构保温性能的主要指标是总传热阻 R（或传热系数 K_0）。通过围护结构保温能力的基本要求是：

（1）保证冷库的围护结构表面温度不致太低，以免外表面结露影响使用；

（2）控制一定量的传热量，使土建投资、制冷制备费用和经常生产费用等获得最经济的组合。

为保证围护结构外表面湿度不致低到不能允许的程度，其总传热阻就必须大于某个最低限度值，这种最低限度的总传热阻就称“低限热阻”用“$R_{0\min}$”表示。

$$R_{0\min}=\frac{t_g-t_d}{t_g-t_1}bR_\omega \quad (3-29)$$

式中　$R_{0\min}$——围护结构最小总传热阻，$(m^2\cdot h\cdot ℃)/kJ$

t_g——围护结构高温侧的气温，℃

t_d——围护结构低温侧的气温，℃

t_1——高温侧空气的露点温度，℃

b——传热阻的修正系数，围护结构热惰性指标 $D\leqslant 4h$，$b=1.2$，其它围护结构 $b=1.0$

围护结构总传热阻的确定，取决于围护结构每平方米每小时允许传入库内热量的多少，从 $q=k\Delta t$ 可知，计算中采用的传热系数 R，除了考虑库内外的温度条件外，k 的大小就根据制冷工艺设备造价，经常生产费用和隔热材料的费用（包括造价的折旧率）三者之间的关系而定。当 k 大时，库房耗冷量大，设备造价和经常生产费用大，但隔热材料费用可以减少。当 k 小时，隔热材料费用大，设备造价和生产费用可以减少。但并非隔热层愈厚愈好，最经济隔热层厚度的确定由下式计算：

$$C_{隔}=\mu(\delta\times y_c+a+b) \quad (3-30)$$

式中　$C_{隔}$——隔热材料的费用

μ——折旧率

δ——隔热材料厚度

y_c——隔热材料单价

a,b——隔热构造中除隔热材料外其它基本费用

$$C_{电}=C_{压}+C_{水}+C_{氨泵}+C_{其他} \quad (3-31)$$

式中　$C_{压}$——压缩机运转费用

$C_{水}$——冷却水或水塔运行时水泵和风机的电费

$C_{氨泵}$——氨泵或输送制冷剂的电费

$C_{其他}$——制冷设备运行中的其它费用

要求出隔热材料最经济厚度时应使：

$$\frac{dC_{隔}}{d\delta}+\frac{dC_{电}}{d\delta}=0 \tag{3-32}$$

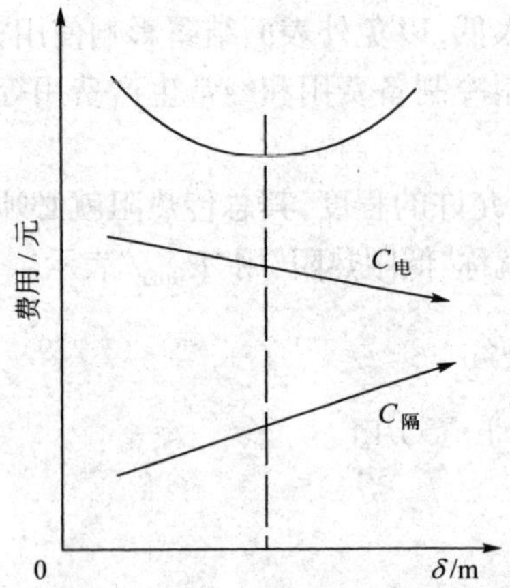

图 3-13 最经济隔热层厚度的确定

关于围护结构总传热阻的取值，过去国外一般用 $K\Delta t=42kJ/(m^2\cdot h\cdot ℃)$左右，近年为了节能，取值越来越小，有的不少于 $30kJ/(m^2\cdot h\cdot ℃)$（轻型结构除外）。过去我国设计中用廉价稻壳按 $K\Delta t=38kJ/(m^2\cdot h\cdot ℃)$，用聚苯乙烯泡沫塑料也采用近似此值，用软木或聚氨酯泡沫塑料时，一般用到 $K\Delta t=46kJ/(m^2\cdot h\cdot ℃)$，最近“冷库设计规范”编制组通过大量的调查研究和分析工作，提供了如表 3-15、表 3-16、表 3-17、表 3-18 和表 3-19 所示的总传热阻数据，供设计参考用。

表 3-15 冷间外墙、无阁楼的屋面、有阁楼的顶棚的传热阻 R_0 单位：$(m^2\cdot h\cdot ℃)/kJ$

室内外温差 $a\cdot\Delta t$/℃	单位面积传入热量/$(kJ/m^2\cdot h)$					室内外温差 $a\cdot\Delta t$/℃	单位面积传入热量/$(kJ/m^2\cdot h)$				
	30	34	38	42	46		30	34	38	42	46
90	3.06	2.69	2.39	2.15	1.96	50	1.71	1.49	1.33	1.20	1.09
80	2.65	2.39	2.17	2.00	1.71	40	1.33	1.20	1.04	0.96	0.85
70	2.39	2.17	1.84	1.71	1.49	30	1.04	0.88	0.80	0.72	0.65
60	2.00	1.84	1.59	1.41	1.33	20	0.68	0.60	0.55	0.48	0.43

表 3-16 冷间隔墙的总传热阻 R_0 单位：$(m^2\cdot h\cdot ℃)/kJ$

隔墙两侧室名及设计室温	单位面积传入热量/$(kJ/m^2\cdot h)$	
	38	46
冻结间 -23℃/冷却间 0℃	1.03	0.82
冻结间 -23℃/冻结间 -23℃	0.74	0.61
冻结间 -23℃/穿堂 -10℃	0.59	0.31
冻结间 -23℃/穿堂 4℃	0.87	0.72
冻结物冷藏间 -18～-20℃/冷却物冷藏间 0℃	0.59	0.72
冻结物冷藏间 -18～-20℃/储冰间 -4℃	0.74	0.61
冻结物冷藏间 -18～-20℃/穿堂 4℃	0.74	0.61
冷却物冷藏间 0℃/冷却物冷藏间 0℃	10.25	7.53

注：隔墙总传热阻已考虑生产中的温度波动因素。

表 3-17　冷间楼面的总传热阻 R_0

楼板上下冷间设计温度差/℃	R_0/(m²·h·℃/kJ)	楼板上下冷间设计温度差/℃	R_0/(m²·h·℃/kJ)
35	1.33	8～12	0.72
23～28	1.14	5	0.53
15～20	0.92		

注：(1) 楼板总传热阻已考虑生产中温度波动因素。
(2) 当冷却物冷藏间楼板下为冻结物冷藏间时，其楼板传热阻不宜小于 1.14m²·h·℃/kJ。

表 3-18　直接铺设在土壤上的冷间地面总传热阻 R_0

冷间设计温度/℃	R_0/(m²·h·℃/kJ)	冷间设计温度/℃	R_0/(m²·h·℃/kJ)
0～-2	0.48	-23～-28	1.09
-5～-10	0.71	-35	1.33
-15～-20	0.88		

注：当地面隔热层采用炉渣时，总传热阻按本表数据乘以修正系数 0.8。

表 3-19　铺设在架空层上的冷间地面总传热阻 R_0

冷间设计温度/℃	R_0/(m²·h·℃/kJ)	冷间设计温度/℃	R_0/(m²·h·℃/kJ)
0～-2	0.60	-23～-20	1.14
-5～-16	0.75	-35	1.33
-15～-20	0.96		

(三) 冷库围护结构中隔热层厚度的计算

计算围护结构隔热层厚度的目的，一是当隔热层的材料及厚度已知时，计算它的总传热系数是否符合设计规范的要求；二是总传热系数及隔热材料、构造方案已定时，计算隔热层所需的厚度。

关于冷库常用的建筑材料的热工计算指标可见表 3-1。

[例 3-3]　某建库地区的室外计算温度 $t_\omega = 32℃$，库内温度 $t_n = -18℃$，冷库外墙构造(由外至内)为：30mm 厚 1∶2 水泥砂浆抹面、370mm 砖墙、20mm 厚 1∶2 水泥砂浆抹面、10mm 厚二毡三油、650mm 厚稻壳、35mm 厚预制钢筋混凝土插板、试计算总热阻 R_0 和传热系数 K。

解：算出各层构造的分热阻如表 3-20 所示。

表 3-20　各层构造的分热阻

外墙各层	δ/m	λ(kJ/m²·h·℃)	R_0/(m²·h·℃/kJ)
α_ω			0.012
水泥砂浆抹面	0.03	3.35	0.009
砖　墙	0.37	2.93	0.126

续表

外墙各层	δ/m	λ(kJ/m²·h·℃)	R_0(m²·h·℃/kJ)
水泥砂浆找平	0.02	3.35	0.006
二毡三油	0.01	0.67	0.016
稻　壳	0.65	0.54	1.195
预制插板	0.035	5.56	0.006
α_n			0.034

得：

$$R_0 = 1.404(\mathrm{m^2 \cdot h \cdot ℃})/\mathrm{kJ}$$

$$K = 1/R_0 = 0.712\mathrm{kJ}/(\mathrm{m^2 \cdot h \cdot ℃})$$

由表 3－15 查室内温差为 50℃时，单位面积传入热量为：

$$K\Delta t = 0.712 \times 50 = 35.6\mathrm{kJ}/(\mathrm{m^2 \cdot ℃})$$

查值 9 得：$R_0 = 1.33(\mathrm{m^2 \cdot h \cdot ℃})/\mathrm{kJ}$，

1.404＞1.33，故外墙构造设计达到要求。

［例 3－4］　某地的室外计算温度 $t_\omega = 30℃$，冻结间的温度为－23℃，冻结间建在高温库(地下室)之上，它的地坪构造为 60mm 厚 300 号钢筋细石混凝土，20mm 厚 1∶2 水泥砂浆找平，10mm 厚二毡三油、200mm 厚软木，10mm 厚二毡三油，20mm 厚 1∶2 水泥砂浆找平，180mm 钢筋混凝土楼板，试计算其总热阻和传热系数 K。

解：算出各层构造的分热阻如表 3－21 所示。

表 3－21　各层构造的分热阻

地坪各层	δ/m	λ/(kJ/m²·h·℃)	R/(m²·h·℃/kJ)
α_n			0.010
300 号细石混凝土	0.06	5.23	0.011
1∶2 水泥砂浆(两层)	0.04	3.35	0.012
二毡三油(两层)	0.02	0.63	0.032
软　木	0.20	0.25	0.796
钢筋混凝土板	0.18	5.86	0.031
α_ω			0.016

得：

$$R_0 = 0.908(\mathrm{m^2 \cdot h \cdot ℃})/\mathrm{kJ}$$

$$K = 1/R_0 = 1.101\mathrm{kJ}/(\mathrm{m^2 \cdot h \cdot ℃})$$

由表 3－17 查楼板上下冷间设计温差为 23～28℃时 $R_0 = 1.14$，因 1.101＜1.14，故冻结间地坪软木层厚 200mm 不能满足要求，必须增加至 250mm 厚。

［例 3－5］　某地的室外设计温度 $t_{\omega p} = 30℃$，库温 $t_0 = -23℃$，拟建冷库冻

结间的外墙构造(由外至内)为:20mm 1:2 水泥砂浆抹面、370mm 厚砖墙、20mm 厚水泥砂浆找平,10mm 厚二毡三油、软木隔热层、30 厚 1:2 水泥浆抹面。试确定软木保温层的厚度。

解：由表 3-15 前段内容所确定容许冷库外墙单位面积传入的热量,由于软木单价比较贵,故取 $q=46\text{kJ}/(\text{m}^2\cdot\text{h})$;由表 3-1 得 $\lambda_{软}=0.25\ \text{kJ}/(\text{m}\cdot\text{h}\cdot℃)$。

根据 $q=K\Delta t$ 即得：$K=\dfrac{46}{30-(-23)}=0.868(\text{kJ}/\text{m}^2\cdot\text{h}\cdot℃)$

$$R_0=\frac{1}{K}=\frac{1}{0.868}=1.152(\text{m}^2\cdot\text{h}\cdot℃/\text{kJ})$$

计算围护结构隔热材料的厚度公式为：

$$\delta=\lambda\left[R_0-\left(\frac{1}{\alpha_w}+\frac{\delta_1}{\lambda_1}+\frac{\delta_2}{\lambda_2}+\cdots+\frac{\delta_n}{\lambda_n}+\frac{1}{\alpha_n}\right)\right]$$

代入数值,得：

$$\delta=0.25\left[1.152-\left(0.21+\frac{0.02}{3.35}+\frac{0.37}{2.93}+\frac{0.02}{3.35}+\frac{0.01}{0.63}+\frac{0.03}{3.35}+0.21\right)\right]=0.241\text{m}$$

根据软木板的常用规格取 250mm 厚。

三、冷库围护结构隔热方案的选择

(一) 冷库围护结构隔热的目的

(1) 减少由室外环境通过冷库围护结构传入库内的热量。

(2) 保持高温侧壁面具有一定的温度,防止壁面产生凝结水。

(3) 减少有温差存在的相邻冷间之间传热。

在冷库的各种耗冷因素中,与建筑有关的耗冷量约占总制冷量的 15%～30%,因此如何决定隔热结构方案,选择合适的隔热材料,做到既可靠耐用又经济合理,是冷库设计中十分重要的课题。

(二) 隔热层构造设计的要求

(1) 隔热层要有足够的厚度,能维持各冷间所要求的温度,保证食品的冷藏质量。

(2) 隔热层应该是连续的,不能有间隙或缝隙,以防止出现“冷桥”。

(3) 隔热层所用的隔热材料,应具有良好的防潮能力和耐火性。

(4) 隔热层应能牢固地固定在围护结构的基层上,并能防止虫蛀和鼠咬。

(三) 冷库围护结构隔热方案

冷库围护结构隔热方案多种多样。但根据隔热层的位置,总的可分为以下三种：

(1) 内隔热结构　隔热层设在围护结构承重层的内侧,即先将冷库的承重结构及外墙建好,然后在建筑物内再进行隔热层的施工。库内施工条件差,由于结构的需要凹凸不平整的地方多，施工麻烦，进度慢，“冷桥”也多。

(2) 外隔热结构　隔热层和其它材料组合成自承重的外围护结构，如用镀锌钢板或不锈钢板中间用聚氨酯光泡沫塑料作隔热层的夹心墙板，或钢筋混凝土预制的夹心墙板，作围护结构的自承重结构，附在冷库的内框架上，这种结构必须处理好板缝之间的连接，确保不跑冷，不结露。

(3) 外断热结构　隔热层设在围护结构的外侧，即先将整幢冷库的建筑结构作好，然后在围护结构的外侧作隔热层，为了保护隔热层，在隔热层外需要有一层保护层，这是最理想的外断热作法，没有“冷桥”，施工方便，维修容易。缺点是多了一个外保护层，造价高，同时只适用单一库温的冷库。

第三节　食品冷库围护结构的隔汽防潮

一、隔汽防潮材料

用于冷库隔汽防潮的材料不多，因冷库温度低、湿度大，对隔汽防潮材料需要蒸汽渗透系数小、非水溶性的材料，并要有足够的黏结力，能牢固地黏结在隔热结构上，常用的有以下几种。

(一) 石油沥青及其制品

1. 石油沥青

石油沥青是用石油原油炼制各种油品时产生的残渣，再经加工而成，是一种有机的胶结材料，它具有良好的黏结性、塑性、憎水性、不透水性和不导电性，并能抵抗一般酸碱及盐类的侵蚀作用，但在阳光、空气和水等外因作用下，随着时间的进展而流动性和塑性逐渐变小，硬脆性逐渐增大，直至脆裂，这个过程称为石油沥青的“老化”。

石油沥青的主要技术性质，其中针入度、伸长度和软化点三项质量指标是划分牌号的主要依据，见表 3-22。处于不同温度下的各种围护结构隔汽防潮层，要求采用不同标号的石油沥青来粘贴，如用于库内低温部分的楼板，地面的

表 3-22　道路石油沥青和建筑石油沥青

质量指标	道路石油沥青		建筑石油沥青						
	180	140	100 甲	100 乙	60 甲	60 乙	30 甲	30 乙	10
针入度(0.1mm)25℃，不少于	161～200	121～160	81～120	81～120	41～80	41～80	21～40	21～40	5～20
伸长度(cm)25℃，不少于	100	100	80	60	60	40	3	3	1
软化点不少于/℃	25	25	40	40	45	45	70	60	95
相当于旧标准	Ⅰ		Ⅱ		Ⅲ		Ⅳ		Ⅴ

隔汽防潮层的沥青宜采用针入度大、软化点低的60号石油沥青，使其在低温环境下不脆裂，在潮湿环境中不透水性能。但用于屋顶和外墙的隔汽防潮层的沥青，则要求针入度小，软化点高的10号石油沥青，以免在室外高温环境影响下发生流淌。冷库中不得使用多蜡石油沥青和煤沥青，因它们含有害成分较多，不利于施工和食品贮藏的卫生。

对煤沥青和石油沥青的鉴别，工地采用的简易方法，见表3－23。

表 3－23 石油沥青和煤沥青简易鉴别方法

鉴别方法	石油沥青	煤沥青
相对密度	近于1.0	近于1.25
锤击	韧性较好、有弹性、声哑	韧性差(性脆)声清脆
燃烧	烟无色，无刺激性臭味	烟呈黄色，有刺激性臭味
溶液颜色	用于30～50倍汽油或煤油溶化，用玻璃棒沾一滴于滤纸上斑点呈棕色	按左法试验，滤纸上的斑点有两圈，外棕内黑

沥青的掺配使用：单独用一种牌号的沥青，往往不能满足工程技术要求，为此必要进行掺配。

相同产源不同牌号沥青，互相掺配比较简单，掺配量可按下式估算：

$$\text{较软沥青掺量}(\%)=\frac{\text{较硬沥青软化点}-\text{要求的软化点}}{\text{较硬沥青软化点}-\text{较软沥青软化点}}\times 100 \quad (3-33)$$

$$\text{较硬沥青掺量}(\%)=100-\text{较软沥青掺量} \quad (3-34)$$

[例3－6] 某冷库工程需用软化点为80℃的石油沥青，现有10号和60号两种沥青，应如何掺配以满足工程需要？

从表3－22查得：10号石油沥青软化点为95℃；60号石油沥青软化点为45℃，估算掺配量：

$$\text{60号石油沥青掺量}(\%)=\frac{95-80}{95-45}\times 100=30$$

$$\text{10号石油沥青掺量}(\%)=100-30=70$$

2. 冷底子油

冷底子油是用汽油、煤油、柴油或苯等有机溶剂与沥青溶合而制成的涂料。它的流动性好，便于喷涂。将冷底子油刷在混凝土、砂浆或木材等基面后，能很快地掺透进里面，溶剂挥发后，便于基面牢固结合，并使基面具有憎水性，为粘贴同类防水材料创造有利条件。

冷底子油常用30%～40%的石油沥青(30号或10号)及70%～60%的有机溶剂(冷库多用汽油)配制而成，如耐热性要求不高的，可用60号石油沥青配制，其配比不变，某些工地配制冷底子油的经验办法是：将沥青加热到180～

200℃熔化脱水后，等温度稍降低，就先掺入小量煤油(约占汽油的10%)并及时拌均匀，因为煤油的汽化温度为150～275℃，故掺煤油时不会冒烟挥损，同时有利溶化沥青和加速沥青冷却，当冷到70℃时再掺入汽油，搅拌均匀即为成品。由于加入的煤油不多，对沥青成膜速度影响很小，如果全部加入煤油，喷涂后则需一星期才能干燥，喷涂冷底油时，基面应洁净干燥。

3．石油沥青油毡

石油沥青油毡(简称油毡)是用低软化点石油沥青浸渍原纸，然后用高软化点石油沥青涂盖油纸两面，再撒以撒布材料所制成的一种纸胎防水卷材，按原纸重量(g/m^2)的不同，分为200号、350号和500三种，在冷库隔热结构中应选用不低于350号的粉状撒布材料的油毡，它的技术指标性能见表3－24。

表3－24　石油沥青油毡技术指标

指标名称	350号油毡	500号油毡
每卷重量/kg，不少于	28.0	39.0
每卷面积/m^2	20±0.3	20±0.3
浸涂材料量/(g/m^2)，不少于	1 000	1 400
不透水性		
压力/(kg/cm^2)，不少于	1.0	1.5
保持时间/min，不少于	30	30
吸水率/%，浸水24h后大于	1.0	1.0
抗热稳定性85℃加热5h	涂盖层应无硫硝和集中性气泡	
拉力/kg，(18±2)℃时，纵向不小于	44	52
柔度(18±2)℃时	绕在ϕ22mm圆棒上无裂纹	绕在ϕ25mm圆棒上无裂纹

4．再生橡胶沥青油毡

再生橡胶沥青油毡是一种不用原纸作基层的无胎油毡，系用废橡胶粉，高标号石油沥青和掺和料(轻质碳酸钙)经脱硫，在炼胶机上混炼，然后在压延机上压延而成的卷材；它的特点是具有良好的低温柔性，耐热性，耐水性及较好的化学稳定性和抗霉性，一层再生橡胶油毡能代替一般的二毡三油，主要用于冷库工程的防潮隔汽层中的直角转角或变形缝位置上。

5．乳化沥青

乳化沥青是沥青微粒(粒径1μm左右)分散在有乳化剂的水中而成的乳胶体。制作时，首先在水中加入少量乳化剂，再将沥青热溶后缓慢倒入，同时高速搅拌，使沥青分散成微小颗粒，使乳液获得稳定。

乳化沥青多涂刷于基面作“冷底子油”，作为防潮或防水层，粘贴玻璃纤维毡片(或布)作屋面防水层，或用于拌制冷用沥青砂浆和沥青混凝土。

6. 建筑防水沥青嵌缝油膏

建筑防水沥青嵌缝油膏是以石油沥青为基料，加入改性材料、稀释剂及填充料混合制成的冷用膏状材料，简称油膏。改性材料有废橡胶粉和硫化鱼油；稀释剂有松焦油、松节重油、核桃油，填充料有棉和滑石粉等。油膏主要作为屋面、墙面、沟和槽的防水嵌缝材料。

7. 沥青砂浆和沥青混凝土

沥青砂浆是由沥青、矿质粉料和砂所组成的材料。如再加入碎石或卵石，就成为沥青混凝土。

用于防水的沥青砂浆配合比（重量比）一般为：沥青 12%～16%，粉料 22%～32%，砂 50%～60%。如采用的沥青黏性较低，其用量可减少。具体配合比要根据用途和施工条件经试拌确定。

“热拌热铺”的施工方法是：先将砂石预热至 120～140℃并放入拌锅或搅拌机中，然后将加热至 18～22℃的溶化沥青加入，搅拌均匀，趁热铺筑压实。

“冷拌冷铺”沥青砂浆和沥青混凝土是采用液体沥青或乳化沥青配制，具有施工安全、方便的优点，但造价较高。

(二) 聚乙烯薄膜

聚乙烯树脂是由乙烯单体聚合而成的，按合成方法的不同分为高压（在100～200MPa 下）中压（在低于 5MPa），低压（在若干兆帕下）进行聚合反应的三种。

高压聚乙烯由于主链上有着许多支链，因此体积大而密度小。其密度为 0.91～0.94，是聚烯中最轻的一种。支链的伸展度和聚合物的结晶度均随反应时压力的增大而提高。高压聚乙烯的结晶度为 60%～80%，有一定的透明性。

中压聚乙烯密度为 0.95～0.98，是聚乙烯中最重的一种，其耐热性、难于透气和透湿的性能也是聚乙烯中最好的。

低压聚乙烯的最高使用温度可达 100℃，耐寒在 -70℃时仍保有柔顺性在室温内几乎不被任何有机溶剂侵蚀，并能抵抗各种强酸（硝酸除外）和碱类的作用，吸湿性极小有很突出的电绝缘性能。

二、冷库外围护结构的蒸汽渗透和冷凝

冷库内各冷间的温度一般都比室外低（除北方冬天的高温库外），湿度也比室外高，因此围护结构的两侧存在着水蒸气分压力差。水蒸气分子将从分压力较高的一侧通过围护结构向较低的一侧扩散渗透，这种现象叫蒸汽渗透。

冷库的外围护结构除了存在传热现象外，还存在着蒸汽渗透现象。如果设计不当，水蒸气通过围护结构时，会在结构表面或内部材料的孔隙中冷凝成水或冻结成冰，使隔热材料受潮，材料受潮后，导热系数将增大，保温能力就降低。此外，由于内部冷凝水的冻融交替作用，抗冻性差的隔热材料易遭破坏，从而降

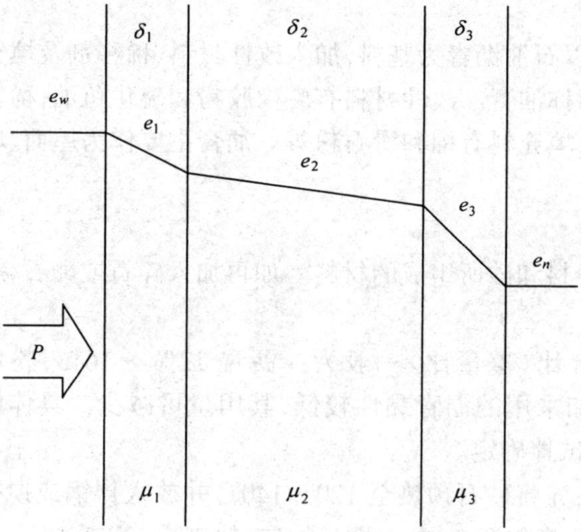

图 3-14 围护结构的蒸汽渗透过程

低结构的使用质量和耐久性，所以在进行围护结构的隔热设计时，不但要确定围护结构的低限热阻，同时还应分析所设计的构造方案是否会产生内部冷凝，以便采取措施加以消除或限制其影响程度。

（一）蒸汽渗透的计算

由于冷库内各冷间的温度都比室外低，所以水蒸气渗透的方向是由室外至室内（见图 3-14）。冷库常用防潮、隔汽材料的热物理系数见表 3-25。

$$P=\frac{1}{H_0}(e_w-e_n) \tag{3-35}$$

式中 P——蒸汽渗透强度，g/(m²·h)

H_0——围护结构总的蒸汽渗透阻，(m²·h·mmHg)/g

e_ω——室外空气水蒸气分压力，mmHg

e_n——室内空气水蒸气分压力，mmHg

表 3-25 冷库常用防潮、隔汽材料的热物理系数

序号	材料名称	密度 r /(kg/m³)	厚度 δ/mm	热导率 λ /(kJ/m·h·℃)	热阻 R /(m²·h·℃/kJ)
1	石油沥青油毛毡(350 号)	1 130	1.5	0.96	0.001 4
2	石油沥青或玛琋脂	980	2.0	0.71	0.002 9
	一道				0.239 0
3	一毡二油		5.5		0.007 2
4	二毡三油		9.0		0.009 6
5	聚乙烯塑料薄膜	1 200	0.07	0.59	0.000 5

序号	热导率 a /(10m²/h)	比热容 C /(kcal/kg·℃)	蓄热系数 S_0 /(W/m²·℃)	蒸汽渗透系数 /(mg/m·h·Pa)	蒸汽渗透阻 H /(m²·h·mmHg/g)
1	3.94	0.38	16.49	0.000 18	8.30
2	4.65	0.33	19.46	0.001	2.00
3					12.30
4					22.60
5	0.34	0.34	14.31	0.000 027	26.00

即单位时间内水蒸气流垂直方向上单位面积的蒸汽量与室内外水蒸气分压力差成正比，与渗透过程中遇到 r 阻力成反比。

当围护结构由多层具有不同性能的材料所组成时，其总的蒸汽渗透阻按下式确定：

$$H_0 = H_1 + H_2 + H_3 + \cdots\cdots \tag{3-36}$$

$$= \frac{\delta_1}{\mu_1} + \frac{\delta_2}{\mu_2} + \frac{\delta_3}{\mu_3}$$

式中　δ_i——任一分层的厚度，$i=1、2、3\cdots$，m

μ_i——任一分层材料的蒸汽渗透系数，$i=1、2、3\cdots$，g/m·mmHg

由于围护结构内外表面附近的空气边界层的蒸汽渗透阻与结构材料层相比是很微小的，所以在计算总蒸汽渗透阻时可忽略不计，这样，围护结构内外表面的水蒸气分压力可近似地取为 e_n 和 e_ω。

蒸汽渗透系数表明材料的透汽能力，与材料的密度程度有关，材料的孔隙率越大，透汽性就越强。例如油毡的 $\mu=0.00018$，玻璃棉的 $\mu=0.065$，静止空气的 $\mu=0.081$，玻璃和金属是不透蒸汽的。

围护结构内任一层内界面上的水蒸气分压力可按下式计算(与确定内部温度相似)：

$$e_r = e_w \frac{e_w - e_n}{H_0} \sum_{i-1}^{r-1} H_1 \tag{3-37}$$

式中　$\sum\limits_{i-1}^{r-1}$——从室外一面算起第一层至第 $r-1$ 层的蒸汽渗透阻之和

冷库围护结构蒸汽渗透阻可按下列经验公式验算

$$H_0 \geqslant 1.6(e_w - e_n) \tag{3-38}$$

式中　H_0——围护结构隔热层高温侧各材料(隔热层以外)的蒸汽渗透阻之和，m^2·h·mmHg/g

$H_{min}=1.6(e_w-e_n)$——围护结构最低蒸汽渗透阻，m^2·h·mmHg/g

(二) 外围护结构内部冷凝的检验步骤

(1) 根据室内、外空气的温度、湿度(t 和 φ)，确定水蒸气分压力 e_ω 和 e_n，然后按上式计算围护结构各层的水蒸气分压力，并作出"e"的分布线。

(2) 根据室内外空气温度 t_ω 和 t_n 确定围护结构各层的温度，查附录Ⅲ作出相应的水蒸气分压力"E"的分布线。

(3) 根据"e"线和"E"线相交与否来判断结构内部是否会出现冷凝现象。如图 3-15(1)所示"E"线与"e"线不相交，说明内部不会产生冷凝，若相交，则内部有冷凝。如图 3-15(2)所示，因为 $e=E=100\%$。

如果围护结构内部可能出现冷凝情况，则通过 e_ω 和 e_n 分别作出与 E 分布

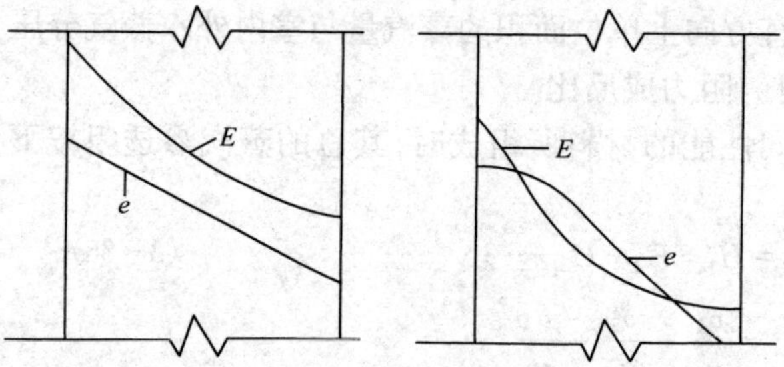

图 3-15 判别围护结构内部冷凝情况
（1）无内部冷凝 （2）有内部冷凝

线相切的线，求得两个切点 1，2，在此两切点之间即为凝结区如图 3-16 所示。

对于单种材料的围护结构，根据所确定的凝结区，可以按下式求得进入凝结区的蒸汽量 p_1：

$$p_1 = \frac{e_w - e_1}{\delta_x} \times \mu \qquad (3-39)$$

式中 e_1——凝结区边界点 1 处的水蒸气分压力，mmHg

δ_x——凝结区前的材料的厚度，m

μ——材料的蒸汽渗透系数，g/(m·h·mmHg)

透过凝结区的水蒸气量 p_2 则为：

$$p_2 = \frac{e_2 - e_n}{\delta_y} \times \mu \qquad (3-40)$$

式中 e_2——凝结区边界点 2 处的水蒸气分压力，mmHg

δ_y——凝结区后的材料厚度，m

这样，凝结在围护结构内的水分应为：

$$p = p_1 - p_2 \quad (\text{g/m}^2\cdot\text{h}) \qquad (3-41)$$

也可折算为：

$$p = \frac{p \times 24 \times 30}{1\,000} \quad (\text{kg/m}^2\cdot\text{月}) \qquad (3-42)$$

考虑到冷库围护结构大多是多层结构，可将式中的 e_ω 用通过隔汽防潮后的水蒸气分压力代入，上式中凝结后的材料也可能有几层，它们的厚度和蒸汽渗透系数 μ 也应根据具体数据代入。

［例 3-7］ 某建库地区的 $t = 32$℃，$\Phi_w = 67\%$，冷藏间温度 -18℃，$\Phi_n = 90\%$，若冷库的外墙如图 3-17 所示，结构层次如表 3-26 所示，试计算其 R_0 及 H_0 是否符合要求。

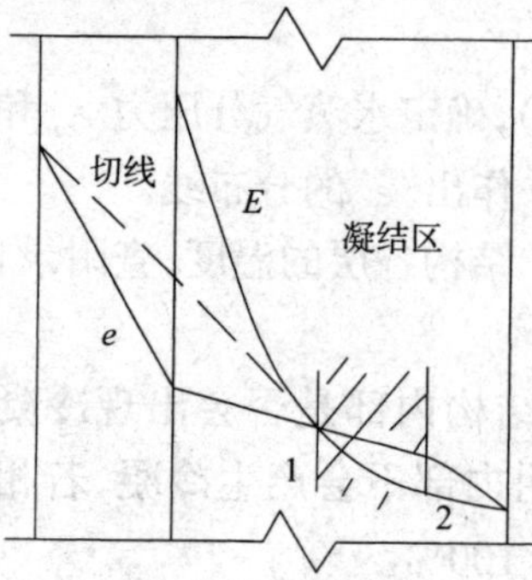

图 3-16 凝结区位置的确定

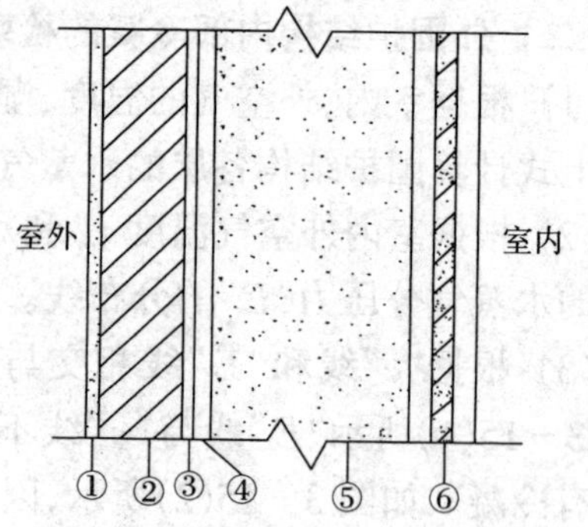

图 3-17

表 3-26　冷库外墙的结构及传热参数

结构层次	δ/m	λ/(kJ/m·h·℃)	μ/(g/m·h·mmHg)
① 水泥砂浆抹面	0.03	3.35	0.012
② 重砂浆砌砖墙	0.24	2.93	0.014
③ 水泥砂浆找平	0.02	3.35	0.012
④ 冷底子油及二毡三油	0.01	0.63	$H=8.3\times2+2\times3=22.6$
⑤ 稻壳	0.70	0.54	0.06
⑥ 预制钢筋混凝土插板	0.035	5.56	0.004

解：$\alpha_\omega=84$kJ/m^2·h·℃，$\alpha_n=29$kJ/(m^2·h·℃)，该围护结构的总热阻为：

$$R_0=\frac{1}{\alpha_\omega}+\frac{\delta_1}{\lambda_1}+\frac{\delta_2}{\lambda_2}+\frac{\delta_3}{\lambda_3}+\cdots\cdots\frac{1}{\alpha_n}$$

$$=\frac{1}{84}+\frac{0.03}{3.35}+\frac{0.24}{2.93}+\frac{0.02}{3.35}+\frac{0.01}{0.63}+\frac{0.70}{0.54}+\frac{0.035}{5.56}+\frac{1}{29}$$

$$=0.012+0.009+0.082+0.006+0.016+1.296+0.006+0.034$$

$$=1.461\quad(\mathrm{m^2\cdot ℃/kJ})$$

查表 3-15，当 $\Delta t=50$℃，对于 $K\Delta t=38$ 的外墙，总热阻标准为 $R_0=1.33$ m^2·h·℃/kJ，外墙热阻符合设计规范的规定。

由 $t_w=32$℃查表 3-8 得 E_w，则 $e_w=E_w\times\theta_w=23.89$mmHg。同法，得 $e_n=0.846$mmHg，围护结构的最低蒸汽渗透阻为：

$$H_{\min}=1.6(e_w-e_n)$$

$$1.6(23.89-0.846)=36.87\quad(\mathrm{m^2\cdot h\cdot mmHg/g})$$

该围护结构隔热层高温侧的蒸汽渗透阻为：

$$H=H_1+H_2+H_3$$

$$=\frac{\delta_1}{\mu_1}+\frac{\delta_2}{\mu_2}+\frac{\delta_3}{\mu_3}+\frac{\delta_4}{\mu_4}$$

$$=\frac{0.03}{0.012}+\frac{0.24}{0.014}+\frac{0.02}{0.012}+22.66$$

$$=43.96\quad(\mathrm{m^2\cdot h\cdot mmHg/g})$$

$H>H_{\min}$，故符合要求。

[例 3-8]　如[例 3-7]的条件，求各交界层的温度，水蒸气分压力和相对湿度。

解：将计算出的各层热阻和蒸汽渗透阻列于表 3-27。

表 3-27　各层的热阻和蒸汽渗透阻

次序	热阻 R /(m·h·/kJ)	蒸汽渗透阻 H /(m·h·mmHg/g)	次序	热阻 R /(m·h·/kJ)	蒸汽渗透阻 H /(m·h·mmHg/g)
1	$R_w=0.012$		2-3	0.082	17.14
1-2	0.009	2.50	3-4	0.006	1.65

续表

次序	热阻 R /(m·h·/kJ)	蒸汽渗透阻 H /(m·h·mmHg/g)	次序	热阻 R /(m·h·/kJ)	蒸汽渗透阻 H /(m·h·mmHg/g)
4－5	0.016	22.65	8	$R_n=0.034$	—
5－6	1.296	11.65	Σ	$R=1.45$	$H_0=64.31$
6－7	0.006	8.75			

$T_w-t_n=50℃$、$R_0=1.461\text{m}^2\cdot\text{h}\cdot℃/\text{kJ}$

计算各交界层的温度：

$$t_1=32-\frac{50}{1.461}\times0.012=31.59\quad(℃)$$

$$t_2=32-34.22(0.012+0.009)=31.28\quad(℃)$$

$$t_3=32-34.22\ (0.021+0.082)=28.46\quad(℃)$$

$$t_4=32-34.22\ (0.103+0.006)=28.25\quad(℃)$$

$$t_5=32-34.22\ (0.109+0.016)=27.70\quad(℃)$$

$$t_6=32-34.22\ (0.125+1.296)=-16.61\quad(℃)$$

$$t_7=32-34.22\ (1.421+0.006)=-16.63\quad(℃)$$

再计算各交界层的水蒸气压为：

$$e_{1-2}=23.89-\frac{23.89-0.846}{64.31}\times2.50=22.99\quad(\text{mmHg})$$

$$e_{2-3}=23.89-0.358(2.50+17.14)=16.86\quad(\text{mmHg})$$

$$e_{3-4}=22.89-0.358(19.64+1.66)=16.26\quad(\text{mmHg})$$

$$e_{4-5}=23.89-0.358(21.30+22.60)=8.17\quad(\text{mmHg})$$

$$e_{5-6}=23.89-0.358(43.96+11.66)=4.00\quad(\text{mmHg})$$

$$e_{6-7}=23.89-0.358(55.46+8.75)=0.87\quad(\text{mmHg})$$

将各交界层的温度、水蒸气分压和相对湿度列于表3－28。

表 3－28　各交界层的温度、水蒸气分压和相对湿度

次序	T/℃	E/mmHg	e/mmHg	θ/%
	$t_w=32$	35.66	23.89	
1	31.59	34.84	23.88	68.5
1－2	31.28	34.24	22.99	67
2－3	28.45	29.10	16.86	57.69
3－4	28.25	28.76	16.26	56.29
4－5	27.70	27.86	8.17	28.78
5－6	－16.61	1.07	4.00	＞100
6－7	－16.83	1.05	0.87	60.95
	$t_n=-18$	0.94	0.846	

根据以上计算可作图 3－18。

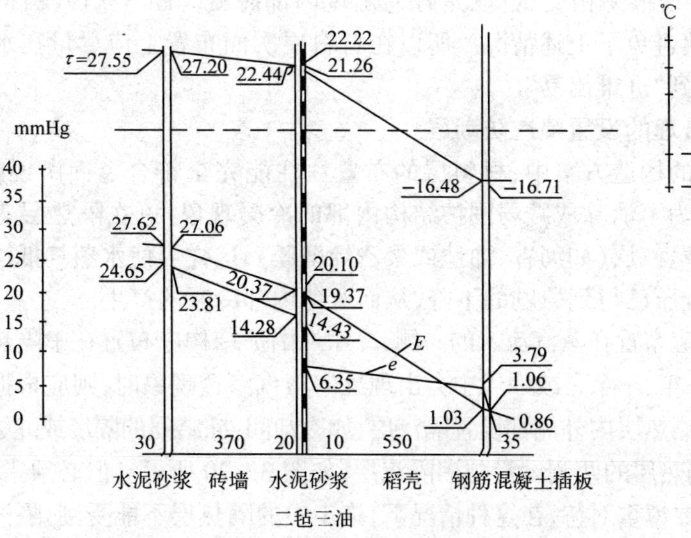

图 3－18　外墙湿度状况图解

由图可见，E 分布线与 e 分布线相交，隔热层内将出现水蒸气凝结区（计算表明 5－6 处 $\theta>100\%$）。

三、防止和控制冷凝的措施

（一）合理布置外围护结构的各层材料

在围护结构设计中，各材料层的布置对围护结构湿度的状况的影响很大。在相同的材料、相同的室内外温度和湿度的条件下，由于材料层次布置的不同，一种结构方案可能不会出现内部冷凝，另一种方案就可能出现。如图 3－19(1)是将热导率小、蒸汽渗透系数大的材料层（隔热材料）布置在水蒸气分压力大的一侧，热导率大而蒸汽渗透数小的密实层布置在蒸汽流出的一个侧，由于第一层热阻大，温度降落多，最大水蒸气分压力“E”曲线相应也降落快，但该层透汽性大，

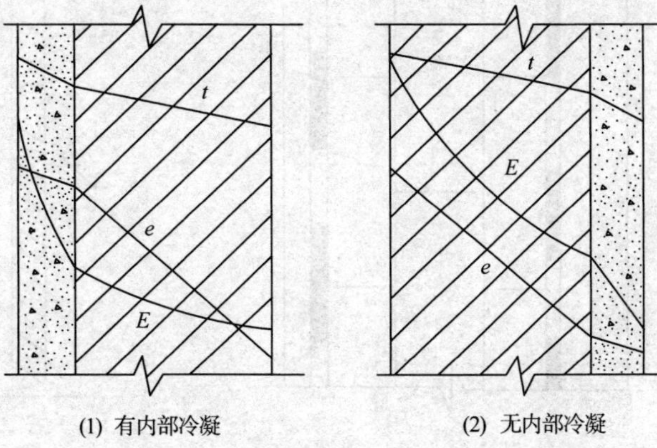

图 3－19　材料层次布置不同的内部湿状况

水蒸气压力“e”降落平缓；在第二层中“E”线降落平缓而，“e”线降落急剧，这样“E”线与“e”线很易相交，也就是容易出现内部冷凝。图 3－19(2)把保温层布置在内侧，就避免了上述情况。所以在材料层次面布置上应尽量在水蒸气渗透的通路上做到“进难出易”。

（二）合理的设置隔汽防潮层

在具体的构造方案中，材料层的布置往往能完全符合上面所说的“进难出易”的要求，为了消除或减弱围护结构内部的冷凝现象，可在隔热层蒸汽流入的一侧设置隔蒸汽层（如沥青、油毡或聚乙烯薄膜），这样可使水蒸气抵达湿表面之前，大蒸气分压已得到急剧的下降，从而避免内部冷凝的产生。

隔汽层应布置在蒸汽流入的一侧，冷库外围护结构应布置在中隔热层的热面一侧，若在一年、一个月或一天中会出现反向蒸汽渗透现象时，则应根据具体情况决定是否在隔热层内外侧都设置隔汽层，如冷却间、冻结间的隔墙或北方高温库的外墙，应在隔热层的两侧设置防潮隔汽层，如图 3－20 所示。但必须指出，在采用双面隔汽时要慎重对待，在这种情况下，施工中的隔热层不能受潮，隔汽层的施工质量严格保证，否则在使用中万一在内部产生冷凝、冷凝水就不易蒸发出来，对于虽存在反向蒸汽渗透，但其中一个方向的蒸汽渗透量大，而且持续时间长，另一方向较小，持续时间短，则可考虑单面隔汽。这时，另一向渗透期间可能产生的内部冷凝，但冷凝量小，温度条件转变后即能排除出去，不致造成严重的不良后果。

（三）设置通风间层

设置隔汽层虽能改善围护结构内部的湿状况，但并不是最妥善的办法，因为隔汽层的隔汽质量在施工和使用过程中不易保证，采用设置通风间层最为理想，这样能让进入保温层的水分有个出路，如图 3－21 所示。这是一项有效而可靠的措施，冷库的外围护结构可考虑使用。

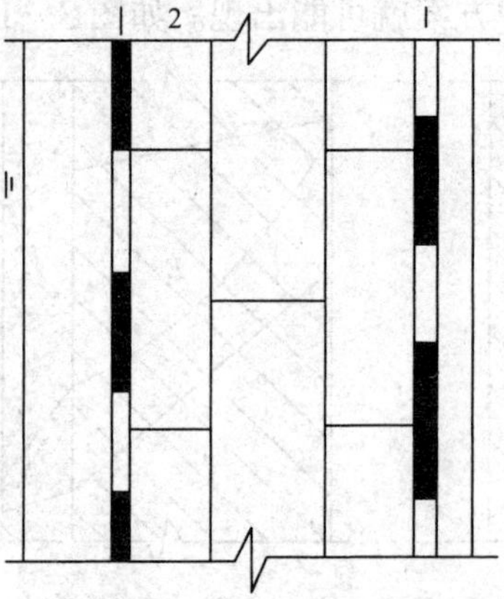

图 3－20 双面隔汽墙面
1—隔汽层 2—块状隔热材料

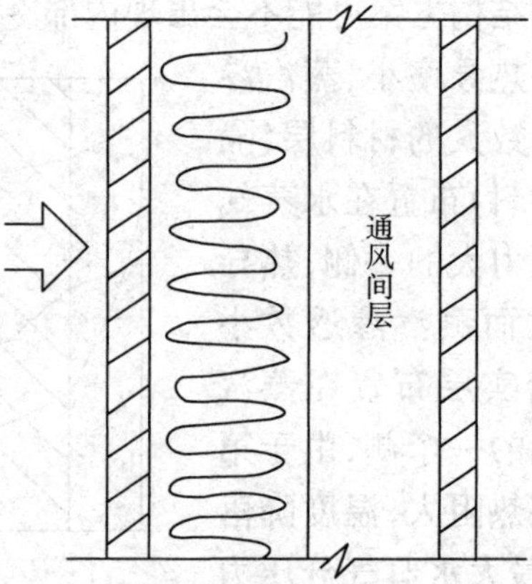

图 3－21 设置通风间层的围护结构

第四章　食品冷库建筑构造

第一节　食品冷库的地基与基础

一、地基、基础的作用及设计要求

建筑物最下面埋在土中的扩大构件称为基础。

承受由基础传来的荷载而产生应力和应变的土层称为地基。地基承受建筑物荷载而产生的应力和应变随着土层深度的增加而减少，在达到一定深度后就可以忽略不计。直接承受建筑物荷载而需计算压力的土层称持力层。持力层以下的所有土层称下卧层。

冷库建筑上部的总荷载（包括屋面、楼层、墙柱的自重及各种活荷载）都是通过基础传递到地基上。

地基在稳定的条件下，每平方米所能承受的最大垂直压力，称为地基容许承载力（R），又称地耐力。

当基础对地基的压力超过地基容许承载力时，地基将出现较大的沉降变形，甚至产生地基土层挤出而破坏。为了保证建筑物的稳定与安全，就必须将建筑物基础的底面积扩大，以适应建筑总荷载和地基容许承载力的要求。

基础和地基的设计对建筑物是极为重要的，它的好坏将直接影响到建筑物的质量，有些建筑物的破坏，就是由于地基和基础处理不当，产生不均匀沉降，基础断裂而造成的。地基、基础的设计应使基础本身具有足够的强度来传递整个建筑物的荷载，而地基则应具有良好的稳定性，以保证建筑物的均匀沉降。

基础是埋在地下的隐蔽工程，建成后不易检查和加固，而它又往往受到地下水的侵蚀和寒冷地区土的冻胀的作用以及其它影响，因此在设计时，必须充分考虑各种条件，使其具有与上部建筑使用年限相适应的耐久性。

冷库地基与基础比其它建筑物更应考虑由于温差而带来的设计、施工等诸多问题。

地基与基础设计还应充分考虑其经济性。地基与基础工程的工期、工程量及造价在整个建筑工程中占有一定的比重。同样的建筑物，由于选择不同的地基方案和采用不同的基础构造，其工期、工程量及造价有很大的差别，通常应尽可能选择良好的天然地基，争取做浅基础，尽量采用价廉易得的材料和先进的施工技术，使设计符合经济合理的原则。

二、地基、基础设计资料

在设计地基、基础前，必须对现场进行充分的调查研究，一般通过实地勘测工作去掌握必要的设计资料。如：

（一）地形图

通过测量，了解拟建场地的有关地形、面积、周围建筑物、沟渠、暗塘、地下建筑物等现状，以及附近交通、给排水、供电等情况，绘制地形图。根据这些资料布置拟建冷库和其它建筑物的位置，提出要求钻孔的地点，选择经济合理的标高方案。

（二）工程技术勘探资料

工程技术勘探一般采用现场钻孔，取得土样，通过观察和试验，了解岩层土质、地质结构、土层分布及各土层的物理力学性能。并由此判断地基土的容许承载力，了解有无软弱土层，软弱土层的厚度及分布情况；有无暗塘、溶洞、枯井、古墓、垃圾坑等不良地基现象。此外，还应了解地震烈度，附近矿产等对地基产生影响的有关资料。

钻孔位置的布置与间距由设计人员提出。一般与拟建冷库的形状、位置、使用要求、结构类型有关。钻孔深度与冷库高度等有关，钻孔间距可参考表 4－1。钻孔一般可布置在主要承重墙、柱的轴线附近或建筑物四角。

表 4－1 钻孔间距

场地类别	场 地 特 征	建筑物类型	
		I 类	II 类
简单场地	地形平坦，地貌单一，土层结构简单，且压缩性不大；无不良地质现象；地下水较深，对地基基础无不良影响	35～50m	50～75m
中等场地	地形基本平坦，地层种类较多，且土的性质有些变化，但无特殊差的土层；地下水较浅，对地基基础有不良影响	20～30m	25～30m
复杂场地	地形起伏大，土层种类多，成因复杂，土质交错松软；有不良地质现象；场地内有对振动敏感的地层；地下水浅，且对地基基础有不良影响	＜20m	＜20m

注：(1) I 类建筑物指重要建筑，荷载较大的建筑，使用上对地基变形有特殊要求的建筑。
(2) II 类建筑物指荷载不大的一般性建筑。

图 4－1 所示为某冷库钻孔位置图，通过钻孔获得地质剖面图(图 4－2)。如图所示，地表面有一层人工填土层，主要由砂质黏土和一些垃圾杂物组成，下面有一层淤泥(海洋沉积层)，这两层承载能力都很低，不宜作天然地基。再往下是残积层，由含砾的砂质黏土组成，强度较大，工程性能好，容许承载力 $20t/m^2$ 以上，可作冷库的基础持力层。从图中还可看到建设场地地下水位高，在施工时

必须注意排水。

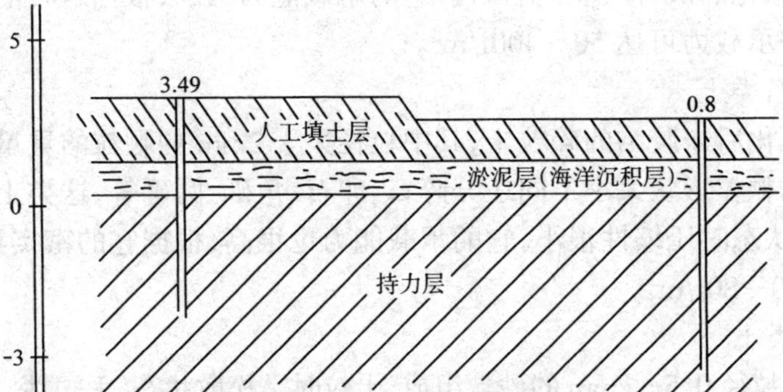

图 4-1　某冷库钻孔位置图

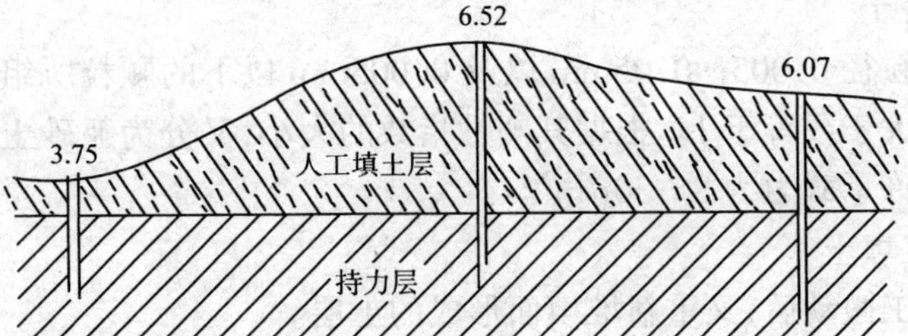

图 4-2　II-II 地质剖面图

工程地质勘探后提供的地质报告一般有下列内容：

(1) 实地钻孔布置。

(2) 地质剖面，表示各土层名称，分布深度，各土层成分以及物理力学性能。

(3) 地下水情况，地下水位标高，必要时应提供全年地下水位变化幅度，以及地下水质分析报告等。

(4) 对基地内建筑地段的地基稳定性作出评价，能解决建筑总平面布置方案，并对建筑物的基础设计提出建议。如有不良地质现象，应对防治工程方案提供必要的资料。

三、地　　基

(一) 地基土的分类

通常作为建筑物地基的地层可分为下列五大类：

1. 岩石类土

如花岗岩、石灰岩、片麻岩、砂岩等。为结晶或胶结的岩石，呈整体的或有裂缝的，或经风化后成碎块状的岩石。它的承载能力很高，根据岩石的种类和风化程度其容许承载力可达 50～400t/m²。

2．碎石类土

经过风化后未胶结的碎粒土，其中粒径大于 2mm 的颗粒的重量超过全重的 50%。根据颗粒形状大小不同还分碎石、卵石、角砾、圆砾等，这类土的透水性很大，在紧密状态时压缩性很小，它的承载能力也很高，根据它的密实程度，容许承载力可为 20～80t/m²。

3．砂类土

主要由粒径 0.5～2mm 的砂粒组成，干粒时呈松散状态，无塑性。按粗细颗粒所占比例不同，又分砾砂、粗砂、细砂和粉砂几种，通常容许承载力在 10～40t/m² 之间。

4．黏性土

主要由粒径 0.005～0.05mm 以及 0.005mm 以下的颗粒所组成。有塑性，其塑性指数大于或等于 1。根据其塑性指数的大小，又分为亚砂土、亚黏土和黏土。一般容许承载力为 8～30t/m²。

5．人工填土

是经人工搬动后，又重新堆填而形成的土层。

土层分布极不规律，不均匀，压缩性高，据其成分和形成方式的不同，又分为素填土、冲填土和杂填土，这类土一般必须经过处理，才能作为冷库建筑的地基。

地基的承载能力除了和土壤的种类、性质有关外，还与其紧密程度和含水量有很大关系(尤其是砂类土和黏性土)，如黏土孔隙体积与土颗粒体积相等时，容许承载力为 10t/m²；当孔隙体积为颗粒体积的 50%时，其容许承载力可达 40t/m²；又如含水少的粉砂地基容许承载力为 20t/m²，当水充满孔隙时降为 10t/m²。故工程中应具体测定。

砂类土和黏土的工地鉴别方法见表 4－2。

表 4－2　砂类土和黏性土的工地鉴别方法

土壤名称	在手中搓捻时的感觉	用眼观察的情况	干湿时情况		搓条试验
			干时	湿时	
砂　土	感到是砂粒	看到绝大部分是砂粒	松散	无塑性	搓不成条
亚砂土	感到有砂粒也有黏性	砂粒比黏土多	土块用手搓抛时易碎	无塑性	搓不成条不粘手

续表

土壤名称	在手中搓捻时的感觉	用眼观察的情况	干湿时情况		搓条试验
			干时	湿时	
亚黏土	感觉有砂粒，小土粒，易用手指捻碎	细土末中有砂粒，断面表面粗糙，有砂粒痕迹	土块需用力压碎	塑性少有黏结力	能搓成短土条，不甚粘手
黏　土	不感觉有砂粒，粘在手指	大多是很细的粉末，断面完全光滑	土块很坚硬，用锤方可打成碎块	塑性大，黏结性很大，土团压成饼时也不起裂缝	能搓成直径为0.5～1mm的长土条，手触时粘手

(二) 天然地基和人工地基

地基可分天然地基和人工地基二种，所谓天然地基，是具有足够的承载力，不需经人工加固处理，即可直接在上面建造房屋的天然土层。这种地基的土壤一般承载力较强，压缩性小而且均匀，好土有足够的厚度，其地下水位较低。

当土层的承载力较差，如淤泥、杂填土、冲填土或其它高压缩性土层，作为地基没有足够的坚固性和稳定性，对土层必须进行人工加固后才能在上面建造房屋。这种经过人工处理的土层，称人工地基。

常用的人工加固地基的方法有：

1. 压实法

常用的有素土夯实，加碎石砖块捣固等，改善持力层表面状况，有时还可用水泥灌浆。

2. 换土法

当地基持力层较软弱，或部分地基有一定厚度的软弱土层，可将其部分或全部挖去，换上砂、碎石、矿渣、灰土或混凝土等材料，用换土法加固的地基，在建造房屋以后，不宜在基础的四周挖沟打井。

3. 打桩法

当建筑物荷载很大的情况下，若地基土层较弱，采用浅埋基础不能满足地基承载力的要求，这时建筑物可采用桩基。由于冷库在选址时，常在沿海城市和河岸海港，一般土质较差，而其荷载又较大。因此采用桩基的可能性是较多的，桩基按材料分：有木桩、混凝土桩、钢筋混凝土桩、砂桩等；按施工方法分：有预制桩、灌注桩、爆扩桩等。

(三) 地基局部处理

基础施工时，常会发现局部基坑(槽)底土质与设计要求不同，或遇到原来地基勘探中所没有查到的情况，如废井、回填土坑等，这时，地基就必须进行局部处理。

对于局部软弱土层，应将软土挖掉，基槽底部沿墙身方向要挖成台阶形，台阶的高宽比为 1∶2，然后做上台阶形的垫层（见图 4－3）。

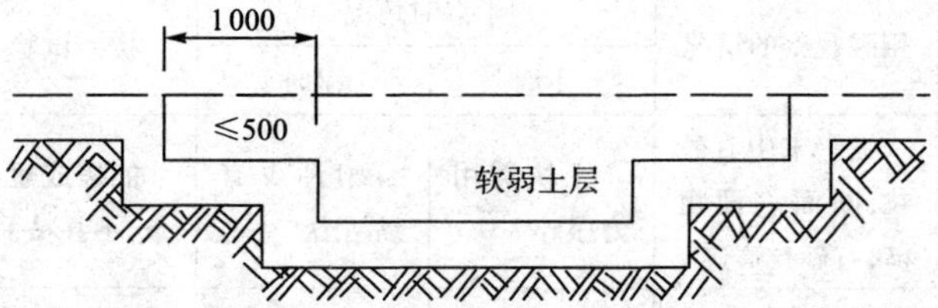

图 4－3 局部软弱土层处理

当基槽中发现废井、枯井或直径小而深度大的洞穴，除了可用局部换土法外，还可在井上设过梁或拱圈跨越井穴；若井穴位于建筑转角处，可根据具体情况，考虑采用从基础中挑梁或延长基础至井圈外的地基上，使其有足够的承载面积，并在基础上设基础梁的方法解决。

基槽底如遇含水量较高的黏性土、黑土或质软而有弹性的橡皮土时，应避免直接在地基上夯打，可将基槽底适当加深，用碎石铺底，压入土中，上面再用灰土夯实。

如弱土层较深，采用换土的办法会增加工程量时，则要考虑地基加固，使土质由松到紧，含水量由高变低，提高地基的容许承载力。

地基在局部处理后，为了避免地基软硬不一而造成基础沉降不均匀，有时必须加强基础或上部结构的刚度。如：对砖墙局部加钢筋或加圈梁等办法。

四、基　础

（一）基础底面积大小和断面形式

1．基础底面积

基础底面积与建筑物总荷载、地基容许承载力的大小直接有关，在同样的地基容许承载力条件下，建筑物荷载愈大，要求基础底面积也愈大；相反，上部荷载相同，基础也要以不同大小的底面积去适应不同的地基容许承载力。

图 4－4 所示为一条形基础，取其长为 1m 的一段，基础宽为 Bm，则其底面积为 $1\times b^2\mathrm{m}^2$，若通过这一面积传下来的总荷载为 N（包括上部结构荷载，基础自重和基础上回填土的重量，单位：t），地基容许承载力为 R（$\mathrm{t/m^2}$），则其底面积 F 应满足下述关系式：

$$F=1\times b\geqslant\frac{N}{R}\qquad(4-1)$$

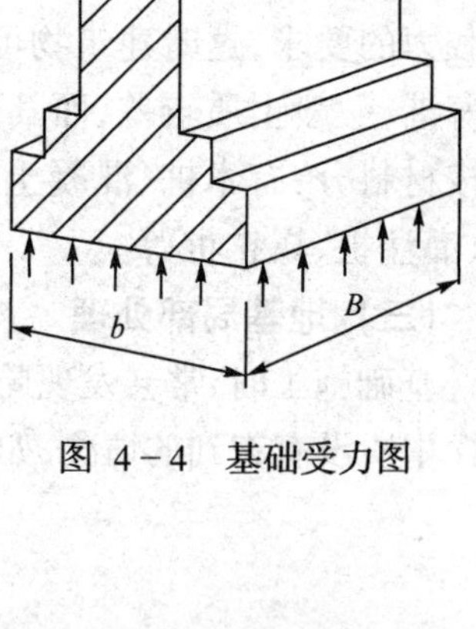

图 4－4 基础受力图

2．基础断面形式

在确定基础底面形状后，需要进一步选择基础的断面形式，它与基础所用材料的力学性能有关，一般分为刚性基础和板式基础两种。

(1) 刚性基础　即由砖、石、混凝土等建筑材料构筑的基础。其抗压强度很好，但抗拉、抗弯、抗剪等强度较差。为满足地基抗压强度的要求，基础底宽 B 一般大于墙基的宽度 B_0(见图 4－5)，若基础 B 较宽，其出挑部分 b 较长，此时若高度 H 不足，基础将因受弯曲或剪切而破坏。为此，基础必须有与 B 相应的足够的高度。因此，根据材料的抗拉、抗剪极限强度，必须对基础的高度 H 与出挑 b 之比，即高度比进行限制，并用高宽比形成的夹角 α 来表示，α 称刚性角。基础在刚性角范围内不会因受拉或受剪而破坏。不同材料有不同的刚性角，如砖基础 $H/b=1.5\sim2.0$，灰土基础为 $1.2\sim1.5$，毛石基础为 $1.25\sim1.75$，混凝土基础为 1。

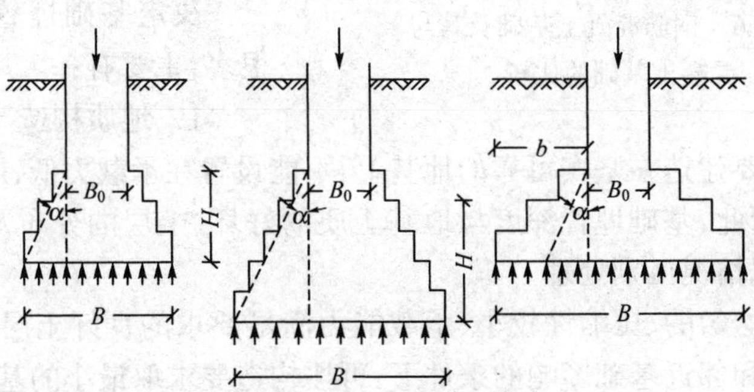

图 4－5　刚性基础受力分析

① 基础的宽高比在刚性角范围内，受力良好。

② 上部荷载加大，应按刚性角的比例，在增加基础宽度时，相应增加基础高度。

③ 当基础宽度增大，高度不增加，刚性角过大，基础受拉开裂而破坏。

为了节省基础材料，一般总是把基础放大部分做成踏步形，其斜度必须受刚性角的限制。对于混凝土基础，还可以做成锥形。

(2) 板式基础　即钢筋混凝土基础。当建筑物荷载较大，或地基承载力较差时，要求基础底面较宽，使基础出挑部分很长，如仍采用刚性基础，往往须大大增加基础埋置深度，这样，在土方工程量和材料的使用上都不经济，有时由于持力层的良好土层厚度有限，下卧层有软弱土层，为了均匀扩散荷载也必须减小基础埋置深度，这样必须采用钢筋混凝土基础，利用钢筋承受巨大的弯矩，基础就可以不受刚性角的限制而做得很薄，故这种基础称板式基础(又称柔性基础)。为节约材料常将钢筋混凝土基础的两翼向外逐渐减薄，但最薄处不应少于 200mm(图 4－6)。

(二) 基础的埋置深度

由室外的设计地面到基础底面的距离，称基础的埋置深度。从基础的经济效果看,基础的埋置深度愈浅,工程造价愈低,但若埋得太浅,没有足够厚度的土层包围基础,基础底面的土层在受到压力后,会把基础四周的土层挤出,基础本身将产生滑移而失去稳定,同时,埋得过浅或把基础暴露在地面,容易受冻胀融缩或生物的影响而损坏。因此,基础的埋置要有一个适当的深度,既保证房屋坚固安全,又节省基础材料,且加快施工速度。

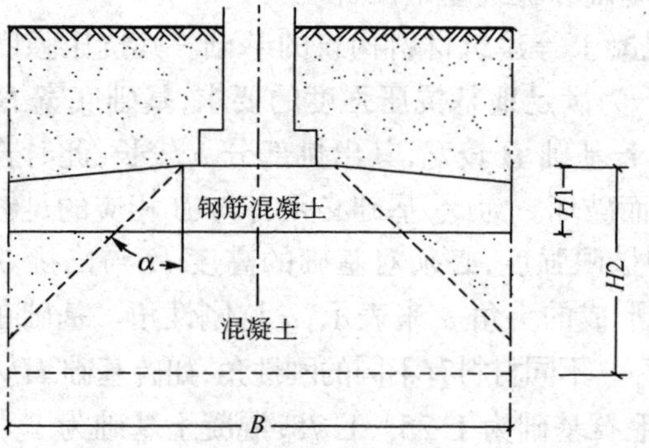

图 4-6 钢筋混凝土基础及其与混凝土基础的比较

决定基础埋置深度的因素很多,主要有:

1. 地质构造

房屋首先要建造在坚实可靠的地基上,不能设置在承载力低,压缩性高的软弱的土层上,因此,基础埋置深度与地基土质的好坏、土层的分布及厚度有密切的关系,应根据情况区别处理。

当地基由均匀的、压缩性较小、承载能力满足要求的良好土层构成时,在不需要考虑冻胀和邻近基础影响的条件下,可按构造要求取最小的基础埋置深度。基础埋置深度应不少于 500mm[图 4-7(1)];若地表是一层不厚的弱土(1~2m),承载力不够,但下面均为好土时,则应将基础埋在下面的好土上[图 4-7(2)];但如弱土层较厚时,可根据建筑物的性质和荷载大小分别处理,对层数少、荷载小的附属建筑,可争取埋在表层的软弱土层内,确定适当的埋置深度,根据情况采取适当措施,如加强上部结构或进行换土、压实等地基加固处理[图 4-7(3)];对荷载较大的机房和主库,则应尽可能把基础埋到下面的好土层上,若弱土层很厚(如>5m)则应采取换土、桩基等方法,加固弱土地基,将荷载传到好土层上[图 4-7(4)]。

有的地方,地表面是一层好土,下面却是压缩性较大的软弱土,这时,若表层土有足够的厚度,基础应尽可能争取浅埋,使地基持力层落在好土层范围内,并注意下卧层软弱土压缩时对建筑物的影响[图 4-7(5)];若弱土层下面又是好土层,对于层数多荷载大的冷库等建筑物,在上面持力层厚度不足以承载的情况下应做深基础。如用打桩法,将基础底面落到下面的好土上[图 4-7(6)]。

2. 地下水位

地下水位的变化会直接影响地基的承载力,造成基础下沉。有些地下水对基础有侵蚀作用,而且在水中进行基础施工也很麻烦,故一般基础应争取埋置在地下水位以上。若地下水位较高,基础不能埋置在地下水位以上时,宜将基础底面埋置在最低地下水位以下，且不少于200mm的深度［见图4－8(1)］。

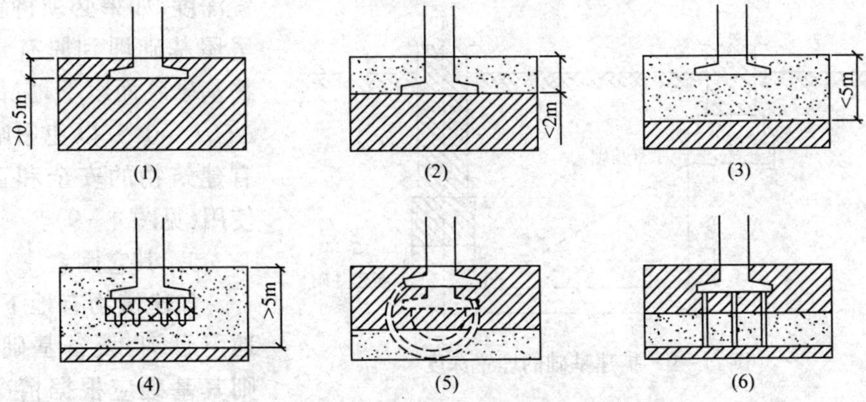

图 4－7　地质构造与基础埋置的关系

好土　弱土　换土

3．冰冻线

寒冷地区基础的埋置深度必须考虑土层冻胀的影响。因为土中含有水分，当土的温度降到0℃时就开始冻结，随着气温下降，土的冻结深度从地面起逐渐增加，若地下水位离冻结区较近，因土的毛细管作用会使土层冻胀现象越加强烈。基础底面若在冻结土层范围内，冬季土层冻胀会把房屋拱起，而春季土层解冻时基础又会下降，使房屋处于不稳定状态。由于土中冰融化情况并不均匀，使建筑物产生严重的变形和裂缝，影响安全使用，所以，在一般情况下应将基础埋置在土层最大冻结深度(即冰冻线)以下200mm处，如图4－8(2)所示。我国南方地区一般不存在地基土冻胀影响基础的问题。

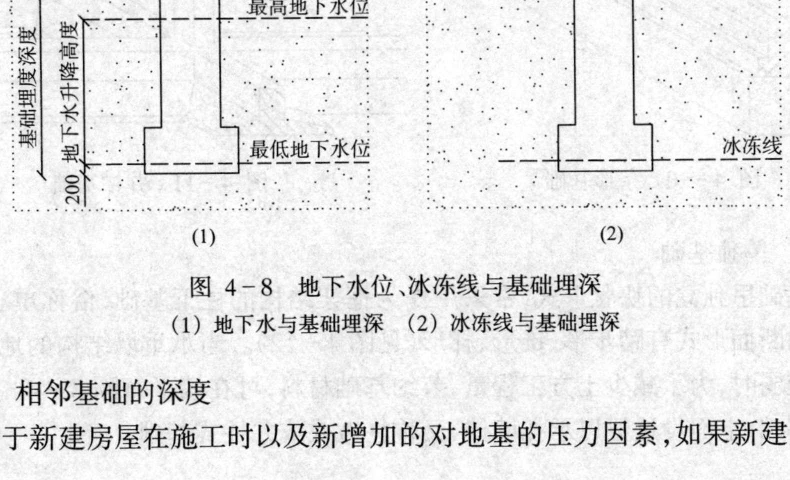

图 4－8　地下水位、冰冻线与基础埋深
(1) 地下水与基础埋深　(2) 冰冻线与基础埋深

4．相邻基础的深度

由于新建房屋在施工时以及新增加的对地基的压力因素，如果新建房屋和原建筑物距离很近时，新建房屋基础的埋置深度最好小于原有建筑物基础的埋置深度，如果必须将新建房屋基础埋到原有建筑物基础底面以下，应保证$\Delta H/l \leqslant 0.5$，以免影响原有建筑物的安全和正常使用(见图 4－9)。

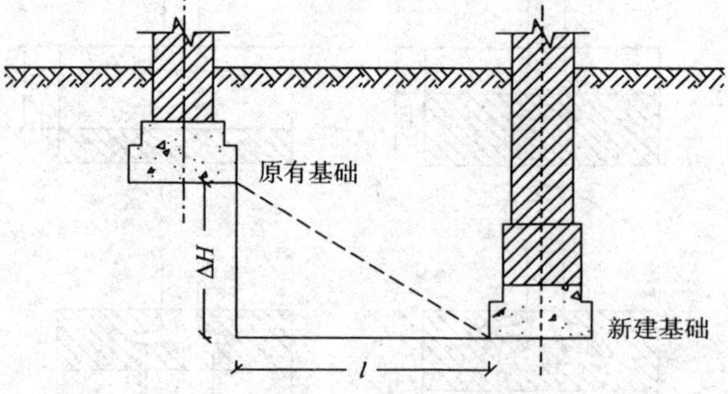

图 4－9 扩建基础的埋置深度

5．其它因素

如建筑物有地下室、地下管沟、设备基础等，则其基础应根据情况适当埋得深些。

（三）基础的形式

基础的形式与建筑物上部的结构形式、荷载的大小、地基的承载能力以及选用材料的性能等有关。主要分为下列三种：

1．条形基础

基础呈连续的带形，又称带形基础。承重砖墙下一般均做刚性条形基础或钢筋混凝土条形基础(见图 4－10)，沿墙长布置；当建筑物上部为框架结构，而荷载较大，地基又属软弱土时，为防止不均匀沉降，也常将柱下基础连接，成为钢筋混凝土条形基础。连成十字交叉式的条形基础，又称井格基础(见图 4－11)。

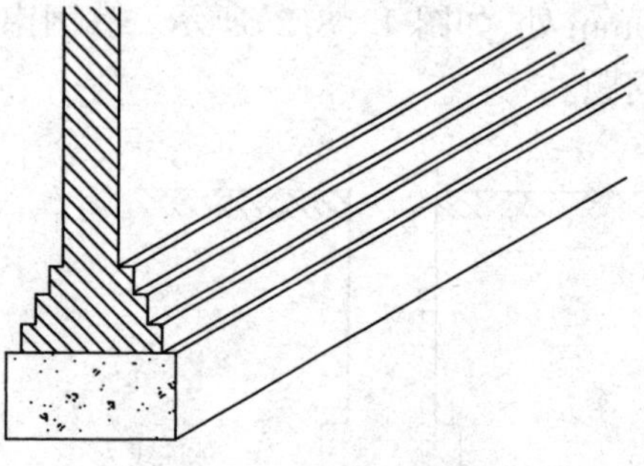
图 4－10 条形基础

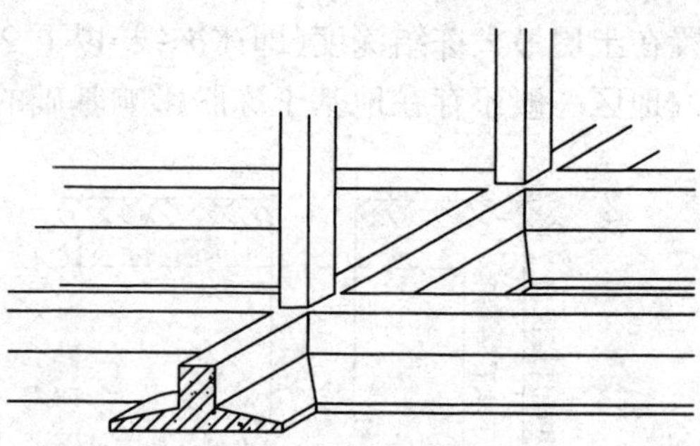
图 4－11 井格基础

2．单独基础

基础里独立的块状形式，常采用作为框架结构的柱下基础，俗称单独基础。常用的断面形式有踏步形、锥形、杯形(见图 4－12)。当承重墙结构的地基上面土层较弱时，为了减少土方工程量，节约基础材料，可在墙下每隔 3～4m 处设一独立基础，上面设过梁以承托墙体，又称柱墩式或井柱式基础。

3. 满堂基础

由成片的钢筋混凝土板支承着整个建筑,板直接由地基土层承担,或支承在桩基上,俗称满堂基础。多用于荷载集中,地基承载力差的情况下,主要有筏式基础(见图4-13)和箱形基础等。

以上所讲都是实体的块式、厚板式或梁板式等平面结构。为了减轻结构自重、节约基础材料、减轻地基承载力,在工程上,已出现多种形式的壳体基础来代替各种实体基础。

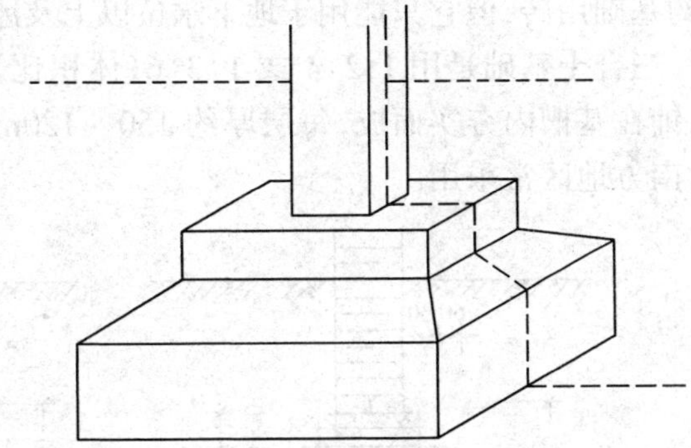

图 4-12　单独基础

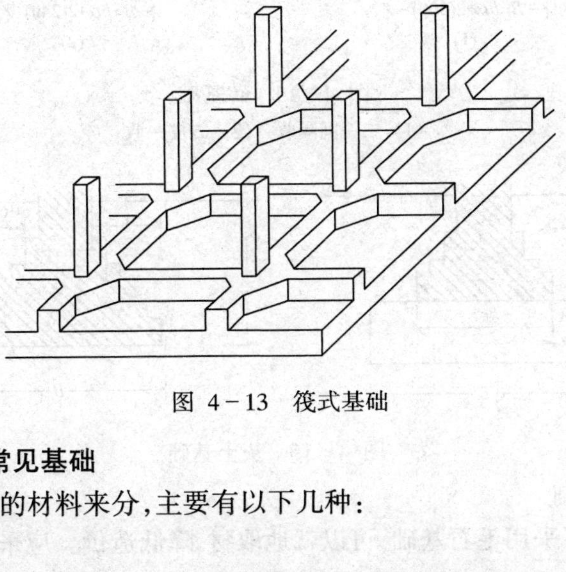

图 4-13　筏式基础

(四) 几种常见基础

按基础选用的材料来分,主要有以下几种:

1. 砖基础

由基础墙和大放脚组成。由于基础埋在土中经常受潮,故应采用不低于75号黏土砖和不低于400号的水泥砂浆来砌筑,砖基础常做成踏步形,为满足刚性角要求,其踏步常常形成二皮一收或二一间隔收,即每两皮砖的高度,收进1/4砖的宽度;或二皮砖的高度与一皮砖的高度相间隔各收一次,每次收1/4砖的宽度(见图4-14)。砖基础一般用于荷载不大,基础宽度较小及土质较好,地下水位较低的地基上,否则施工质量不易保证。

2. 灰土基础和三土基础

在砖基础下设土垫层(灰土垫层按基础计算),称为灰土基础(见图4-15),灰土基础上扩大的砖砌墙基为大方脚。灰土基础是选用石灰与黏土(按体积比:

灰∶土＝3∶7)加适量水,分层拌和夯实而成,一般每层虚铺250～280mm,夯实后厚度为150mm,称为一步;视荷载情况,也可做二步到三步。采用灰土基础可以节约基础用砖,但它只能用于地下水位以上及冰冻线以下的基础。

三合土基础是用1∶2∶4或1∶3∶6(体积比)的石灰、砂、碎砖加适量的水拌匀,铺在基槽内夯实而成,每层厚约150～120mm。其要求、特点与灰土基础相似,南方地区常采用。

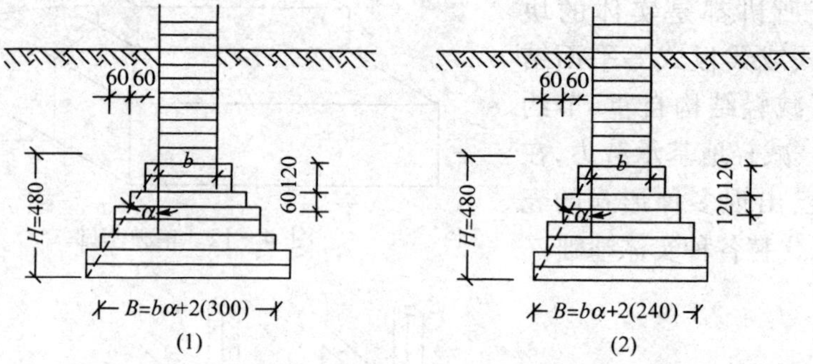

图 4－14 砖基础

(1) 二一间隔收 (2) 二皮一收

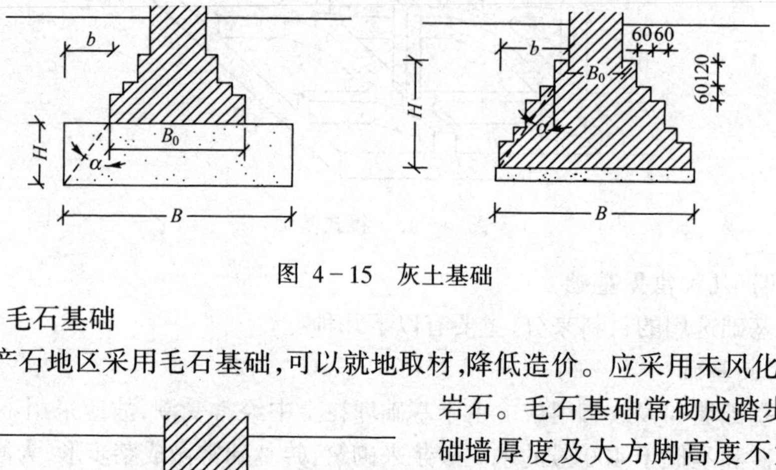

图 4－15 灰土基础

3. 毛石基础

在产石地区采用毛石基础,可以就地取材,降低造价。应采用未风化的硬质岩石。毛石基础常砌成踏步式,基础墙厚度及大方脚高度不宜小于40mm,每步伸出宽度不宜大于200mm,砌筑时常用275～525号砂浆,要求沙浆饱满,石块相互搭接,没有通缝(见图4－16)。

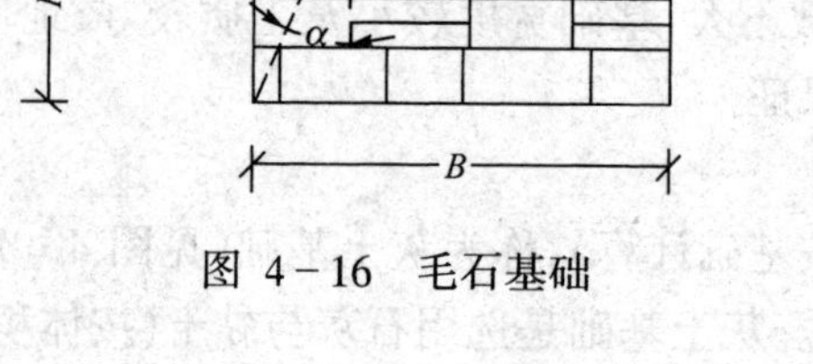

图 4－16 毛石基础

4. 混凝土基础

混凝土基础具有坚固、耐久、不怕水、刚性角大的特点,常用于地下水位以下的基础;缺点是耗用水泥量大,造价略高。它一般采用 75～100 号混凝土,现场浇灌捣固而成,其断面可视高度情况做成矩形、踏步形或锥形(见图 4－17)。

为了节约水泥,可在混凝土中加入适量的毛石,称为毛石混凝土。所用毛石标号应不低于混凝土标号,粒径应不大于基础宽度的 1/3,石块总体积可达基础总体积的 20%～30%。

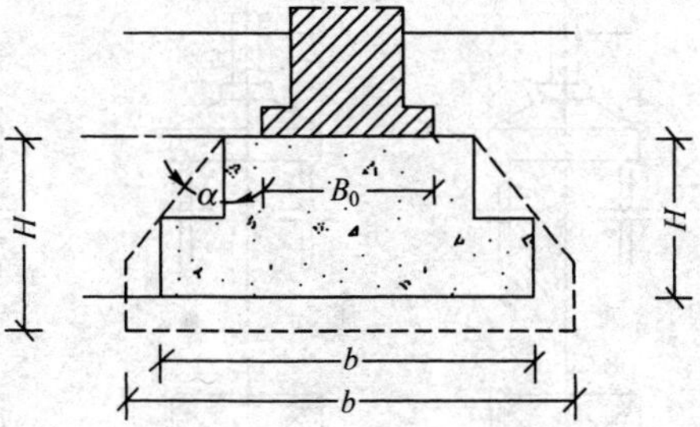

图 4－17　混凝土基础

5. 钢筋混凝土基础

当建筑物上部结构荷载很大,而地基承载力又较差时,采用钢筋混凝土基础,可以减小基础厚度和埋置深度,节约材料。钢筋混凝土基础板内钢筋直径不宜小于 8mm,间距不大于 200mm。所用混凝土标号不低于 150 号,基础下常设厚 100mm 的 75～100 号混凝土垫层(见图 4－6)。

6. 桩基

当地基弱土层很深而建筑物又很高或荷载很大时,采用浅埋基础不能满足地基承载力的要求,这时建筑物可采用桩基。若桩在穿过软弱土层后直接支承在坚硬的土层上,称为端承桩[图 4－18(1)],若软弱土层很厚,桩基不是支承在好土层上,而是借土的挤实,利用土与桩的表面摩擦力来支承建筑荷载的,称为摩擦桩[图 4－18(2)]。

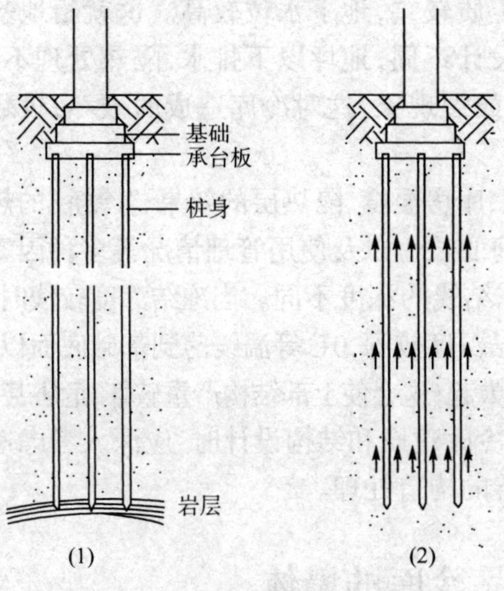

图 4－18　端承桩与摩擦桩
(1) 端承桩　(2) 摩擦桩

桩基一般由桩身和钢筋混凝土承台板或承台梁构成,独立基础砌在承台板上,砖墙砌在承台梁上,使基础和桩紧密联结,共同作用。

常用的桩有混凝土桩和钢筋混凝土桩,按施工方法不同,钢筋混凝土桩有预制和灌柱之分。预制桩是借助打桩机打入土中,其混凝土标号不低于 400 号,断面有方形、圆形和管状。预制桩施工简便,容易保证质量,但造价高,施工时有较大振动,影响附近建筑物。

灌注桩一般是打桩机将带活瓣桩尖的钢管打入土中后,然后在钢管中注入混凝土,再将钢管拔出;也可用钻机钻孔后灌注混凝土。灌注桩造价较低,但施工不好时容易发生颈缩而影响柱的质量。

工程上还常采用爆扩桩(见图 4－19)。它是先用机械在土中钻出竖孔后,再用炸药将桩头扩大成球状,然后放入钢筋骨架,灌注混凝土。这种桩,桩头为球状,扩大了土的支承面积,又挤实了土壤,桩柱短,较为经济,但不宜用在淤泥或砂土层内。

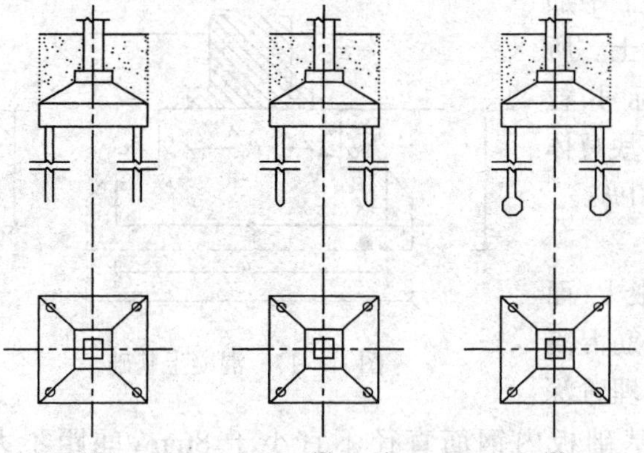

图 4－19 钢筋混凝土预制桩、灌注桩和爆扩桩
(1) 预制桩 (2) 灌注桩 (3) 爆扩桩

桩基的优点是大大减少了土方工程量,加快了工程进度,同时比较坚固可靠。

(五) 冷库的地基冻胀问题

冷库在选择库址时,往往重点考虑水陆交通运输的问题,因此冷库常建设在沿海城市或河岸、港口,这些地方一般土质较差,地下水位较高。这就给地基冻胀造成了条件。如果冷库的地基基础设计不周,地坪以下排水,隔热处理不好,形成“冷桥”,就会产生地基和地坪冻胀鼓裂现象,这对冷库造成的破坏,较之其它冻融损害都要严重得多。

冷库地基与地坪的冻胀与库房面积、库房温度、隔热层的效果、“冷桥”的热量传递、室外气候条件、地质情况、冻结时间的长短以及使用管理情况等多种因素有关。两者的区别在于冻结深度,即 0℃冻结线的深度不同。当冻结深度较浅时,只产生地坪冻胀,这时危害性还较小;若冻结深度较深,0℃等温线落到基础底面以下,则不仅地坪发生冻胀,地基也将发生冻胀鼓起,这会使上部结构严重破坏,危害甚大。

为了防止地基和地坪冻胀,在进行冷库建设和结构设计时,应深入考虑选址一事,作出合理的设计方案,并进行妥善的构造处理。

第二节 食品冷库的墙体

一、冷库墙体作用和分类

墙体是建筑物的主要组成部分,因其在建筑物中所处的位置不同,墙体可分为外墙和内墙。外墙位于房屋周围,主要用来分隔室内外的空间,挡风阻雨,隔热御寒,造成满足人们使用要求的内部空间环境,故外墙又称为围护墙。其中位于房屋两端的外墙一般称为山墙。内墙主要起着将建筑物内部空间分隔成为许多房间的作用，所以又称分隔墙。有一种隔墙是为了防止火灾蔓延而设置的，它把建筑物易燃部分隔断开，这种隔墙称为防火隔墙。

一般建筑的外墙只要适当选择墙体材料和合理确定墙体厚度，其保温隔热要求便可满足，不需专设隔热层。而冷库由于室内要求稳定的低温，为了防止室外气候条件对库内温度产生不利的影响，必须设置专门的隔热层。冷库的内隔墙，依据所分隔库房温度情况的不同，有隔热的，也有非隔热的。

从结构受力的情况来看，有些墙体，除了承受本身的自重外，还承受由屋顶、楼层传来的各种荷载(包括构件自重和使用荷载等)，并通过墙体将这些荷载传递到基础，这种墙称为承重墙。如一般混合结构的承受上部荷载的墙体，某些单层冷库的外墙，承受着屋盖等构件传来的荷载，就是承重墙；有些墙体，不承受上部传来的荷载，只承受本身的自重，这种墙称为非承重墙。例如，冷库的内隔墙通常都是非承重墙，多层冷库一般均为框架结构，其荷载均由梁、柱构成的框架承受，其外墙只承受自重，是非承重墙，但由于其墙体较高，自重较大，与一般填充性的非承重墙有区别，故有时又称其为自承重墙。

冷库墙体根据材料的不同，又可分为砖墙、石墙、砌块墙和大型预制板墙等。以砖墙最普遍，对于砌体墙来说，如墙面用抹灰层对墙面加以保护和装饰的，称为混水墙；墙面不加抹灰的，称为清水墙。为了减少外墙对太阳辐射热的吸收和满足隔汽防潮要求，冷库的外墙应为混水墙。

二、冷库墙体构造的基本要求

(一) 隔热、保温

隔热、保温是冷库外墙和隔热内墙的主要功能，应根据当地气候条件和冷库库房的温湿度要求，以及其它有关因素适当选择保温热材料，合理确定隔热层厚度，搞好隔热层设计，并采取措施尽量避免出现“冷桥”。

(二) 隔汽、防潮

为了防止隔热墙体内外表面及内部产生凝结水，设计时须妥善考虑隔汽问题，同时也要考虑防止外部雨水潮气侵入墙体的问题，故冷库隔热墙体须设置专门的隔汽防潮层。隔热墙体各层的合理布置，对防潮隔汽也起着相当大的作用，设计时必须根据墙体所处位置特点综合考虑。

(三) 结构坚固

结构坚固是冷库墙体安全使用的必须条件。冷库主墙层(即结构承重层)坚固与否取决于墙体的强度和稳定性。强度是指墙体材料在上部荷载作用下要不被压坏；稳定性则是指当墙体高度和长度过大时，不会因失去稳定而破坏。为了保证墙体的稳定性，一般对墙高与墙厚之比(即高厚比)有一定的规定，如承重砖墙和砌墙，其高厚比应控制在 20 以内，对非承重墙，这个要求可适当放宽。

为了保证墙体的坚固稳定，要求墙体施工中偏斜不得超过允许误差，墙身能抵抗风的侧压力；当墙身较高较长，或横向隔墙间距过大时，则应考虑加厚墙身，提高砂浆标号或加砖墩、壁柱，墙内加筋等各项措施。

（四）抗冻、耐久

冷库墙体长期处于潮湿和低温环境下工作，特别是结冻间温度变动甚大，因此必须保证冷库墙体材料具有与使用条件相适应的防水性、抗冻性和耐久性，冷库用砖必须采用抗冻性能良好的黏土砖，冷库墙体砌筑时灰浆必须饱满。

冷库墙体的防潮层和隔热层亦应具有一定的耐久性，隔热层材料应尽可能选择不腐不蛀，经久耐用的材料。隔热层和防潮层构造设计必须合理，并须保证施工质量。

（五）自重轻

为了减轻墙体自重，要求构成墙体各层的材料均选择较轻的材料，以减轻对地坪和基础的压力，降低冷库造价。

（六）施工、维修简便

冷库墙体层次多，一般施工工序繁杂，在设计时应充分考虑使施工简便化，为减少施工工序，墙体内预埋件详细交代，一次预留，选用块状、毛状等保温材料，采用装配式施工等。同时还要考虑到日后维修方便，如松散保温材料必须考虑对材料的补充和更换方便，在墙上预留孔洞。

三、冷库外墙的隔热构造

（一）冷库隔热外墙的组成及层次布置

目前采用的冷库隔热外墙层次很多，一般是由外表层、主墙层（外围墙体）、隔汽层、隔热层和内保护层（内衬层）五部分组成，各层布置及材料选择如下：

1．外表层

设于墙体最外侧，用以减少太阳辐射热，防止风雨侵蚀和蒸汽渗透并保护墙体，一般采用20～30mm厚1∶2的水泥砂浆，分三次粉刷于主墙层上，即二次抽糙，一次面层，水泥采用不低于400号的普通硅酸盐水泥，砂用中砂。通常在外层的表面涂以浅色，以减少太阳辐射热的影响。

2．主墙层

即结构承重墙，通常是隔热墙其它各层的支承体。目前一般采用240mm或370mm厚的砖墙，用不低于75号的标准砖，不低于325号的混合砂浆或水泥砂浆砌筑，在砌墙前一天，砖头必须用水浇透，砌筑时必须内外搭接，上下错缝，并使灰浆饱满，粘结牢固，保证墙体坚固耐久。

3．隔汽层

在一般情况下，冷库库内的温度比库外温度低，故隔蒸汽层应设在隔热层外侧，以防水汽渗透进入隔热层，使隔热层受潮失效。在冬季寒冷地区，为了防止库外气温比室内温度低时，水汽从库内向隔热层渗透，可根据地区气候条件和库内温度情况，必要时，在隔热层两面均设置隔汽层。

外墙的隔汽层通常采用五层做法（即二毡三油）。为保证隔汽层的质量，首先要求基面平整，为此，主墙层内表面上作20mm厚水泥砂浆找平层，其要求与墙体外表层一样。在砂浆层充分干燥后，先涂冷底子油一度，然后用沥青贴上油毡。

4．隔热层

隔热层是冷库隔热外墙的主要组成部分。根据冷库条件和材料供应情况，可采用软木、泡沫混凝土等板状、块状的隔热材料或稻壳、膨胀珍珠岩等松散填充性的隔热材料。隔热层应注意防火、防腐。例如：用谷壳的隔热层必须拌六六六粉或石灰粉防腐剂，施工中不得带入火源。采用这类填充性松散隔热材料还应考虑到隔热材料的下沉。

5．内衬层

内衬层衬于隔热层内侧，主要用于保护隔热层不致受潮和损坏，对松散隔热材料还起着维护隔热层存在的作用，对于不同类型的隔热材料，内保护层所采用的材料和做法也各不相同。

当采用松散材料如稻壳作为隔热层时，内衬层应具有一定的刚度。目前，普遍采用预制钢筋混凝土小柱插板作为内衬墙。预制小柱插板具有自重轻、装卸方便，便于维修时调换谷壳，抗冻性强等优点。小柱一般采用17cm见方，并带有凹槽的小柱，高度由冷库层高确定，预制插板长度在2m左右时厚度为3.5cm，外形要求平直整齐，板缝不必用水泥砂浆勾缝，以利隔热层内蒸汽向库内逸散。若需设内隔汽层，则应在水泥砂浆找平后再铺贴，方法与外隔汽层相同。

松散材料隔热层的内衬层有时也采用120mm厚的砖墙或木板墙，砖墙重量较大，抗冻性较差，而且占据库内面积较多，使库内面积减少。用于内衬墙的砖要求不低于100号，砌筑砂浆应用不低于525号的水泥砂浆，砌筑时要求砂浆满缝，内表面应以水泥砂浆抹面。

采用块状隔热材料作隔热层时，其内衬层可直接采用水泥砂浆抹面，为了使水泥砂浆层能牢固贴附于隔热层上，在抹面前可先在隔热层外加一层钢丝网。

（二）冷库隔热外墙构造方案介绍

1．稻壳隔热外墙（见图4－20）

各层层次如下：

（1）20或30mm厚1:2水泥砂浆抹面（上喷浅黄油浆或白灰浆二度）。

（2）240或370mm厚砖墙（或石墙、混凝土砌筑块墙等）。

（3）20mm厚1:2水泥砂浆抹面。

（4）刷冷底子油一度，再贴二毡三油。

(5) 稻壳隔热层(厚度根据计算确定)。

(6) 35mm 厚钢筋混凝土预制小柱插板,板上喷白灰浆二度。

2. 软木隔热外墙(见图 4－21)

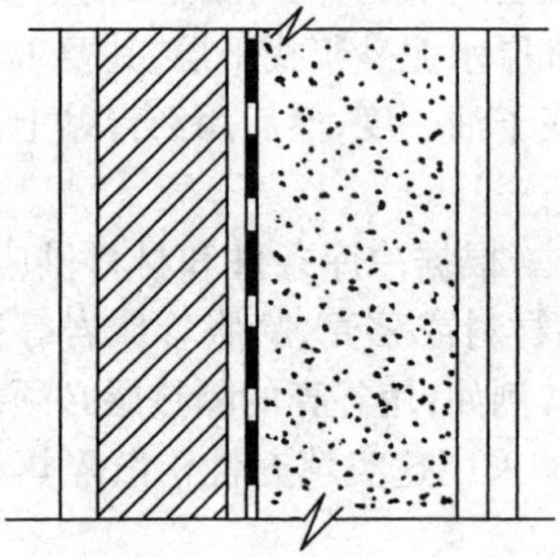

图 4－20 稻壳隔热外墙

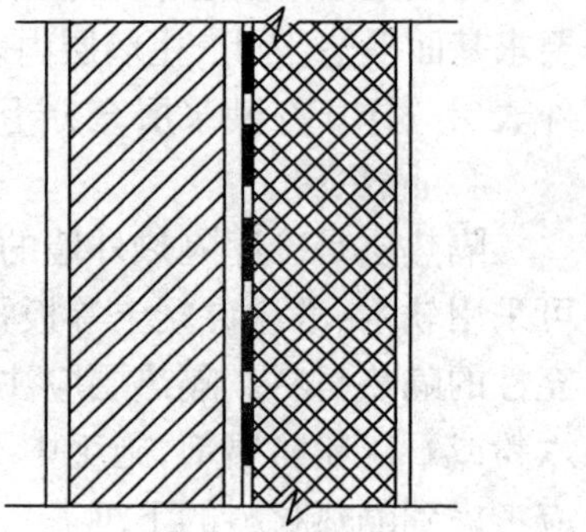

图 4－21 软木隔热外墙

各层层次如下:

(1) 20 或 30mm 厚 1∶2 水泥砂浆抹面(上喷浅黄油浆或白灰浆二度)。

(2) 240 或 370mm 厚砖墙(或石墙、混凝土砌块墙)。

(3) 20mm 厚 1∶2 水泥砂浆抹面。

(4) 刷冷底子油一度,再贴二毡三油。

(5) 软木隔热层(厚度根据计算确定),软木应分层采用沥青粘贴,各层软木缝隙应纵横错开,表面涂热沥青二度,同时撒上粗砂,以增加粉刷层和软木层的粘结力,必要时可加铁丝网。

(6) 20mm 厚 1∶2 水泥砂浆,再喷大白浆二度。

3. 木板衬墙的玻璃纤维碎料隔热外墙(见图 4－22)

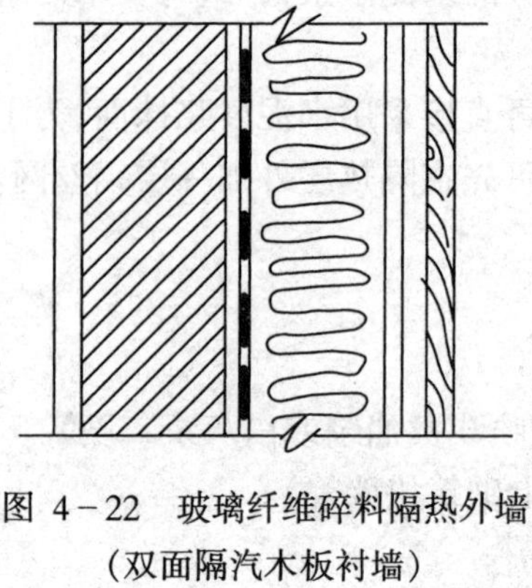

图 4－22 玻璃纤维碎料隔热外墙
(双面隔汽木板衬墙)

各层层次如下:

(1) 20mm 或 30mm 厚 1∶2 水泥砂浆抹面,表面喷浅黄油浆或白灰浆二度。

(2) 240mm 或 370mm 厚砖墙(或石墙等)。

(3) 20mm 厚 1∶2 水泥砂浆抹面。

(4) 刷冷底子油一度,再贴二毡三油。

(5) 玻璃纤维碎料隔热层(厚度根据计算确定)。

(6) 4mm 厚纤维板或 10mm 厚木板钉在木龙骨上。

（7）一毡二油。

（8）6mm 厚纤维板或 15mm 厚企口板，再涂白色调和漆二度。

4．泡沫混凝土隔热外墙（见图 4－23）

各层层次如下：

（1）20mm 或 30mm 厚 1∶2 水泥砂浆抹面（表面喷浅黄油浆或白灰浆二度）。

（2）240mm 或 370mm 厚砖墙（或石墙等）。

（3）20mm 厚 1∶2 水泥砂浆抹面。

（4）刷冷底子油一度，再贴二毡三油。

（5）泡沫混凝土隔热层（厚度根据计算确定）。

（6）20mm 或 30mm 厚水泥砂浆抹面，内加 $\Phi4$ 钢筋@200 中－中双向，上绑铁丝网，再喷白灰浆二度。

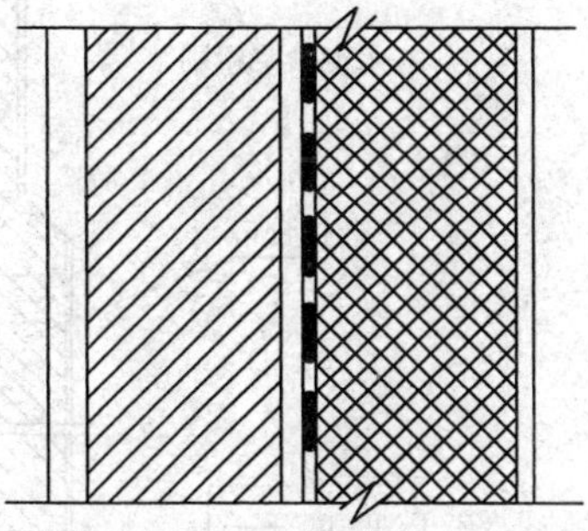

图 4－23　泡沫混凝土隔热外墙

单层冷库的外墙构造参见图 4－24。多层冷库的外墙构造参见图 4－25。

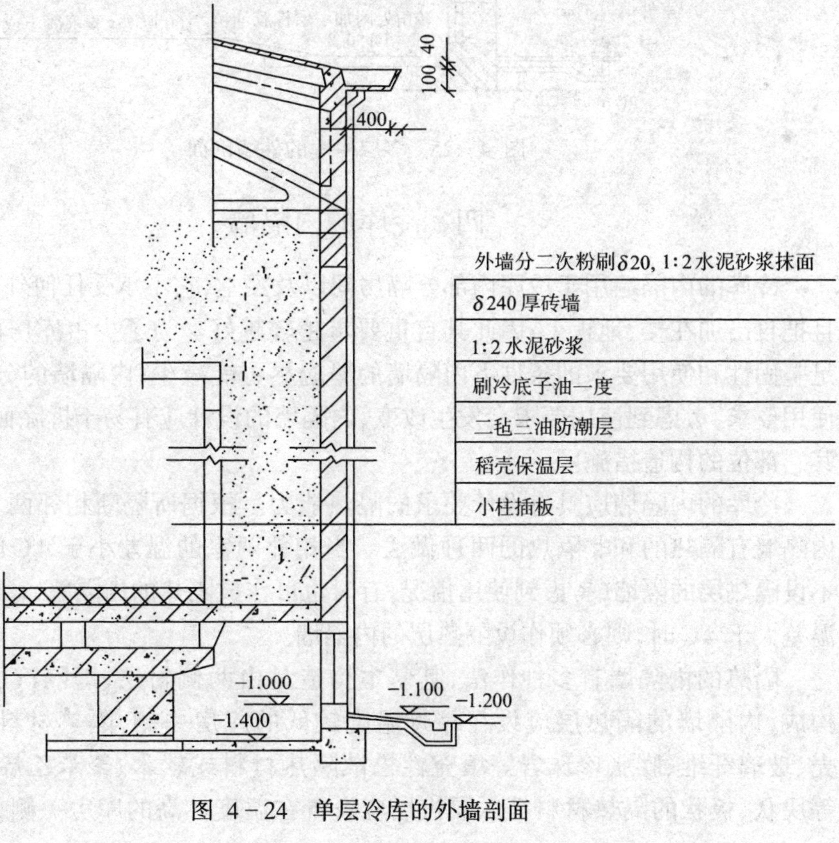

图 4－24　单层冷库的外墙剖面

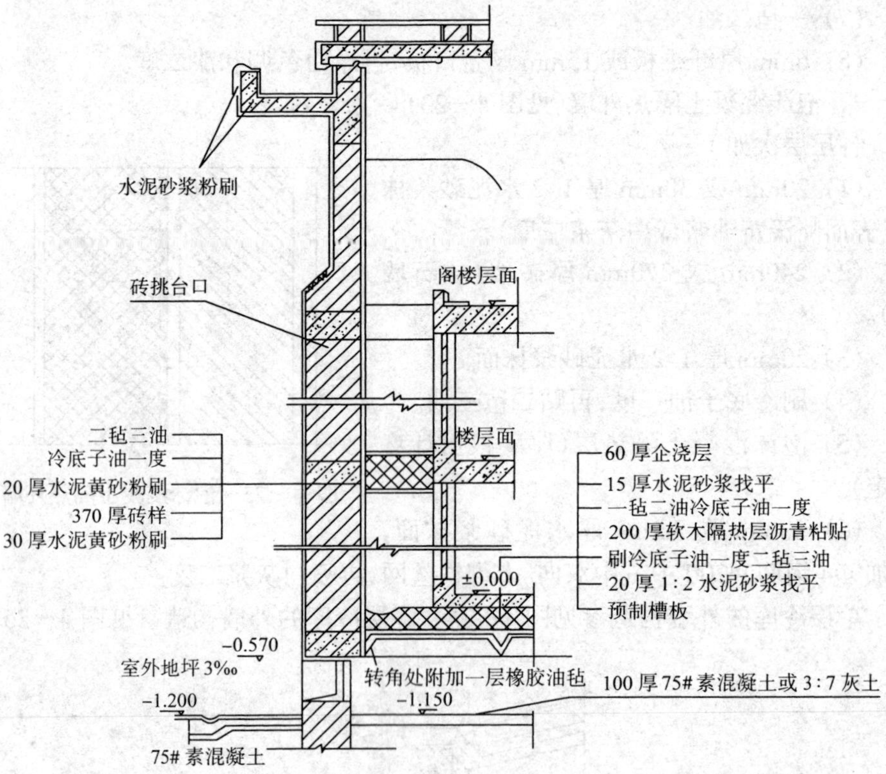

图 4-25　多层冷库的外墙剖面

四、冷库的内隔墙

冷库的内隔墙用于冷库内部分隔房间以及穿堂，它不承受任何外加荷载，而且把自己加在楼、地板上，因此其自重要求越轻越好。为了少占库房面积，在满足坚固性和使用要求的条件下内隔墙的厚应尽可能减少；内隔墙的分隔应满足使用要求，考虑到使用要求会发生改变，内隔墙的设计应有易于拆除而又不损坏其它部位的构造措施。

冷库的内隔墙应具有设计要求的隔热能力。根据所隔断相邻两室的温差，内隔墙有隔热的和非隔热的两种做法。当相邻两室的温差小于 4℃时，通常作不设隔热层的隔墙（考虑到使用情况，有时也可作成隔热的内隔墙）；当相邻两室温差大于 4℃时，则必须作设隔热层的内隔墙。

隔热的内隔墙有多种作法，其基本构造是由两侧衬层，即隔汽层、隔热层构成，内隔墙的隔热层应设在靠近温度较低的库房一侧，隔热材料可采用稻壳、玻璃纤维、膨胀珍珠岩等填充性松散隔热材料或软木、聚苯乙烯泡沫塑料等块状、板状的隔热材料等。隔汽层应设置在温度较高的库房一侧，根据具体情况而定。例如两侧房间温度经常变化的隔热墙也可作双面隔汽层。另外，也有两面均不设隔汽层的作法，内隔墙两侧衬层根据隔热材料的不同采用不同的作法，松散隔热材料的衬层可采用木板，预制钢筋混凝土小柱插板或120mm 厚的砖墙以及混凝土预制墙作衬层，但在 -18℃ 以下的低温间或结冻间尽可能不采用砖砌体作内衬墙，因为低温冻融循环易使内粉刷层开裂剥落，墙体冻酥，造成隔热层破坏，影响隔热效果。如采用砖墙，则所用的砖应不低于 100 号，砌筑砂浆用不低于 525 号的水泥砂浆，并需保证墙体砌筑及抹面的施工质量。低温间特别是冻结间的内隔墙用木板(最好是杉木板)作内衬层是较理想的，但木板需作防腐处理。板、块状隔热材料的衬层一般采用木板或直接在隔热材料上面做成水泥砂浆面层，其做法与隔热外墙水泥砂浆内衬层的做法一致。

非隔热的内隔墙近年来普遍采用于同温库和多层冷库的同温楼层中。一般的做法是采用 120 或 240mm 厚的砖墙，两面用水泥砂浆抹面。也可用预制钢筋混凝土小柱插板或混凝土预制块砌体作非隔热的内隔墙。

为了避免形成“冷桥”，隔热内墙的隔热层应和隔热外墙、楼地面的隔热层相连接。

当隔热外墙或隔热内墙采用填充性隔热材料作隔热层时，必须考虑补充和调换隔热材料的可能性。如用木材或砖墙等的，可在墙壁靠天棚顶部和墙的根部设装卸料门，如采用钢筋混凝土小柱插板作衬墙，则其上下两块插板应是可以活动装拆的。

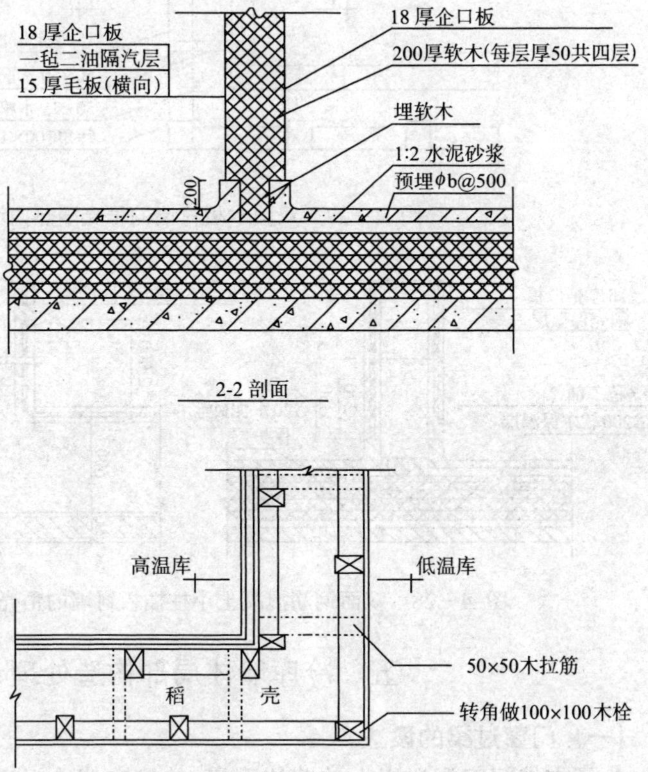

图 4-26　双面木板衬墙的软木或聚苯乙烯泡沫塑料隔热内墙

几种隔热内墙的构造和作法如图 4-26、图 4-27 和图 4-28 所示。

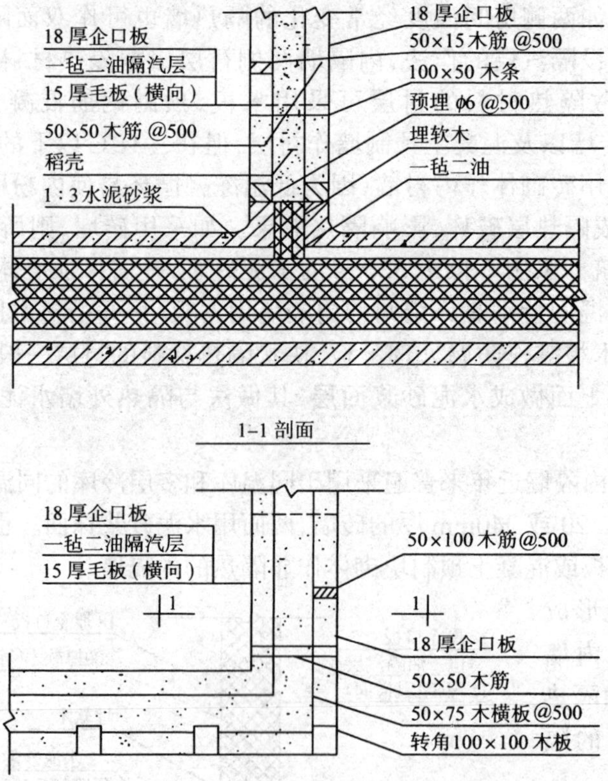

图 4－27 双面木板衬墙的稻壳隔热内墙

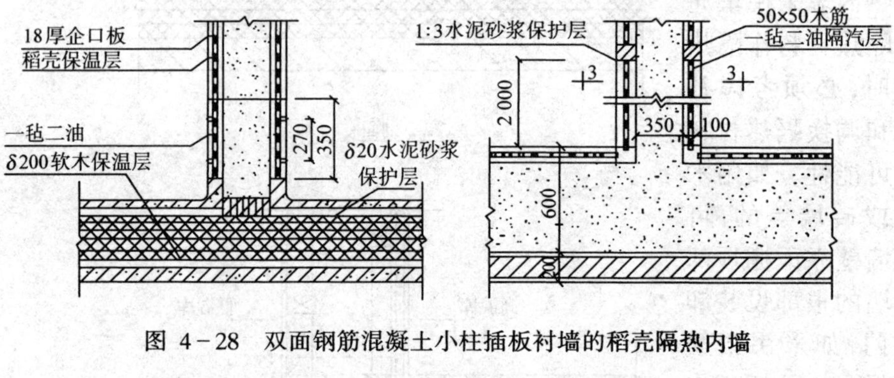

图 4－28 双面钢筋混凝土小柱插板衬墙的稻壳隔热内墙

五、冷库墙体局部构造处理

（一）门窗过梁的设置

为了支持门窗洞口以上的墙体重量，并将它传给门窗两旁的墙体（一般称窗间墙），需要在门窗洞口顶上设置门窗过梁。由于墙内各个块体相互搭接和砂浆的粘接，过梁以上墙体的部分重量由它自身沿搭接块体斜向依次传给了两旁的窗间墙,因此过梁只承受墙体的部分重量。

目前常见的过梁有平券砖过梁、钢筋砖过梁和钢筋混凝土过梁,可依跨度、荷载大小及门窗洞的形式等情况,加以选用。如跨度小于 1.2m 时,一般可用平券砖过梁,跨度在 1.2～2m 时,可采用钢筋砖过梁;当跨度在 2m 以上或承受较大的荷重时,则必须用钢筋混凝土过梁。

平券砖过梁采用砖侧砌而成,灰缝上宽下窄,不需用钢筋,过梁与墙同宽,高度不少于一砖,钢筋砖过梁采用砖平砌,下设钢筋,过梁的砌法与砖墙一样,但采用标号较高的水泥砂浆(500 号以上),过梁与墙同宽,高度应不少于 5 层砖,也不少于 1/5 门窗洞宽度,配置的钢筋按每半砖宽不少于一根,一般用 $\Phi 6$～$\Phi 8$mm 的钢筋,伸入墙内 1～1½砖长。

钢筋混凝土过梁可现浇或预制,其断面形状有矩形、L 形等,尺寸主要据跨度、荷载大小计算确定,并须合乎砖的规格。宽度应为砖宽的倍数,高度为砖厚的倍数,其两端嵌入墙内的长度不小于 240mm,冷库门过梁一般采用钢筋混凝土过梁。

(二) 圈梁的设置

当墙体长度及高度较大,为了增加墙体的整体性和稳定性,除了增加墙体厚度外,还可以采取加墙墩,扶壁或设圈梁等加固措施。

圈梁是沿房屋外墙水平方向一圈所设置的连续封闭的梁。其主要作用是提高房屋的刚度和增加墙身的稳定性,增强墙体对横向风力、地基不均匀沉陷及地震的抵抗能力。

圈梁通常设置在房屋的檐口处、门窗上口或基础面上,冷库外墙高度凡超过 4m,就必须设置圈梁,多层冷库一般将圈梁设置在与每层楼板相同标高的位置,以便于在楼板与墙间设置锚系构件。冷库的圈梁常采用钢筋混凝土现浇或预制装配。圈梁断面为矩形,一般与墙同宽,高度不少于 180mm。圈梁混凝土标号不低于 150 号,钢筋一般上下各$\geqslant 2\Phi 8$,箍筋一般为 $\Phi 6$,间距为 250～300mm。此外,还有采用钢筋砖圈梁的情况。

圈梁及门窗过梁处不可以打洞,以保证它安全有效地发挥作用。

(三) 勒脚的构造处理

外墙与地面接近的部位称为勒脚,它易受外界雨雪的侵蚀和机械的破坏,因此要求它具有比墙身更高的坚固性和耐久性。同时,由基础吸收的土壤中的水分,会上升到地面以上的墙身内,造成墙面潮湿,粉刷脱落,墙材风化破坏,因此勒脚部位必须采取防潮、防水措施。

为了防止雨水及地面水侵入基础,沿建筑物四周勒脚与室外地坪相接处应设排水明沟或散水,使勒脚附近的地面积水迅速排走。勒脚部位墙面应设保护层,高度不少于 450mm(从散水坡标起)。

在墙体勒脚部位应设置连续的防潮层，以隔绝地下水分的上升，防潮层的标高与建筑物底层地面构造有关，但至少应高出人行道或散水表面100～150mm以上。冷库外墙防潮层设在地坪隔热层以下与隔热层标高相适应。一般建筑的墙体防潮层通常设在室内混凝土地坪上下表面之间，一般在室内地坪表面以下60mm。

防潮层可根据具体情况，分别采用油毡防潮层，防水砂浆防潮层以及细石混凝土带防潮层等几种做法。

(四) 变形缝

1. 伸缩缝

伸缩缝又称温度缝，由于墙体材料在温度变化时产生不同程度的收缩与膨胀，当墙体长度较大时会因此而产生裂缝，因此当墙的长度超过一定值时需设伸缩缝。按照规定，当冷库外墙长或宽超过50m时，必须设置伸缩缝。

伸缩缝按断面形式可分为平缝、错口缝和企口缝，缝宽约20～40mm，缝口用沥青麻丝或其它有弹性而不渗水的材料嵌填(见图4－29)。当伸缩缝较宽时，缝口可采用镀锌铁皮或铝皮作盖缝调节。伸缩缝把墙体、楼板、屋面都断开，由于基础墙埋在地下，受气温影响不大，故基础墙可不断开。

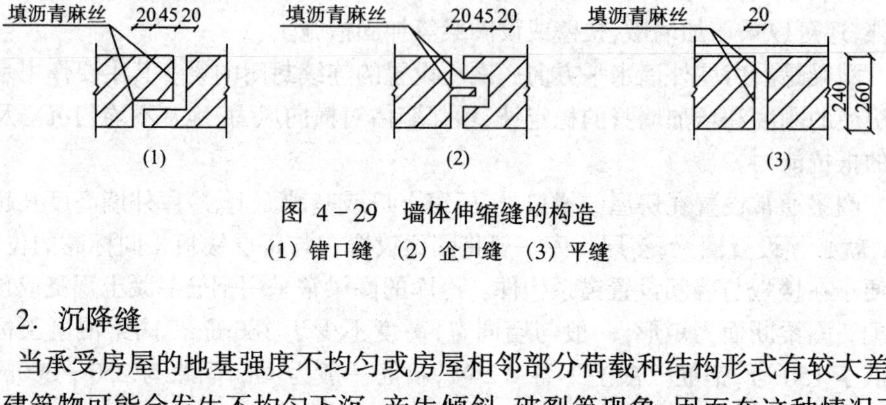

图 4－29　墙体伸缩缝的构造
(1) 错口缝　(2) 企口缝　(3) 平缝

2. 沉降缝

当承受房屋的地基强度不均匀或房屋相邻部分荷载和结构形式有较大差别时，建筑物可能会发生不均匀下沉，产生倾斜，破裂等现象，因而在这种情况下，必须设沉降缝。沉降缝必须把屋顶、墙体、楼板直到基础等结构都断开。沉降缝的宽度与地基情况及建筑高度有关，一般不少于50mm。沉降缝内一般不填塞材料，当必须填塞材料时应保证缝的上端不致因建筑物倾斜而顶住。

沉降缝可起伸缩缝的作用，所以当建筑物既要做伸缩缝，又要做沉降缝时，应尽可能合并，但不能以伸缩缝代替沉降缝。

此外，在地震区的建筑，需设置抗震缝，抗震缝的具体做法与沉降缝基本上相同。

(五) 防止冷库外墙角垂直裂缝的构造措施

冷库外墙如处理不当容易产生垂直裂缝，其原因是多方面的，如因地基沉陷不均匀，或因楼板在低温条件下自由收缩，通过锚系梁将外墙往内拉；而外墙和圈梁却因外部环境温度高而伸长，而且墙角部位刚性很大，在弯矩的作用下使墙体开裂。目前，为了减少墙角裂缝产生的可能性，一般采取如下几种措施：

(1) 多层冷库在各层楼板靠近墙角两侧均不设锚系梁，以减少墙角附近墙体所受的弯矩(见图4－30)；在墙角部每隔一定高度，适当配水平拉结钢筋。

(2) 把方形墙角改为圆形墙角(见图4－31)。

(3) 在外墙四角设置伸缩缝(见图4－32)，但必须做好防水处理。

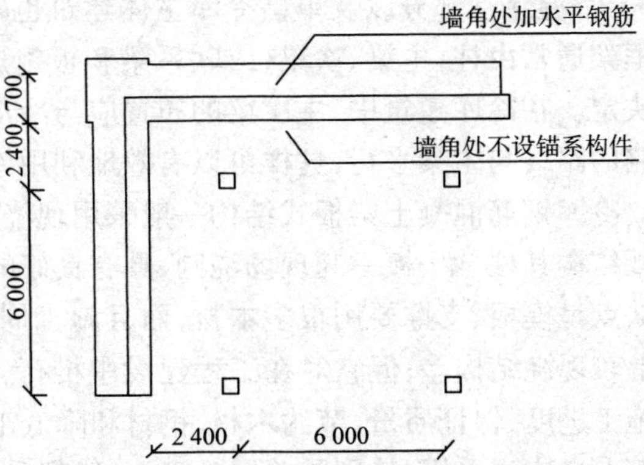

图 4－30　墙角水平钢筋和锚系构件位置

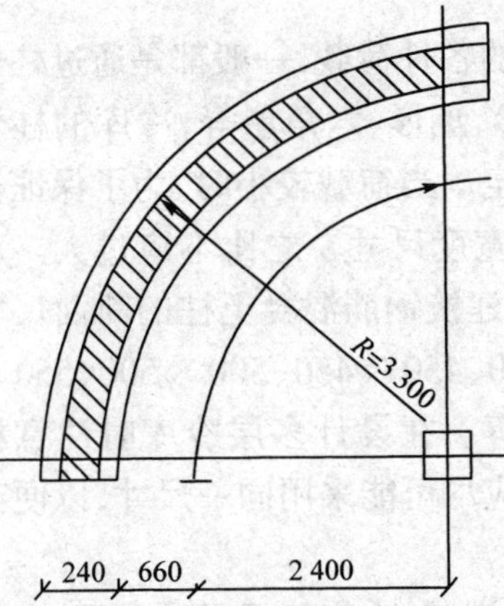

图 4－31　冷库圆形墙角

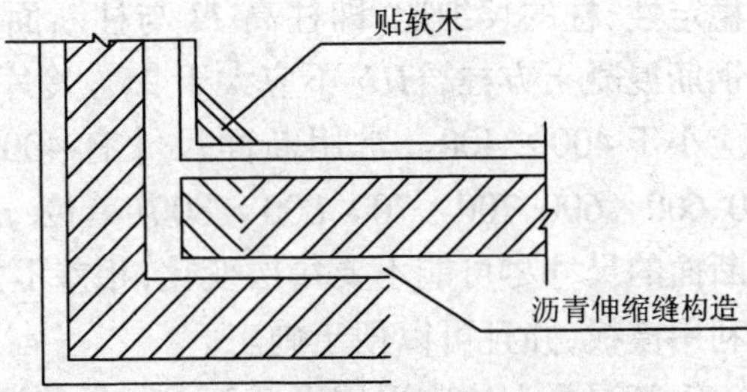

图 4－32　墙角伸缩缝构造

第三节　食品冷库的梁板式与无梁式结构构造

除了少数小型单层冷库以外，目前我国的冷库都是采用钢筋混凝土结构的形式。钢筋混凝土结构冷库屋顶、楼板上的各种静荷载，一般都是由柱、梁、板所构成的框架来承受，并传到基础的。按照施工方法，钢筋混凝土结构可分为整体式(现浇)，预制装配式和装配整体式结构；按照结构构成，钢筋混凝土结构又可分为梁板式结构和无梁式结构。多层冷库一般都是采用无梁式结构，而单层冷库则常常采用梁板式结构，下面分别介绍。

一、冷库的梁板式结构

钢筋混凝土梁板式框架结构广泛应用于各类建筑中，多层冷库的楼梯间、电梯间、常温穿堂部分以及单层冷库主体建筑也常常采用。冷库钢筋混凝土梁板式框架通常由柱、主梁、次梁(或联系梁和板组成)。主、次梁的布置根据具体情况决定。在冷库建筑中，主次梁的布置应与冷却管道的路线相适应，使冷却系统管路的路线与主梁平行，这样可以有效地利用库内的空间。

冷库钢筋混凝土梁板式结构一般采用现浇或预制装配两种施工方法。现浇梁板结构其柱、梁、板一起现场浇制，具有良好的整体性，容易保证施工质量。主要缺点是模板、支撑要用很多木材，而且施工周期较长；预制装配式虽然在整体性上较现浇结构差，但它对在工程建设中推行工业化施工，提高劳动生产率，加快施工进度，保证质量，节约木材、钢材和降低工程造价有重要的意义，故在冷库建筑上也广泛采用，特别是单层冷库，一般都采用预制装配式结构。

下面分别介绍冷库梁板结构中柱、梁、板的构造要求。

(一) 柱

柱子是重要的结构构件。冷库屋顶、楼板上的各种荷载，一般都是通过柱子传递到基础的。钢筋混凝土柱的断面形式有方形、矩形、六角形等，冷库的柱子宜采用方形。柱的断面尺寸，应根据荷载计算确定。当荷载较小时，为了保证柱的稳定性，柱的长细比，即柱高 H 与柱断面最小宽度尺寸 b 之比不应过大。对于钢筋混凝土方柱，H/b 不应大于 25。冷库主体建筑钢筋混凝土柱的断面尺寸不应小于 400×400。常用断面尺寸有 400×200、450×450、500×500、550×550、600×600、700×700、800×800(单位：mm)等。在设计多层冷库时注意柱子断面的尺寸尽可能不要每层变化，相差不大的应尽可能采用同一尺寸，以便充分利用模板，并且可以便于施工。

钢筋混凝土柱应采用不低于 150 号的混凝土浇制，冷库柱子通常采用200～300 号混凝土。柱内纵向配置若干 $\Phi16$～$\Phi25$(mm)的主钢筋，每隔 200～250mm 布置 $\Phi6$～$\Phi8$(mm)的钢箍。钢筋混凝土柱可采用现浇或预制装配方法施工。采用预制装配柱时，基础应为杯形基础，柱子插入基础杯口后，四周用高标号混凝土填实。插入深度与柱高有关，并应不小于 600mm(见图 4-33)。

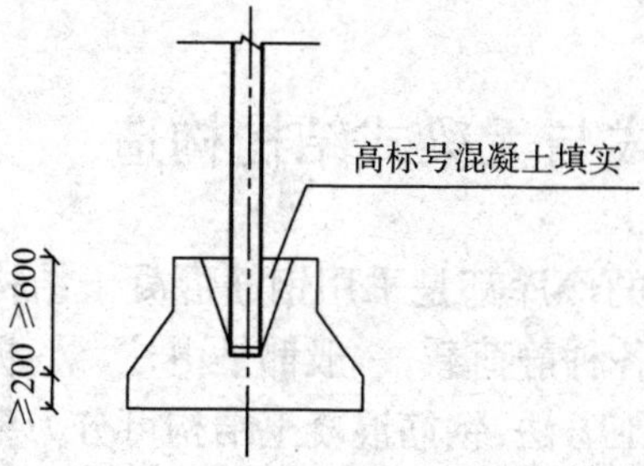

图 4-33 预制柱和基础的连接

钢筋混凝土柱可整根或分段浇制。如层数不多，宜采用整根柱子，以免接头。柱子分段浇制时，可视施工条件采用每层一节或二至四层一节。柱子接头位置一般位于楼面上1m左右,以便于施工操作。

(二) 梁

梁是水平的承重构件。楼板、屋面板上的各种荷载,一般是通过梁传到柱子(或承重墙),再由柱子或墙体传到基础和地基上的,因此梁也是建筑物中重要的结构构件。

梁的截面及尺寸应根据结构计算确定,并应符合构造要求。钢筋混凝土现浇主梁的跨度一般不大于9～12m,最好在5～8m,主梁的构造高度为跨度的1/8～1/12,梁宽为梁高的1/2～1/3;次梁的跨度一般是4～8m,梁高为跨度的1/12～1/16,梁宽为梁高的1/2～1/3;次梁的间距一般为1～4m。

钢筋混凝土现浇梁的断面形式通常为矩形,钢筋混凝土预制梁的断面有矩形、T形(正置或倒置)、梯形和花篮形等(见图4-34)。

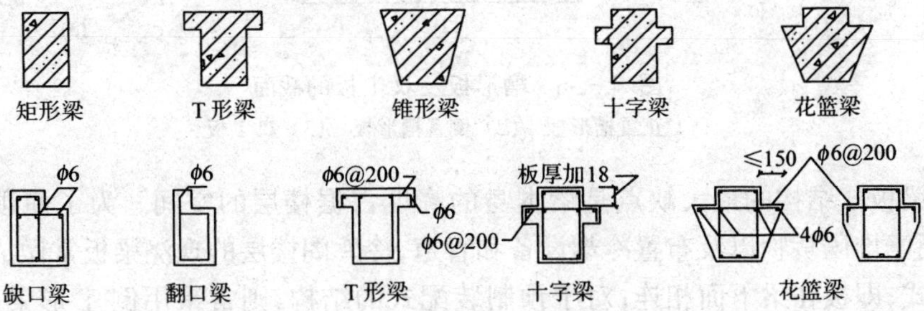

图 4-34　各种钢筋混凝土梁截面

采用预制装配式的梁时,应在柱上设置牛腿,以承担梁端剪力并便于施工安装。牛腿有明暗之分,梁端剪力较小时,可采用暗牛腿连接;若梁端剪力较大,则必须采用明牛腿连接(见图4-35)。

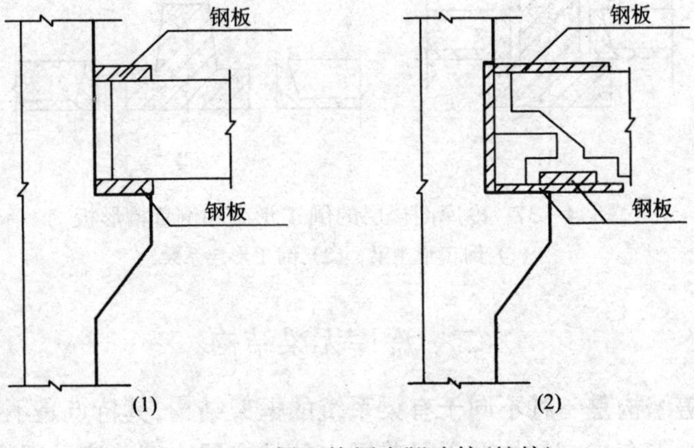

图 4-35　梁和柱用牛腿连接(铰接)

(1) 明牛腿　(2) 暗牛腿

(三) 板

板是钢筋混凝土梁板式结构中直接承受作用在楼面或屋面上的各种荷载的结构构件。冷库现浇钢筋混凝土板与主梁、次梁一起浇成为肋形楼板,其厚度根据结构计算定。一般屋面不少于60mm,阁楼层不少于80mm,主库楼层及穿堂不少于100mm。

预制钢筋混凝土楼板的截面形式与荷载、跨度及其它因素有关。冷库一般采用槽形板或双T板。根据使用情况可作成正置的(槽口或肋向下)或倒置的(槽口或肋向上)(见图4-36)。在荷载、跨度均较小的地方,也可采用平板。冷库建筑一般不采用多孔板。

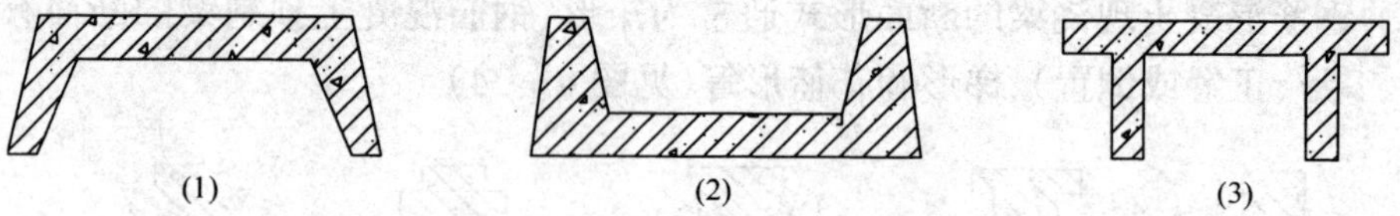

图 4-36 槽形板及双T板的截面

(1) 正置槽形板 (2) 倒置槽形板 (3) 双T板

梁板式结构的最大缺点是梁本身的高度占据楼层的空间。为了使顶棚平整,便于堆码货物以及布置冷却设备和管道,冷库阁楼层的现浇梁板常做成反梁的形式,即板在梁下面相连;对于预制装配式的结构,则常采用倒T形梁,板也可采用倒置的槽形板或双T板,以减少梁对库房净高的影响,使库内顶棚较为平整(见图4-37)。

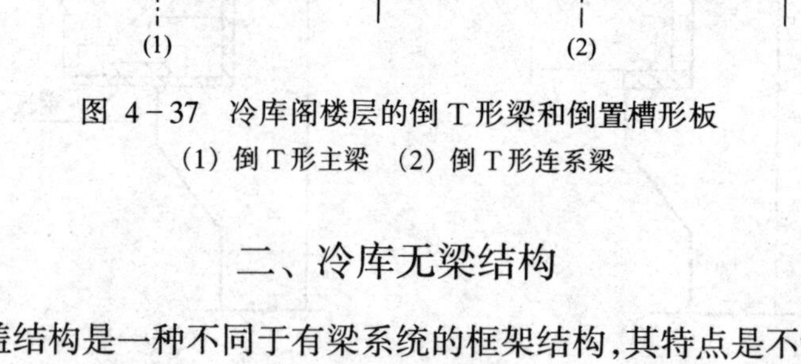

图 4-37 冷库阁楼层的倒T形梁和倒置槽形板

(1) 倒T形主梁 (2) 倒T形连系梁

二、冷库无梁结构

无梁楼盖结构是一种不同于有梁系统的框架结构,其特点是不设置梁,楼板层直接支承在带有柱帽的柱上。目前国内外的多层冷库普遍采用这种结构。

无梁楼盖承载能力大,但需要的钢筋和水泥较多,因此在一般荷载不大的建

筑中采用是不经济的。但是,在下列情况下,采用无梁楼盖就比较经济合理:

(1) 平面形式简单,柱网呈正方形或长跨与短跨的比值不大于1⅓的矩形;

(2) 柱距不大于7m(5~7m);

(3) 荷载均匀布置,无较大振动,荷载在500kg/m² 以上。

一般多层冷库的柱网多为6m×6m的正方形,它的荷载大约为1 500~2 000kg/m²,因此采用无梁楼板是经济的。

冷库无梁楼板的厚度一般为跨度的1/32,屋盖和采用无梁楼板时,厚度约为跨度的1/40。

按照施工方法的不同,无梁楼盖可分为下列三种:

(一) 现浇无梁楼盖

柱子、柱帽和楼板一起现场浇灌而成。柱帽分两种,一是当荷载较轻时,柱子和板可直接通过柱帽连接[见图4-38(1)];另一是当荷载较大时,应把柱帽上部加宽[见图4-38(2)],或设置柱帽顶板[见图4-38(3)]。

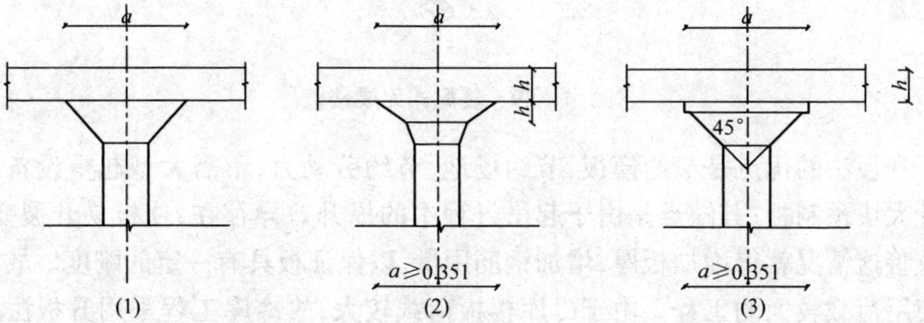

图 4-38 现浇无梁楼盖

现浇楼盖四周的板,最好伸出边柱外面,使这部分楼板与柱帽连接与中间一致,有利于节约材料,方便施工,同时也有利于冷却排管的布置,伸出长度一般为板跨度的0.4倍。当楼盖四周的板不伸出边柱外时,在周边处宜设置圈梁。

(二) 装配式无梁楼盖

由跨中板、柱上板和柱帽组成,分别预制。构件安装后,最后在接头处灌浆并浇筑一层混凝土,以形成整体。根据楼板形式的不同可分为单向板式、双向板式和六角形板式等(见图4-39)。

(三) 升板结构

升板法施工在国内是近年来发展起来的一种新的施工方法,它介于现浇结构和预制结构之间,升板结构施工是将预制柱安装就位,然后就地浇制各层整块楼板,再用提升设备将楼板升至各层设计位置。后浇柱帽须浇灌落实,保证质量。

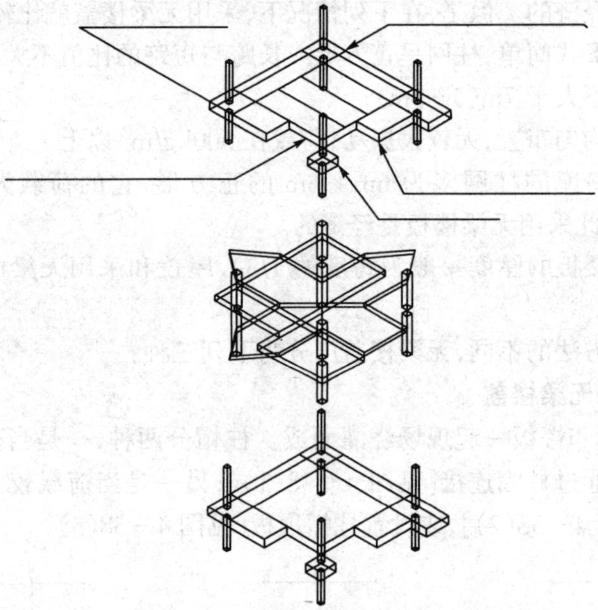

图 4－39 装配式无梁楼盖

升板法的优点是节约模板，节约场地，节约劳动力，不需大型起重设备而能提升大块预制板；其缺点是由于起吊过程中的提升差异存在，使板易开裂变形，要改善这情况就得增加板厚，增加钢筋用量，以保证板具有一定的刚度。故宜用于使用荷载较大的工程。由于冷库楼板荷载较大，故冷库工程采用升板法施工是适宜的。

采用升板结构施工时，要把楼板迭浇隔离层做好，柱子外形尺寸应准确，安装位置需正直，切忌歪斜，以利提升；各柱两侧提升机具协调，尽量保证同步升板，后浇柱帽应保证质量。施工过程中严格执行操作制度，保证安全。

第四节 食品冷库的楼面与地坪

一、冷库的楼面

（一）楼面的基本构造及设计要求

楼面起着上下分隔的作用，把建筑物按高度分为若干层；楼面又是房屋的主要水平承重构件之一，它把各种楼面荷载（自重和使用荷载）通过墙、柱传递到基础；同时它对墙身起着水平支撑作用，帮助墙身抵抗水平推力（风力、地震等），增强建筑物的刚度整体性和稳定性。因此，楼面首先应有足够的强度，能承受自重和使用荷载，保证安全使用，同时应有足够的刚度，保证在静荷载作用下不产生超过规定的形变挠度，在动荷载作用下不发生显著的移动；其次，楼面应满足各类建筑的不同使用要求，如隔音、隔热耐久，不透水等方面的要求，冷库的楼面要求与上下层库房的温差相适应的隔热效能，温差超过 4℃ 时必须设置专门的隔热层；冷库的楼面还要求能防水、耐磨、不起灰，并要求其结构形式与工艺要求相适应。此外，楼面设计还要求结合施工要求和材料选择，采用经济合理的结构形式，降低建筑造价。

为了使楼面具有要求的功能，楼面通常由承重和非承重两种构件构成。承重构件如板和梁或拱、阁栅等支承楼面所承受的荷载，并将荷载传递到支座墙、柱及基础上去，冷库建筑楼面承重构件一般均为钢筋混凝土楼板（无梁或有梁）；非承重构件包括各种为满足使用要求而设的构造层次，这些层次仅将荷载传递到承重构件上，同时具有必要的热工隔声、防潮等性能。一般说来，楼面的主要组成部分，可分为面层、承重构件、顶棚三部分，必要时增加填充层等部分，冷库隔热楼面就必须设置专门的隔热填充层，以及相应的找平层和隔汽防潮层。

（二）冷库楼面的隔热构造

当冷库的楼面两侧温度差大于 4℃ 时，应当设置隔热层，楼面隔热层宜设在楼面温度较低的一侧，并设相应的隔汽防潮层，这样可使水蒸气不易从较热室向隔热层渗透。楼面隔热层的敷设有两种方式：一种是将隔热材料铺设在楼板上面，另一种是将隔热材料反贴在楼板下面，采用哪一种方式应根据隔热材料的种类，结合温度情况决定。隔热层做在楼板面上时施工比较方便，但必须在隔热层上再做一层钢筋混凝土护面层，同时要求隔热层有一定的耐压力以传递荷载；如隔热层做在楼板下，则只能用不易破碎而易于吊挂的块状材料，如软木、泡沫塑料等，并且施工比较困难，一般在局部隔热时应用较多。

冷库隔热楼面的隔热材料，普遍采用软木，因软木能承受一定的压力，使楼面所承受的荷载直接通过隔热层而传到承重楼板层上。如用稻壳、玻璃纤维等松散隔热材料作隔热层时，则必须做木阁栅，然后填入松散隔热材料，使楼面荷载通过木阁栅传到承重楼板上。以前楼面隔热层还常采用泡沫混凝土，因其受压强度较大，但因其吸湿性较大，容易造成隔热层受潮失效，故目前已很少采用，特别是南方地区一般都不采用。

冷库隔热楼面一般由承重楼板层，隔热防潮层，隔热层和护面层等几部分组成，下面是冷库隔热楼面的几种做法：

1. 软木隔热楼面（见图 4-40）

构造层次：

（1）60～80mm 厚 200 号钢筋混凝土面层（加 Φ6 钢筋@150 中-中双向，表面随打随抹平）。

（2）20mm 厚 1∶3 水泥砂浆保护层。

（3）二毡三油。

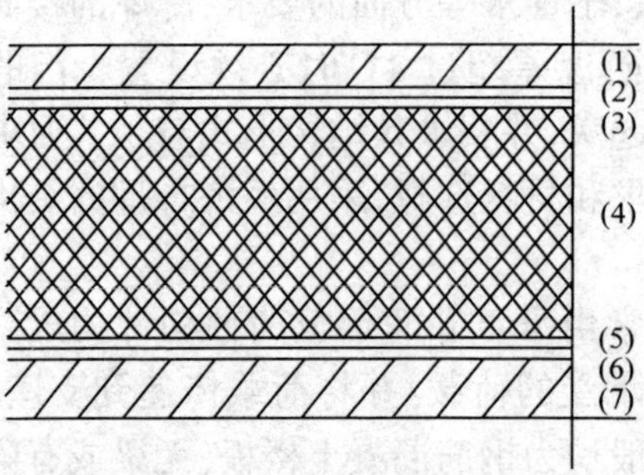

图 4－40 软木隔热楼面构造

（4）软木隔热层（厚度根据计算确定）。

（5）二毡三油，下面先涂冷底于油一度。

（6）20mm 厚 1∶3 水泥砂浆抹面。

（7）钢筋混凝土承重楼板层。

2. 松散隔热材料（稻壳、玻璃纤维等）隔热楼面（见图 4－41）

构造层次：

（1）60～80mm 厚钢筋混凝土面层（加 Φ6 钢筋 150 中－中表面随打随抹平）。

（2）二毡三油。

（3）15mm 厚沥青砂浆打平。

（4）35mm 厚预制钢筋混凝土盖板。

（5）稻壳或玻璃纤维等松散隔热材料层，先作 120mm×220mm 木阁栅，中－中 600；并设 120mm×80mm×480mm 横支撑，中－中 3 000mm；下置 100mm×120mm×150mm 硬木垫块，中－中 1 000mm。

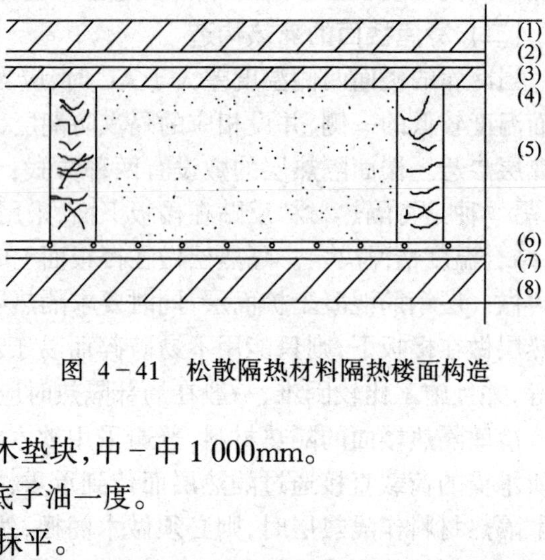

图 4－41 松散隔热材料隔热楼面构造

（6）二毡三油，下面先涂冷底子油一度。

（7）20mm 厚 1∶3 水泥砂浆抹平。

（8）钢筋混凝土承重楼板层。

3. 隔热层设于结构层下的楼面作法（见图 4－42）

构造层次：

（1）现浇钢筋混凝土承重楼板，板下预埋螺栓。

（2）冷底子油一度，再贴一毡二油或二毡三油。

（3）软木或泡沫塑料隔热层，用石沥青粘贴，在贴最后一层前要和 50mm×

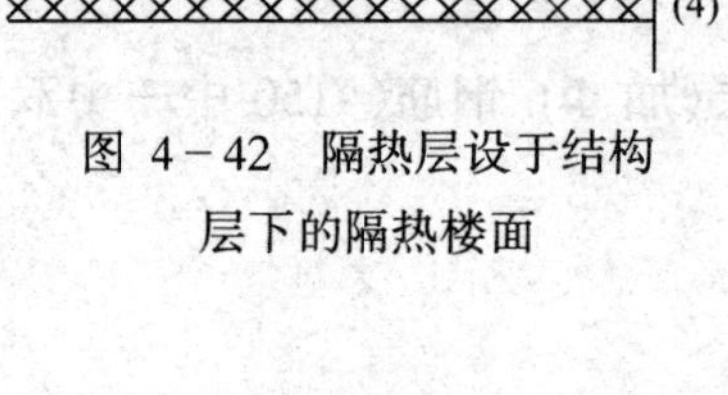

图 4－42 隔热层设于结构层下的隔热楼面

75mm 木筋分舱，1 000mm 中－中，双向，用 $\Phi16$ 预埋螺栓固定。

（4）10mm 厚木板封面。

二、冷库的地坪

（一）地坪的一般构造

地坪通常指建筑物底层地面，它一般是由基层、垫层和面层三部分组成。除此以外，根据实际需要，还可铺设隔热层、防潮层及结合层等。

1. 基层

是地面的承重层。地面上的分布荷载，包括面层和热层的自重都要传到基层，由基层来承担。基层一般就是素土夯实，若土质不好，则加碎砖或铺道石渣夯实。

2. 垫层

处于面层和基层之间，是承受面层荷重，并传递给基层的荷重层。按不同性质的材料，分为刚性垫层和非刚性垫层。刚性垫层由低标号混凝土或三合土等材料做成，要求坚固，其厚度应根据房间用途及面层支承荷重大小决定，冷库一般采用 100～120mm（混凝土）。如果地面荷载较大时，必须根据计算来确定其厚度。

非刚性垫层由砂、碎石、矿渣等材料组成，一般在受机械作用力的地方采用。

3. 面层

即地面的最上层，它直接承受外界的作用，根据所用材料的不同，有水泥砂浆、水泥石屑、细石混凝土及水磨石、木地板以及各种块料等面层，地面的名称通常就是以面层材料命名的。冷库建筑的地坪面层多为钢筋细石混凝土面层，高温库也可采用水泥砂浆面层。

当冷库库房温度较高时，根据室外气候条件等情况，其地坪做法有时采用一般建筑的地坪做法，由上述三个基本层次组成，不设专门的隔热材料层，但当冷库库房温度较低时，冷库地坪就必须设置专门的隔热层和防潮层，当库房温度低于－3℃时，还需要在地坪下采取防冻措施，以防地坪下土壤冻结。

在地坪设置隔热层的目的是为了阻挡外界热量通过土壤和地坪传入库房，同时也可减少因库房的低温而引起地坪下土壤冻胀的可能性。冷库地坪的隔热层采用炉渣，有时也采用软木以及膨胀珍珠岩等隔热材料，在用炉渣作为地坪隔热层材料时，为防止炉渣损坏隔热层上下的隔气防潮层，应在炉渣隔热层下铺一层细炉渣或粗砂垫层，而在炉渣隔热层的上面，做一层炉渣混凝土层。

地坪的隔热层应在上下两方都设置防潮层，以防止隔热材料受潮而降低隔热效果。

（二）冷库地坪的防冻处理

在库房温度较低的情况下，如果对地坪不做好防冻处理，就会引起地下土壤冻结，轻则冻鼓地坪，重则抬高柱基，甚至使整座冷库结构破坏。因此在库内温度低于-3℃时，地坪就不但要设置相应的隔热防潮设施，还必须对地坪作好专门的防冻处理。目前冷库地坪防冻的形式大致可分为下列几种：

1．地下室高温库防冻（见图4-43）

这种防冻方法是将不会引起土壤冻结构的“高温”库房（即±0℃库房）布置于冷库底层（地下室）。采用这种防冻方法，必须对厂址地下水文资料有较全面的了解，经过各方案的技术经济比较，慎重采用。在地下水位较低的地方（-4m以下）；采取这种形式是比较经济适用的。这时地下室可只作一般的防水处理，因此在北方的多层冷库中采用较多。但在多雨和地下水位较高的地方，因地下水构造要求严格，投资较多，施工也较复杂，而且质量不易保证，故不宜轻易采用。

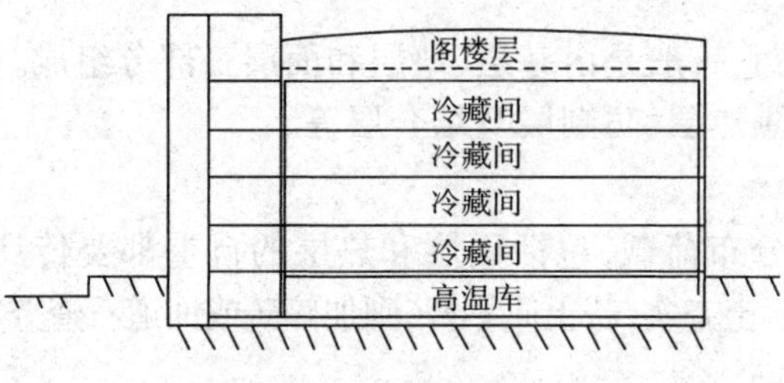

图 4-43 地下室高温防冻

利用地下室做高温库的外墙及地坪做法见图4-44。

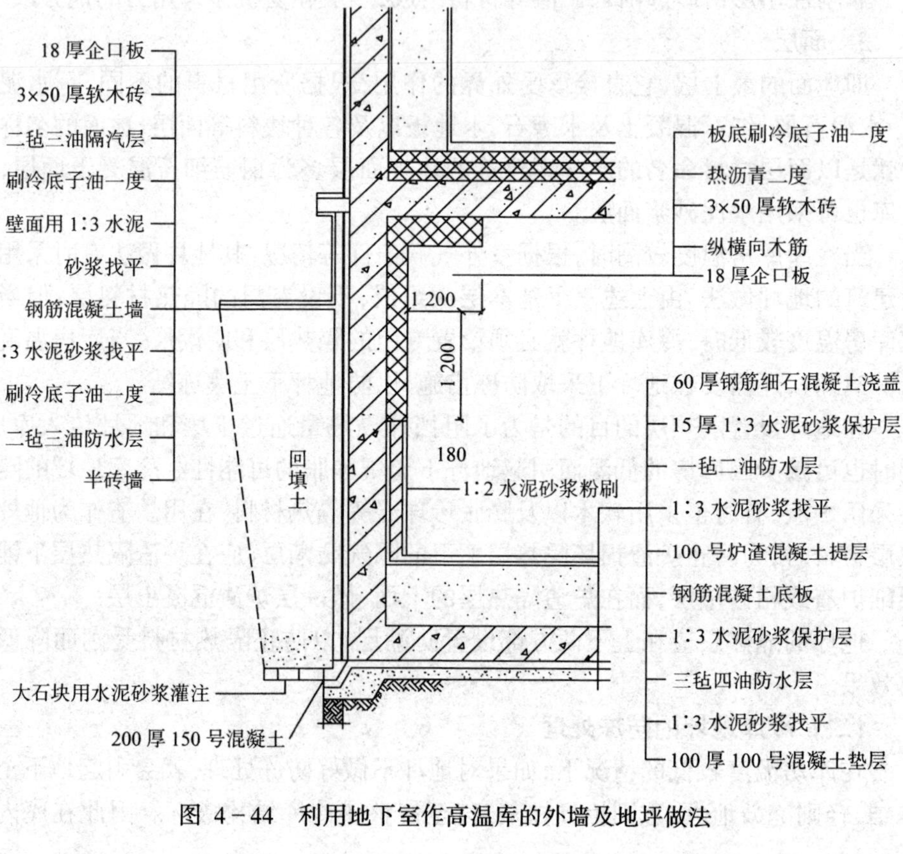

图 4-44 利用地下室作高温库的外墙及地坪做法

2. 地坪架空防冻法(见图 4-45)

这种方法是把冷库地坪架空起来,并在架空板上做绝热层,使从冷库地面"跑掉"的冷量,能通过架空层的空气散发掉,不致冻鼓地面下的土壤。架空法一般用于地下水位较高的地区,它防冻防水效果好,管理方便,因此南方地区冷库用得比较多。但由于库内地坪标高限制,架空地坪中多用软木等高效能的隔热材料作隔热层,隔热层下又要作钢筋混凝土的基层,由此造价高(较一般通风或油管防冻地坪造价高 25% 左右),因此在一些地下水位较低的地区不一定采用架空防冻处理。

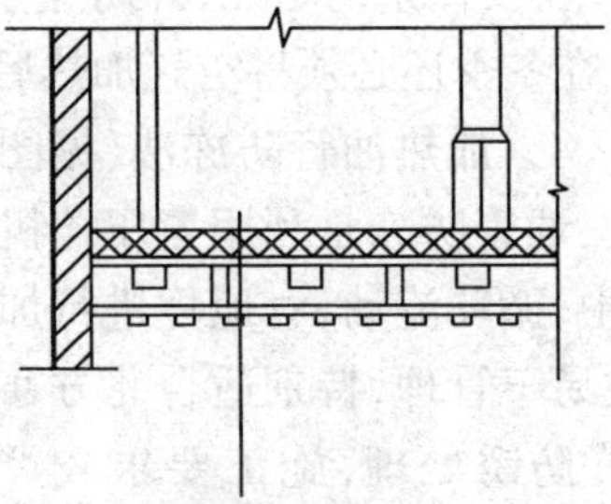
60 厚钢筋混凝土面层
15 厚水泥砂浆保护层
一毡二油防水层
250 厚软木隔热层
一毡二油隔汽层
冷底子油
20 厚 1:3 水泥砂浆找平层
钢筋混凝土结构层
架空层
150 厚混凝土基层
100 厚灰土垫层

图 4-45 架空防冻法地坪

架空防冻法有"矮架空"(高度在 0.8～1.8m之间,架空层不利用)和"高架空"(高度在 2～2.8m 之间,架空层可做挑选间或仓库之用)两种,矮架空层内的排水设施一定要保持畅通,否则积水会引起后患。

3. 地坪通风防冻法(见图 4-46)

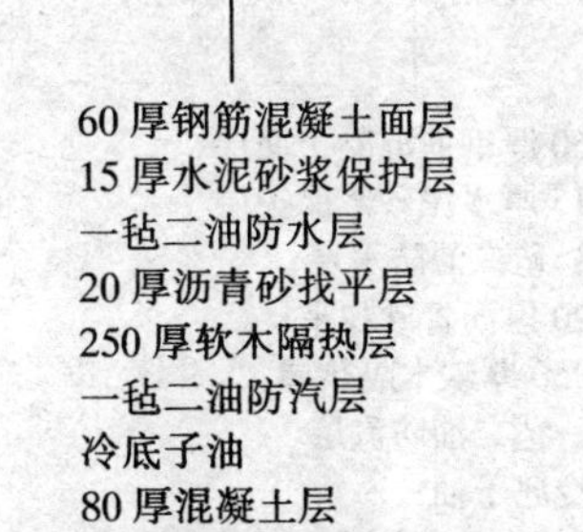
60 厚钢筋混凝土面层
15 厚水泥砂浆保护层
一毡二油防水层
20 厚沥青砂找平层
250 厚软木隔热层
一毡二油防汽层
冷底子油
80 厚混凝土层
500 厚砂层中埋设 Φ150
100 厚混凝土基层
100 厚灰土垫层

图 4-46 通风防冻法地坪

此法是在冷库实铺地坪下埋设通风管进行自然通风或机械通风。这种做法造价较低,采用比较普遍,但在设计时应注意:

(1) 自然通风只适用于冬季室外气温不低于 0℃或低于 0℃的时间很短暂的地区。通风面要有开敞的场地,通风管应尽可能与常年主导风向平行,其管径与管距和长度应相适应,以利气流畅通,一般管径为 Φ300 以内,管距在 800～1 000mm为宜,长度不宜超过 30m。通风管应有 5%左右的排水坡度。进出风口应高于室外地坪,使地面积水不能浸入管道内,管底应高于地下水位。

(2) 机械通风是利用鼓风机进行强制通风,把热空气吹进风道,再分配到风管,然后排出管外。当冷库跨度较大或室外最低月平均气温低于 0℃时,应采用机械通风。设计时应注意将通风机房布置在易于管理的地方,最好与氨压缩机房相邻,以便于统一操作管理。从冷库地坪下抽回来的冷风，也便于综合利用，如供压缩机房内夏季空调降温之用。

采用通风防冻法时，必须加强管理，注意不要让地下通风道发生堵塞，外墙通风口不要让杂物堵死，并防止室外地面水倒灌入通风管；机械通风要定期依时进行，在冬季还必须将空气加热后再鼓入风道。

4. 加热油管防冻法(见图 4－47)

油管防冻是利用氨压缩机排气管的热量来加热油，用油泵压入地坪蛇形油管中，循环流动，对地坪进行加热防冻。这种方法系统简单，造价较低，防冻性可靠，易于管理，特别适合北方寒冷地区使用。但此法耗用无缝钢管多，焊缝多，并要作防锈处理，施工要求较严。同时必须加强管理，按时开动油泵进行热油循环。

采用油管防冻时，一般控制进油温度为 14℃，回油温度大于 5℃。若回油温度大于 10℃时，油不需加热循环运行。油管通常采用 $\Phi25\sim\Phi38$ 的无缝钢管，埋设在地坪隔热防潮层下的混凝土垫层内，油管中心间距一般为 1.0～1.5m。

5. 地垄墙半架空地坪防冻法(见图 4－48)

这种做法是用砖或混凝土地垄墙将冷库地坪架空，在地垄墙间进行通风，它吸收了架空地坪和通风地坪的优点，造价较低，防冻效果好，但耗冷量稍大，一般在中小型冷库中采用。

在设置地垄墙架空层时，要注意其排水设施畅通，以免形成隐患。

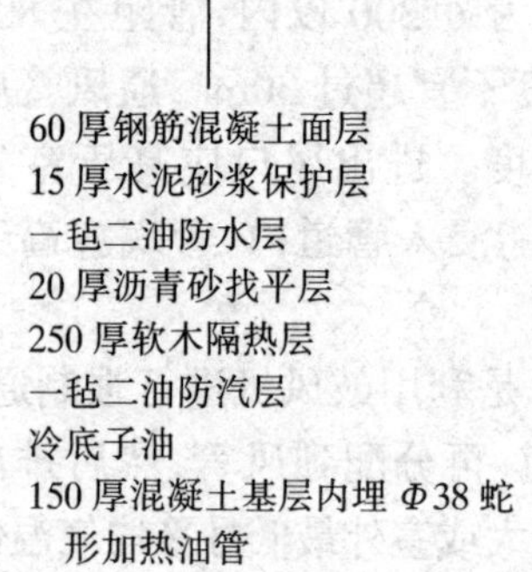

图 4－47 油管防冻法地坪

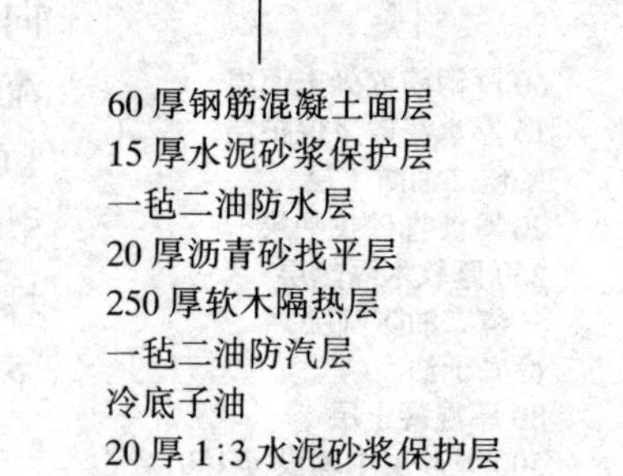

图 4－48 地垄墙半架空地坪防冻法

6. 电热防冻法

这种做法是在冷库地坪隔热防潮层下设置钢筋混凝土垫层，定时往垫层中的钢筋通进低压电，使其发热，达到地坪防冻的目的。由于这种做法耗电量大，还需预防电短路，故目前较少采用。

第五节　食品冷库的屋顶和阁楼层

一、屋顶的形式和防水处理

屋顶覆盖在建筑物的顶部，它是由围护构件(屋面)和承重构件所组成。

屋顶的主要作用是防止阳光、雨、雪、风沙的侵袭，减少室外气候对室内的影响，造成满足使用要求的室内环境；屋顶承受着屋顶上部的荷载，包括风、雪荷载、屋顶自重和施工维修等荷载，并将这些荷载传递到墙或柱上，由于屋顶的搭接，还增强了建筑物的刚度和整体性。因此，设计屋顶时必须满足坚固耐久、防水、防火、保温、隔热、抵抗侵蚀等要求。并力求做到自重轻、构造简单、施工方便、就地取材、造价经济，此外，还应考虑美观和抗震等要求。

屋顶的形式有坡屋顶、平屋顶、拱壳屋顶、折板屋顶等多种。目前常用的屋顶形式，主要是坡屋顶和平屋顶，这也是冷库建筑中常用的两种形式。

屋顶形式的选择主要考虑房屋的使用要求、屋顶的结构形式、屋面防水材料以及造型美观等因素，在满足使用要求的前提下，屋面防水材料将起着决定性的作用，如果采用防水性能好，单块面积大，接缝少的材料如油毡、钢筋混凝土板等，坡度可以小至2%～3%，就形成平屋顶；如采用平瓦、小青瓦、石棉瓦等小块面层则接缝多，要求坡度大，就形成了坡屋顶。

(一) 坡屋顶

坡屋顶由屋面和支承结构、顶棚所组成。其屋面是由一些相同坡度的倾斜面相互交接而成。坡屋顶的坡度随所采用的屋面铺材和铺盖方法不同而异，一般均大于1∶10。

坡屋顶的支承结构有山墙承重和屋架承重两类，冷库由于开间面积较大，都用屋架承重，根据具体条件可采用木屋架、钢筋混凝土屋架或轻钢屋架等。屋架的形式有三角形、梯形、多边形、弧形等。为了加强屋架之间的联系和稳定，在屋架之间应设置水平支撑和竖向支撑的稳定构件。

坡屋顶的屋面由支承构件及防水面层组成，支承构件包括檩条、椽子、屋面板或钢筋混凝土挂瓦板，屋面防水层采用黏土平瓦、小青瓦、水泥瓦、石棉瓦或铁皮等铺设。黏土平瓦屋面构造参见图4－49。

坡屋顶坡度较大，雨水易排除，屋面铺材多为就地取材，施工简便，易于维修，因此广泛应用在各类建筑上，小型单层冷库也常常采用坡屋顶。但采用坡屋顶要求建筑平面简单,否则会使屋面产生许多斜天沟而容易导致漏水,而且当建筑物宽度较大时,为不使山墙过高,一般采用多跨形,这样要求屋顶设置内天沟和内落水,故宽度较大的冷库较少采用坡屋顶形式。

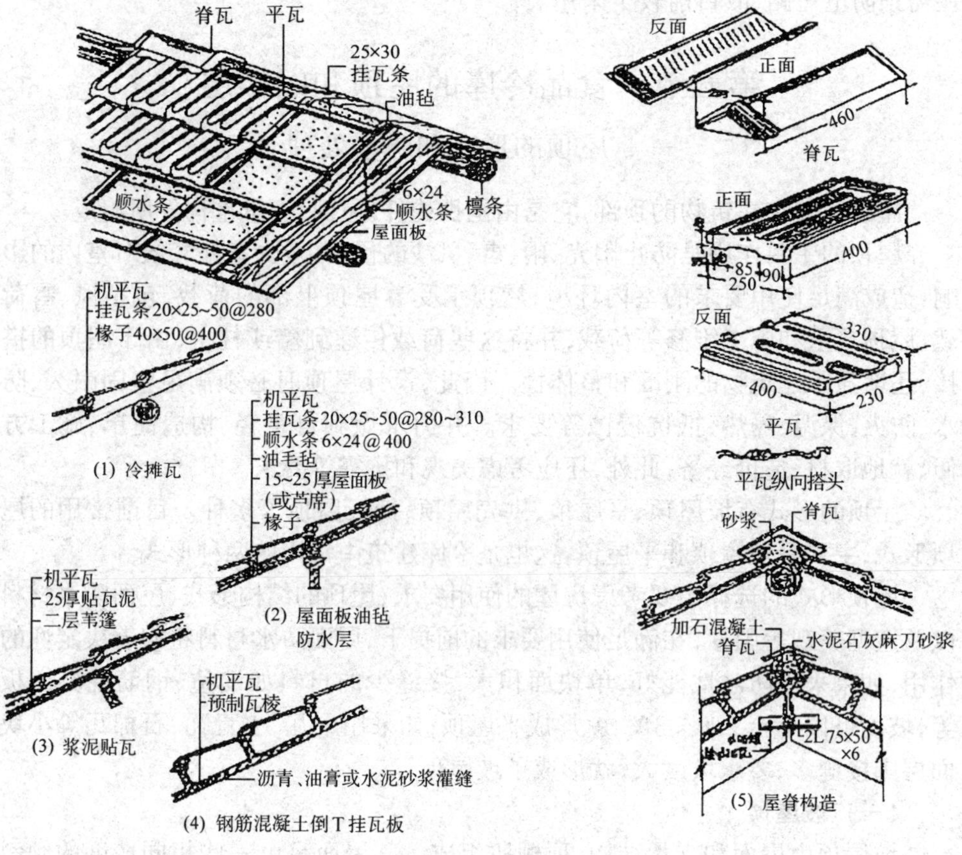

图 4-49 黏土平瓦屋面构造

(二) 平屋顶

屋顶坡度小于1:10者称平屋顶,平屋顶的支承结构常采用钢筋混凝土梁板。由于梁板布置较灵活,构造较简单,因此建筑物平面形状比较复杂时采用平屋顶较为适宜。平屋顶屋面坡度小,可以利用,不需要设内天沟和内落水,一般大中型冷库多采用平屋顶。但平屋顶坡度小,排水慢,屋面积水的机会较多,容易渗漏,因此对屋面防水、排水问题的处理较坡屋顶更为重要,其防水层由于所采用的材料和构造不同,可分为柔性防水屋面和刚性防水屋面两类。

1. 柔性防水屋面

又称卷材防水屋面。这种屋面是用沥青等胶结材料将油毡等防水材料粘结在结构层上形成防水层。其做法是先在已找好坡度的屋盖面上用1:3的水泥砂浆做找平层(20～30mm 厚),待找平层干透后刷冷底子油一度,然后涂一道沥青贴一道油毡,在最后一道油毡上涂 2～4mm 热沥青膏,上撒 3～6mm 的粗砂或卵石(称绿豆砂)做保护层,以防止沥青流淌和卷材老化;上层屋面则可铺缸砖或水泥预制块,用砂浆或沥青膏胶结灌缝作为保护层。防水层根据油毡层数不同分为二毡三油、三毡四油两种,一般屋面坡度≥3%时多用二毡三油,坡度小于 3%时用三毡四油,冷库屋面防水要求较高,宜采用三毡四油。

柔性防水屋面的主要优点是防水性能好,并且对房屋地基沉降、房屋受震动和温度影响的适应性较好。因此冷库多采用柔性防水屋面。

柔性防水屋面的主要缺点是施工麻烦、层次多,又要高温操作,造价高,且渗漏后检查维修比较麻烦。

柔性防水屋面的构造见图 4－50。

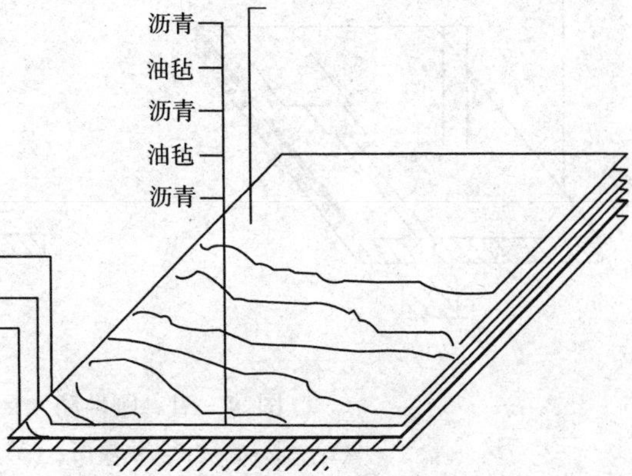

图 4－50　柔性防水屋面构造

2. 刚性防水屋面

以混凝土或砂浆等刚性材料做防水层的屋面称为刚性防水屋面,包括涂料防水、防水砂浆与细石混凝土屋面几种,以细石混凝土屋面采用较普遍。

细石混凝土防水屋面常用在钢筋混凝土预制板上,一般先将板缝嵌填后,再浇捣 40mm 厚细石混凝土,内配 Φ@150 或 Φ4@200 双向钢筋网。混凝土标号不低于 200 号,水灰比不大于 0.55,用不低于 400 号的普通硅酸盐水泥,粒径 0.3～0.4mm 的中砂,5～13mm 的碎石或砾石浇筑。

为了适应气温变化与结构变形影响,防止屋面开裂,大面积的细石混凝土屋面防水层必须设分仓缝,每仓面积以不超过 $20m^2$ 为宜,分仓缝一般设在屋面板支承处,预制板和现浇板相交处,方向不一致的预制板接缝等处。屋拼缝,现浇口与预制板拼缝等均应设分仓缝。分仓缝处的温度钢筋应断开,缝宽约 20～30mm,缝上盖贴油毡,并留有伸缩余地,其上再盖脊瓦,也可用膏嵌缝。

用防水水泥砂浆作防水层时,通常是在现浇钢筋混凝土屋面上,以 20～25mm 厚的 1∶2 防水水泥砂浆分二次做成,在砂浆中掺 5%防水剂。

涂料防水屋面是用各种可塑柔软的防水材料涂刷在基层上,形成一层防水薄膜用以防水,一般用在构件自防水结构上,或小面积现浇钢筋混凝土板上,这种防水屋面耐久性差,但自重轻,修理方便。

刚性防水屋面的防水性能一般比柔性防水屋面差,其主要问题是防水层表面易因热胀冷缩及材料本身干缩开裂导致屋面渗漏，以及结构变形将屋面防水层撕裂而漏水。故要求房屋刚度好，整体性好，施工要求严格，冷库较少采用。但刚性防水屋面施工程序较简单，造价较低。

刚性防水屋面的构造见图 4-51。

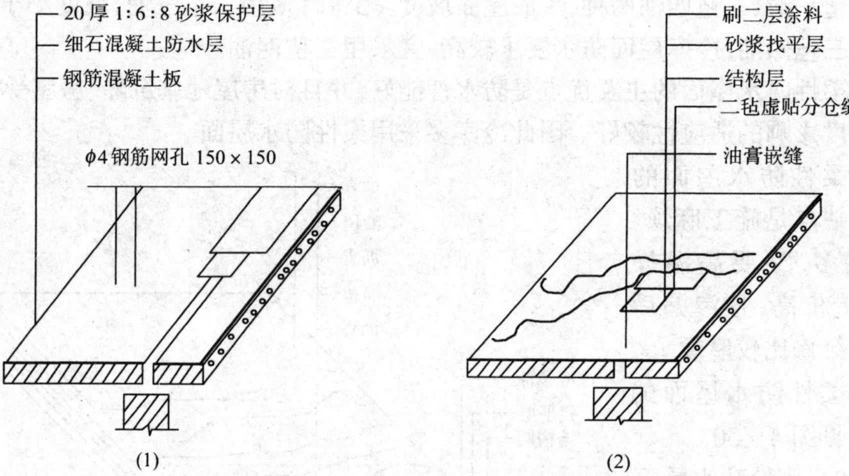

图 4-51 刚性防水屋面构造

(1) 细石混凝土防水屋面 (2) 涂料防水屋面

平屋顶的防水一方面要靠严密的防水面层，另一方面也不能忽视排水的重要性，所以屋面必须有排水坡度(坡度通常采用 2%～3%)。坡度较大时可由支承结构构成，若坡度较小，可在结构表面选用 1:6 的水泥矿渣找坡(最薄处不少于 15mm)。为了迅速排除屋面雨水，冷库屋面通常设檐沟聚集雨水，雨水经水斗、雨水管等装置导入室外明沟。

二、冷库屋顶的隔热处理

为了减少屋外气温对室内的影响，造成冷库库房内稳定的低温环境，冷库屋顶必须作隔热处理。目前通常有下列两种做法。

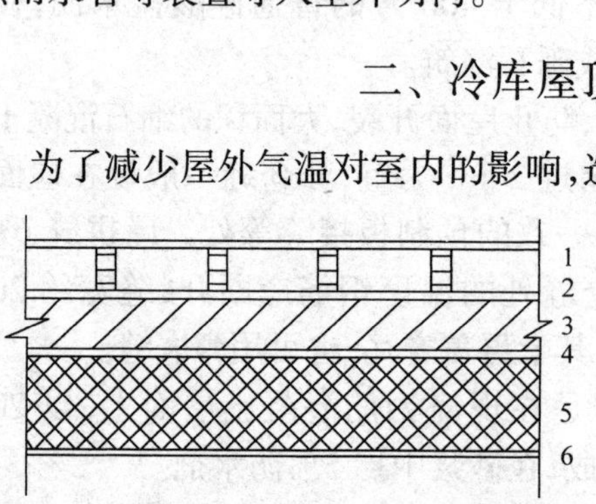

图 4-52 在屋面板底设隔热材料顶棚

1—架空层 2—防水层 3—结构层

4—隔汽层 5—隔热层 6—保护层

(一) 在屋面板底设隔热材料顶棚

这种屋顶隔热做法不设置阁楼层，而把隔热层和屋面做在一起。通常是把由软木板、聚苯乙烯泡沫塑料板等块状隔热材料构成的隔热层做在屋面结构层的下面，隔热层下用倒光的 18mm 厚企口板做保护层，再刷桐油两道(见图 4-52)，这种屋面隔热层与做在屋面结构层上方的隔热层相比，具有施工时不受天气影响，也不会在屋顶及墙的交界处形成“冷桥”的优点，但施工较麻烦，劳动强度较大，且不能采用松散的隔热材料。这种做法一般适用于小型冷库及改建冷库。

比起设阁楼层的屋顶隔热做法，在屋面板底设隔热材料顶棚的优点是一次投资省，其缺点是屋顶漏水不易发现，也不易维修，而且太阳辐射热对冷库库房内的影响较大。因此在南方采用较少。

（二）库顶设阁楼层

在冷库屋顶设阁楼层，这屋顶隔热层铺设在阁楼层上。这种做法，虽然增加了一个结构层，土建投资相应增加一些，但它却具有较突出的优点，因此各地的冷库广泛采用这种形式。它的主要优点是：

（1）阁楼内有较大的空间，便于操作以铺设、更换或翻晒廉价的松散隔热材料(一般多用稻壳)。

（2）便于检查屋顶的渗漏和构造上的各种毛病。

（3）便于检查、填充或翻修外墙部分的隔热材料层。

（4）使因屋顶胀缩而产生的外墙水平裂缝上移到阁楼层内，避免在冷库库内出现而产生不良影响。

（5）在施工过程中，不受天气影响，并且比实铺隔热层的屋顶形式能提前“断水”，有利于整座库房的隔热、隔汽层的施工。

冷库阁楼层的结构形式，常用的有两种：一种是在大跨度的屋架下弦吊天花板。这种形式常用于单层坡屋顶冷库，采用这种形式必须处理好吊筋“冷桥”问题，通常在吊筋下部设硬木绝缘块。另一种形式是钢筋混凝土梁板结构或无梁结构，它具有刚度和整体性较好，阁楼内空间整齐，隔热层的施工操作条件较好等优点，但也存在柱身“冷桥”问题，造价也较高。这种形式常在多层冷库或单层平屋顶冷库中采用(见图 4－53 和图 4－54)。

按照阁楼层的通风情况，冷库阁楼的形式大致可分为通风式、封闭式和混合式三种。这三种阁楼因隔汽层设置的不同，又有“不隔汽”、“双面隔汽”，“冷面隔汽”和“热面隔汽”等做法，理论研究及实践均证明，采用热面隔汽的做法符合建筑热工的要求，效果也较好。而冷面隔汽是不合理的，故现在一般已不采用。

下面分别介绍三种形式阁楼的做法。

1．通风式阁楼

通风式阁楼又称开敞式阁楼，这种阁楼层的两面墙或四面墙上开有通风百叶窗和进料小门，外墙的油毡隔汽层只做谷壳层的顶面，为了加强通风效果，有的冷库还在屋脊部位设有通长的带挡风的气楼[见图 4－53(1)]这种形式的优点是阁楼内温度较低，阁楼与库内温差小，可减少耗冷量，且施工、维修条件较好。缺点是阁楼层湿度较大，为防止隔热层受潮，一般是在稻壳隔热层上部设置隔汽防潮

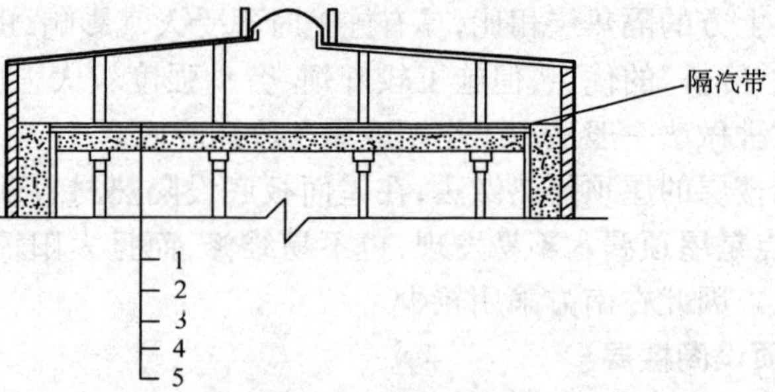

(1) 二毡三油隔汽

1—二毡三油隔汽层

2—1:3 水泥砂浆抹面

3—700 号炉渣混凝土 50×500×500

4—稻壳隔热层

5—钢筋混凝土楼板

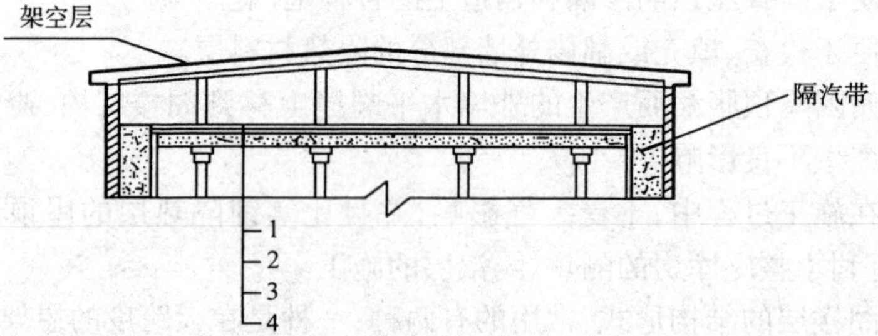

(2) 聚氯乙烯薄膜隔汽

1—200 厚稻壳

2—聚氯乙烯薄膜隔汽层

3—稻壳隔热层

4—钢筋混凝土楼板

图 4－53 通风式阁楼剖面

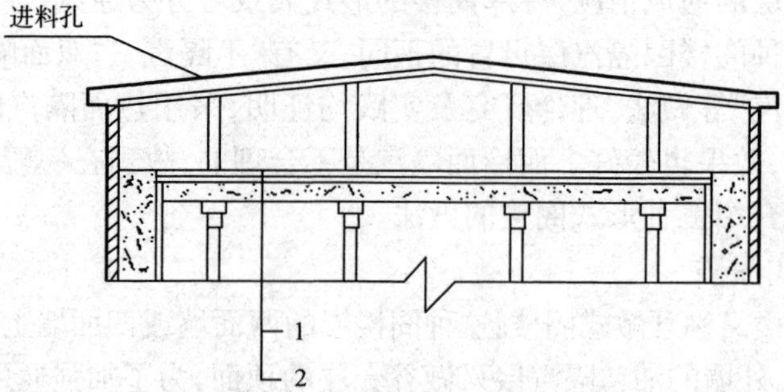

图 4－54 封闭式阁楼剖面

1—稻壳隔热层 2—钢筋混凝土楼板

层,隔汽层可采用塑料薄膜或沥青油毡,采用塑料薄膜作隔汽层时,可直接铺设在稻壳层上，同时在外墙顶部设置一道隔汽带，塑料薄膜的接缝必须严密，不漏气，薄膜两端必须留有一定的胀缩余量。在薄膜的面上必须再铺200mm厚的稻壳保护层[见图4-53(2)]，这种隔汽层施工方便，但薄膜难于保证不破裂。

采用沥青油毡作隔汽防潮层时，一定要做好固定油毡的基层。基层可用木板、炉渣混凝土块或水泥稻壳预制块，油毡防潮层做在稻壳隔热层顶面，通常采用二毡三油，并需沿外墙四周设置隔汽带[见图4-53(1)]。

通风式阁楼存在的问题是通风百叶窗飘雨，施工工序较多，铺设隔汽层后对检查稻壳带来不便，更换稻壳时必须拆除等。但通风阁楼层温度低，使用效果好，因此南方炎热地区的冷库多采用通风式阁楼。

2. 封闭式阁楼

这种阁楼不开窗，外墙油毡隔汽层一直做到屋面板底(见图4-54)，进料孔或开在屋面上，或在外墙上设一至两个进料“密闭小门”。稻壳层上下均不作隔汽层，而是利用屋面二毡三油防水层兼做隔汽层。此种形式构造简单，层高降低，造价较省，且阁楼层内湿度较低，但阁楼层内温度较高，装换稻壳操作条件太差。同时检查屋面漏水较困难。而且要真正做到密封也有一定困难，因为阁楼中一般要设置装卸和检查稻壳的门、洞，这种门洞往往因设计、施工或管理不当而影响其密封性，在设计选用时应予考虑。这种阁楼在北方地区采用较多。

3. 混合式阁楼

这种阁楼的外墙油毡隔汽层按封闭式阁楼的要求进行设计，一直铺至屋面板底，不设气楼。但在阁楼两面或四面外墙上开有进料门和玻璃窗，平时封闭，更换稻壳时可以打开通风。通常还按照通风式阁楼的做法，在稻壳隔热层上设塑料薄膜隔汽层。这种阁楼隔汽层处理好，优点较多，效果较好，但因阁楼层平时不通风，热气不易散发，温度较高，在南方地区采用时应做好屋面隔热处理。

(三) 冷库屋面通风隔热层的设置

冷库的屋面在夏季由于太阳的照射，温度很高。如果不采取适当的通风隔热措施，就会出现以下几个问题：

(1) 由于屋面温度太高，使屋顶膨胀加大，檐口容易出现裂缝。如广州地区，屋面油毡温度最高可达74℃。那么一座平面为42m×48m的大型冷库，屋顶钢筋混凝土板的全部膨胀量可达20mm左右，很容易使檐口产生水平裂缝。

(2) 使阁楼内温度增高，加大了阁楼与库房之间的温差，增加耗冷量。

(3) 屋顶的油毡防水层容易老化、开裂。

因此，为了防止屋面温度过高，通常在冷库屋面上设置通风隔热层(见图4-52)，利用通风隔热层与屋面层之间流动的空气带走大量的热量。通风层要求有一定的高度，通风口有足够的面积，流通方向与通风口应朝向夏季主导风向，使通风层内空气流畅，换气迅速以达到良好的隔热效果。通风层高度与屋面坡度及屋面面积有关，屋面坡度大的通风层高度可适当小些，屋面面积较大通风层高度相对大些，一般采用180～300mm较为适宜，通风层构造一般是在结构层上用半砖或混凝土垫块架空，上铺预制混凝土块或大阶砖等。

在冷库屋顶上设通风隔热层，虽然增加一些投资，但可提高冷库质量，延长使用年限。因此在冷库屋面设置通风隔热层是必要的，特别是南方地区。

三、冷库屋顶的檐口处理

由于一般冷库的平面尺寸都较大，其主体结构（库内的柱、梁板、屋顶）和外围护结构（外墙等）往往是脱开的。屋顶是由主体结构变化的关系，保证檐口部分不裂缝，是冷库设计的一个重要问题，目前一般有如下几种做法：

（1）在单层冷库中，外墙和屋顶结构脱开，但又不作伸缩或沉降缝处理，檐沟现浇于外墙上（见图4－55）。这种做法常因屋顶受热膨胀向外移动，致使在外墙檐口部分和库内边跨柱上端出现裂缝。

为了改善这种情况，在设计中可将檐沟和屋面结构连成一体，外墙和檐沟间做伸缩缝处理（图4－56）。

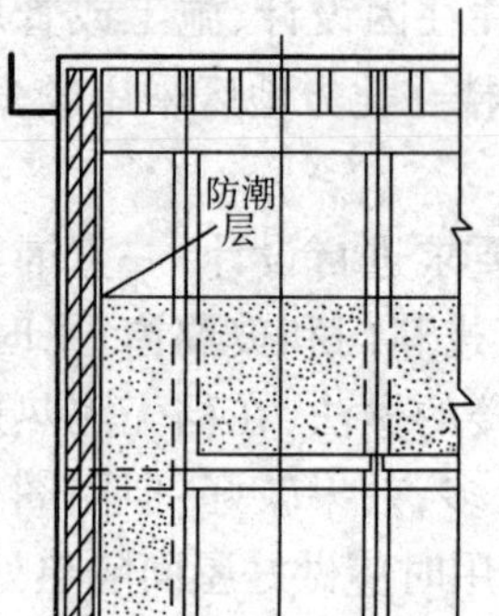

图 4－55　单层冷库的外墙和屋顶结构脱开，但不作伸缩缝或沉降缝处理

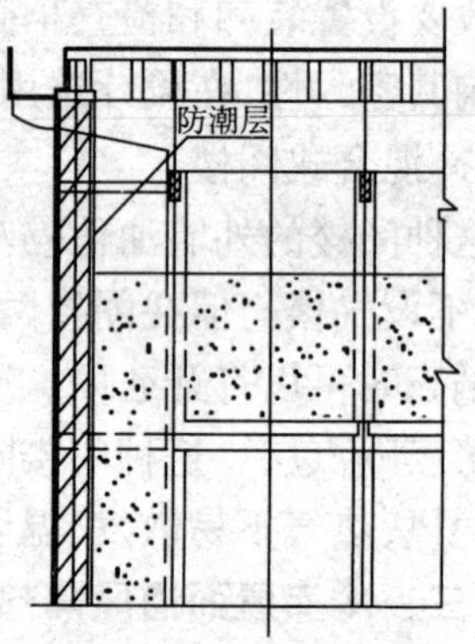

图 4－56　单层冷库的檐沟和屋面结构连成一体，檐沟与外墙间作伸缩缝处理

（2）在多层冷库中，屋顶结构和外承重墙完全脱开，外墙和屋顶因温度变化而产生的收缩或膨胀，都不与外墙发生关系，从而可减少檐口产生水平裂缝的可能，但这种做法，屋顶的边跨部分悬臂较大，致使顶板厚度加大，顶板和边柱的用钢量增多；同时，为了保证外墙的稳定，又往往从阁楼板上伸出很多钢筋混凝土锚系梁，这不但要耗费钢筋和水泥，还给阁楼稻壳层增加很多“冷桥”。

（3）为了改进第二种做法中由于锚系梁带来的缺点，将边跨部分的屋面降低，支承于外砖墙和边柱的挑梁上，边柱和屋顶结构采用铰性连接（图4－58）。上部檐口处作伸缩缝处理（见图4－59）。这种做法，边跨柱子上部随屋面受热膨胀向外推移，下部随阁楼板因降温而向里收缩，柱子中部则保持平衡不动。如果

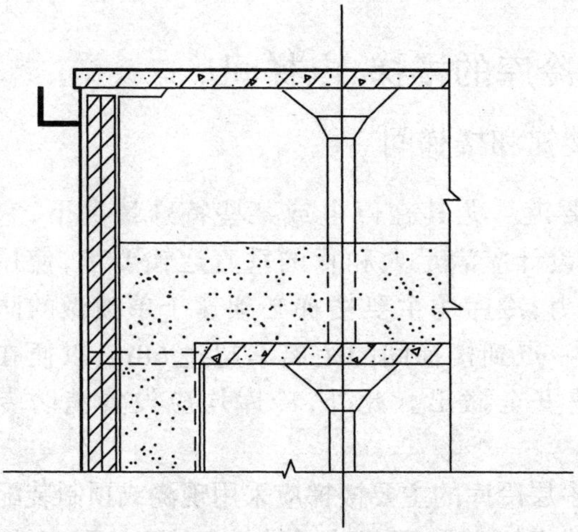

图 4-57　多层冷库的外墙和屋顶结构脱开，作伸缩缝或沉降缝处理

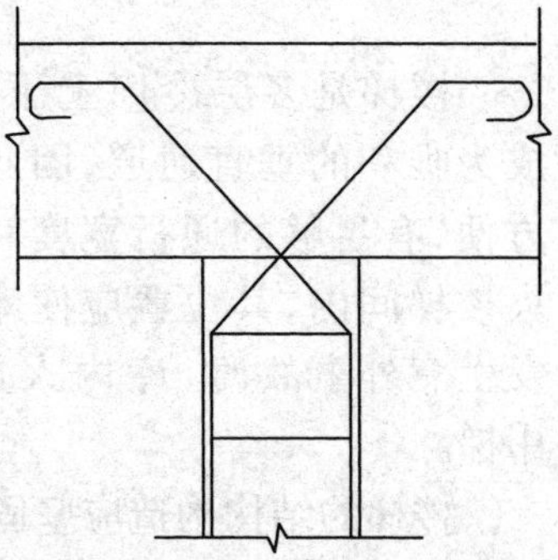

图 4-58　边柱与屋顶结构的铰性连接

把边跨屋面支承于靠近柱子中部的牛腿上，边跨屋就不会对檐口产生较大的推力和位移，因此檐口也不会产生水平裂缝。外墙也因和边跨屋面形成一个整体，其稳定性较好，边跨柱子与屋顶结构做成铰性连接，使其屋顶膨胀外伸时，允许在柱子上部的混凝土出现裂缝，而钢筋并不受到影响，防潮层也不致破坏而影响使用。

为了保证外墙的稳定，又不设锚系梁，也可将冷库檐口附近的屋面降低，在结构上与主体屋面脱离，而与檐口做成整体，支撑于外墙上（见图 4-60）。

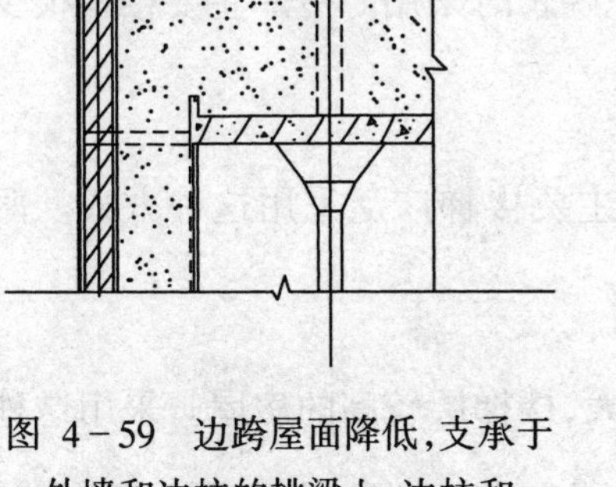

图 4-59　边跨屋面降低，支承于外墙和边柱的挑梁上，边柱和屋顶结构采用铰性连接

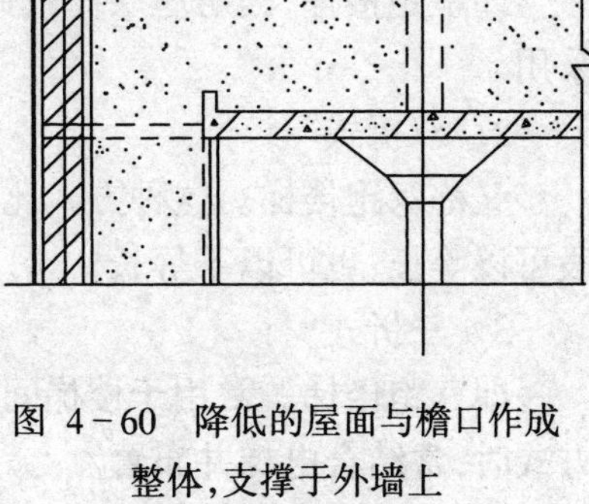

图 4-60　降低的屋面与檐口作成整体，支撑于外墙上

第六节 食品冷库的楼梯、电梯间

一、楼梯和楼梯间

楼梯是多层冷库上下交通的要道。尤其在停电或某些特殊情况下，它成为唯一的垂直通道，因此楼梯的设计应满足人和货的垂直运输要求，使用方便，有足够的通行宽度和疏散能力，冷库的主要楼梯必须建于单独做的防火楼梯间内，其位置应使库房内任一点到楼梯间的距离不超过60m，以便在发生意外事故时，库内人员可迅速安全撤出。此外，冷库均应设置消防专用梯。

楼梯的结构构造应坚固耐久。多层冷库的主要楼梯应采用现浇或预制装配的钢筋混凝土结构，由坚固的墙、柱或钢架支承，要求支承结构有较高的刚度，楼梯间的墙必须为不少于一砖厚的耐火墙体。并且不应有凸出部分，以免影响交通和人员疏散。

常见的楼梯布置方式有下列三种(见图4-61)：

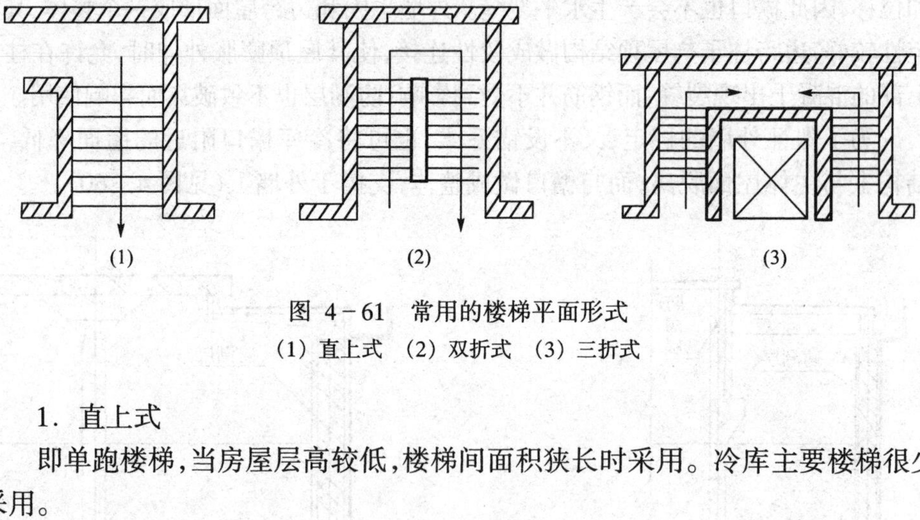

图4-61 常用的楼梯平面形式
(1) 直上式 (2) 双折式 (3) 三折式

1. 直上式

即单跑楼梯，当房屋层高较低，楼梯间面积狭长时采用。冷库主要楼梯很少采用。

2. 双折式

又称双跑楼梯。这种方式比较通用，冷库主要楼梯广泛采用这种方式。两段可以等长，也可以不等长。

3. 三折式

即三跑楼梯。常用于楼梯间进深浅，宽度大，楼梯层较高的房屋。采用这种方式时，常结合电梯井布置。

楼梯是由楼梯段、休息平台和栏杆组成。楼梯段是位于平台之间的倾斜构件。按构造不同可分为有斜梁的和无斜梁的(即板式梯)两种形式。楼梯段的宽度应便于人行走和货物的搬运,并要满足疏散要求。货物对梯宽的要求根据货物尺寸而定,人的行走要求宽度按每人 50～60cm 计算。多层冷库主要楼梯的净宽应不小于 1.1m。楼梯的斜度可用一个踏步的高宽比($h:b$)表示,斜度应按使用要求确定。如冷库的主要楼梯若考虑停电时需用人工运货,则楼梯斜度就应缓和些,可取高宽比 1:2(26°34′)左右,一般楼梯则可取 1:1.5(33°42′)左右,不常用的次要楼梯可以更陡些。楼梯的踏步尺寸一般高为 150～100mm,宽为 240～300mm。

踏步的高度最好适合下列经验公式:

$$高 + 宽 = 450mm$$

或

$$2 \times 高 + 宽 = 600 \sim 620mm$$

楼梯设计时,必须考虑各梯段及平台净空高度,避免碰头和影响运输,一般净空高度不小于 2.2m。

楼梯平台是由平台梁和平台板组成。通常设于踏步过多或楼梯转弯处,以减少疲劳。其宽度应不小于梯段宽度,并不得设扇形踏步。

楼梯栏杆下端固定在踏步上或斜梁及平台上,靠墙的一边也可固定在砖墙上,上端设扶手。其高度一般为 900mm;梯宽超过 1.4m,应双面设扶手。

二、电　梯　间

电梯是多层冷库货物垂直运输的主要设备。它是影响多层冷库吞吐速度的主要环节。电梯的数量及规格根据总吞吐量决定。

电梯由轿厢、电梯间(电梯井)及机械起重设备三部分组成。

冷库用的电梯需要较大的轿厢面积,便于连车带货一起进轿厢。

轿厢是沿着电梯井内的两根轨道竖向升降,轿厢顶上用钢丝绳与起重设备相连,开动卷扬机后就能使轿厢上下升降。

电梯井壁应平整而没有凹凸,可做成封闭的不燃墙或做成镶玻璃的网状铁栅式。在井底有坑,并设缓冲器,坑底应比地下室地面标高低 1 400mm 以上,最高层楼板上表面距电梯井顶盖下表面(即机器间底面)应不小于 3 800mm。

机械间通常布置在电梯井上,要求通风采光良好,隔音耐火,有时为了检修,需在机械间顶上设吊钩供安装、检修时吊装设备之用。

电梯井的平面尺寸,应根据电梯平衡锤的位置、轿厢的规格大小而定。

电梯井的构造尺寸见图 4-62。

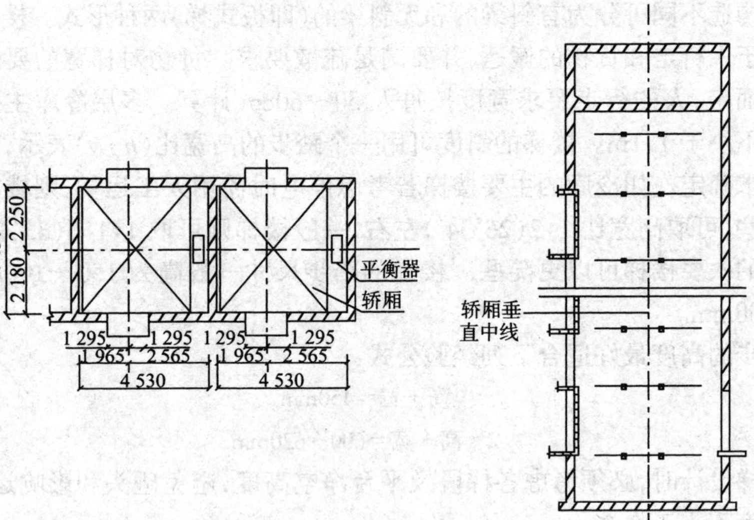

图 4-62 一般电梯的电梯井

第七节 月台和封闭式月台

一、月 台

为了便于货物装卸,冷库必须设置月(站)台。根据库外运输工具的不同,月台可分为铁路月台和公路月台。

月台的宽度与冷库的规模、货物的周转量,装卸工具以及要求的装卸速度等有直接的关系。一般用机械装卸货物时速度快,要求月台较宽;用人工装卸时速度慢,月台可比较窄,设计时可参考表 4-3。

表 4-3 冷库月台的宽度

运输工具	铁路月台宽度/m	公路月台宽度/m	备 注
手推车	7～9	5～7	大中型冷藏库,大中城市
电瓶铲车	8～10	6～8	分配性冷藏库取上限

铁路月台的长度应按同时停靠装卸的车厢数量来决定。

大型冷库通常按一短列机械保温列车 12 节长度计算,每节车厢长 17.8m,则月台长度为 216m;中型冷库可采用 6 节保温车长度计算月台长度为 108m;大型冷库在受条件限制时,也可采用 108m。在南方多雨地区,商品进出频繁的大中型冷藏库,铁路月台宜全部设防雨罩棚,少雨地区可根据情况局部设罩棚。月台标高应高出轨面 1.10m,月台边缘至线路中心距离为 1.75m,月台罩棚的柱子外边缘距月台边缘不小于1.2m。如通行电瓶车，则不应小于2.4m。铁路月台罩棚的柱距一般采用9m。

公路月台的长度，应根据其货运量和同时装卸的车辆数量确定。月台面至回车场地面距离，应与运输车辆车箱高度相适应，一般为1.1~1.2m。公路月台宜全部设防雨罩棚，罩棚的柱距一般不小于6m，罩棚至月台面的净高，一般不低于3.0m。

铁路月台和公路月台的形式分别见图4－63和图4－64。

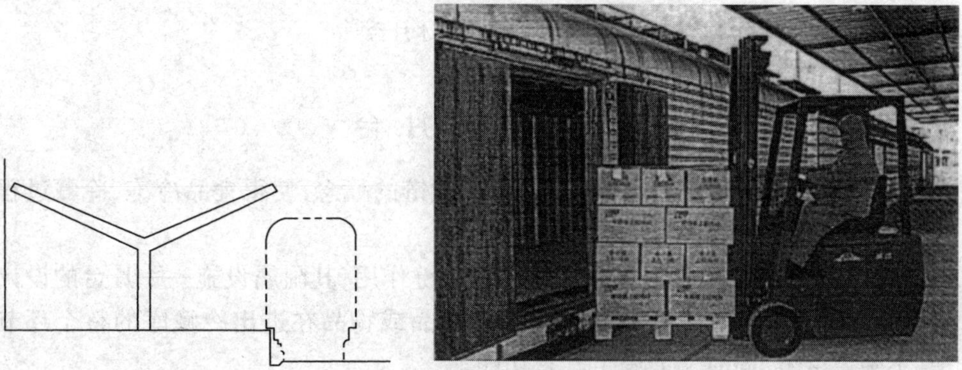

(1)　　(2)

图 4－63　铁路月台
(1) 铁路月台示意图　(2) 铁路月台实景

月台有两种形式，以上所述为敞开式月台，在气候特别炎热的地区或风沙很大的地区，还可采用封闭式月台，使火车或汽车进入室内，进行装卸。

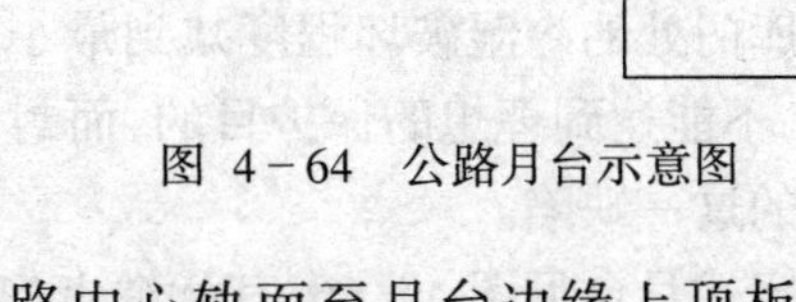

图 4－64　公路月台示意图

保温列车的加冰口是在车顶上，列车加碎冰的方法可利用月台顶棚上设的加冰运输装置。此种顶棚宜采用钢筋混凝土水平悬臂板，从轨面至悬臂板梁底的净高为5.0m（见图4－65）。另外，也可在月台上设移动式皮带输送机加冰。顶棚形式宜采用Y形结构，从线路中心轨面至月台边缘上顶板底的高度约6.2m左右（保温车厢顶至板底的距离应能保证皮带输送机运输所需的空间）。

此外，还可将碎冰机平面设在月台边，提高平台高度，在碎冰机下设旋转式输冰槽，直接向保温列车加冰，而保温列车由调度绞车牵引逐节移动。

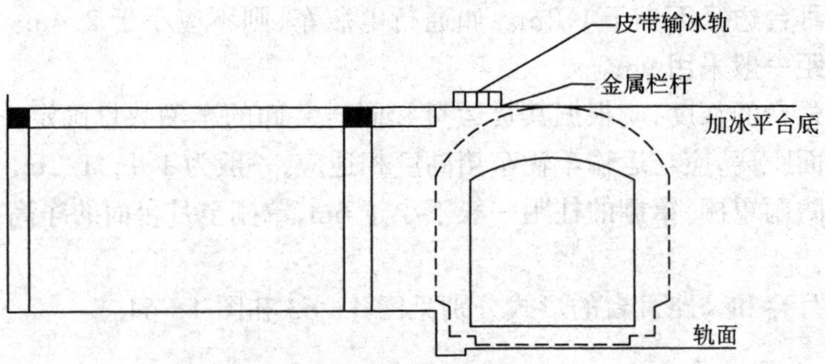

图 4-65 加冰月台

二、封闭月台

近年来随着国民经济发展，提出了冷藏链的概念，使得食品冷冻、冷藏过程向着符合冷藏链的方向发展。

冷藏库是冷藏链中起着承前启后的关键作用，其附属设施——月台的设计要求为封闭式月台。主要起着被冷藏的食品或物品在进出冷藏库的整个环节中，不断温度链，同时又能满足其它功能。

（一）封闭月台的定义

与常规月台相比，封闭式月台就是将原常规月台增加了隔热围护结构，使之形成一个保温隔热的封闭空间；同时对进出冷藏库食品或物品对接的汽车、铁路列车门，设置一个专用的密封门装置。做到食品或物品的进出在封闭月台这个环节上，与室外大气温度隔断，确保食品或物品的质量与卫生。

封闭式月台可根据实际需要，设计成常温或低温（封闭月台内可设置降温设备来达到目的）形式。

封闭式月台这种形式将会是以后冷藏库设计方面的一个发展的必然趋势。

（二）封闭月台的优缺点

封闭式月台使冷藏库、封闭月台与室外大气环境存在着一个温度梯度，有效地使冷库门处的冷湿破坏程度减到最小。以往冷库门外设置门斗，由于门斗体量较小，不能达到理想的保护目的，而封闭式月台本身的构造与体量，恰好弥补了门斗的这一缺陷。

封闭式月台见图 4-66，其优缺点如下：

（1）冷藏车（冷藏列车）停靠封闭式月台前，与冷库之间通过封闭式月台形成一个相对密闭的空间，避免外界的热量和水汽侵入，明显地减少了冷库内的热量损耗与库内结露现象；同时大大地降低冷库门内外的温度差，有效地保护了冷库门和其使用周期。

(2) 设置了带隔热围护结构的封闭月台,有利于冷库的节能。

(3) 封闭式月台使得食品或物品与外界隔离,确保其不受温度的影响,品质不下降。

(4) 封闭式月台可根据需要,其宽度设计可略为放大,国外资料表示可达15m以上,目的是使封闭月台能满足自身要求外,还可使其在物品周转上得到方便。

图 4-66　低温穿堂实景

(5) 封闭月台的设置肯定会使得一次性投资增加,更需要配套专用的一些设备,如封闭式专用月台门、对接冷藏车(冷藏列车)、专用的升降平台等设备。

总之,封闭式月台设置的优点远远大于其缺点,因此在今后冷藏库设计方面,封闭式月台的设计将会是一种主导设计。

(三) 封闭式月台的结构

封闭式月台一般可分为公路月台和铁路月台两种。采用什么样的形式以及具体如何设计,应根据具体情况和实际需要进行选择或设计。封闭式月台地面要有1%外斜坡度以利于排水。月台边缘应镶嵌角钢以防碰撞塌坏。月台应设有防雨罩棚,罩棚不宜过高,根据月台的大小和深度适当考虑。檐口不宜翘得太高。封闭式月台保持在2～7℃所需冷量按190W/m^2计算。

1. 封闭式公路月台

如图4-67所示,封闭式公路站台的标高应高出路面0.8～1.2m,与进出最多的汽车高度相一致。长度按每1 000t冷藏容量约7～10m设计。宽度由货物周转量的大小、搬运方法不同而定。根据封闭式公路月台特点,采用叉车装卸货物,建议取≥9m。货物装卸口的数量按每3 000m^3的冷藏容量约7～10个设计。月台装卸口上的门应该在墙内侧。而外侧为车位门封,以保证装卸过程中与外界的密封性,减少能耗损失,也有利于食品的安全卫生。车位门封有两种形式:充气式门封装置和原木外粘有特殊配制泡沫塑料的门封装置。

2. 封闭式铁路月台

如图4-68所示,封闭式铁路月台标高应高出轨道面1.1～1.3m。长度和

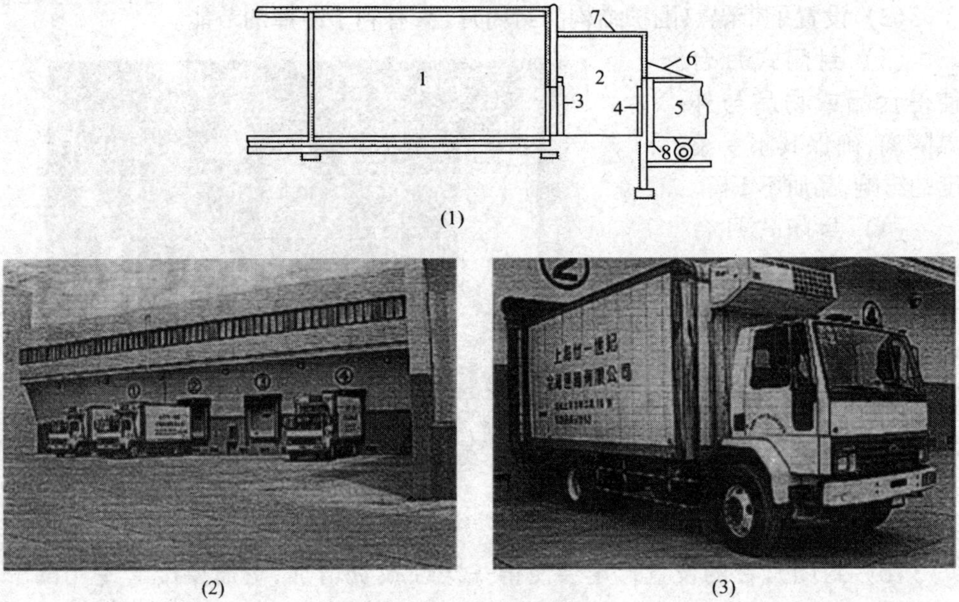

图 4-67 封闭式公路月台

(1) 封闭式公路月台示意图 (2) 公路封闭月台门与冷藏车对接实景 (3) 公路封闭月台实景

1—低温冷藏间 2—封闭式月台 3—电动平移冷藏车 4—月台滑升门

5—冷藏车 6—门上雨帘 7—隔热外围护结构 8—硬框式门罩

宽度按表4-4计算。货物装卸点的数量按每30 000m^{3}的冷藏容量约3～5个设计。铁路中心至月台边缘为1.75m，支撑柱的间距一般取9m。对于现代化机械作业冷库，装卸货物一般采用电瓶车，这样就要求柱中线至月台边缘的宽度不小于2m。在封闭式月台的两端设有滑升门，便于冷藏列车进入封闭式铁路月台内部，并与外界隔断。

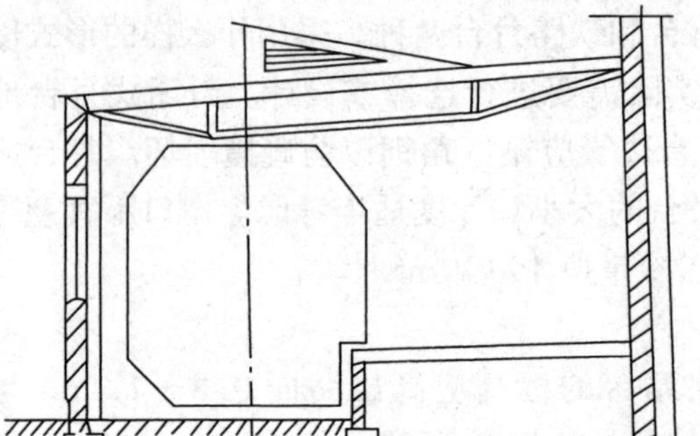

图 4-68 封闭式铁路月台示意图

表 4-4 铁路月台长度、宽度表

冷藏库规模/t	月台长度/m	月台宽度/m
≥10 000	317	8～10
≥5 000	216	8～10
1 500～4 500	108	6～10

如采用加冰保温的车辆，应作是否需要在月台内附加输冰、碎冰、提冰、加冰等设施的考虑。

(四) 封闭式月台配套设备

1. 各类防撞装置和滑升门

冷藏车在装卸货物时，需要车厢与装卸口对准。为了防止车厢定位不准，撞坏冷库建筑库墙，有必要安装防撞设施，如图 4－69 所示。

图 4－69　防撞设施与滑升门实景

2. 月台高度调节装置

月台高度调节板的主要作用是将封闭式月台和冷藏车连成一个整体，方便叉车的机械化对门作业。现在常见的调节板有：机械式、液压式和气袋式等（见图 4－70）。为保证叉车操作安全和较高的装卸速度，调节板的宽度不应太窄，其标准宽度为1.83m、2m、2.13m；长度约2.43～3.04m，前舌的长度一般为 400mm。如果月台高度设计过低，应相应加长调节板的长度和前舌的长度。但在标准长度下延长调节板的长度将会造成装卸能力的下降。一般来说，根据装卸设备的不同，理想的调节板长度应使得最大坡度在 3%～15%之间。对于手推叉车，坡度应小于 3%；对于平台堆垛车，坡度应小于 7%；对于低起升托盘搬运车，坡度应小于 10%；对于电动叉车，坡度应小于 10%；对于汽油叉车，坡度应小于 15%。前舌也有多种形式：回转式、拼装式和滑动式。具体采用何种形式前舌，应根据具体情况来定。

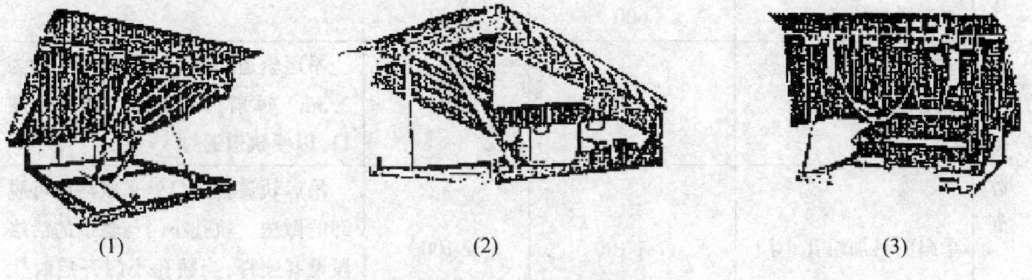

图 4－70　高度调节板

(1) 机械式高度调节板　(2) 液压式高度调节板　(3) 气袋式高度调节板

对于封闭式月台,采用高度机械化的作业方式。因而保证作业安全性至关重要。调节板应装有大厚度护趾板(其侧面带有醒目的黄色标志)、夜锁紧防护装置和刚性维修支柱等。汽车在装卸作业过程中绝不可离开,可采用自动挡块或是采用汽车限动器(直接连接在汽车后端保险杠上),以防止装卸月台由于汽车与车位跳板唇板意外脱开而发生事故。

第八节　食品冷库门

一、冷库门的特点和要求

冷库门是库房围护结构的一部分,其主要作用是供人和货物出入库房。冷库门与普通门的主要不同之处是它必须作隔热处理,它实际上相当于可以活动启闭的隔热结构。冷库门设计和管理的好坏直接关系到整个冷库的使用年限和库房货物冷藏的质量。

冷库门的设计首先要考虑满足使用要求。冷库门应设在方便货物进出库房的位置,其尺寸大小根据使用要求既要考虑尽可能减少库门开启时冷量的损失,又要适应运输,堆码工具的需要。例如,以前一般冷藏间的门,只考虑用手推车运输,其门洞尺寸通常采用1 200mm(宽)×2 000mm(高);目前,为了适应机械化运输的需要,一般冷库常考虑用电瓶铲车运输,门洞尺寸则应不小于1 500mm(宽)×2 200mm(高);而对于库房面积很小的零售性冷藏库,冷藏门就较小,其门洞净宽可小至800mm,净高可小至1 800～1 900mm。常用冷库门的门洞尺寸可见表4-5。

表 4-5　　冷库门的门洞尺寸

<table>
<tr><th colspan="2" rowspan="2">门的位置</th><th colspan="2">门洞尺寸/mm</th><th rowspan="2">备　注</th></tr>
<tr><th>宽</th><th>高</th></tr>
<tr><td rowspan="3">冷藏库</td><td>冷库门</td><td>1 200</td><td>2 000</td><td>用手推车搬运</td></tr>
<tr><td>冷库门</td><td>1 500</td><td>2 400～2 600</td><td>用电动叉式码机搬运</td></tr>
<tr><td>水产脱盘传递门</td><td>600</td><td>400</td><td></td></tr>
<tr><td rowspan="2">结冰间</td><td>双扇外开门</td><td>>1 100</td><td>2 500</td><td>吊运轨道的轨面离地高度一般为2.3m。每扇门在2.3m处开一缺口,以便轨道通过</td></tr>
<tr><td>单扇门另加轨孔小门</td><td>>1 100</td><td>2 100</td><td>吊运轨道在进门处采取活络可脱卸的做法。轨孔小门与轨道的活络段设有连杆,当轨孔小门开启时轨道能自动或半自动接轨</td></tr>
</table>

续表

门的位置		门洞尺寸/mm		备　注
		宽	高	
结冰间	阁架式结冻的结冻间口	1 200 (800)	2 000	用手推车搬运(括号内为手推车不进入的门洞宽)
冰库	冰库门	800	1 900	
	冰块进出小门	400～1 200 (或视提升设备室)	400～650	高度400的门适用于搬运快速制成的冰块

为了减少库房外部空气温湿度对库内的影响。冷库门应具有一定的隔热性能(通常应与所附着的围护结构隔热性能相近),因此冷藏门的门扇应设置足够厚度的隔热层,并设置相应的隔汽层以防隔热层受潮失效。目前,冷库门的隔热材料一般采用聚苯乙烯泡沫塑料或软木,而相应采用塑料薄膜或热沥青作为隔汽层。为了减少冷库门部位的热量传递,冷库门的门扇与门框有足够的搭接宽度,并应保证门扇在关闭时具有良好的密封性。冷库门的门框在设计时也必须注意避免形成"冷桥"(见图4－71)。

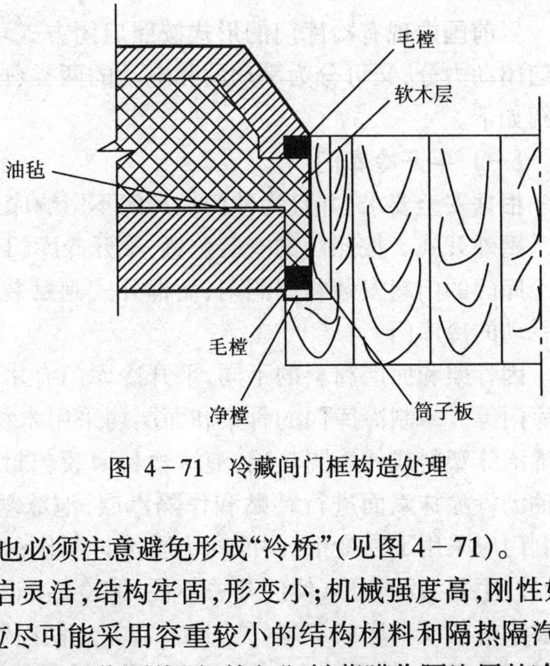

图 4－71　冷藏间门框构造处理

冷库门要求关闭紧密,开启灵活,结构牢固,形变小;机械强度高,刚性好。为了减轻门扇的重量,冷库门应尽可能采用容重较小的结构材料和隔热隔汽材料制作。例如,采用聚苯乙烯泡沫塑料作隔热层,外包塑料薄膜作隔汽层的冷库门比用软木作隔热层、涂沥青作隔汽层的冷藏门重量大大减轻,因此有条件时,一般均采用前者制作冷库门。

冷库门还应考虑安全要求,为了便于库内人员在发生意外时能迅速离开库房,库门(平开门)一律采用外开的方式,关闭的库门均必须可从库内打开。电动门必须附设手动装置,并应在库内装设报警(呼救)装置。

冷库门是库房货物出入的咽喉,开启频繁,当库门打开时,库内外的冷热空气就在门洞附近进行冷热交换,门洞周围的墙面、地板面、天棚底面等处很容易出现凝露、滴水、结霜、结冰现象,这会造成围护结构隔热材料受潮而降低隔热效能,缩短冷库使用寿命,并影响库房工人的安全操作。另外,在门窗和门框的搭接部位以及门脚处,也常因密闭不好而严重冻结,影响库门的启闭。因此,除设法提高冷库门的隔热隔汽性能、加强搭接密封性外,还必须采取一些有效的辅助措施。例如,为了减少库内外空气的热交换以及减少因热交换造成的危害,在外冷库门装设空气幕,并设不隔热的回笼间,为了防止门扇周围的冻结,在冷库门上设置电热防冻装置等。

为了保护门洞,防止货物及运输工具撞坏门洞壁,应在门洞两壁做1 200～1 500mm高的金属防撞板设施,通常采用镀锌铁皮或铝板,棱角处加L30×20×3的角钢。

二、冷库门的形式

目前国内现有冷库门的形式按照启闭方式可分为平开门和推拉门两种,而按启闭动力分,又可分为手动的和电动的两类(国外还有气动冷藏门)。现分别介绍如下。

(一) 平开冷库门

根据安全要求,并且为使门的启闭不影响库内货堆面积和操作,平开冷库门均采用外开式。按照门的安装位置,平开冷库门分为嵌入式和框外式两种,嵌入式冷库门的门扇安装在门洞内,而框外式则贴装于门洞外。平开冷库门一般都是手动的冷库门。

因骨架和面层材料的不同,平开冷库门有木制门、钢木骨架铁皮门、玻璃钢冷库门等。木制冷库门的骨架和面层均采用木材(木框双面企口板),内衬聚苯乙烯泡沫塑料或软木隔热层,泡沫塑料薄膜包封,封口用电烙铁烫缝,软木则以石油沥青涂抹六面进行粘贴和作隔汽层,泡沫塑料或软木在嵌填时必须错缝。木制门应采用不易变形、耐冻的优质木材制作;并应经过干燥和防腐处理,否则容易产生裂缝和变形,使门开关不便,跑冷结冻。木制门常作成嵌入式,根据使用要求可作成单扇或双扇(见图4－72),木制门制作较方便,但它用于低温库时比较容易损坏,故目前木制冷库门多用于冰库和高温库。

目前广泛采用钢木骨架铁皮门。它通常采用L50×50的等边角钢或钢板和木材作骨架,1.2mm厚的钢板作面层。内衬聚苯乙烯泡沫塑料隔热层,其优点是比木制冷库门轻便、耐用,缺点是铁体及面板易生锈。为了防止面层生锈,也可改用铝板、五夹板外包镀锌铁皮、硬质塑料板等作为面层材料,靠高温侧面的拼缝及孔洞均应焊死或加密封处理,以免因蒸汽渗透而损坏绝热层。

钢木骨架铁皮门通常均为单扇框外式,其制作与框外式木制冷库门一样,均可参照建筑配件标准图册(J620)(见图4－73)并依据料及使用条件作适当的修改补充。

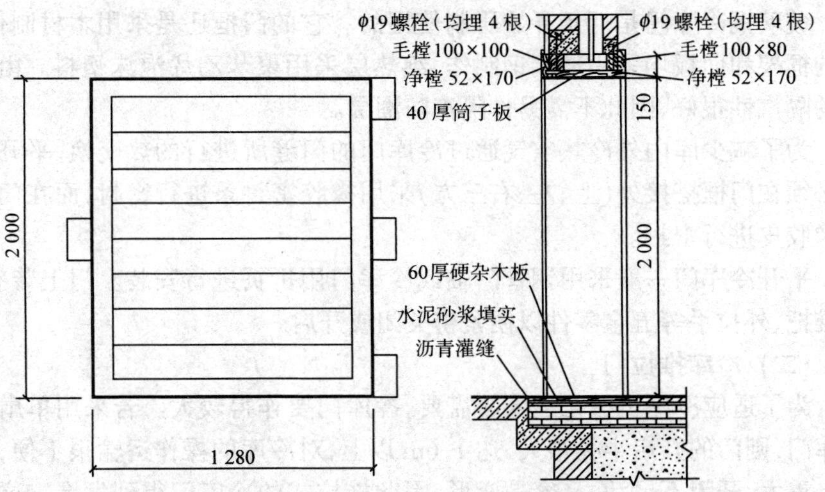

图 4－72　嵌入式木制冷库门

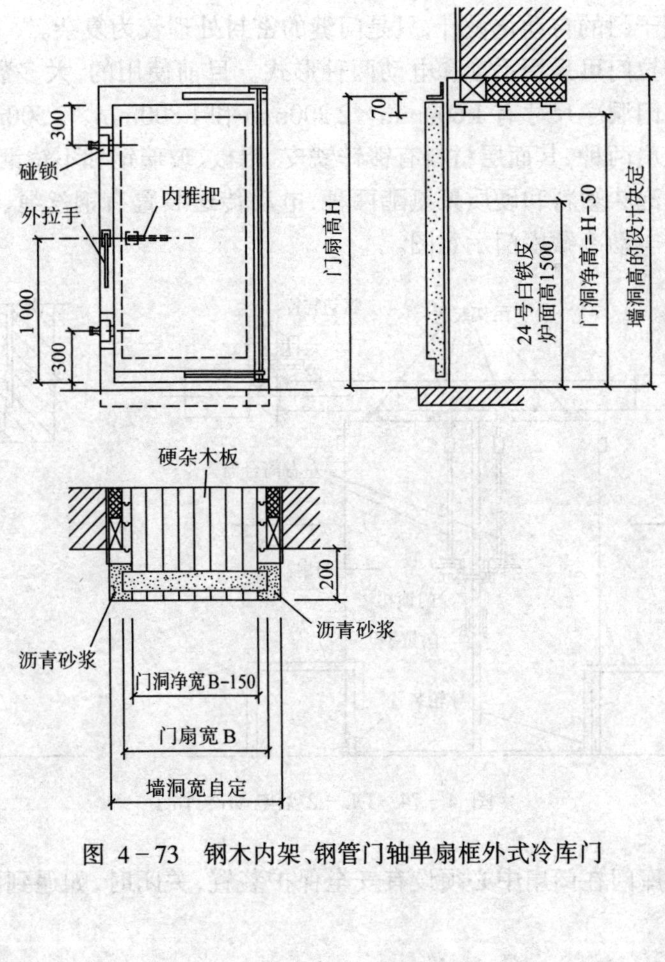

图 4－73　钢木内架、钢管门轴单扇框外式冷库门

玻璃钢冷库门是近年开始研制使用的。它的门框还是采用木材制作，但门扇的框架和面板均采用玻璃钢制作，绝热层采用聚苯乙烯泡沫塑料。由于玻璃钢的隔汽性很好，因此不需另作隔汽防潮层。

为了减少库内外冷热空气通过冷库门的门缝所进行的热交换，平开冷库门都必须在门框搭接处(上、左、右三方)采用橡胶密封条进行密封，而在门扇下方用橡胶皮进行密封。

平开冷库门一般采用钢管门轴或冷库门用折页进行安装。门上装有碰锁、内推把、外拉手等五金零件以便紧密关闭或开启。

(二) 冷库推拉门

为了适应冷库机械化运输的需要，冷库门要作得较大。若采用单扇外开的冷库门，则门的开启半径很大，达 1.6m 以上，对冷库的操作运输很不便，而且门扇自重大，开闭不灵活，又容易变形，因此推拉式的冷库门得到发展。这种门的重量通过滚轮支承在门顶的滑轨上，其门扇的启闭，不用转动圆弧，而是通过滑轨沿外墙面移动。占地面积小，有利于机械运输，而且使用轻便，不易变形。同时它还有利于门的自动化设计，只是门缝的密封处理较为复杂。

冷库推拉门可采用手动和电动两种形式。目前使用的，大多数是半自动电动冷库门。门洞净尺寸有 1 600mm×2 200mm 和 1 800mm×2 500mm 等。门扇有单扇和双扇两种，其面层材料有镀锌铁皮、铝板、玻璃钢和不锈钢等，隔热材料有聚苯乙烯泡沫塑料和硬质聚氨酯两种，电动传送装置有钢丝绳、杆和链条等。图 4－74 是电动冷藏库门示意图。

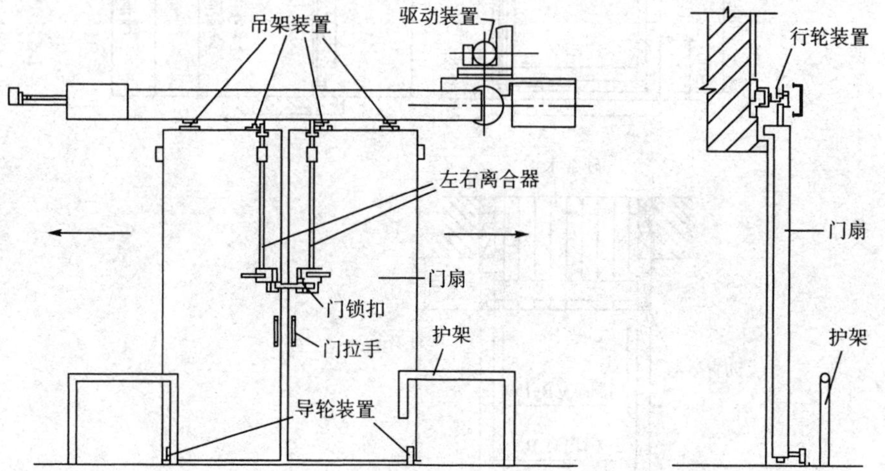

图 4－74 DL－2 型电动冷库门

电动冷库门在门扇中必须设有安全保护装置，关闭时，如遇到障碍物，应能自动反向运行，以免轧住车辆或人而发生危险。电动门还应附设手动装置和库内报险装置，保证安全使用。

三、冷库门的电热防冻装置和空气幕的设置

（一）电热防冻装置

对于使用在负温下的冷库门，在门扇与门框的搭接部位及门脚处，目前常用的橡胶密封条和拖胶皮不能使其完全密闭，因而这些地方会出现较严重的冻结，妨碍门的启闭，在实际使用过程中就会因经常要凿冰开门和铲除地面上形成的冰疙瘩，而使冷库门扇及其附近的地板、门框等处受到损伤，这样又更加速了跑冷和冻结，并会造成冷库门及其附近结构的损坏。故低温冷藏库和结冻间的门，应设置电热防冻装置。

电热防冻装置一般是将电热丝（铁铬铝合金丝）包裹绝缘绸布或套小瓷管绝缘后，嵌入门框或门扇预先开好的小槽内，然后用U形卡钉或螺钉固定于槽底，表面用盖板封闭（或用橡皮密封条遮盖）电热丝安装在门扇周边时，由于门扇的启闭易引入导线折断或拉脱，因而将其镶嵌在门框内的布置较好。这时，镶嵌于门脚地坪水槽内的电热丝应用槽钢覆盖（见图4－75）。

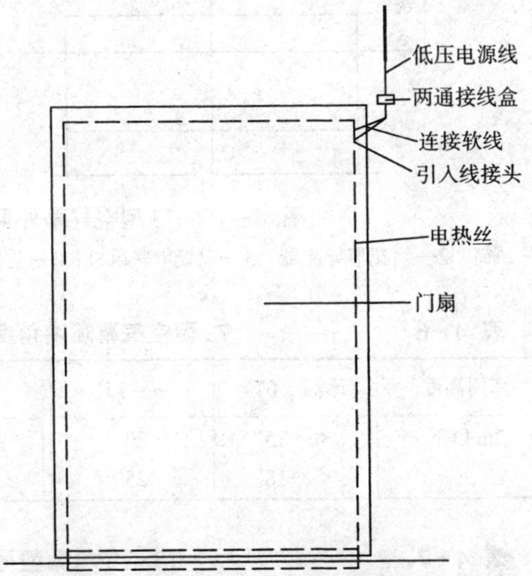

图4－75　冷库门电热丝安装示意图

（二）空气幕

由于生产管理的需要，冷库门常需敞开。当冷库门敞开时，库门附近冷热空气的热交换非常剧烈，造成起雾凝露、滴水、结霜、结冰的现象，这会影响安全生产，缩短冷库寿命，同时也大大增加了库房的耗冷量。为了减少因开门而造成库内外冷热空气的热交换，可采用张挂门帘的方法，但效果不好，而且给生产运输带来了诸多不便。采用高效能空气幕，就可在很大程度上解决这个矛盾。因此，近年来，空气幕在各地冷库得到了广泛的应用。

空气幕是使装在库门部位的风筒喷嘴喷射出来的空气流形成一连续而严密的风帘，利用这股风帘阻挡库内外空气发生对流，达到减少库内外空气热湿交换的目的。它有外下吹式、内下吹循环式、外下吹循环式、内侧吹循环式等多种形式。目前我国冷库广泛采用的73型空气幕属于外下吹式空气幕。

73 型空气幕(见图 4－76)通常仅安装在与外界大气或常温穿堂相连的冷库门上,它必须安装于冷库的外上部,保证喷嘴与门框有一定的倾斜角(喷射角)。喷射角不宜过大或过小,而应根据库门的高度和库内温度条件(见表 4－6)确定。安装时还需注意空气幕沿门宽方向必须水平,喷嘴两端应比门洞长出120～150mm。因此,必须依据冷库门的宽度来选择空气幕的型号(见表 4－7)。

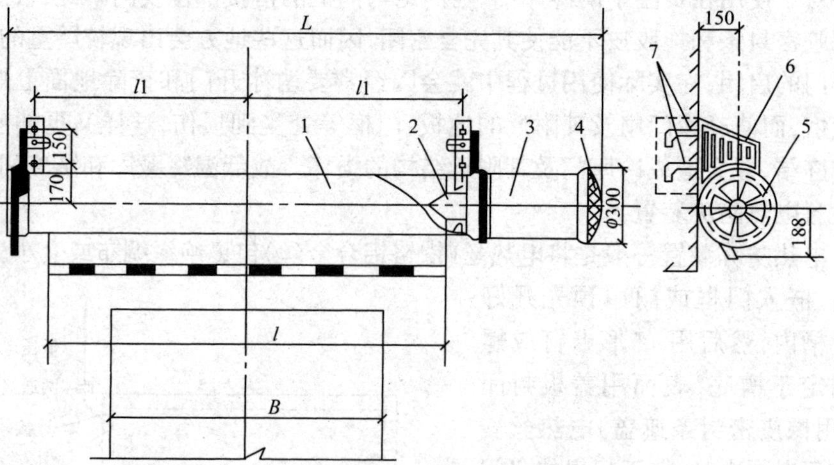

图 4－76 73 型空气幕外形尺寸及安装示意图

1—风筒 2—雪花形导流器 3—双级串联风机 4—防护网 5—放风调节阀 6—支架 7—预埋螺栓

表 4－6 73 型空气幕喷嘴角度 α 安装要求

库门高度	库温 ±0℃	α＝15°	库门高度	库温＞－10℃	α＝15°
2m 以下	＜－15°	20°	2.4～2.6m	＜－18°	20°
	＜－18°	25°			

表 4－7 73 型空气幕型号规格表

型 号	1号	2号	3号
门洞宽 B/mm	≤1 000	1 200	1 500
喷嘴长度 l/mm	1 300	1 500	1 750
空气幕总长 L/mm	1 850	2 050	2 300
预埋螺栓位置 l/mm	720	820	945
空气幕重量/kg	325	337	353

空气幕的开停利用行程开关控制,应在库门完全开启时起动并在关门时停止。安装时还应根据库门高度和库内外温差来调整喷嘴的风速。73 型空气幕的喷嘴风速可参考图 4－77。

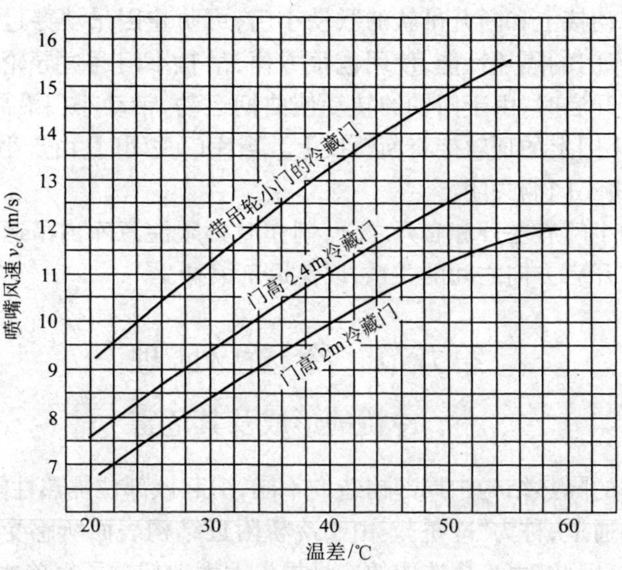

图 4-77　73 型空气幕喷嘴风速选用值关系曲线

四、吊 轨 小 门

某些冷库门要通过吊轨(如结冻间门),以前这种部位的冷库门通常作成两扇,在两扇门缝中挖一小洞让吊轨通过,这样会形成冷桥,而且双扇的平开门制作、使用均较麻烦,隔热性能较差,缺点较多。目前通过吊轨的冷库门一般都采用在框外式单扇钢木骨架铁皮面门顶上装设联动小门的结构形式,利用库门启闭的联动装置使吊轨自动接上、断开和启闭小门(见图 4-78)。

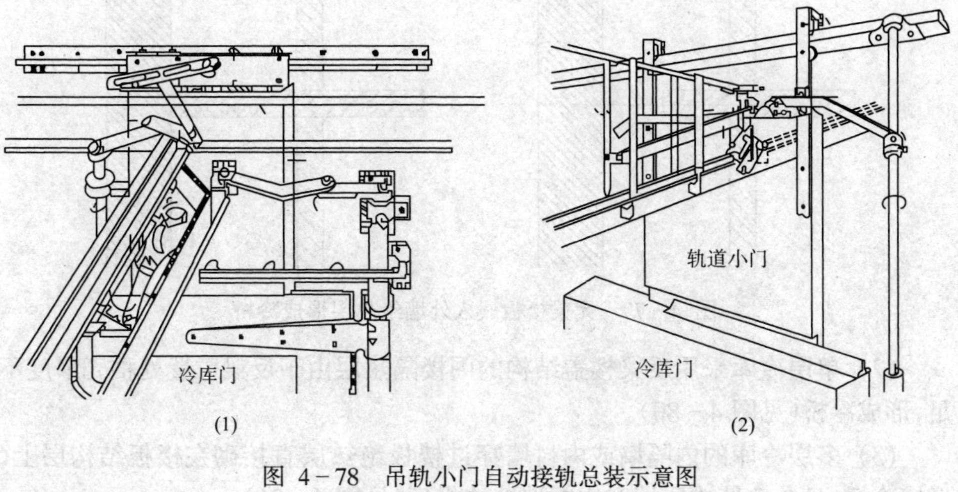

图 4-78　吊轨小门自动接轨总装示意图

(1) 单轨　(2) 双轨

装设能自动接上和断开吊轨的联动小门,可防止因吊轨穿过库门而造成的“冷桥”,提高库门的隔热性能,使用也很方便,吊轨小门通过导轮架吊装在导轨上。当冷库门开启时,由于门轴的转动使曲柄运动,带动小门沿导轨滑动,小门打开。同时,小门上的顶轨架将断轨接上。当库门关闭时,由于小门的滑动将断轨顶开,同时将小门洞关闭。

吊轨连动小门有左开和右开之分,制作时必须注意库内吊运轨道的吊架方向与连动小门开启方向之间的关系,以免返工浪费。

第九节 冷桥处理

一、冷桥的形成及其危害

由于冷库的隔热结构中局部构造的不同,引起该部位隔热性能降低,成为冷量大量传递的通道,称为“冷桥”。由于冷桥附近结构表面所感受的冷量大量向冷桥部位集中,因此,由冷桥造成的冷量损失大大地超过了简单地按其截面积计算所得的数值。冷桥的存在不但增加了库房的冷量损耗,而且冷桥部位成为隔热结构的薄弱环节,造成该处隔热结构温度较高的一面凝露、结霜、结冰、隔热层受潮失效,严重时还使结构层受冻损坏。

冷库内存在的冷桥,大部分是节点构造处理不当引起的。例如:

(1) 多层冷库无梁楼板边缘嵌入外墙绝热层内形成冷桥,造成绝热层受潮结冰,防潮层损坏,外墙潮湿长霉菌、青苔、楼板板底空洞等问题。如用软木填砌,谷壳下沉后又形成严重的空洞(见图 4-79)。

图 4-79 无梁楼板嵌入外墙绝热层形成冷桥

(2) 单层冷库采用反梁楼盖结构的阁楼隔热层由于反梁位置处稻壳厚度不足,形成冷桥(见图 4-80)。

(3) 多层冷库的内隔墙或内衬墙穿过楼板绝热层直接砌在楼板结构层上,形成冷桥,日久会使内隔墙和内衬墙墙体损坏(见图 4-81)。

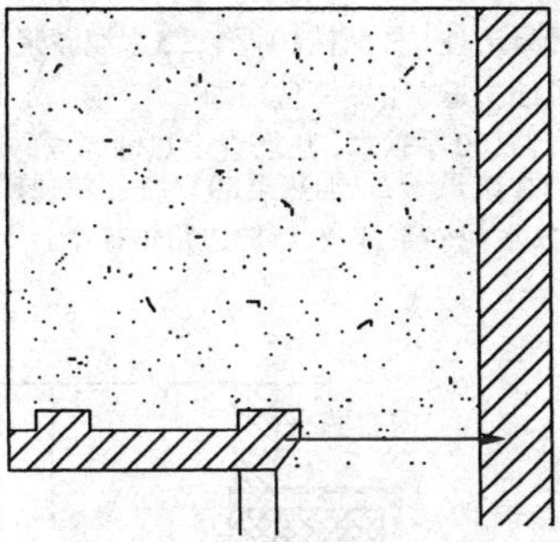

图 4-80　阁楼层及梁形成的冷桥图

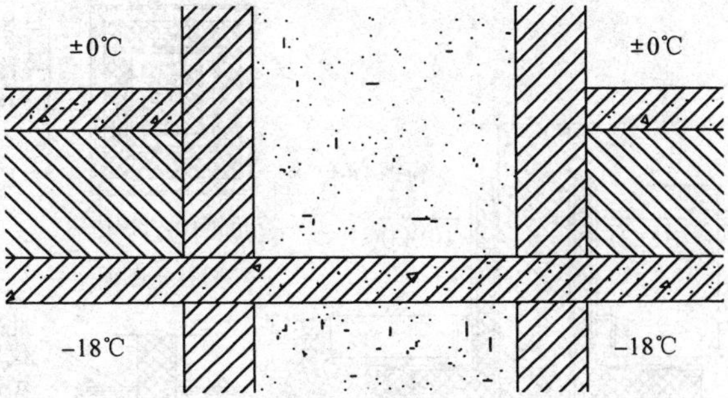

图 4-81　内隔墙直接砌在楼板结构层上形成的冷桥

(4) 冷库隔热墙体、楼板等处若管道、孔洞预留尺寸比所需绝热厚度小，也会造成冷桥，使附近的墙体，楼板凝露、滴水引起隔热层损坏(见图 4-82)。

(5) 冷库门部位地坪因门过道冷桥而造成门脚结冰等等(见图 4-83)。

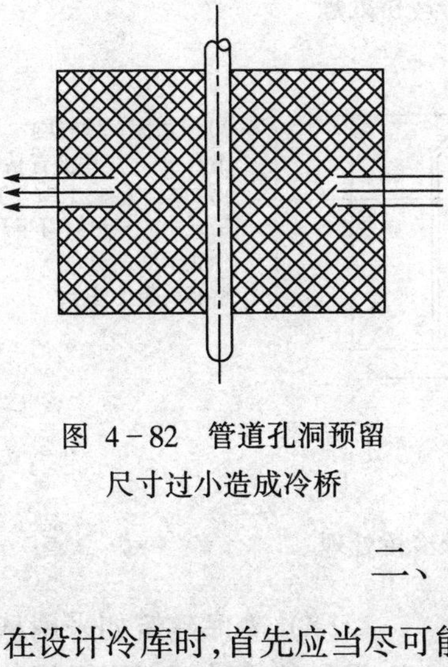

图 4-82　管道孔洞预留尺寸过小造成冷桥

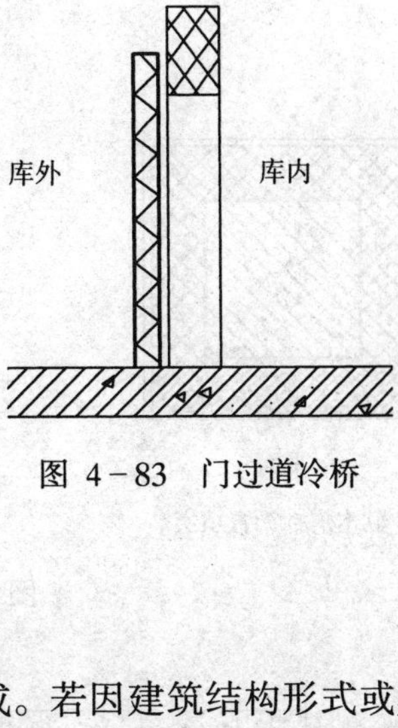

图 4-83　门过道冷桥

二、冷 桥 处 理

在设计冷库时，首先应当尽可能避免冷桥形成。若因建筑结构形式或其它方面的原因，不可能完全避免时，则应采取各种措施进行处理，减少冷桥的影响。下面是几种常见冷桥的处理方法：

(1) 冷库底层柱子的下段在离地面 1.5m 范围内，一律包隔热材料。并在隔热材料外围做保护设施，以防货物碰撞(见图 4-84)。

当上下层(包括阁楼层)库房温差在 5℃以上时，除楼板应做隔热层外，楼上柱子的下段在离楼面 1.5m 范围内，需做隔热处理(见图 4-85)。

(2) 同一层内，当相邻两库房温差在 5℃以上时，其间隔墙的隔热材料应与楼地面的隔热材料连通。间隔墙顶部应在库温较高的一侧顶板底距离间隔墙面 1.2m 的范围内做隔热带(见图 4-86)。

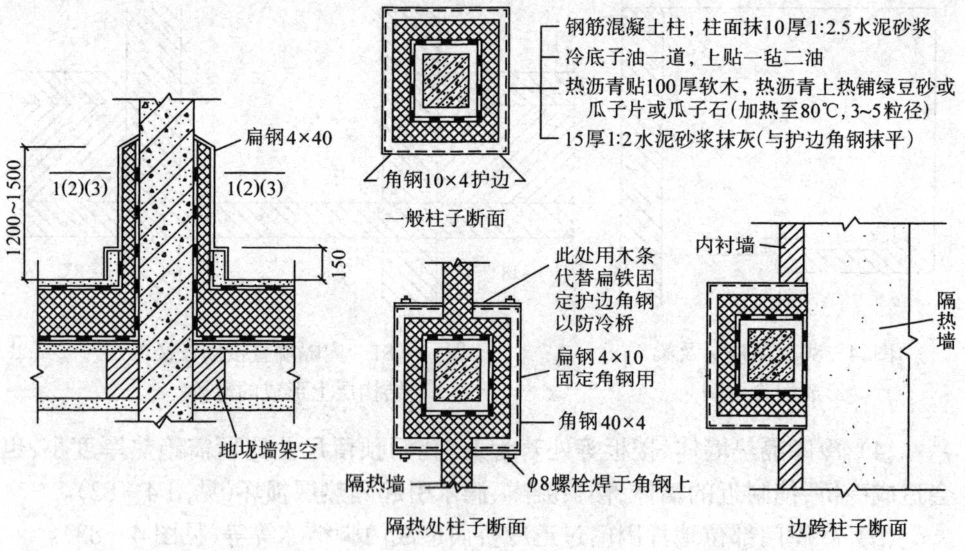

图 4－84　底层柱子冷桥处理

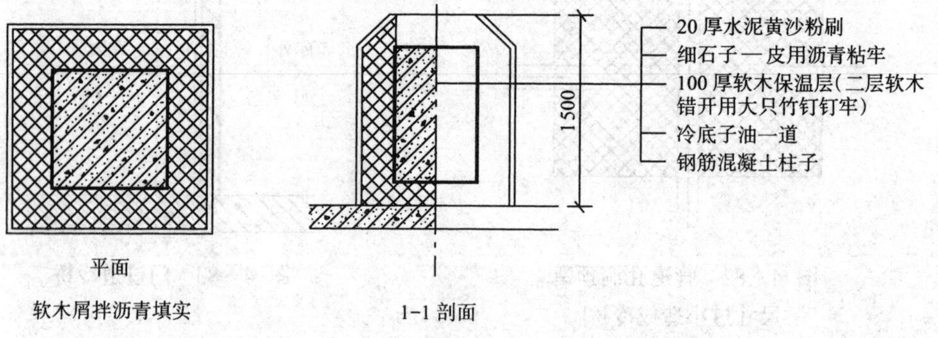

图 4－85　楼层柱子冷桥处理

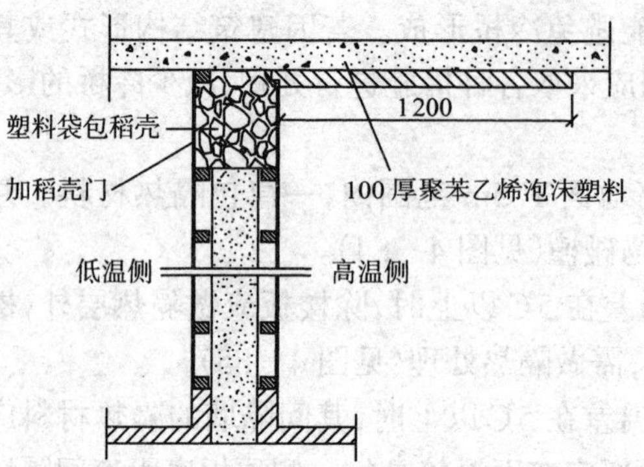

图 4－86　高低温库内隔墙上平顶冷桥处理

(3) 冷库建筑如采用从屋架上设吊筋拉结阁楼层梁板的结构方案，则吊筋应采用镀锌圆钢以防锈蚀，并设硬木绝缘块(见图4－87)。多层冷库的各层楼板与外墙的锚系构件也应采用镀锌圆钢，外包隔热材料(见图4－88)。

(4) 穿墙管道尽可能集中，以便做好冷桥设施。预留墙洞四周封木板，并做好防潮层，待管道安装后用碎软木屑拌沥青填实。在稻壳层内的木板底部，还要考虑稻壳下沉脱空的措施(见图 4－89 和图 4－90)。

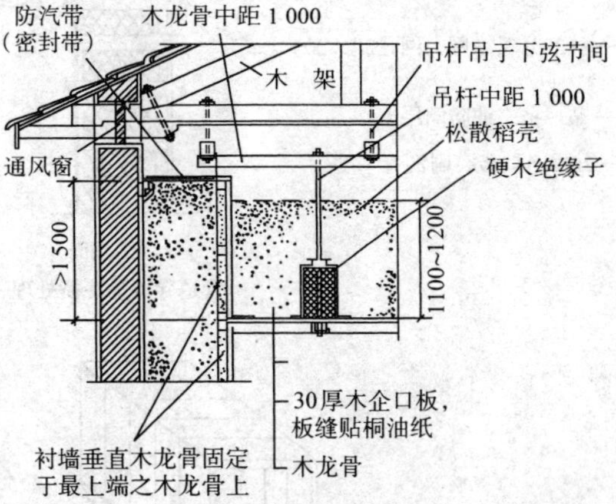

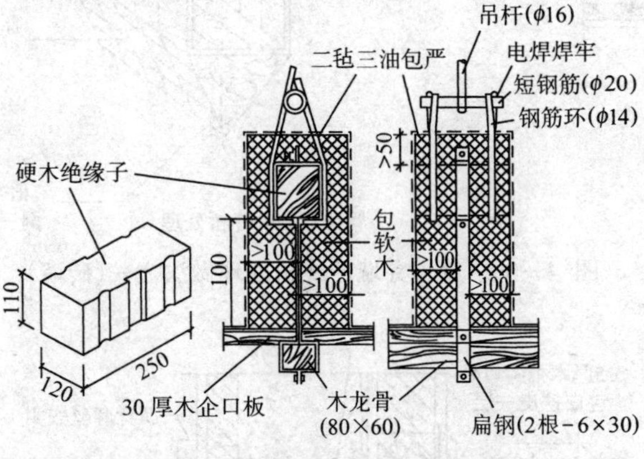

图 4－87　拉结构件的绝缘处理

注：(1) 防汽带(密封带)的构造原理与开放式的钢筋混凝土阁楼层的防汽带构造原理相同。

(2) 硬木绝缘子的构造形式繁多，本图仅按其构造原理绘出示意图，硬木绝缘子需经干燥处理后，再浸泡桐油防腐。

(3) 所有与低温部分接触的木料，如木龙骨、企口板等均需经干燥处理，并刷桐油 3～4 遍后方可拼装。特别是阁楼吊平顶处的木料。

(4) 原有软件浸入沥青三遍以防腐蚀。

(5) 桐油纸用牛皮纸浸桐油制成，用桐油粘贴。

(6) 木质吊顶及木质内衬墙只适用于低温库房。

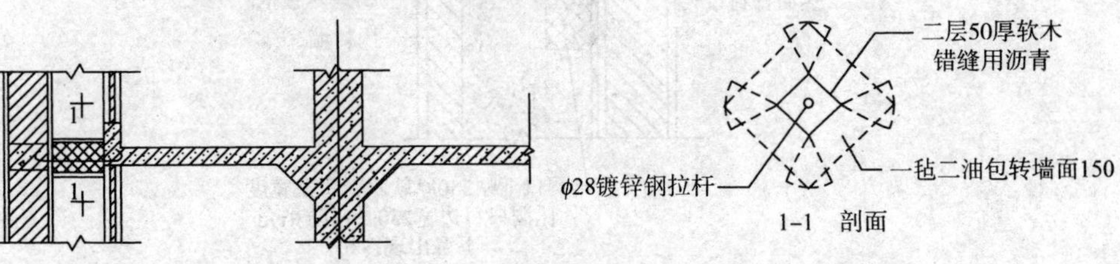

图 4－88　锚系构件包软木的做法

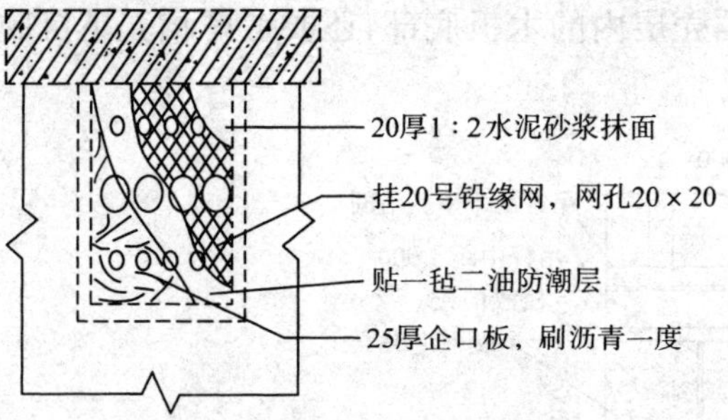

管道穿墙立面

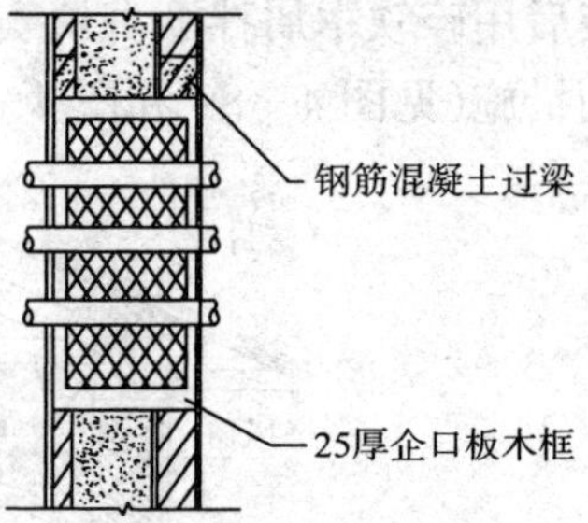

1-1 剖面

管道穿墙的冷桥处理

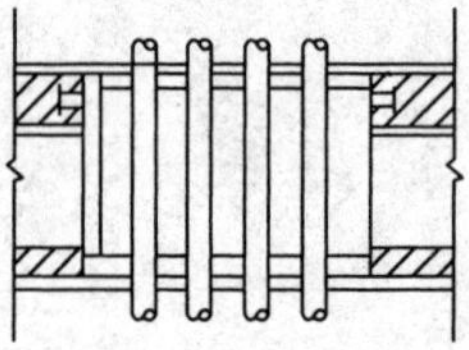

1-1 剖面

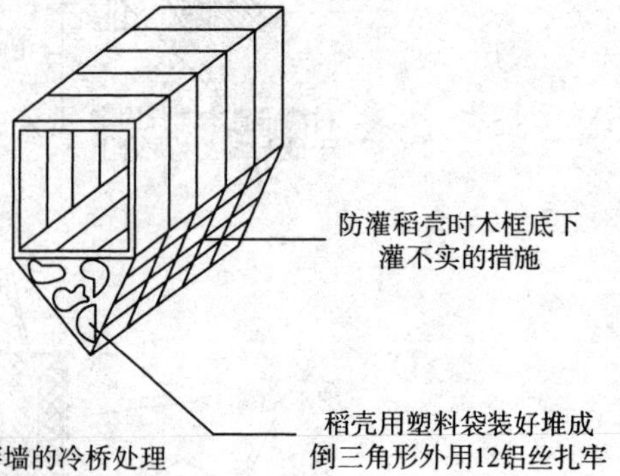

管道穿墙的冷桥处理

图 4-89 管道穿墙的冷桥处理做法之一(砖墙)

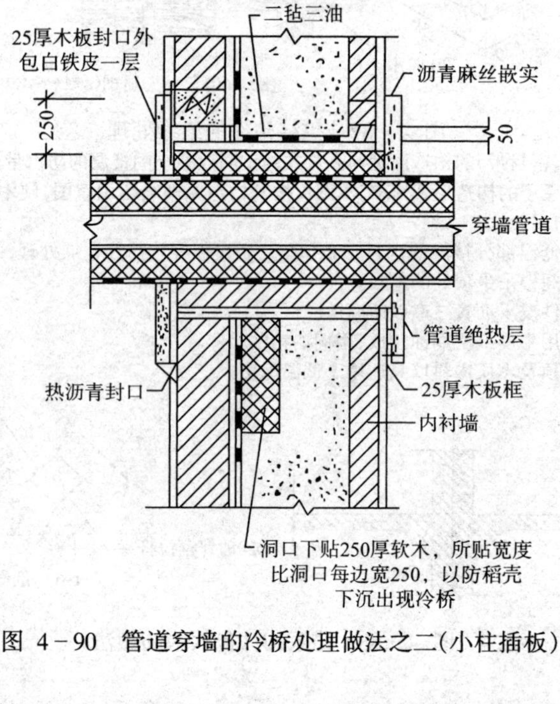

图 4-90 管道穿墙的冷桥处理做法之二(小柱插板)

(5) 冻结间的冲霜排水管应做好绝缘措施，排水管与冷风机下的钢板水盘接口务必做到严密不渗漏，排水管的地下部分或经过高温库部分，必须外包隔热防潮材料直至外墙为止(见图 4－91)。

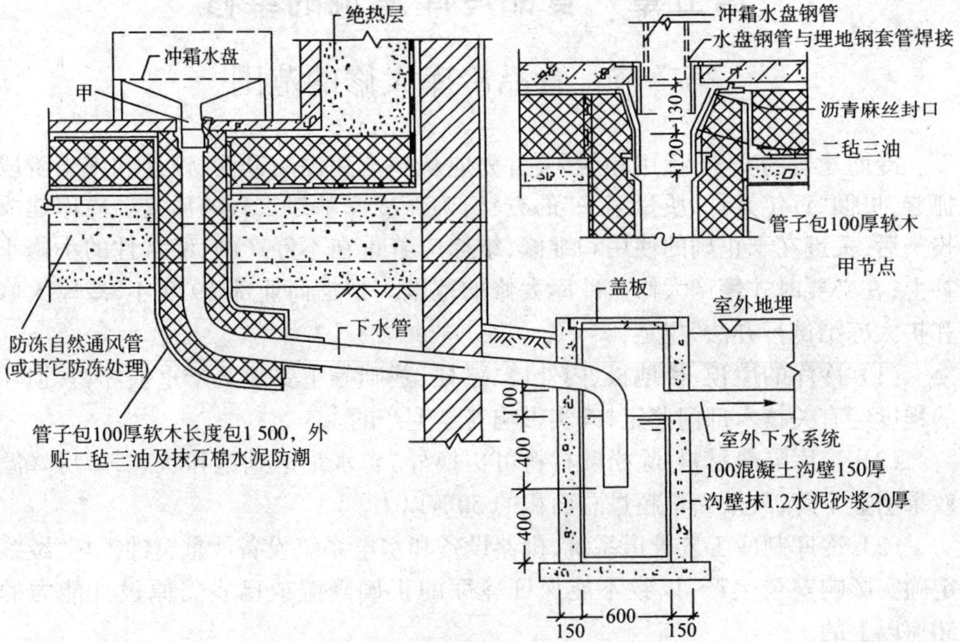

图 4－91 冷风机水盘下排液管的保温做法

第五章　食品冷库建筑的维修

第一节　食品冷库大修的范围

冷库建筑的安全、适用和耐久，首先应从基本建设的勘测、设计和施工阶段抓起，贯彻“百年大计、质量第一”的方针，确保冷库基建工程的质量。冷库建成投产后，关键在于正确的使用和维修，维修应着重在不停产的、经常性的小修小补上，在必要时才停产大修。冷库大修的范围。根据商业部 1979 年“冷库大修和扩大冻结试行办法”规定：

(1) 冷库的屋顶、楼地板、内外墙、梁柱、基础等主要建筑严重损坏，其损坏的程度经有关技术部门鉴定，确实影响安全生产的。

(2) 冷库隔热材料(除松散材料可更换外)含水量达到饱和状态，库房降温效果明显下降，失效面积超过总面积的 50％以上。

(3) 冷库制冷工艺管道系统、机器设备和水电系统设备严重腐蚀损坏，经鉴定确实影响安全生产，以致不能保证冷库的正确降温或已丧失原设计能力的 50％以上的。

以上三种情况有其中一项就可列入大修范围。

第二节　食品冷库建筑的损坏

冷库在建成投产后，在使用过程中往往会发生隔热材料受潮失效，墙面冻酥、墙体出现裂缝、屋顶漏雨、地坪冻鼓等各种建筑结构上的损坏现象，影响冷库的正常使用，严重时以致危及冷库的安全。因此冷库建筑在使用过程中，必须经常地进行检查，及时地进行维护和修理。

一、冷库建筑损坏的主要原因

(一) 建筑、结构设计的不合理

建筑、结构设计的不合理常常是冷库建筑损坏的先天因素。如设计时隔热材料选用不当，采用厚度不够，隔热层中存在“冷桥”，隔汽防潮层设计不周等，都会使隔热构造损坏或达不到隔热结构的使用要求；地基的不均匀沉陷，会引起结构裂缝，严重时会危及冷库建筑的安全；结构设计欠妥，会造成构件的强度和稳定性不够，地坪隔热防潮和防冻处理设计不周，也会引起地坪或地基下土壤冻胀、平面布置冷热分区不明确，也会由于冷热之间相互干扰而加速冷库的损坏。

（二）施工质量不好

在冷库施工时不注意工程质量，常会给冷库建筑带来隐患、加速冷库的损坏。如隔热结构的防潮隔汽层施工质量差，就会使隔热材料受潮，降低隔热效果，缩短冷库使用年限。施工时选用材料不按设计规定的标准，如果使用矿渣水泥、过期水泥，使混凝土或水泥砂浆标号达不到设计要求；采用不合格的隔热、隔汽材料；施工时如砖缝不饱满，混凝土不密实，甚至出现蜂窝空洞、裂缝等也会造成冷库建筑的损坏。

（三）投产后使用、管理不当

由于使用、管理不当，而引起冷库建筑损坏的情况很多。如有些单位把－18℃的低温库升温为0℃，用来存放水果、鲜蛋；把没有地下防冻设施的高温库改做低温库；有的把冷藏间当作冻结间用；有的甚至在冷库内生产棒冰、放电影；还有的对地下机械通风装置或地下油管长期不使用等等。由于放松管理和使用不当而造成冷库库房出现顶板滴水、排管结冰、库门损坏、隔热层失效、混凝土剥落、地坪渗漏、地坪冻鼓等各种现象，致使冷库损坏。

以上各种原因造成冷库建筑损坏的情况是严重的，冷库建筑的损坏给生产上和经济上都带来很大损失。

一座冷库大修的费用通常是原基建投资的60%左右，而大修时间往往较长，因停产所造成的经济损失也是巨大的。因此冷库建筑必须精心设计、精心施工、合理使用，加强管理和经常注意维修，以确保冷库建筑的坚固耐用。

二、冷库建筑损坏情况的观察

冷库建筑的损坏主要有隔热构造的损坏和建筑结构的损坏两类，其损坏情况一般可在使用条件下，从冷库结构构件和隔热结构表面的不正常状态，以及在生产使用过程中出现的不正常现象来判断。但有时在低温不停产时难于确定损坏的程度，那就必须在停产升温后再作深入的全面检查。

（一）隔热构造的损坏

由于设计、施工、管理使用中存在的问题，会使冷库的隔热结构出现厚度不足、“冷桥”、防潮层损坏、隔热层受潮失效等问题，导致冷库隔热结构不能满足使用需要，并影响到建筑结构的使用寿命。这时在冷库建筑结构的表面将出现一些异常的现象：

（1）外墙　在室外相对湿度较高时，出现泛潮（结露）现象，严重时整个墙面结露。外墙落水管漏水，也会影响墙面粉刷受潮、起壳，以致冻酥。

（2）内隔墙　若两边温差较大，在库温较高的一边会结有较厚的霜，甚至有结冻层、墙面鼓凸、粉刷脱落等现象。同时，还会出现高温库的设备不运行，库温也能满足要求;低温库内设备虽不断运行,库温也难于达到要求,且在制冷设备停止运行后,库温便很快上升的现象。

(3) 楼板　高温库在低温库上层时,高温库楼面会积水或结霜;高温库在低温库下面时,当冷风机停止运转,楼板底面出现大量滴水;当上下层库房温度差异较大时,也会出现高温库的设备不运行,库温也能满足要求;而低温库内虽设备不断运行,库温也难于达到要求,且在制冷设备停止运行后,库温很快上升的现象。

(4) 屋面裂缝,油毡起壳老化,使屋面漏雨影响隔热层受潮,阁楼的稻壳隔热层内部潮湿,越近底部越严重,如阁楼层下面为低温库时,可发现结冰的现象。

(5) 地坪　低温库、冻结间地坪冻裂、冻鼓。

(二) 建筑结构的损坏

引起冷库建筑结构损坏的因素很多,结构本身设计不当,施工质量差是冷库损坏的重要原因。隔热结构损坏,加上结构材料不适应低温状态,也常常造成结构构件的损坏,冷库结构的损坏常见的有以下几种情况:

(1) 由于基础的不均匀沉降或温度应力的影响,使冷库外墙面出现斜向裂缝或墙垂直裂缝。

(2) 由于库房与屋面温差较大,温度应力所产生的变形,使冷库外围柱子在阁楼层部位向外倾斜。并在柱帽底部弯矩最大和截面最弱处产生裂缝;柱帽周围和附近楼板也可能出现裂缝。

(3) 低温库的砖砌内隔墙如所用材料不适应低温要求或施工不良,会出现冰冻开裂或鼓凸的现象,还会发生粉刷层脱落,砌体受冻变得松酥等情况。

(4) 低温库或冻结间和其它库温不同的冷间或穿堂、过道相接处,由于冷热交换冻融循环的影响,使钢筋混凝土爆裂、鼓凸,钢筋保护层破坏、脱落露筋,混凝土有冻酥的可能。

(5) 由于地下防冻措施设计、施工或管理不善,使地坪下的土壤冻胀而引起地坪冻鼓,严重时会顶起上部结构,使内隔墙、楼板等产生损坏。如冰冻线深达基础底面以下,使基础下面的土壤冻胀,则会引起基础抬起,使整座冷库遭到破坏,地坪冻鼓及地基冻胀往往是使冷库不得不停产大修的重要原因之一。

(6) 冷藏门零件损坏,门框、门扇变形,门缝不严密,造成严重"跑冷"现象。

第三节　食品冷库建筑维修的原则与方法

一、食品冷库建筑维修的原则

冷库建筑的维修包括日常维修、定期检修和大修。

日常维修是一项经常性的工作,是在冷库使用过程中经常地对冷库建筑各部分进行观察和维护修理。

定期检修是定期对冷库结构进行全面系统的检修，一般每年进行一次，但屋面防水排水系统则应在每年雨季前后各进行一次，如发现屋面漏水、油毡层鼓起、老化开裂或保护层损坏、屋顶排水不畅、落水管损坏，库内外排水道渗水，墙面或地坪冻鼓，墙壁和柱子出现裂缝时应查明原因，采取措施，使其不再继续发展。如松散隔热层有下沉，应以同样材料填满，发现受潮要进行翻晒或更换。

现在维修老冷库时，如遇稻壳松散隔热层受潮等情况，可在现场外墙内壁侧喷涂聚氨酯5cm左右，再加入适量的稻壳来维护。

日常维修和定期检修对于及时发现冷库的损坏情况及防止其扩展具有重要意义，必须加以重视。

当冷库建筑损坏比较严重，影响到冷库的正常使用时，必须进行大修，冷库大修必须按照专门作出的大修设计进行施工。冷库大修设计应符合下列几个原则：

(1) 应根据冷库建筑损坏程度，结合材料供应情况，施工技术条件及原有设备的安装情况等进行设计。在尽量满足生产需要的原则下，切实做到保证质量，降低造价和便于施工。

(2) 正确确定维修范围。凡是必须修理的部分，一定要进行必要的修理，但不得任意扩大维修范围，以免造成浪费。

(3) 维修工程必须合理选用材料。从原库中拆下来的旧料经过检查、试验和处理后仍能使用的，应尽可能加以利用，或用于较次要的工程部位。必须增添的新料，也应本着因地制宜的原则，在满足冷库工程特点和质量要求的前提下，尽量选用合适的地方性材料。

(4) 冷库通常在全部停产后进行大修，有时也采用分区进行局部维修的办法，这时应将其分为生产、缓冲和维修等几个区段。区段的划分应慎重考虑，力求做到既不影响生产部分的正常使用，也不影响维修部分的施工操作要求及施工质量。

(5) 在大修工程中，如发现原来的生产工艺布置有缺点时，在必须拆除维修的范围内，可结合维修设计，与工艺单位共同研究，适当改变工艺布置，如减少辅助面积，增加库容量，合理调整高温库房和低温库房等。若变动较多，影响生产指标较大时，必须经过使用单位的主管部门同意后方可进行修改。

二、食品冷库建筑维修的程序和做法

(1) 当冷库损坏比较严重，必须进行大修时，应由土建、制冷工艺、水电等有关技术人员深入现场，在低温状态下调查研究冷库损坏的情况及产生的原因。通过分析研究、初步确定需要维修的项目、规模和步骤，制定维修方案，报主管单位审批。由于冷库维修的情况比较复杂,故最好能在现场审批。

(2) 根据已批准的维修方案编制施工图。

(3) 根据大修设计,停产升温。在升温前应尽量先将墙面、地面、顶棚及设计上的冻霜除净。如墙体隔热结构已损坏需拆除重做的可在升温前将隔热层拆除,以利升温。

冷库升温应从使用温度缓慢升高至10℃以上。通常每日以升温2~3℃为限,升温方法可通过引入库外空气进行,如升温过慢,也可用鼓风机鼓入外界热空气,若外界气温较低,影响低温库升温并有泛潮现象时,可利用蒸汽排管,火炉等进行加热,但应用时注意库内的通风排湿。在升温过程中,随时观察结构和隔热层的变化情况,并作好记录。

在升温时,由于结构内部解冻,有可能引起结构承压能力降低,可能危及安全。因此必须根据具体情况,采取有效的安全措施,以免发生事故。

(4) 在冷库升温后,应进行一次全面的复查,进一步核实损坏的程度和需要维修的范围。最后审定维修方案,修改维修设计。

(5) 按照维修设计图纸进行施工,施工中要特别注意安全。尤其是处理地基冻胀、地坪冻鼓、拆换受力构件、混凝土清理,凿毛和破坏等作业时,均应事先作出分析,必要时采取有效的安全措施。施工中还要特别注意质量,尤其是在新旧结构或结构搭接部位更要注意其施工要求和质量标准,应遵照有关规范和原设计说明的规定,力求经大修后冷库的质量和使用效果达到或超过原设计要求。

(6) 大修工程竣工后,要经专门组织的班子鉴定验收,方能交付使用。

第四节　食品冷库维修的技术处理

一、冷库地基冻胀和地坪冻鼓的处理

冷库地基冻胀和地坪冻鼓的危害很大,而且比较常见,特别是在易于冻胀的土壤(如黏性土)和地下水位较高的情况下,它常是冷库进行大修的主要原因之一。

在冷库地坪开始出现冻鼓的情况时,如不及时采取措施,会由于冷冻线往地下不断深入,以及土壤中的水分不断向受冻部部位迁移,而使冻鼓情况不断发展,严重时会将地基抬起,而造成冷库结构的损坏,因此在发现地坪冻鼓的情况后,必须及时查明原因采取措施,加以修复。

地基冻鼓和地坪冻胀的修复,首先是对已经冻结的土壤进行解冻,然后,再针对建筑损坏的情况分别进行修复,土壤解冻的方法有两种。

(一) 自然解冻法

即用提高冷库库房温度来使土壤解冻,这种方法对于冻胀出现不久的地坪

来说不会带来什么困难，但对于冻胀时间很长，冻结线已侵入很深，那么在修复时必须十分谨慎，否则容易发生事故。

自然解冻法通常是采用停止库房的冷却，使库温升高来进行解冻，解冻必须十分缓慢，以使融化出来的水分能全部自然地渗回周围的土壤中，不管在什么情况下，都必须使库房的温度保持在冻结点以下，以便使解冻过程由冻土的下部往上逐渐进行，一般在库温提高到 -4℃左右，并保持一定时间以后，冻土即从其下部开始渐渐融化。在处理过程中，应经常测量冷库柱子和地面的水平位置，并根据测量结果控制解冻过程。与其它各种快速解冻法比较，自然解冻法是最安全的，其缺点是需要较长的时间。

（二）人工解冻法

即向地坪下的冻土施加人工热源，可用的热源有蒸汽、温水、热风、电热器等。

设有地下通风管的冷库，如果冻结线较浅，可采用蒸汽加热或吹热风的方法，若冻结线较深，则需插入人工加热器，最好用电热器，加热部分应位于冻胀土壤的下部，使冻土由下往上解冻，这样效果较好。

凡采用以上两种方法解冻过程中，在被冻胀变形的部位要适当施加压力，以利恢复原位。采用人工解冻方法并加压，地坪下土壤解冻恢复原位需要的时间较短，但因解冻快，必须特别注意采取安全措施。

若地坪冻鼓是由于管理、使用不当，冻鼓深度较浅，防潮隔热层和地下防冻措施未遭破坏时，只需使地坪下冻土解冻、复位，然后修补地坪裂缝即可。若地坪防潮隔热层或防冻措施已损坏，则应打开地坪进行修复；若地坪冻鼓是由于设计不周引起，则应在大修时改变地坪设计或改变库房的使用性质。当土壤冻结深度超过基础埋深，基础上抬，引起上部结构损坏时，则必须在地基解冻后对建筑结构另作专门的加固处理。

二、冷库墙体的裂缝处理

冷库墙体的常见裂缝有外墙墙角垂直裂缝和檐口以上的水平裂缝。裂缝的出现主要是由于地基的不均匀沉陷或温度应力所引起的，墙体的严重开裂必然会影响到冷库建筑的强度和寿命，有些裂缝虽然对结构强度影响不大，但它却破坏了墙体的隔汽层，使雨水和水蒸气渗入隔热层内，造成隔热材料受潮失效，因此有时尽管裂缝不大，但其危害性不容忽视，必须及时处理。

如墙体出现裂缝，首先应查明产生裂缝的原因，对因基础不均匀沉陷，砌体强度或稳定性不够等产生的裂缝，应从根本上采取措施，加固结构，以保安全。如裂缝是因温度应力引起，则根据具体情况，采取相应措施，进行处理。

对于已出现的墙体裂缝，如其宽度不致引起隔汽层的破坏，并已不继续发展时，可先用钢钎顺缝打出沟，沟深比原缝加深3～4mm，加宽10～15mm，将缝内清扫干净，然后刷上冷底子油，再用嵌缝油膏、沥青麻丝或环氧树脂砂浆嵌满缝隙(现在多采用加压喷浆或直接喷涂聚氨酯处理)，可不作其它加固处理，但以后应定时观察，当裂缝宽度继续发展，有可能破坏隔汽层时，必须采取措施以防止裂缝的发展，必要时停产大修。

三、楼地面裂缝处理

楼地面裂缝常因结构应力引起，若裂缝很小并且不继续发展，可不停产，在低温情况下进行修复；若裂缝较大且引起隔热层损坏或已产生地坪冻鼓等情况，则必须升温进行恢复。

不停产在低温情况下，进行楼地面裂缝维修的方法有多种，例如：可将裂缝清刷干净后用喷灯加热去湿，刷上冷底子油，再用热沥青、沥青麻丝、沥青木屑等填塞；也可在喷灯加热吹干后，在裂缝上涂上用环氧树脂、二丁酯、乙二氨和水泥(10∶10∶1∶20～30)配制的涂料，此涂料在半小时内可凝固，并达到应有强度。

在低温状态下修补混凝土裂缝也有用瓷粉和生漆拌和填补，上面加铺麻布条，再用生漆涂面，这种做法干后不脆，不老化，比用沥青修补好。

对楼板结构层的裂缝进行修补时，应将库温升到常温状态，凿大缝口，用水泥砂浆填补，若有冻酥部分则应将疏松的表面打掉，然后以压力喷浆法喷射水泥砂浆或环氧树脂砂浆进行修补。

四、冷库结构构件的修理和加固

冷库的结构维修应根据结构的损坏程度，采取不同的措施。当结构损坏严重并有可能继续发展危及建筑物的安全时，必须停止生产，进行全部或局部的修理加固。如果损坏情况较轻，一时尚不致产生危险时，可先采取临时措施，暂时采用钢或木的构件对损坏部分予以顶撑，待生产间隙或淡季进行修理。在此期间，必须定时对损坏部位进行观察，做出记录，作为大修时依据。

对冷库梁、板、柱等承重结构的补强加固通常是按一般建筑结构补强加固的方法进行，但应将库温升高到常温(10℃以上)。对于少数构件或小面积的损坏，则可在不影响生产或不升温的情况下，采用型钢修补加固。

由于钢筋混凝土在负温条件下长期工作后，强度会降低，因此结构维修设计应以实测强度为依据。另外，在进行结构加固后，结构自重增大，承载能力会发生变化，因此冷库的库容也应根据加固后的实际承载能力确定。

第六章　组 合 冷 库

第一节　组合冷库简介

一、装配式冷库的结构

1. 装配式冷库的建筑特点

组合冷库(亦称活动式冷库、拼装式冷库、装配式冷库)是指组成冷库的库板、制冷机组、蒸发器等组件在工厂预先制造好,现场组装即可使用的冷库。

组合冷库的结构示意图如图 6-1 所示。

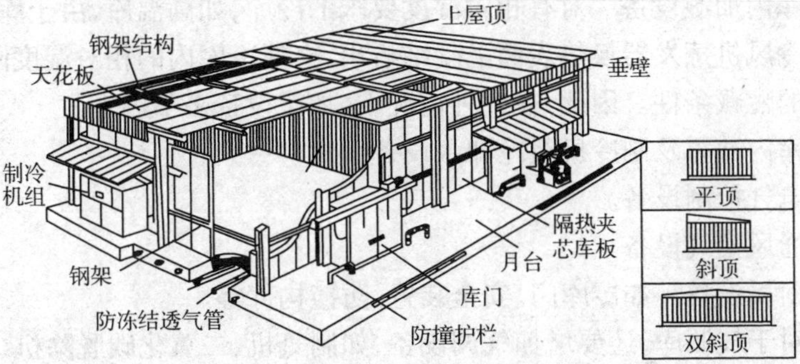

图 6-1　常见的组合冷库结构示意图

组合冷库是近年来普及起来的新型的冷库结构形式。具有重量轻,体积紧凑,空间利用率高,保温性能好,安装方便,建库时间短,安装位置灵活,管理维护简单等特点,是新建冷库的主要选择(见图 6-2)。

图 6-2　组合冷库建造实例

组合冷库库体采用隔热夹芯板，重量轻、厚度小，省却了土建冷库库体部分的建筑结构的设计、计算，库体基础设计工作量小，施工量小，甚至制冷压缩机房及辅助设备间也可采用隔热夹芯板搭建，大大缩短了冷库的设计施工周期。组合冷库采用钢架支撑，可构建大跨度、无内立柱库体，空间利用率高；根据库容量的大小，组合冷库可选择室内安装和室外安装，安装位置灵活。露天建造的组合冷库，为了保护组合冷库库体和库体结构安装的需要（如大跨度冷库顶板的吊装和固定、墙板的固定和扶强等），需要搭建钢架结构的屋顶，起到防风、防雨、防雪和避免阳光直接曝晒库体的作用，以延长库体的使用寿命。

组合冷库一般由如下几部分组成：

（1）冷库库体部分。

（2）制冷设备　如氨系统、氟利昂系统或乙二醇冷媒系统等；分散式供冷，集中式供冷等。

（3）库内加湿设备　对有相对湿度要求的冷库，如高温库，由于库内空气中的水分在冷风机蒸发器换热表面上凝结析出，会使冷库内的相对湿度降低，不能保证果蔬的贮藏条件。因此，在此种情况下，加湿设备必不可少。

（4）库内冲霜及制冷机组冷却水设备。

（5）电气控制设备。

（6）通风换气设备。

（7）附属设备　如冷库门、安全装置、防撞构件等。

（8）对于气调库，还要增加气调设备，如制氮机、二氧化碳脱除机、乙烯脱除机、二氧化硫发生器、气调库门、观察窗安全装置、储气袋等。

2. 装配式冷库预制板的常用规格

组合冷库用隔热夹芯板是由面板和芯层组成。

面板材料一般为厚度大于 0.5mm 的聚酯涂层彩色钢板、铝合金板、镀锌钢板、不锈钢板或其它材料。为了提高机械强度，面板常压制成瓦楞形。

芯层为隔热层，采用的隔热材料有两种：一种为硬质聚氨酯泡沫塑料，一种为聚苯乙烯泡沫塑料。根据我国机械行业标准《组合冷库用隔热夹芯板技术条件》(JB/T6527－1992)的规定，芯层泡沫塑料的物理机械性能应达到表 6－1 要求。

表 6－1　泡沫塑料物理机械性能

项　目	泡沫塑料		项　目	泡沫塑料	
	硬质聚氨酯	聚苯乙烯		硬质聚氨酯	聚苯乙烯
密度/(kg/m^3)	32～50	<20	热导率/[W/(m^2·K)]	≤0.024	≤0.041
压缩强度/kPa	≥160	≥65	吸水率/%(体积分数)	≤4	
弯曲强度/kPa	≥245	≥170	尺寸稳定性 70～－40℃/%	±0.5	

由于聚氨酯隔热夹芯板的强度、隔热等性能优于聚苯乙烯隔热夹芯板，所以通常多应用于速冻或库温较低的冷库上；聚苯乙烯隔热夹芯板则由于隔热性能较好且价格适中，通常多用于普通低温冷库、高温冷库和食品加工厂等工业与民用建筑上。上述两种夹芯板性能优良，已被广泛应用于工业与民用建筑领域。

隔热夹芯板的生产是按实际库体的设计要求，根据库板的数量、尺寸规格要求定制生产的。所以，根据库高要求生产库墙板，根据库顶跨度要求生产库顶板，尽量避免隔热夹芯板在长度方向的拼接使用。

隔热夹芯库板尺寸规格繁多，并没形成统一标准，厂家各异。综合国内库板主要尺寸规格，列入表 6－2，供参考。

表 6－2　隔热夹芯板尺寸　单位：mm

尺　寸	可选规格
厚度	60,75,100,120,150,180,200,250
宽度	300,450,600,900,960,1 000,1 200
长度	2 000,2 400,2 700,3 000,3 600,4 000～10 000

例如：库高 5m，库板插入地坪下长度 0.4m，则可定制库板长度为 5.4m；库体最小跨度 10m，可根据库顶板设计要求，采用 10m 长度顶板，或者采用 5m 长度顶板搭接，当然，优先选用 10m 长度的库板。在库板尺寸的选用上，也要根据隔热夹芯板生产厂家的实际生产技术能力，优先采用较常用的尺寸规格，以降低制作成本和缩短交货期。

二、装配式冷库的组合与装配

1．装配式冷库的地坪防冻及荷载处理

库体基础结构根据库体大小采用不同形式，以承载库内货物重量。

安装在建筑物内的小型组合冷库库体的基础可采用较简单的木制、钢制或砖混凝土砌制的框架式基础。库体搭建在基础上，防止库体地板与室内地面直接接触，起到透气，防冻结的作用，见图 6－3。

冷冻机组的安装基础按机组安装要求制作，位置根据实际情况，靠近库体或建于建筑物外。

大中型组合库的基础结构应参考土建库的地板做法，低温库还要考虑地板的防冻结措施。地板防冻可采用电热管、热油管加热或采用自然（或强制）通风加热。多采用自然通风防冻，使用自然通风时应注意如下几点：

（1）自然通风管应两端直通、并坡向室外。直通管段总长度不应大于 30m，其穿越冷间地面下的长度不应大于 24m；

（2）自然通风管管径宜采用内径 250 或 300mm 的水泥管、瓦管，管中心距

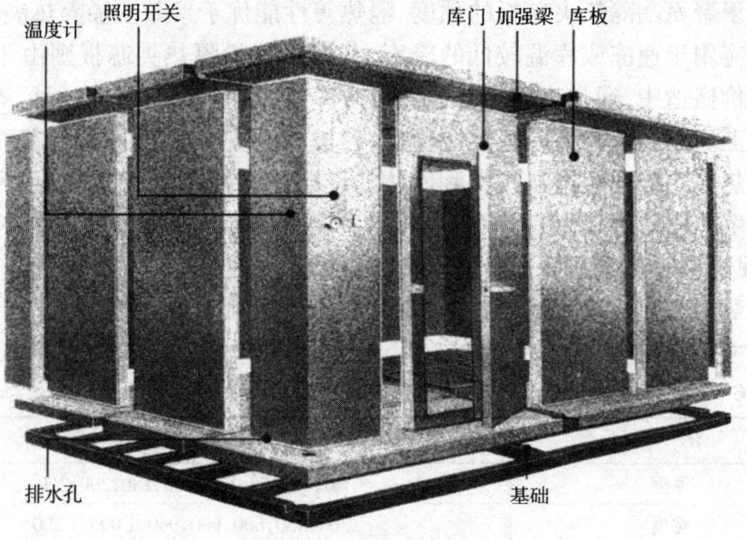

图 6-3 框架式基础

离不宜大于 1.2m，管口的管底宜高出室外地面 150mm，管口应加网栅；

（3）自然通风管的布置宜与当地的夏季最大频率风向平行。

组合冷库的基础结构应当由建筑专业和制冷空调专业相结合共同完成，根据具体项目，实际情况进行设计，土建基础可参考图 6-4 所示。

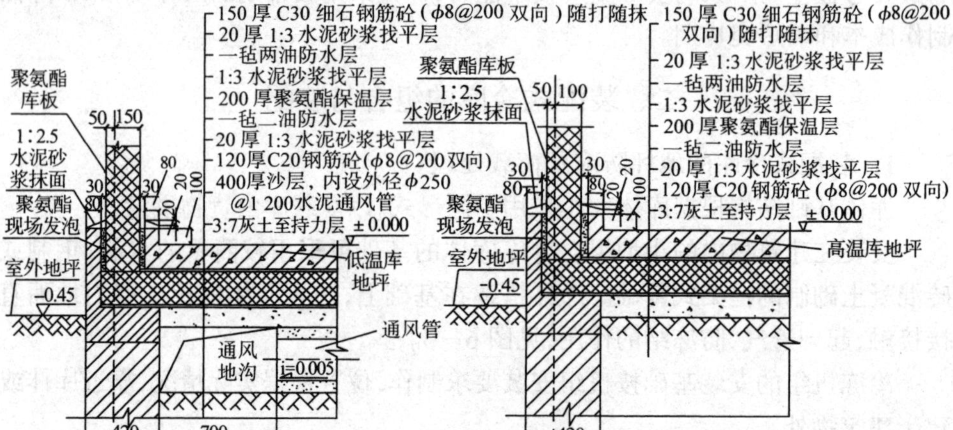

(1) 低温库基础 (2) 高温库基础

图 6-4 冷库基础结构详图

2. 装配式冷库库体节点的处理方法

（1）库体安装 库板的搭建工作相对简单。一般来讲组合库多为单层库体，库体的高度和库板的厚度确定后，便可向隔热夹芯板提供商提出要求，生产适合库体高度和厚度的库板。由于隔热夹芯板的制作长度可达10m,基本可满足库体高度要求。

库体结构承重可分为自承重和钢架承重两种。自承重就是说顶板的重量由库体的墙板承担,全部的顶板重量加在墙板上,顶板的接缝结合处视实际情况安装加强梁(见图6-3),自承重多用于小型库体。

钢架承重又可分为内支撑承重和外支撑承重两种形式。分别见图6-5中的(1)和(2),大型冷库基本采用外承重。

(1) 内支撑承重

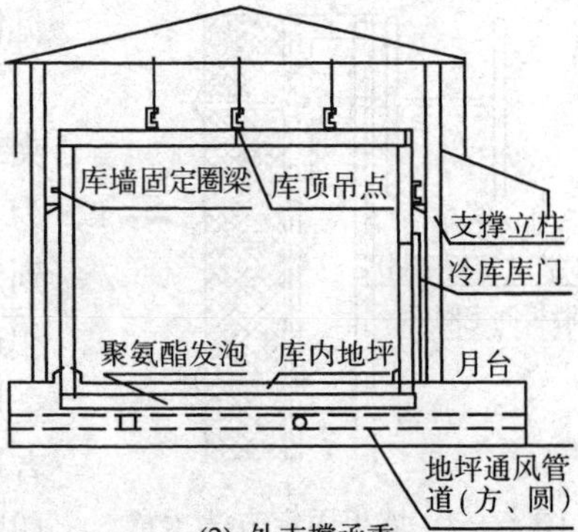

(2) 外支撑承重

图 6-5　钢架承重

承重点应当根据板的长度和刚度确定。一般库板长度搭接处需固定,库板中间采用蘑菇头尼龙螺栓固定到金属梁上,金属梁再固定到钢架结构上,见图6-6。

图 6-6　库顶吊装

外部承重的顶板的固定分两种情况:柔性固定和刚性固定。对于一般的冷库,直接使用钢丝绳吊索将库顶吊装在外部钢架结构上(柔性固定);对于气调库,由于气调过程中有可能使库内空气压力大于外部大气压,所以吊点处应采用刚性连接,即采用型钢(角钢)将库顶直接固定在钢架结构上,以确保库体不会因内部气体压力过大使库体向外膨胀而引起库体破裂，破坏气密性。

采用外部支撑的库体内没有支柱，可更好地利用库内容积，但对外部钢架结构的要求也相应提高。大型组合式冷库较多采用该种形式的承重形式。

为了加强墙体强度和施工的需要，对库体较高的冷库墙板的中上部采取固定、定位的措施。见图6-5(1)和图6-7。

(2) 冷桥处理　库板搭建时应当注意隔热夹芯板的冷桥问题。由于隔热夹芯板的外表面为金属面板，导热性能良好，在施工时应当考虑到库内与库外、不同库温间的金属面板不得直接相通。跨越不同库体间的隔热夹芯板的内贯通金属面板，采用切割工具切断(2～3mm切断，或者剥离10～30mm宽的面板金属条)。能够很好切断不同库温间通过金属导热的问题。库体拐角，库顶板吊点的冷桥处理可见图6-8。

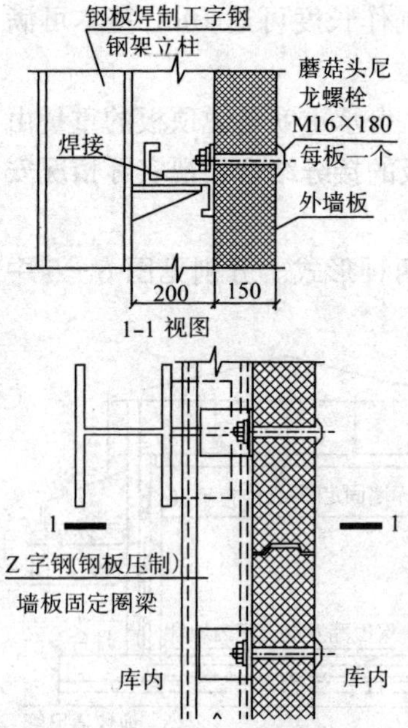

图 6-7　墙板固定方法示意

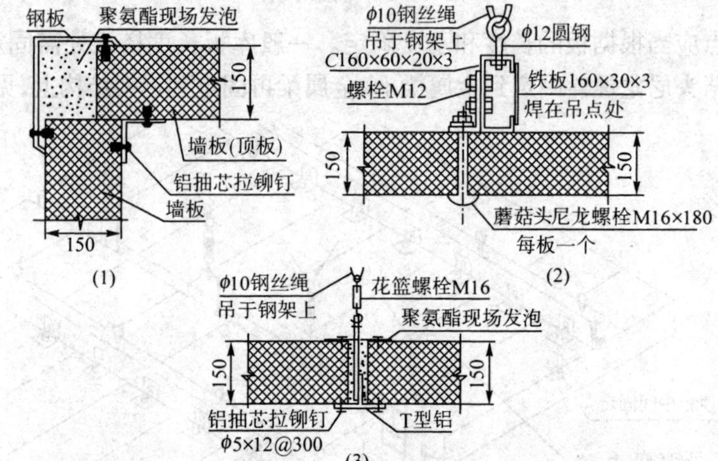

图 6-8　冷桥处理

(1) 库墙拐角、库墙库顶接合处　(2) 库顶板中间吊点固定

(3) 库顶板结合处吊点固定　(4) 内隔墙与顶板连接　(5) 内隔墙与墙板连接

在图 6－8(5)中，内隔墙与外墙板采用聚氨酯发泡，主要是考虑到安装精度及施工的可行(能)性：在外部墙体安装定位后，内隔墙的安装与墙体间很难做到紧密连接。

另外，冷库运行中，如果发现库板固定处有结露和结霜情况，可外部进行局部聚氨酯发泡处理。

随着组合冷库的发展和隔热夹芯板制造水平的提高，配套的库板、角板、T型板、库门、库板转角结合饰条等新产品也层出不穷，极大地方便了库板的组合，也使库体更加美观(见图 6－9)。

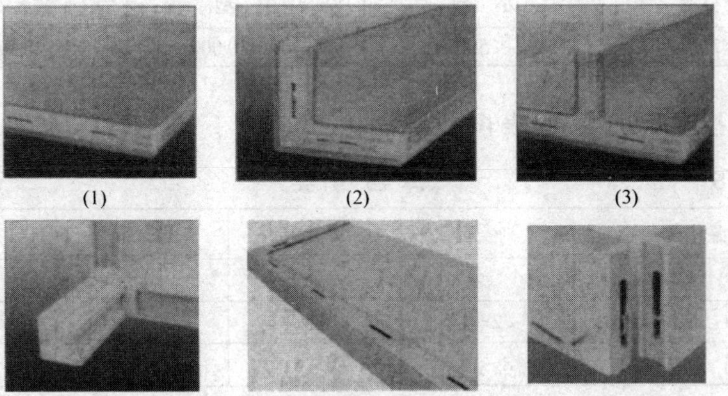

(1)　(2)　(3)　(4)　(5)　(6)

图 6－9　库板构件

(1) 墙板　(2) 角板　(3) T 型板　(4) 库板连接线条　(5) 地(顶)板　(6) 库板连接搭扣

3. 装配式冷库对门框、门的要求

装配式冷库的门框、门参见图 6－3，小型组合冷库的门框、门都是在预制厂先期制造，现场安装即可；大型的门也是在预制厂将门框、门做好，现场按设计装配。

第二节　《组合冷库》(JB/T 9061—1999)简介

随着组合冷库的发展，众多的制冷设备厂都推出了组合冷库系列产品，供用户选择使用，或根据用户要求，按实际情况设计制造。我国《组合冷库》(JB/T 9061—1999)对组合冷库产品的分类和型号、技术条件、性能试验方法、检验规则等作了规定。虽然是推荐性标准，但也是组合冷库设计和验收的重要依据，现简要介绍如下。

一、组合冷库的分类

组合冷库按其用途、库容、库温分类如下：

(1) 用途分类　见表6－3。

表6－3　**用途分类**

用途分类	冷冻、冷藏	气　调
代　号	—	Q

(2) 按库容大小分类　见表6－4。

表6－4　**库容分类**　单位：m^3

库容分类	小　型	中　型	大　型
库容范围	＜500	500～10 000	＞10 000

(3) 按库温分类　见表6－5。

表6－5　**库温分类**　单位：℃

库温分类		高　温	中　温	低　温	冻　结
代　号		G	Z	D	J
库温范围	冷冻、冷藏	－2～12	－10～－2	－20～－10	－30～－20
	气　调	8～15	0～8	－2～0	

(4) 组合冷库的型号　编制如下：

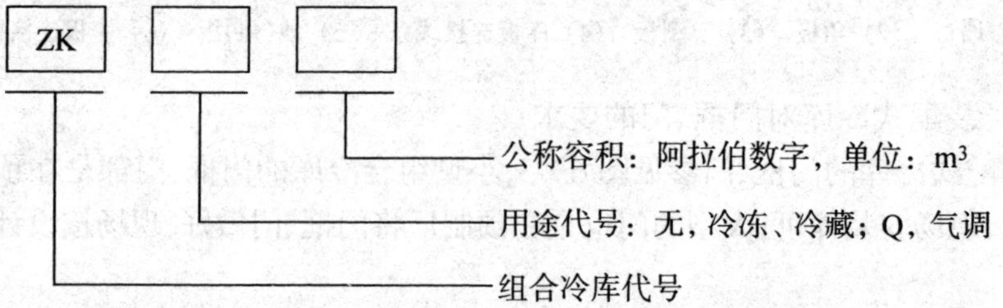

型号示例：

ZK　500 表示公称容积为 500m^3 的冷冻、冷藏用组合冷库；

ZKQ　1000 表示公称容积为 1 000m^3 带有气调间的组合冷库。

二、组合冷库技术要求

1. 设计参数

组合冷库的名义设计环境温度为 32℃，相对湿度为 55%，冷却水温度为 30℃。库内温度按表6－5，根据不同温度使用范围，取最小值。

如果厂商提出设计参数，则应按照厂商的要求进行设计。对有特殊使用要求的冷库，制造厂可与用户协商，并在相应的技术文件中作出补充规定。当环境温度不高于40℃时,冷库应能正常工作。

2. 隔热夹芯板和库体

组装后的冷库,实测内容积应不小于公称容积的98%。组装后的冷库库体接缝应均匀、严密,接缝错位应不大于1.5mm。使用的密封材料应无毒无臭、耐低温、耐老化,有良好的隔热性和防潮性。库体表面涂层应色泽均匀,光滑平整,无明显划痕、擦伤,与金属板结合应牢固,无锈蚀、剥落。

库门应开关灵活,无变形,密封良好,并应装有安全脱扣的门锁。库温低于-5℃的冷间,库门应装有电热丝以防结露和冻粘,所用电压应是安全电压。库温低于-10℃的冷间,库门上应设风幕或门帘。

气调间和库温低于-10℃的冷间,库体上应装有压力平衡组件,以防库内、外压差过大使库体产生变形。气调间的压力平衡组件应气密。

库内所有装置(冷风机、货架等)均应防锈处理,但禁止使用镀镉件。木制构件应经干燥防腐处理。

库内应在适当位置安装防潮照明灯。照明灯开关应防潮,并置于库门外的侧边。

小型库应在机组电控箱上明显位置设温度显示,禁止使用玻璃水银温度计。大、中型库的温度、湿度应采用集中监测。

气调间应在适当位置设置观察窗或小门,以便对贮藏物进行检查。气调间的顶棚上面应有贮气装置,其材料应无异味,不污染食品,其容积应不小于该库房内容积的1.5%。

库温高于-2℃的冷间应根据冬季室外温度设置加热装置,其热负荷按GBJ 19的有关规定计算。

冷库所承受的风压、雪压、地震烈度应能满足当地气象部门提供的气象、水文、地质资料的要求。

冷库的钢结构承重骨架的设计、制造及安装应按照GBJ 17、GBJ 205的有关规定进行。钢筋混凝土承重骨架应按照GBJ 10、GBJ 204的有关规定进行。

库房内壁应根据货物种类、包装码垛方式,确定是否设置防撞木围板。防撞木围板应坚固、牢靠,高度不宜超过3m。当防撞高度较低时(低于300mm),可采用沿库内四壁自地面向上加设混凝土凸台的形式。

冷库穿堂的两边及库门的内、外两侧应设防撞装置,冷库其它部位可根据实际需要进行设置。防撞自库脚向上的高度应不低于450mm,外表面应有防撞安全标志,防撞安全标志应符合GB 2893的规定。

冷库隔热地坪的设计、施工及验收应按相应标准规范进行。

冷库的穿堂、月台、机房及电气控制室等应根据实际需要,参照GBJ 72的有关规定设计。

气调间应具有良好的气密性。在库内压力达到100Pa(表压)后,保压10min,库内剩余压力应不低于50Pa(表压)。

在名义工况下,库内温度达到设计温度后,库体外表面不应有冷凝露水流淌。冷库库体传热系数见表6-6。

表6-6　　库体传热系数

库温代号		G	Z	D	J
传热系数/[W/(m²·K)]	冷冻、冷藏	≤0.48	≤0.38	≤0.26	≤0.23
	气　调	≤0.51	≤0.40	≤0.38	—

在冷库明显位置应设防火标志,并配备防火设施。当冷库库体占地面积大于4 000m^3时,应设防火隔断。

3. 制冷系统

冷库的制冷设备性能参数和质量应符合相应标准的规定。设备应布局合理、紧凑。制冷系统及管道、压力表、阀门等应完好无损,排列整齐,安装牢固。系统管道的连接及隔热层应符合产品图样及技术文件的要求。

制冷系统的安全保护应符合有关制冷设备安全规范的要求,各保护元器件应动作灵敏、安全、可靠。

冷库的融霜装置应灵敏、可靠,融霜过程中库内温度升高应不超过7℃。

在名义工况下,制冷设备工作时间系数应小于或等于0.80。

在名义工况下,空库降温时间见表6-7。

表6-7　　空库降温时间

<table>
<tr><td colspan="2" rowspan="2">单间库容/m³</td><td colspan="4">降温时间/h</td></tr>
<tr><td>G</td><td>Z</td><td>D</td><td>J</td></tr>
<tr><td rowspan="3">冷冻、冷藏</td><td>≤100</td><td>≤1.0</td><td>≤1.5</td><td>≤2.5</td><td>≤3.5</td></tr>
<tr><td>>100~1 000</td><td>≤3.0</td><td>≤3.5</td><td>≤4.5</td><td>≤5.0</td></tr>
<tr><td>>1 000</td><td rowspan="2">≤4.0</td><td rowspan="2">≤4.5</td><td>≤5.5</td><td rowspan="3">—</td></tr>
<tr><td rowspan="2">气　调</td><td>500~1 000</td><td>≤5.0</td></tr>
<tr><td>>1 000</td><td>≤5.0</td><td>≤5.5</td><td>≤6.0</td></tr>
</table>

冷库正常运行时,库内温度不均匀性见表6-8。

表6-8　　库内温度不均匀性

单间库容/m³	≤500	>500
库内温度不均匀性/℃	≤5.0	≤6.0

4. 气调系统

气调库配用的气调设备的性能参数和质量应符合相应标准规定。气调设备、管道及控制阀门应排列整齐,安装牢固。系统管道的连接应符合产品图样和技术文件的要求。

气调管道长度应不超过100m;各管道挠度应不大于1/350;管道不应有下垂的U型弯管;管道应坡向气调间内,与气调机应采用软管连接。气体分析仪表应灵敏准确,精度应不低于0.1%。

气调设备应有良好的密封性。采用燃烧降氧的设备应设断水报警装置。燃气(料)应置于气调设备间外,且应符合有关防火安全规定。

气调设备间应设机械通风装置,并与制冷设备间隔离。

使气调库空库库内空气调节到氧含量为3%±0.5%,二氧化碳含量为5%±0.5%所需要的时间见表6-9。

表6-9 空库气调时间

单间库容/m^3	气调时间/h
<1 000	≤96
≥1 000	≤120

5. 水路系统

给、排水系统的设计、施工应符合GBJ 13~GBJ 15中有关规定的要求。管道应连接牢固,并有防冻、防漏冷及气密措施,排水应迅速、畅通。

设置在低于0℃库内的加湿设备及管道应设加热装置或隔热,以防冰冻。

6. 电气系统

冷库配用的电气设备应符合相应标准或规范的要求。设备及元器件应调整准确,动作应安全可靠。

电气系统的设计、安装应符合电气安全规程的规定,设备应排布合理,各指示仪表、开关、按钮等应整齐、牢固。

库房内的温度、湿度应采用库外监测方式,实行集中监测的宜设自动记录仪。

电气设备应能在额定电压的90%~105%内正常工作。

以上为《组合冷库》(JB/T 9061—1999)的简介。另外,JB/T 9061—1999还对组合冷库的性能试验方法做出了具体规定,在此省略,如有需要,可参阅标准原本。

第七章 气 调 冷 库

2002年,我国水果产量已经突破6 100万t,居世界首位。但由于保鲜技术落后,每年采摘后有20%~25%的果品和30%的蔬菜损耗掉,价值达750亿元。气调技术作为目前国际上成熟的果蔬保鲜技术,在我国也得到了一定的应用,对于改善上述状况曾起到了积极的作用。随着科学技术的日益进步和消费者对高品质果蔬的持续需求,我国气调技术也处于不断地发展完善之中。

果蔬气调贮藏就是调整果蔬贮藏环境中气体成分的一种冷藏方法。它是由冷藏、降低贮藏环境中氧气的含量、增加二氧化碳浓度的综合贮藏方法。而气调库是在传统的高温冷藏库基础上发展起来的,它既有冷藏库所具有的"冷藏"功能,又有冷藏库所没有的"调气"功能,但是气调库并非普通高温库与气调设备的简单叠加。与一般高温库相比,气调库在方案设计、热负荷计算、土建气密性设计等方面都有自己的特点和注意事项,若不注意这些差别,就无法设计并最终建造成合格、低能耗的气调库。

第一节 气调贮藏的原理与气调调节的方式

一、气调贮藏的原理

气调贮藏(Controlled Atmosphere)简称C.A.,它是指在特定气体环境中的冷藏方法。气调贮藏主要应用于果蔬的保鲜。果蔬的气调贮藏是目前果蔬贮藏最先进的方法之一,具有保鲜效果好、贮藏损失少,保鲜期长,对果蔬无任何污染的特点。

果蔬贮藏是活体贮藏。果蔬采摘后,仍保持着旺盛的生命活动,进行着各种生理活动,但已不能从母体和光合作用中得到物质和能量来补偿生理活动的消耗,只能消耗自身营养物质,从而引起果蔬质量、重量和形状的变化,使果蔬逐渐由成熟走向后熟和衰老。造成这些变化的主要因素是果蔬的呼吸作用、蒸发作用和微生物的作用。

低温贮藏可以减弱果蔬的呼吸作用、减少水分的蒸发、抑制微生物的生长繁殖,有利于果蔬的贮藏保鲜。但若辅以贮藏环境中气体成分的调节,则会有更好的效果。正常大气中,氧的体积含量为20.9%,二氧化碳的体积含量为0.03%。气调贮藏就是在低温贮藏的基础上,调节贮藏环境中氧、二氧化碳的含量,及一些特殊气体(如乙烯,一氧化碳)的含量,以达到更好地贮藏果蔬的目的。其原理:如降低贮藏环境中氧的含量,可以有效地抑制果蔬的呼吸作用和微生物的生长繁殖,也间接影响其蒸发,并且可以延缓叶绿素的分解,对水果还有保硬效果;如适当地提高二氧化碳的含量,可以减缓呼吸,对呼吸跃变型果蔬有推迟其呼吸跃变启动的效应,同时二氧化碳是乙烯作用的竞争性抑制剂,提高贮藏环境中的二氧化碳含量,会使水果的内源乙烯合成速度减缓。乙烯是一种果蔬催熟剂,能激发其呼吸强度上升,加快果蔬成熟过程的发展和完成,控制或减少乙烯含量,对推迟果蔬后熟是十分有利的。气调贮藏可以根据不同果蔬对乙烯的敏感程度,把贮藏环境中的乙烯含量控制在一定限度内。

二、气调调节的方式

气调贮藏的关键之一,是调节和控制贮藏环境中的各种气体的含量,其中最常见的是降氧和升高二氧化碳浓度。气体调节的方法很多,按调节方法和设备不同可以有不同的分类。

(一) 按照调节方法分类

1. 自然降氧(Modified Atmosphere,简称 MA)

自然降氧是靠果蔬自身的呼吸作用,来改变贮藏环境中的氧和二氧化碳的含量。其特点是工艺简单,不需要专门的气调设备,但降氧时间长,贮藏环境中的气体成分不能较快地达到一定的配比,影响果蔬气调效果。

2. 机械降氧

机械降氧是利用一些机械设备,如制氮机、真空泵等实现快速降氧,使果蔬短时间内进入气调环境,贮藏过程中,也易将气体成分调节和控制在相对稳定的状态。它又可以通过三种方法实现。

(1) 充氮降氧　将制氮机产生的氮气,强制性地充入贮藏环境来置换空气,或在二氧化碳含量过高时,用以置换二氧化碳,以达到快速降氧和控制适量二氧化碳的目的。

(2) 最佳气体成分置换　人为地将氧、二氧化碳、氮等气体,按最佳气体成分指标要求,配制成混合气体,向贮藏环境中充入。充入前,需先对贮藏环境抽真空。这种气调方式贮藏效果最好,但成本高。

(3) 减压气调　通过真空泵将贮藏环境中一部分气体抽出,同时将外界空气减压加湿后输入。贮藏期间,抽气和输气装置连续运行,保证果蔬贮藏在一个低压环境中。它不同于常规改变气体成分的气调方式,因为它不是通过降低氧含量来形成低氧环境,而是靠降低气体密度来产生低氧环境。虽然降氧方式不同,但降氧效果是相同的,只要控制和调节贮藏环境的真空度,就可以得到不同的低氧含量。但减压贮藏对设施的强度和密闭性要求较高。

(二) 按照不同气调设备分类

1. 塑料薄膜帐气调

这是一种利用塑料薄膜对氧和二氧化碳有不同渗透性和对水透过率低的原理,来实现气调和减少水分蒸发的贮藏方法。塑料薄膜一般选用0.12 mm厚的无毒聚氯乙烯薄膜或0.075～0.2 mm厚的聚乙烯薄膜。由于塑料薄膜对气体有选择性渗透,可使塑料帐内气体成分自然地形成气调贮藏状态。对需要快速降氧的薄膜帐,封帐后用机械降氧机快速实现气调条件。但需注意,因果蔬呼吸作用的存在,帐内二氧化碳含量会不断升高,所以应定期用专门仪器进行气体检测,以便及时调整气体配比。

2. 硅窗气调

这种气调方式是根据不同果蔬及贮藏要求的温湿度条件,选择面积不同的硅橡胶织物膜,热合于用聚乙烯或聚氯乙烯制作的贮藏帐上,作为气体交换的窗口,简称硅窗。硅橡胶织物膜是由聚甲基硅氧烷为基料,涂复于织物上而成。它对氧和二氧化碳具有良好的透气性和适当的透气比,不但可以自动排出贮藏帐内的二氧化碳、乙烯和其它有害气体,防止贮藏果蔬中毒,而且还有适当的氧气透过率,避免果蔬发生无氧呼吸。选用合适面积的硅窗制作的塑料帐,其气体成分可自动衡定在:氧含量3%～5%,二氧化碳含量3%～5%。

3. 催化燃烧降氧气调

这种气调方式采用催化燃烧降氧机,以工业汽油、液化石油气等为燃料,与从贮藏环境中引出的空气混合,进行催化燃烧反应。以液化石油气为例的反应式如下:

$$C_4H_8 + 6O_2 + 24N_2 \rightleftharpoons 4H_2O + 4CO_2 + 24N_2$$

液化石油气 从贮藏环境中引出的空气 水蒸气 生成气

由反应式可见,空气中的氮气不参与反应,式中的水蒸气可通过冷凝的方法排除,反应后的无氧气体再返回贮藏环境中。如此循环,直至将贮藏环境中的含氧量降到要求值。但是,这种燃烧降氧的方法及果蔬的呼吸作用,会使贮藏环境中二氧化碳含量升高,这时可以结合使用二氧化碳脱除机降低二氧化碳含量,以免造成果蔬中毒。

4. 充氮气降氧气调

这种气调方法是用真空泵从贮藏环境中抽出空气,然后充入氮气。这样的抽气、充气过程交替进行,以使贮藏环境中氧气含量降到要求值。所用氮气可以有两个来源:一种利用制氮厂生产的氮气或液氮钢瓶充氮;另一种用碳分子筛制氮机制氮。后者一般用于大型气调库。

第二节 气调冷库建筑特点

一、气调冷库建筑结构类型

气调库存在多种建筑结构形式。如由普通高温库或土、石窑洞冷库改造成的夹套式气调库(即在库内用刚性或柔性气密材料围成一个密闭的贮藏空间,接通气调管路,利用原有制冷设备降温),新建库通常有装配式和土建式两种结构形式。

装配式气调库的围护结构多由聚氨酯夹芯彩钢板搭建,该板具有隔热、防潮和气密三重功效,施工周期短,外表美观,在国内得到广泛应用,欧洲 95% 以上的果蔬冷库均为装配式气调库。但装配库造价较高,热惰性较小,为了减少因环境温度波动而造成的内外压差,要求围护结构热阻值大于同样温度的冷库,即隔热层要厚一些。

土建式气调库采用传统的建筑、保温材料建造,在库体内表面或外表面增加一层气密层,气密层直接铺设在围护结构上。土建库造价较低,库体热惰性大,库温易于稳定。缺点是施工周期长,施工难度大,气密处理较为困难。目前,我国的土建式气调库主要分布在北方地区,尤其是新疆、山东二地。另外,北美地区通常使用木头加胶合板做外墙,或者用混凝土外墙,再将保温材料现场喷涂在内壁上,最后覆盖阻燃材料。图 7-1 为美国华盛顿州 Yakamin 镇苹果气调库内景。该库为混凝土外墙,内墙喷涂聚氨酯泡沫塑料。

图 7-1 美国华盛顿州 Yakamin 镇苹果气调库内景

二、气调冷库建筑最主要的特点——气密性

气密性是气调冷库在建筑要求上有别于冷藏库的一个最主要的特点。如果库体密封不好,库内就不能保持所要求的低氧、高二氧化碳的气体组分,也就达不到气调保鲜的目的。也就是说,气调库不仅要求围护结构隔热,减少与外界的

热量交换,而且要求围护结构密闭,减少与外界的气体交换。在满足气调贮藏条件的前提下,气密程度并非越高越好。一方面由于气调库围护结构的表面积很大,还要安装气密门,通过各种制冷、气调、水电管线,建筑物日久会沉降,另外温度波动会引起库内外压力差发生变化,使得气密层不可避免地存在薄弱环节,很难达到绝对的气密。另一方面,也没有必要达到绝对的气密。以果蔬气调贮藏为例,由于果蔬的呼吸作用会消耗库内的 O_2,致使 O_2 浓度持续降低。如果库房绝对气密,就必须及时通入新鲜空气来维持贮藏所需要的 O_2 浓度,以防止果蔬进行无氧呼吸。在实际操作中,只要果蔬的耗氧量大于或等于围护结构的渗入氧量,即可认为气密程度符合要求。

由于气密性能的好坏直接关系到气调库内气体成分的调节速度和波动幅度,进而影响贮藏成本(气调设施开机时间)和货物品质,故库体、库门以及所有穿墙管道处均应做气密性处理。其中,尤其应注意库门的密封性能,在气调库气密性实测中发现库门往往是整间库房的薄弱点。冷库建筑方式各不相同,其库体的密封处理方法也不同,但对气密性要求是相同的。

三、气调冷库库体的密封技术

气调冷库库体的密封措施主要包括下列几个方面:

(一) 土建式气调冷库的库体密封处理

1. 墙体板和顶板的处理

对于通常所用的冷库隔热结构,只起到隔热防潮作用,达不到气调库的气密性的要求。因此,在满足隔热防潮作用的基础上,再采取特殊的密封措施。通常采取的措施有下列三种:

(1) 冷库的隔热墙体和顶板全部用聚氨酯现场喷涂发泡。这种方法施工可以做到无缝隙,喷涂的聚氨酯泡沫既可作为隔热防潮层,又可用作气体密闭层,可以达到理想的气密效果。

(2) 按传统方法施工的冷库隔热墙体和顶板,可采用 0.1mm 厚的波纹形铝箔,用沥青马蹄脂(层厚 5mm)将其铺贴在围护结构库内表面,作为库房的密闭层。

(3) 按传统方法施工的冷库隔热墙体和顶板,可采用 0.8~1.2mm 厚的镀锌钢板,固定在库内墙表面,钢板缝用气焊连接,形成一个整体的钢板密闭层。

2. 墙与地板交接处的处理

墙和地板交接处往往是最不容易做好气密的地方,特别要注意防止由于底层地板的下沉而造成墙与地板气密层的分离。为防止地板下沉,对地板下的回填土必须分层夯实,并应使地板不铺设在墙与地板交接处。

为了保证在地板略有下沉时,能保持完整的气密性,可设置靴形气密设施。

常见的三种靴形气密形式见图 7－2(1)、(2)、(3)。第(1)种形式是用 28# 镀锌钢板涂上热的沥青，用钻钉将其固定在地板上；第(2)种形式是在墙与地板气密层交接处用铝箔树脂薄板和软质马蹄脂形成一条“可伸缩带”，沿着库房四周用外包马蹄脂密封，把铝箔树脂固定在墙上，聚氨酯发泡时，会将其全部盖住，这种形式既可以用作面层也可以用作底层地板的气密；第(3)种形式是在墙和地板交接处采用氯丁橡胶板，在墙的隔热层施工前将其粘接在墙和地板上。

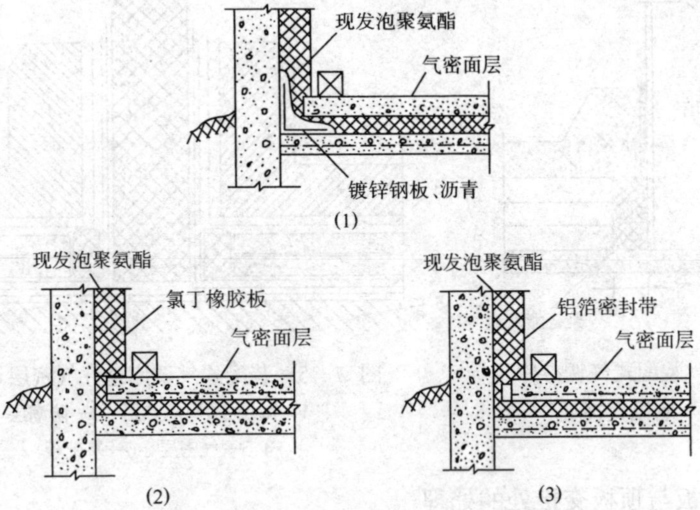

图 7－2 常见的地板—墙三种气密层的施工方法

目前，大部分企业已采用墙和地板连续地进行现场聚氨酯发泡来代替金属靴和地板气密层的作法，见图 7－3。

(二) 装配式气调冷库的库体密封处理

对于装配式气调库，由于所使用的聚氨酯或聚苯乙烯夹芯板本身就具有良好的防潮、隔汽及隔热性能，所以关键在于处理好夹芯板接缝处的密封，即主要对墙板与地板交接处、墙板与顶板交接处、板与板之间的拼缝进行密封处理。在围护结构的墙角、内外墙交接处、墙与顶板交接处，夹芯板的连接形式应采用“湿”法连接。即在夹芯板接缝处，现场压注发泡填充密实，然后在库房内侧的接缝表面，涂上密封胶，平整地铺设一层无纺布，使库体的围护结构连成一个没有间断的气密隔热整体。此外，应尽量选择单块面积大的夹芯板，尤其是顶板，以减少接缝，并尽量减少在

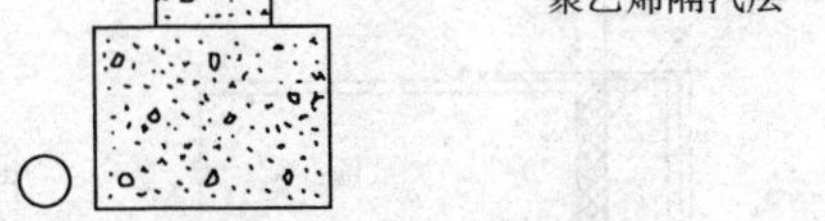

图 7－3 现场聚氨酯发泡

板上穿孔吊装、固定，可将吊点设置在板接缝上，以减少漏气点。具体也可以参照如下方法施工：

1．墙板与地板交接处的处理

地坪隔热层四周离墙板留出 50～100mm 间隙，用聚氨酯现场发泡，墙板与库内地坪四周的缝隙用铝箔马蹄脂密封，见图 7－4 或图 7－5 所示的气密层施工方法。

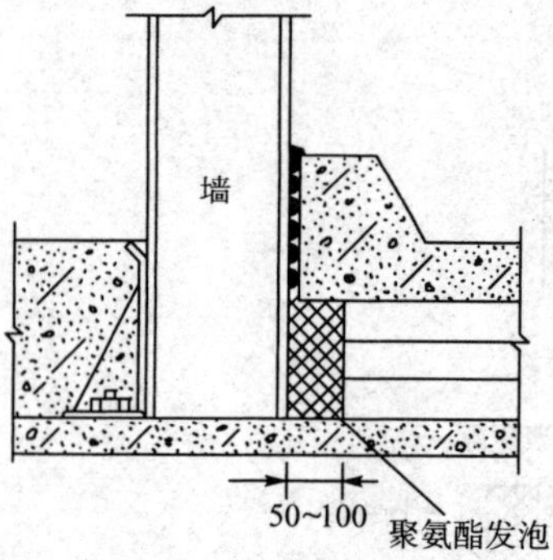

图 7－4 装配式气调冷库墙板与地板交接处

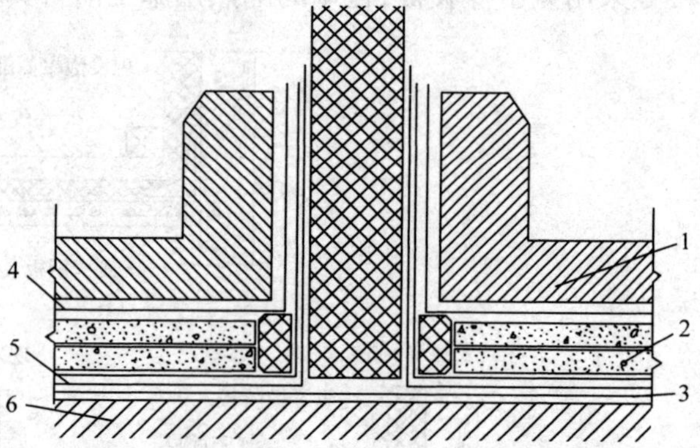

图 7－5 装配式气调库地坪气密层示意图

1—面层 2—隔热层 3—防潮层

4、5—气密层 6—基础板

2．墙板与顶板交接处的处理

顶板与墙板拼接时，留出 50mm 宽的预留槽，顶板全部定位后，用聚氨酯现场发泡填满预留槽，然后用 0.7mm 镀锌涂塑钢板封面，专用密封胶密封，见图 7－6。

3．板与板之间的拼缝处理

板缝的处理根据预制板的结构形式不同而各不相同，但其原则都是要达到密封效果。因此，要求所使用的密封胶必须气密性好，板缝中应填饱满，现场能采用聚氨酯发泡的地方尽量采用。板缝的内外表面还可用铝箔不干胶粘贴密封，见图 7－7。

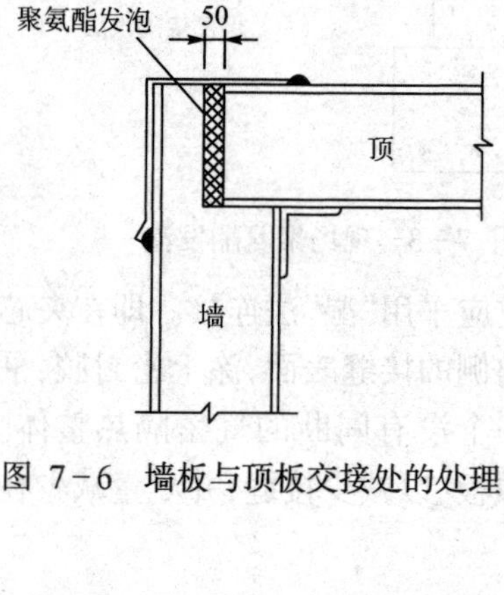

图 7－6 墙板与顶板交接处的处理

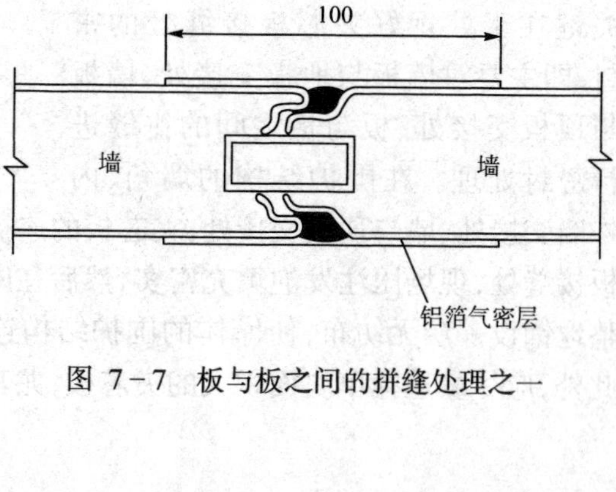

图 7－7 板与板之间的拼缝处理之一

夹芯板的连接也可采用如下方式,即在夹芯板接缝处现场压注发泡填充密实,然后在库房内侧的接缝表面涂上密封胶,平整地铺设一层无纺布,再涂上密封胶,图 7-8 为两块夹芯板接缝处的密封做法。使库体的围护结构(墙、顶)连成一个没有间断的气密隔热整体,另外,应尽量减少在板上穿孔吊装、固定。

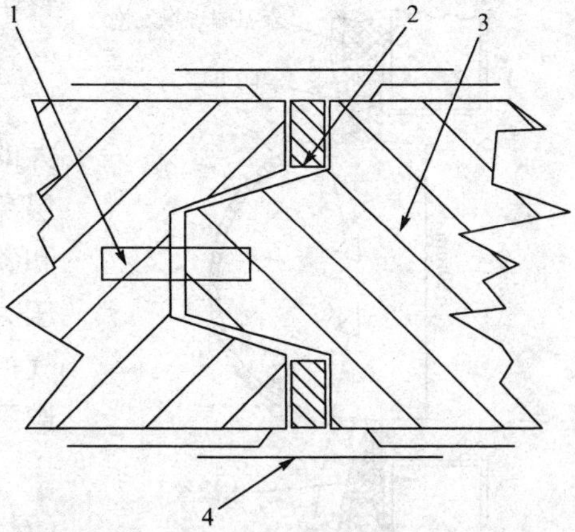

图 7-8 两块夹芯板接缝处的密封做法
1—嵌入板 2—现场发泡气密材料
3—隔热层 4—内侧接缝处气密层(胶+无纺布)

(三)气调库门

气调库门与库体之间也应保证密封。而一般的冷库隔热门是达不到气密要求的。在气调库气密性实测中发现气调库门是整间库房的薄弱点。早期气密门多为铰链转开式。目前,则多为滑移门,其吊轨有坡度,门扇到了关闭位置会下降,依靠橡胶条与地面紧密接触。其余的气密性做法有:在库门及门框周围均安装橡胶垫圈,有些还采用可充气垫圈;关门后在门框四周用封泥或胶带封死;门框下部用水封等。

气调库的门一般为单扇推拉门,门上有一个 600mm×760mm 的小门,以用来在果蔬储藏期间供人进入库内观察果蔬储藏情况,了解风机运转情况,供分析取样等。该小门上一般设观察窗,便于用肉眼观察库内果蔬样品、了解库内设备运转情况。沿门框和入孔门扇周边贴有一圈可充气的橡胶圈或软性橡胶圈,用专用的压紧螺栓沿门的周边将门扇紧紧地压在门框上,以增加密封性。气调库一定要选用专门为该气调库设计的气密门、密封窗。

(四)观察窗

观察窗可以用来观察贮藏的产品情况、冷风机的运行情况。可在蒸发器的出风口处安装一个塑料风标,有助于确定气流通风盘管的程度。还可以观察冷风机冲霜周期的长短和冲霜效果。当维修人员进入库内检修时,还可用作安全监护。贮藏期间,需要对果蔬的状态及制冷、加湿设备的运转情况进行观察。如打开库门,势必影响库内环境,故每间库房均应安装观察窗。

观察窗一般为 500mm×500mm 双层玻璃真空透明窗;也有便于扩大视野的直径 500mm 半球形窗,边缘应有防结雾电热丝,一般用聚丙烯制成拱形,可以扩大观察视线,见图 7-9。我国通常将其设置在靠近技术走廊的气调库外墙上,如无技术走廊,可设置扶梯登高观察。另外也有在气调库门上设置观察窗或可开启式观察门的做法，欧洲有些气调库的观察窗设置在天花板上。

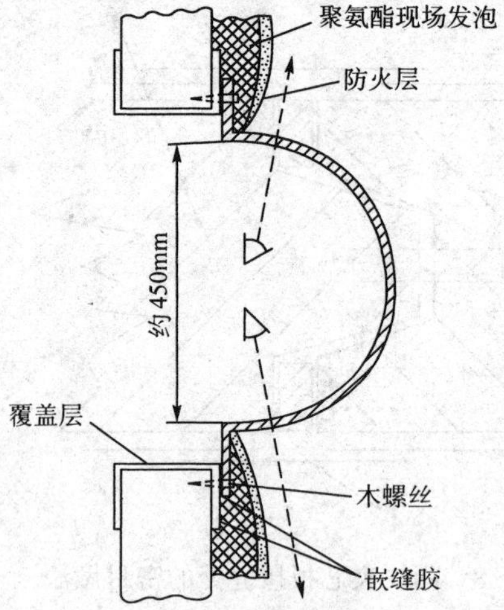

图 7-9 聚丙烯制的拱形观察窗
（可观察库内全景）

（五）压力安全装置（安全阀）

压力安全装置可以防止库内产生过大的正压和负压，使建筑结构及其气密层免遭破坏。在 CO_2 脱除机阀门失灵时和碳分子筛制氮机运行期间，如果没有压力安全装置或者当压力安全装置的通气口没有打开，气调库的建筑结构就会遭到破坏。

水封型（见图 7-10）压力安全装置（安全阀）是一种结构简单、工作可靠、标有刻度的存水弯，它应该安装在气流干扰较小并且便于观察的地方，可以将库内外温度波动时库体承受的正压或负压限制在预定范围内。一旦压力超出该范围，阀内的水便会被压入或压出库房，实现库内外气体的窜流，从而减小库体本身所受压力。在使用中要防止水的冻结和蒸发，必须定期进行加水。气调贮藏要求库内温度波动 ±0.5℃，经计算知两侧压差最高可达 18.7mm H_2O。根据这一要

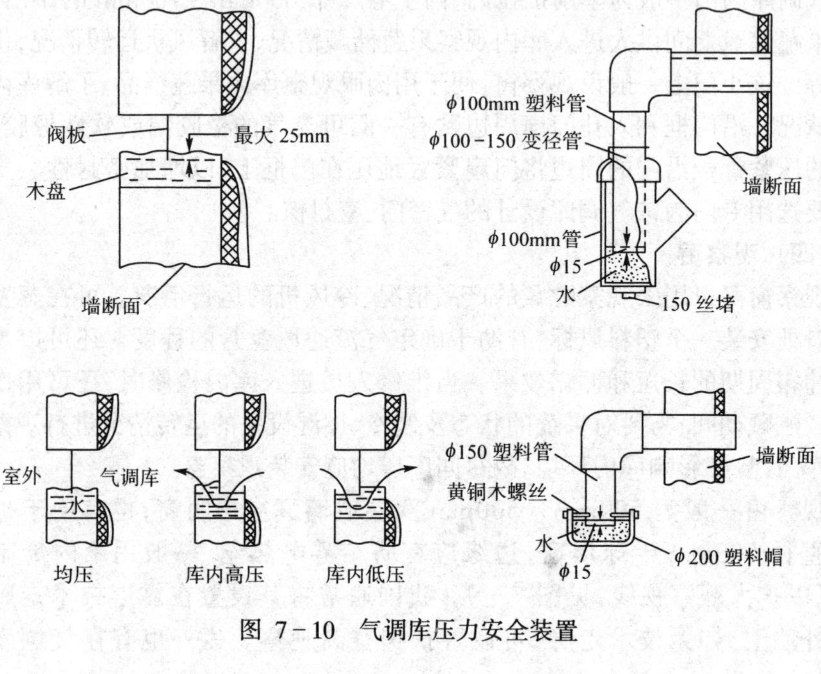

图 7-10 气调库压力安全装置

求,同时为了减少通过安全阀的气体窜流次数,国内将拟保持的库内外压差定为20mm H_2O,即196Pa(国外为25mm H_2O, 245Pa)。当然,气体窜流会使库内气体浓度难以稳定,尤其是超低氧(ULO)贮藏中的 O_2 浓度。有些气调库还安装了手动放气阀门,在库内外压差过大时打开,以便进行放气或进气。显然库内外气体的交换对贮藏环境影响很大,且浪费能源。为了减少这种现象,要求提高温度控制精度,并尽量减少化霜次数,避免出现过大的压差。

弹簧式加载止回阀也可以作为一种压力保护装置,该阀在25mm水柱压差下动作,不需要像水封型阀那样经常要调整、维护。

选用压力安全装置时要与库房容积成比例,如果水封的横断面积过小,不能及时释放库内的压力,仍会造成建筑结构破坏。对于有碳分子筛和 CO_2 脱除机的气调库尤为重要。根据气调贮藏水果的经验表明:28m^3 库容积,其压力安全装置的敞口面积为6.45cm^2。

气调库在运行期间时常会出现微量压力失衡。引起微量压力变化的原因有:CO_2 脱除机脱除了 CO_2、制冷盘管除霜、室外大气压力的变化、冷风机周期性的开停等。

气调帐(气囊)由气密性好、具有一定抗拉强度的柔性材料(如橡胶布或塑料复合布)制作而成,其容积不应小于库内净容积的1.5%。当库内温度在设计库温上下稍有波动但尚未达到0.5℃时,可以通过气调帐的膨胀或收缩来消除或缓解压差对围护结构的作用力。气调帐吊装在邻近气调库房的过道上或库房的顶上。一般推荐将气调帐的进出气口设置在冷风机出风口之前,使回到库房的空气能够先被冷却,避免使库内温度升高。

气调帐可以降低气调库出现的微量压力失衡,用一根 ϕ100mm聚氯乙烯管将气调帐与库房连接起来(见图7－11)。该管从蒸发器的后上角处伸入库内600～900mm,使管口处在无压区,气调帐对来自库房正的和负的两种压力变化都能适应。

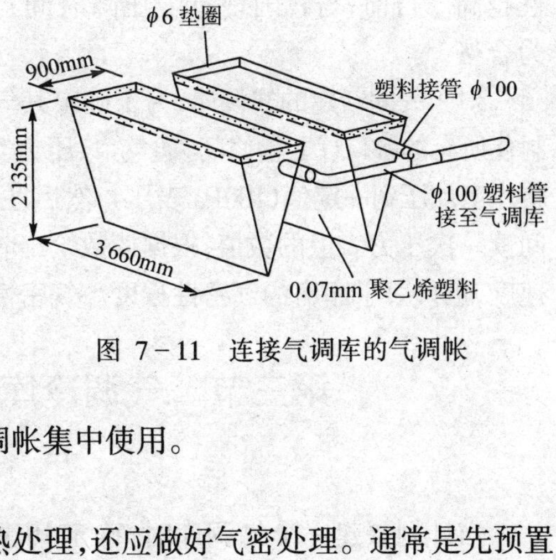

图 7－11　连接气调库的气调帐

气调帐用厚约0.07mm的聚乙烯薄膜塑料制作,其尺寸见图7－11。一般一个气调帐可供560～850m^3的气调库使用,如果需要更大容量的气调帐,可将2个或2个以上的气调帐集中使用。

(六) 管道穿透洞的处理

管道进出库房时,除了应做好隔热处理,还应做好气密处理。通常是先预置好穿墙塑料套管，套管与墙洞用聚氨酯发泡密封，穿透件与塑料套管之间应有6mm以上空隙，套管内用硅树脂充填密封。见图7－12。

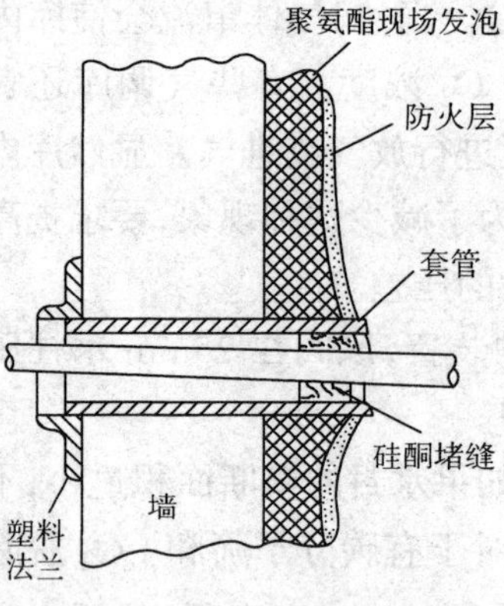

图 7－12 气调库管道穿透洞的处理

四、气调冷库气密性的检测

气调库的气密性程度，可由气调贮藏货物的要求来确定。由于各国气调库设计水平、施工质量、使用方式等的不同，目前，国际上还没有气调库气密性的统一标准。

现在我国对气调库的气密性测试要求，还没有制订国家标准。现有行业标准，规定库内限压从100Pa（表压）下降到50Pa（表压）的时间，不低于10min为合格。

气调库的气密性也可以用气密系数 ξ 表示：

$$p' = pe^{-\xi t} \tag{7-1}$$

式中 p'——t min后库内压力，Pa

p——库内的压力，即库内限压，Pa

t——时间，min

ξ——气密系数

将式（7－1）变形为对数表达式，则

$$\xi = \frac{2.3026}{t}\lg\frac{p}{p'} \tag{7-2}$$

将实测的 p、p'、t 代入式（7－2），即可求出气密系数 ξ。该值越小，则气密性越高。目前，与我国现有半压降时间行业标准相对应，以气密系数 $\xi \leqslant 0.07$ 为合格。

对于一间新建的气调库，为了确定其气密性程度，必须进行压力测试。试验前封住所有的敞口（门、检修门、通气口、压力安全装置通气口、套管、穿透件、管线等），将库房加压到一定值（100Pa表压），然后注意压力随时间的变化情况，每隔一定时间读一次压力表上的数值，根据读数绘出时间压力曲线，线的斜率即表示压力降的速度，也代表了库房的气密性程度。气密性较好的库房，压力降的速度比较缓慢。

第三节 气调冷库的平面布置设计

一、方案设计

当计划兴建一个气调库时，确定其建筑规模，即先确定库容量是至关重要的。除了根据货源、市场需要、投资效益和今后发展确定库容量外，在决策时，还必须考虑到果蔬生产的特点和气调贮藏的要求。果蔬生产的季节性强，收获期集中。气调贮藏对果蔬质量的要求高，入库的速度要求快。如果总贮藏量确定得过小，就会影响经营的规模和效益，而且使气调设备的利用率低；但若总贮藏量确定得过大，也会带来一些问题。如建成以后库房的利用率低、总投资增加等。根据经验一般将总贮藏量控制在500～3000t的范围内。

总贮藏量确定后，下一步就是在总贮藏量和实际情况的基础上，确定气调间的大小和间数。一个气调库为满足不同品种和不同产地果蔬的贮藏要求，至少应划分为2～3间，但不宜超过10间。气调间的大小也要适中，过小虽对提高进货速度有利，但会使库房的利用率降低，而且不利于机械化堆装；容量过大，使果蔬进货时间拉长而影响贮藏效果。在确定气调间的容量时，可以从以下方面考虑：入库期间果蔬的日进货量、库内的堆装、运输方式和库房建筑材料规格等。根据国内外常规做法，一般单间气调库的容量定在100～300t。对特种果蔬，如荔枝、龙眼、冬枣、樱桃等，宜布置几间20～30t小型气调间，便于果蔬随时批进批出。

二、气调冷库的主体建筑物

气调库的主体建筑物包括气调贮藏间、挑选间、预冷间、穿堂、月台和技术走廊。气调库以单层建筑为主。主体建筑从外形上看是一个完整的建筑，内部按生产工艺流程和物流方向分割，其中挑选间也可以作为配套建筑单独设置。

挑选间对气调库而言是十分必要的。果蔬进出库前都要在其中挑选、分级、装箱、称重；同时它也是果蔬出入库前的临时堆放场所。挑选间通常紧靠气调库设置，与库内穿堂相通。挑选间应该具有良好的采光和通风条件，地面可以冲洗，有排水设施。

预冷间是为果蔬贮藏前的预先冷却而设置的。在预冷间果蔬的温度可以迅速降低，待接近或达到贮藏温度后，再移入气调间贮藏。这样可以避免将大量的田间热带入气调间，而且可以降低气调间所需配置的制冷机负荷。预冷间只需隔热而不必气密。

穿堂是果蔬进出气调库的通道，也是联系各气调间的枢纽。为保证冷藏链的完善，同时防止果蔬出货时结露使货架期缩短，气调库一般设置低温穿堂。穿堂中有制冷设备，温度一般控制在7～10℃。当然，穿堂也只需隔热而不必气密。

月台供进出货装卸用。根据气调库的贮藏量确定月台的长、宽。一般容量小于1500t的气调库，月台长度为10～30m，宽为5～7m。月台的高度应与运送果蔬的主要型号车辆的厢底高度一致。若经济条件允许，可建造升降式月台和滑升门,并将月台温度控制在7~10℃,保证冷藏链的连续性,与国际标准接轨。月台无气密性要求。

技术走廊通常设在穿堂的楼上,作为操作管理人员在贮藏期间观察果蔬的贮藏情况和库内设备运行状况之用,同时它也是制冷、气调、水电等管线安装、操作和维修的场所。对于分散式制冷方案的气调库,可以将制冷设备安装在技术走廊,以节省机房的占地面积,还可以使制冷的管道长度大大缩短。

三、气调冷库配套建筑物

气调库的配套建筑物包括机房、变配电间、质检室、包装材料库、回车场、办公和生活用房等。

质检室是气调贮藏中对果蔬质量进行检测的场所,它包括常规检测实验室和货架期观察室。质检室的建筑对采光、通风、采暖、环保都有一定的要求。质检室可以单设,也可以放在挑选间,或与机房、管理人员办公室并在一起。

第八章　冷库库房的管理

冷库是保证易腐食品新鲜长期供应的市场，调节食品供应随季节变化而产生的不平衡，改善人民生活所不可缺少的一环。搞好库房的管理工作，对保证冷藏食品的质量和提高企业的经济效益非常重要。

第一节　库房操作管理

一、正确使用冷库，保证安全生产

冷库是用隔热材料建筑的低温密闭式库房，结构复杂，造价高，具有怕潮、怕水、怕热气、怕跑冷等特性。最忌隔热体内有冰、霜、水，一旦损坏，就必须停产修理，严重影响生产。为此，在使用库房时，要注意以下问题：

(1) 防止水、汽渗入隔热层　库内的墙、地坪、顶棚和门框上应无冰、无霜、无水，要做到随有随清除。

对没有下水道的库房和走廊，不能进行多水性的作业，不能用水冲洗地坪和墙壁。

库内排管和冷风机也要定期冲霜、扫霜，及时清除地坪和排管上的冰、霜、水。经常检查库外顶棚、墙壁有无漏水、渗水处，如一旦发现，必须及时修复。

不能把大批量没有冻结的热货直接放入低温库房，防止库内一时温升过高，造成隔热层产生冻融而损坏冷库。

(2) 防止因冻融循环把冷库建筑结构冻酥　库房应根据设计规定的用途范围和使用要求，高、低温库房不能随意变更(装配式冷库除外)。

各种用途的库房，在没有商品存放时，要保持一定的温度，冻结间和低温间应在 -15℃ 以下；高温间在露点温度以下，以免库内受潮滴水，影响建筑(装配式冷库除外)。

原设计有冷却工序的冻结间，如改为直接冻结间时，要设有足够的制冷设备，还要控制进货的数量和掌握合理库温，不能使库房内有滴水。

(3) 防止地坪(楼板)冻胀和损坏　冷库的地坪(楼板)在设计上都有规定，能承受一定的负荷，并铺有防潮和隔热层。如果地坪表面保护层被破坏，水分流入隔热层，会使隔热层失效。

如商品堆放超载，会使楼板裂缝。因此，不能将商品直接散铺在库房地坪上冻结。拆货垛时不能采用倒垛方法。脱钩和脱盘时，不能在地坪上摔击，以免砸坏地坪或破坏隔热层。

另外,库内商品堆垛重量和运输工具的装载量,不能超过地坪的单位面积原设计负荷。每个库房都要核定单位面积最大负荷和库房总装载量(地坪如大修改建,应按新设计负荷),并在库门上作出标志,以便管理人员监督检查。库内吊轨每米长度的载重量,包括商品、滑轮和挂钩的总重量,应符合设计要求,不许超载,以保证安全。

特别要注意底层的地坪没有作通风等处理过的库房,使用温度一定要控制在设计许可范围内。设计有地下通风的冷库,要严格执行有关地下通风的设计说明,并定期检查地下通风道内有无结霜、堵塞和积水,并检查回风温度是否符合要求。应尽量避免由于操作不当而造成地坪冻胀。地下通风道周围严禁堆放物品,更不能搞新的建筑。

(4) 库房内货位的间距要符合要求　为使商品堆垛安全牢固,便于盘点、检查、进出库,对商品货位的堆垛与墙、顶、排管和通道的距离都有一定要求,见表8－1。

表 8－1　　库房内货位的间距要求

建筑物名称	货物应保持的距离/mm	建筑物名称	货物应保持的距离/mm
低温库顶棚	≮200	风道底面	≮200
高温库顶棚	≮300	冷风机周围	≮1 500
顶排管	≮300	手推车通道	≮1 000
墙	≮200	铲车通道	≮1 200
墙排管	≮400		

库内要留有合理宽度的走道,以便运输、操作,并利于安全。库内操作要防止因运输工具和商品碰撞冷藏门、电梯门、柱子、墙壁、排管和制冷系统的管道等。

(5) 冷库门要经常进行检查　如发现冷库门变形、密封条损坏、电热器损坏,要及时修复。

当冷库门被冻死拉不开时,冷库门是冷热气流交换最剧烈的地方,应先接通电热器,然后开门。地坪上容易结冰、积水,应及时清除。

(6) 库内排管扫霜时,严禁用钢件随意敲击排管。

二、加强管理工作,确保商品质量

提高和改进冷加工工艺,保证合理的冷藏温度,是确保商品质量的重要一环。食品在冷藏间如保管不善,易发生腐烂、干枯(干耗)、脂肪氧化、脱色、变色、变味等现象。为此,要求有合理的冷加工工艺和合理的储藏温度、湿度、风速等。各种商品的冷藏环境推荐条件见表 8－2。

表 8－2　易腐食品冷藏推荐条件

品名＼类别	温度/℃	相对湿度/%	预计冷藏期限	备注
1. 冷冻肉、禽、蛋类				
冻猪肉	－12	95～100	3～5个月	肥度大的猪肉冷藏期限还应缩短
	－18	95～100	8～10个月	
	－20	95～100	10～12个月	
冻猪分割肉(包装)	－18	95～100	10～12个月	肥度大的猪肉冷藏期限还应缩短
冻牛肉	－12	95～100	6～10个月	
	－18	95～100	10～12个月	
	－20	95～100	12～14个月	
冻羊肉	－12	95～100	3～6个月	
	－18	95～100	8～10个月	
	－20	95～100	10～12个月	
冻肉馅(包装,未加盐)	－18	95～100	6～8个月	
冻猪副产品(包装)	－18	95～100	5～8个月	
冻猪油(不包装)	－18	95～100	4～5个月	
(包装)	－18	95～100	9～12个月	
冻家禽(包冰衣)	－12	95～100	3～4个月	
(包冰衣)	－18	95～100	6～10个月	
冻家兔	－18	95～100	5～8个月	
2. 冷冻水产类				
肥鱼：鳗、沙丁鱼等	－25～－18	95～100	6～10个月	
中等肥鱼：鳖、鳍鱼等	－25～－18	95～100	8～12个月	
瘦鱼：比目鱼、黄花鱼等	－25～－18	95～100	10～14个月	
虾类	－25～－18	95～100	6～10个月	
蛏、贝、蛤	－25～－18	95～100	6～10个月	
3. 冷冻水果、蔬菜类				
杏(加糖)	－18	95～100	12个月	
酸浆果(加糖)	－18	95～100	12个月	
甜浆果(加糖)	－18	95～100	8～10个月	
桃(加糖)	－18	95～100	8～10个月	
桃(加糖和维生素C)	－18	95～100	12个月	

续表

品名 \ 类别	温度/℃	相对湿度/%	预计冷藏期限	备注
覆盆子(加糖)	-18	95~100	18个月	
杨梅(加糖)	-18	95~100	12个月	
青豌豆、青扁豆、花椰	-18	95~100	12个月	
菜、胡萝卜、菠菜等	-18	95~100	12个月	
蘑菇	-18	95~100	8~10个月	
黄瓜片	-18	85~100	5个月	
4. 冷冻熟制品和其它类				
灌肠	-18	95~100	4~8个月	
熏肉	-18	95~100	5~7个月	
油煎鸡(包装)	-18	95~100	3~4个月	
猪肉饼	-18	95~100	6~8个月	
牛肉饼	-18	95~100	8~10个月	
羊肉饼	-18	95~100	12个月	
冰淇淋	-18~-23	85	2~6个月	
5. 冷却肉、禽、蛋类				
猪肉	-1.5~0	85~90	1~2周	
牛肉	-1.5~0	90	2~3周	
羊肉	-1~0	85~90	1~2周	
猪肉	-1~0	80~90	4~6天	
	-1~0	95~100	3~5天	
腊肉	-3~-1	80~90	1个月	
副产品	-1~0	75~80	2~3天	
家禽	0~1	85~90	1周	
家兔	0~1	85~90	3~5天	
鲜蛋	±0	85~90	4~6个月	
	-0.5~-0.25	85~90	6~8个月	
6. 冷却水果、蔬菜类				
苹果	-1~+1	86~90	3~8个月	有些品种也可在2~4℃下冷藏
杏	-1~0	90	2~4周	
香蕉(青的)	11.5~14.5	90	10~20天	
(熟的)	14~16	90	5~10天	
覆盆子	-1~0	85~90	2~3周	
椰子	0	80~85	1~2个月	
葡萄	-1~0	80~90	1~2个月	

续表

品名＼类别	温度/℃	相对湿度/%	预计冷藏期限	备　注
荔枝	0	90	5～6 周	
芒果	10	90	2～5 周	
甜瓜	4～10	85～90	1 周	
核桃	7	70	12 个月	
西瓜	2～4	75～85	2～3 周	
木瓜	10	90	2～3 周	
桃子	-1～1	85～90	1～4 周	
菠萝(青的)	10	90	2～4 周	
(熟的)	7	90	2～4 周	
樱桃	0	85～90	1～5 天	
柑	4～7	85～90	3～6 个月	
橙	4～6	85	6 个月	
梨	0.5～1.5	85～90	6～8 个月	
土豆	3～6	85～90	6～8 个月	
韭菜	±0	90～95	1～3 个月	
莴苣	±0	90～95	1～3 周	
洋葱	-3～0	70～75	6 个月	
青豌豆	±0	80～90	7～21 天	
菠菜	0～1	90	10～14 天	
西红柿(生)	11.5～13	85～90	3～5 周	
(熟)	±0	85～90	1～3 周	
土豆(晚期)	4.5～10	85～90	4～8 个月	
植物种子	2～7	85～90	5～8 个月	
茄子	7～10	85～90	10 天	
大蒜	-1.5～0	70～75	6～8 个月	
芹菜	±0	90～95	1～2 个月	
黄瓜	+11.5	85～90	1～2 周	
花卷心菜	±0	85～90	2～3 周	
蘑菇	±0	85～90	5 天	

在正常生产情况下，冻结物冷藏库的温度应控制在设计温度±1℃的范围内。冷却物冷藏库的温度应控制在设计温度±0.5℃的范围内。

货物在出库过程中，冻结物冷藏库的温升不超过 4℃，冷却物冷藏库的温升不超过 3℃。进入冻结物冷藏库的冻结货物温度应不高于冷藏库温度 3℃。例如，冷藏库温度为-18℃，则货物温度应在-15℃以下。

商品在储藏时,要按品种、等级和用途情况,分批分垛位储藏,并按垛位编号,填制卡片悬挂于货位的明显地方。商品要有账目保管明细,正确记载库存货物的品种、数量、等级、质量、包装以及进出的动态变化,还要定期核对账目,出库一批清理一批,做到账货相符。要正确掌握商品储藏安全期限,执行先进先出的制度。定期或不定期地进行商品质量检查,如发现商品有霉烂、变质等现象时,应立即处理。

有些商品(如家禽、鱼类和副产品)在冷藏时,要求表面包冰衣。如长期冷藏的商品,可在垛位表面喷水进行养护,但要防止水滴到地坪、墙和冷却设备上。冻肉在码垛后,可用防水布或席子覆盖,在走廊边或靠近冷藏门处的商品尤应覆盖好,要求喷水结成3mm厚的冰衣。在热流大的时候,冰衣易融化,要注意保持一定的厚度。

第二节　库房卫生管理

食品进行冷加工,并不能改善和提高食品的质量,仅是通过低温处理,抑制微生物的活动,达到较长时间保藏的目的。因此,在冷库使用中,冷库的卫生管理是一项重要工作。要严格执行国家颁发的卫生条例,尽可能减少微生物污染食品的机会,以保证食品质量,延长保藏期限。

一、冷库的卫生和消毒

(一)冷库的环境卫生

食品进出冷库时,都需要与外界接触,如果环境卫生不良,就会增加微生物污染食品的机会,因而冷库周围的环境卫生是十分重要的。

冷库四周不应有污水和垃圾,冷库周围的场地和走道应经常清扫,定期消毒。垃圾箱和厕所应远离库房有一定距离,并保持清洁。

运输货物用的车辆在装货前应进行清洗、消毒干净。

(二)库房和工具设备的卫生与消毒

冷库的库房是进行食品冷加工和长期存放食品的地方,库房的卫生管理工作是整个冷库卫生管理的中心环节。

在库房内,霉菌较细菌繁殖得更快,并极易侵害食品。因此,库房应进行不定期的消毒工作。运货用的手推车以及其它载货设备也能成为微生物污染食品的媒介,也应经常进行清洗和消毒。库内冷藏的食品,不论是否有包装,都要堆放在垫木上。垫木应刨光,并经常保持清洁。垫木、小车以及其它设备,要定期在库外冲洗、消毒。可先用热水冲洗,并用2%浓度的碱水(50℃)除去油污,然后用含有效氯0.3%～0.4%的漂白粉溶液消毒。

加工用的一切设备，如秤盘、挂钩、工作台等，在使用前后也都应用清水冲洗干净，必要时还应用热碱水消毒。冷库内的走道和楼梯要经常清扫，特别在出入库时，对地坪上的碎肉等残留物要及时清扫，以免污染环境。

（三）消毒剂和消毒方法

1．抗霉剂

冷库用的抗霉剂有很多种，常与粉刷材料混合在一起进行粉刷，消毒方法主要有以下几种：

（1）氟化钠法　在白陶土中加入1.5%的氟化钠（或氟化铁）或2.5%的氟化铵，配成水溶液粉刷墙壁。白陶土中钙盐的含量不应超过0.7%或最好不含钙盐。

（2）羟基联苯酚钠法　当发霉严重时，在正常温度的库房内，可用2%的羟基联苯酚钠溶液刷墙，或用同等浓度的药剂溶液配成混合剂进行粉刷。

消毒后，地坪要洗刷并干燥通风后，库房才能降温使用。

用这种方法消毒，注意不可与漂白粉交替或混合使用，以免墙面呈现褐红色。

（3）硫酸铜法　将硫酸铜2份和钾明矾1份混合，取此1份混合物加9份水在木桶中溶解，粉刷时再加7份石灰混合使用。

（4）用2%过氧酚钠盐水与石灰水混合粉刷。

2．消毒剂

库房用消毒剂有多种，方法如下：

（1）漂白粉消毒　漂白粉可配制成含有效氯0.3%～0.4%的水溶液（1L水中加入含16%～20%有效氯的漂白粉20g），在库内喷洒消毒；或与石灰混合，粉刷墙面。

配制时，先将漂白粉与少量水混合制成浓浆，然后加水至必要的浓度。在低温库房进行消毒时，为了加强效果，可用热水配制溶液（30～40℃）。用漂白粉与碳酸钠混合液进行消毒，效果较好。配制方法是，在30L热水中溶解3.5kg碳酸钠，在70L水中溶解2.5kg含25%有效氯的漂白粉。将漂白粉溶液澄清后，再倒入碳酸钠溶液。使用时，加两倍水稀释。用石灰粉刷时，应加入未经稀释的消毒剂。

（2）次氯酸钠消毒　可用2%～4%的次氯酸钠溶液，加入2%碳酸钠，在低温库内喷洒，然后将门关闭。

（3）乳酸消毒　每$1m^3$库房空间需用3～5mL粗制乳酸，每份乳酸再加1～2份清水，放在瓷盘内，置于酒精灯上加热，再关门几小时进行消毒。

（4）福尔马林消毒　在库温20℃以上的库房，可用3%～5%的甲醛消毒

(即7.5%～12.5%的福尔马林溶液),空间喷射0.05～0.06kg/m³。在低温库房内喷射,效果较差。每1m³空间可用15～25g福尔马林,加入沸水稀释,与10%～20%的高锰酸钾一同置于铝锅中,任其自然发热和蒸发,闭门1～2d后,经过通风,消毒工作即完成。因福尔马林气味很大,肉吸收后即不能食用。为了吸收剩余的福尔马林,可在通风时用脸盆等容器盛氨水放在库内。福尔马林对人有很大的刺激作用,使用时要注意安全。

3. 消毒和粉刷方法

库房在消毒粉刷前,应将库内食品全部撤出,并清除地坪、墙和顶板上的污秽,发现有霉菌的地方,应仔细用刮刀或刷子清除。

在低温库内,要清除墙顶和排管上的冰霜,必要时需将库温升至正温。

库房内刷白,每1m²消毒表面所消耗的混合剂约为300mL左右,在正温库房可用排笔涂刷,负温时可用细喷浆器喷洒,有时会出现一层薄溶液冻结层,经1～3min以后,表面会逐步变干。

冷库内消毒的效果,根据霉菌孢子的减少来评定。因此,在消毒前后均要做测定和记录。消毒后,每1cm²表面上不得多留一个霉菌孢子。

4. 紫外线消毒

一般用于冰棍车间模子等设备和工作服的消毒,不仅操作简单,节约费用,而且效果良好。每1m³空间装置功率为1W的紫外线光灯,每天平均照射3h。即可对空气起到消毒作用。

(四) 冷库工作人员的个人卫生

冷库工作人员经常接触各种食品,如不注意卫生,本身患上传染病,就会成为微生物和病原菌的传播者。因此,对冷库工作人员的个人卫生应有严格的要求。

冷库作业人员要勤理发,勤洗澡,勤洗工作服,工作前后要洗手,经常保持个人卫生。同时,必须定期检查身体,如发现患传染病者,应立即进行治疗并调换工作,未痊愈时,不能进入库房与食品接触。

库房工作人员不应将工作服穿到食堂、厕所和冷库以外的场所。

二、食品冷加工过程中的卫生管理

(一) 食品冷加工的卫生要求

食品入库冷加工之前,必须进行严格的质量检查把关,凡不卫生的和有腐败变质迹象的食品,如次鲜肉和变质肉均不能进行冷加工和入库。

食品冷藏时,应按食品的不同种类和不同的冷加工最终温度而分别存放。如果冷藏间大而某种食品数量少,单独存放不经济时,也可考虑不同种类的食品混合存放,但应以不互相串味为原则。具有强烈气味的食品如鱼、葱、蒜、乳酪等和储藏温度不一致的食品，严格禁止混存在一个冷藏间内。

对冷藏中的食品，应经常进行质量检查，如发现有软化、霉烂、腐败变质和异味感染等情况时，应及时采取措施，分别加以处理，以免感染其它食品，造成更大的损失。

正温库的食品全部取出后，库房应通风换气，利用风机排除库内的浑浊空气，换入过滤的新鲜空气。

几种食品卫生的标准如下：

(1) 鲜猪肉卫生标准　鲜猪肉系指生猪屠宰加工，经兽医卫生检验符合市场鲜销而未经冷冻的猪肉。

(2) 鲜牛肉、鲜羊肉、鲜兔肉卫生标准　鲜牛肉、鲜羊肉、鲜免肉，系指活牛、羊、兔屠宰加工，经兽医卫生检验符合市场鲜销而未经冷冻的牛、羊、兔肉。

(3) 鲜鸡肉卫生标准　鲜鸡肉系指活鸡宰杀加工，经兽医卫生检验符合市场鲜销而未经冷冻的鸡肉。

(4) 鲜蛋卫生标准　鲜蛋可进行感官检验，鲜蛋蛋壳坚固完整，灯光透视时整个蛋呈微红色，蛋黄不见或略见阴影。打开后蛋黄凸起完整并带有韧性，蛋白澄清透明，稀稠分明。

各种鲜肉的感官指标见表 8-3。

表 8-3　鲜肉的感官指标

项目＼品种	鲜猪肉	鲜牛、羊、兔肉	鲜鸡肉
色泽	肌肉有光泽，红色均匀，脂肪洁白	肌肉有光泽，红色均匀，脂肪洁白或淡黄色	皮肤有光泽，肌肉切面发光
黏度	外表微干或微湿润，不粘手	外表微干或有风干膜，不粘手	外表微干或微湿润，不粘手
弹性	指压后的凹陷立即恢复	指压后的凹陷立即恢复	指压后的凹陷立即恢复
气味	具有鲜猪肉正常气味	具有鲜牛、羊、兔肉的正常气味	具有鲜鸡肉正常气味
肉汤	透明澄清，脂肪团聚于表面，具特有香味	透明澄清，脂肪团聚于表面，具特有香味	透明澄清，脂肪团聚于表面，具特有香味

(二) 除异味

库房中发生异味一般是由于储藏了具有强烈气味或腐烂变质的食品所致。这种异味会影响其它食品的风味，降低质量。

臭氧具有清除异味的性能：臭氧是三个原子的氧，用臭氧发生器在高电压下产生，其性质极不稳定，在常态下即还原为两个原子的氧，并放出初生态氧(O)。初生态氧性质极活泼，化合作用很强，具有强氧化剂的作用。因而利用臭氧不仅可以清除异味，而且浓度达到一定程度时，还具有很好的消毒作用。

利用臭氧除异味和消毒，不仅适用于空库，对于装满食品的库房也很适宜。臭氧处理的效能取决于它的浓度，浓度越大，氧化反应的速度也就越快。由于臭氧是一种强氧化剂，长时间呼吸浓度很高的臭氧对人体有害。因此，臭氧处理时，操作人员最好不留在库内，待处理后2h再进入。利用臭氧处理空库时，浓度可达40kg/m^3，对有食品的库，浓度则依食品的种类而定。鱼类和干酪为1～2kg/m^3，蛋品为3kg/m^3。如果库内存有含脂肪较多的食品，则不应采用臭氧处理，以免脂肪氧化变质。

此外，用甲醛水溶液（即福尔马林溶液）或5%～10%的醋酸与5%～20%的漂白粉水溶液，也具有良好的除异味和消毒作用。这种办法目前在生产中广泛采用。

（三）灭鼠

鼠类对食品储藏的危害性极大，它在冷库内不但糟蹋食品，而且散布传染性病菌，同时还能破坏冷库的隔热结构，损坏建筑物。因此，消灭鼠类对保护冷库建筑结构和保证食品质量有着重要意义。

鼠类进入库房的途径很多，可以由附近地区潜入，也可以随有包装的食品一起进入冷库，冷库的灭鼠工作应着重放在预防鼠类进入。例如在食品入库前，对有外包装的食品应进行严格检查，凡不需带包装入库的食品尽量去掉包装。建筑冷库时，要考虑在墙壁下部放置细密的铁丝网，以免鼠类穿通墙壁潜入库内，发现鼠洞要及时堵塞。

消灭鼠类的方法很多，可用机械捕捉、毒性饵料诱捕和气体灭鼠等方法。用二氧化碳气体灭鼠效果较好。由于这种气体对食品无毒，用其灭鼠时，不需将库内食品搬出。在库房降温的情况下之将气体通入库内，将门紧闭即可灭鼠。二氧化碳灭鼠的效果取决于气体的浓度和用量。如在1m^{3}的空间内，用浓度为25%的二氧化碳0.7kg，或用浓度为35%的二氧化碳0.5kg，一昼夜即可彻底消灭鼠类。二氧化碳对人有窒息作用，可造成死亡。操作人员需戴氧气呼吸器才能入库充气和检查。在进行通风换气降低二氧化碳浓度后，方可恢复正常进库。用药饵毒鼠，要注意及时消除死鼠。一般是用敌鼠钠盐来作毒饵，效果较好。

第三节 冷库节能

冷库是冷藏业中主要的用电部门，因此也是节能的核心部门。

当前,冷库的制冷系统,每冻结 1t 白条肉平均耗电为 110kW,其中高的耗电指标是 180kW/t,低的耗电指标是 70kW/t;对于冻结物冷藏间,储藏 1t 冻食品,每天耗电平均为 0.4kW,其中高的耗电指标是每天 1.4kW/t,低的耗电指标是每天 0.2kW/t;对于冷却物冷藏间,储藏 1t 食品每天耗电平均为 0.5kW,其中高的耗电指标每天 1kW/t,低的耗电指标是每天 0.3kW/t。

由此可见,冷库的能耗随着地区之间、企业之间、设计和管理水平的不同存在着较大的差别。因此,对冷库制冷系统进行技术改造和科学管理以达到节能目的,其潜力是很大的。

一、采用新工艺、新技术、新设备的设计方案

(一) 减少冷库围护结构单位热流量指标

在冷库设计中,低温冷库的外墙的单位热流量 q_F,一般采用 11.63W/(m^2·h)左右,如果将 q_F 降到 6.98～8.14W/(m^2·h),则对于一座 5 000～10 000t 级的低温冷库,动力费可下降 10%左右。当然,由于单位热流量指标的降低,冷库围护结构的隔热层要加厚,一次投资要提高。但与冷库的运行费用的减少相比较无论从经济角度,还是技术管理角度来考虑,采用降低冷库围护结构单位热流量指标的做法是合理的。

(二) 缩小制冷剂蒸发温度与库房温度的温差

当库房温度一定时,随着蒸发温度与库房温度温差的缩小,蒸发温度就能相应提高,此时如果冷凝温度保持不变,就意味着制冷压缩机制冷量的提高,也就是说要获得相同的冷量可以少消耗电能。

据估算,当蒸发温度每升高 1℃,则可少耗电 3%～4%。而且,小的温差对降低库房储藏食品的干耗也是极为有利的。因为小的温差能使库房获得较大的相对湿度,能减缓库房内空气中热质交换程度,从而达到减少储藏食品的干耗,尤其是对未包装储藏食品,应该采用小的温度差。

提高蒸发温度的措施主要是适当增大蒸发器的传热面积和增加通风量。

(三) 根据不同的冷藏食品和不同的储藏期确定相应的储藏温度

人们可针对食品(特别是肉食品)在低温储藏期间的生化变化及嗜低温细菌滋长和繁殖被抑制的程度,确定相应较佳的储藏温度。

如不超过半年的低温储藏,一般采用的储藏温度为 -15～-18℃,超过半年的低温储藏,储藏温度应≤-18℃;对于含脂肪量大的食品,如鱼类,为防止低温储藏期脂肪的氧化,应采取低于 -18℃ 的储藏温度,最好是 -25～-20℃ 的温度。

由此可见,采取了不同储藏温度后,对于某些产品,特别是属短时期储藏物,

就可适当提高制冷系统的蒸发温度,从而就提高了制冷压缩机的制冷量。

(四) 冻结间配用双速或变速电机的冷风机

食品在冻结间冻结过程中,热量的释放,实际上是不均匀的放热过程,所以冻结过程对冷却设备的需冷量也是不均匀的。

食品的冻结过程由三个阶段组成:第一阶段是冷却阶段,食品温度由0℃以上降至0℃左右;第二阶段是冰晶形成阶段,食品温度由0℃降至-5℃左右;第三阶段是冻结降温阶段,食品由-5℃降至-15℃左右。

在食品冻结的三个阶段中,第二阶段所需冷量最大,此时冻结间所配冻结设备要全部投入运转,而在第一和第三阶段,由于单位时间内热负荷较少,可适当降低风速,减少风量,以达到节能的目的。以往冻结采用的冷风机仅是一种转速,无法调节,如果冷风机配用双速或变速电机,冻结的循环风量可以得到调节,从而达到节能的目的。

(五) 冷却物冷藏库配用双速电机的冷风机

冷却物冷藏库一般都是既用作冷藏又用作冷却。在货物进库时,用作冷却,此时热负荷较大,冷风机需较大的风量,电动机为高速档。当货物经冷却后进入储藏期,其热负荷较小,冷风机风量可小些,电动机为低速档,以达到节能的目的。

二、及时进行冷藏食品的结构改革

(一) 在市场推广销售冷却肉

从卫生角度出发,市场出售的新鲜肉均应进行冷却,可达到明显的节能效果。推广销售冷却肉,不仅在外观、营养等品质方面保持肉的最佳质量,在能耗上也只有冻结肉的40%左右。

(二) 肉胴体进行分割剔骨后的节能

将肉胴体进行分割剔骨,改变过去白条肉冻结和冷藏的做法,据统计资料介绍,肉胴体经剐骨、去肥膘处理后进行冻结储藏,可节省劳动力25%,节省冻结能耗50%,节省低温冷藏空间50%。

(三) 冷藏肉食品包装后的节能效果

冷藏食品如无包装,在储藏时干耗较大,能量消耗也较大。包装的冷冻食品在储藏期间的干耗基本上接近零。由于食品的干耗大大减少,减少蒸发器融霜次数,制冷压缩机的无效功也降低到最小的程度,实际也就起到了节约能源的作用。

三、加强科学管理

加强科学管理是达到节能目的的重要一环。应建立完善管理制度,积极进行技术改进，尽量降低能耗。科学管理的主要内容有：

（一）建立能耗管理制度

1. 日常运行管理

（1）填写工作日记　要坚持填写设备运行日记。主要填写内容是：压缩机、氨泵、水泵、风机等动力设备的启动和停车时间，每隔2h记录各种制冷设备工作的温度、压力状况（如蒸发温度、冷凝温度、中间温度和压力、排气温度、吸气温度、膨胀阀前液体温度、库温、水温、室外温度、相对湿度等），以便检查各种设备的工作状态和工作效率。日记填写内容见表8-4。

表8-4　工作日记记录表格

制冷机号	工作条件		测量小时												日平均	工作小时
			2	4	6	8	10	12	14	16	18	20	22	24		
1# 单级机	蒸发温度															开车： 停车： 开车： 停车： 运转小时：
	吸入温度															
	排出温度															
	冷凝温度															
	电流表读数															
	电压表读数															
2# 单级机	蒸发温度															开车： 停车： 开车： 停车： 运转小时：
	吸入温度															
	排出温度															
	冷凝温度															
	电流表读数															
	电压表读数															
3# 双级机组	蒸发温度															开车： 停车： 开车： 停车： 运转小时：
	吸入温度	低压缸														
		高压缸														
	排出温度	低压缸														
		高压缸														
	冷凝温度															
	中间温度															
	电流表读数															
	电压表读数															

续表

制冷机号	工作条件		测量小时												日平均	工作小时
			2	4	6	8	10	12	14	16	18	20	22	24		
4# 双级机组	蒸发温度															开车： 停车： 开车： 停车： 运转小时：
	吸入温度	低压缸														
		高压缸														
	排出温度	低压缸														
		高压缸														
	冷凝温度															
	中间温度															
	电流表读数															
	电压表读数															

制冷机号	工作条件	测量小时												日平均	工作小时		
		2	4	6	8	10	12	14	16	18	20	22	24		开车	停车	运行
1#循环水泵	电流表读数																
2#循环水泵	电流表读数																
1#氨泵	电流表读数																
2#氨泵	电流表读数																
3#氨泵	电流表读数																
4#氨泵	电流表读数																
1#风机	电流表读数																
2#风机	电流表读数																
3#风机	电流表读数																
4#风机	电流表读数																
5#风机	电流表读数																
6#风机	电流表读数																
冷凝水	进水温度														交接班签字 第一班： 第二班： 第三班： 车间主任：		
	出水温度																
气候	室外温度																
	室外相对湿度																

注：为了简化计算，月平均数可不以日平均数计算，而以全月记录合计数除以全月记录次数求得。

（2）按月进行统计　月平均工作状况，只有在一个月内，昼夜工作时数不变的情况下，才可以按算术平均数计算，否则要将每一个昼夜的日平均数乘以工作时数，然后将所有乘积加起来，除以一个月内总工作时数。

2．制定单位冷量耗电量定额

单位冷量耗电量是按各制冷系统分别计算的每生产 1kW 冷量的耗电量。如－15℃制冷系统压缩机的每月制冷量为 88 430kW·h，制冷机每月耗电量为 23 000kW·h，则每千瓦冷量耗电为 23 000÷88 430＝0.26(kW·h)。

单位冷量耗电定额是考核压缩机操作管理是否正常合理的指标。制冷机的蒸发温度应根据库房温度要求掌握。蒸发温度过低或压缩机无负荷运转，都会导致单位冷量耗电量增加。

单位冷量耗电定额就是按库房设计温度要求达到的蒸发温度来计算的单位冷量耗电量。表 8－5 和表 8－6 所示为转速≤720r/min 和≥960r/min 的氨制冷机在各制冷系统不同冷凝温度下生产 1kW 冷量的耗电定额，它是根据制冷机的制冷量和功率计算编制的。每月终了时计算出压缩机实际单位冷量耗电量和定额进行比较，以考核制冷机操作管理情况。

表 8－5　　氨制冷机单位冷量耗电量(kW·h/kW)，转速：720r/min 或以下

氨制冷机	高低缸容积比	蒸发温度/℃	冷凝温度/℃												
			1	1	2	2	2	2	2	3	3	3	3	3	4
单级机		－10	0	0	0	0	0	0	0	0	0	0	0	0	0
		－15	0	0	0	0	0	0	0	0	0	0	0	0	0
双级机组	1:2	－28	0	0	0	0	0	0	0	0	0	0	0	0	0
		－33	0	0	0	0	0	0	0	0	0	0	0	0	0
		－35	0	0	0	0	0	0	0	0	0	0	0	0	0
	1:3	－28	0	0	0	0	0	0	0	0	0	0	0	0	0
		－33	0	0	0	0	0	0	0	0	0	0	0	0	0
		－35	0	0	0	0	0	0	0	0	0	0	0	0	0

表 8－6　　氨制冷机单位冷量耗电量(kW·h/kW)，转速：720r/min 或以上

氨制冷机	高低缸容积比	蒸发温度/℃	冷凝温度/℃												
			1	1	2	2	2	2	2	3	3	3	3	3	4
单级机		－10	0	0	0	0	0	0	0	0	0	0	0	0	0
		－15	0	0	0	0	0	0	0	0	0	0	0	0	0
双组机组	1:2	－28	0	0	0	0	0	0	0	0	0	0	0	0	0
		－33	0	0	0	0	0	0	0	0	0	0	0	0	0
		－35	0	0	0	0	0	0	0	0	0	0	0	0	0

续表

氨制冷机	高低缸容积比	蒸发温度/℃	冷凝温度/℃												
			1	1	2	2	2	2	2	3	3	3	3	3	4
双组机组	1:3	-28	0	0	0	0	0	0	0	0	0	0	0	0	0
		-33	0	0	0	0	0	0	0	0	0	0	0	0	0
		-35	0	0	0	0	0	0	0	0	0	0	0	0	0

计算单位冷量耗电定额时，蒸发温度按各制冷系统要求，冷凝温度按各制冷系统制冷机组实际月平均冷凝温度。

3. 制定单位产品耗电量定额

单位产品耗电量是按每吨产品耗电量来计算的。

单位产品耗电量是衡量冷库耗电的综合指标，它不但反映制冷设备的设计、运行和管理情况，而且还反映冷库结构的设计、使用情况和冷库储藏货物的管理情况（如库门的开启，人员进出时间和货物进出时间等）。每座冷库的单位产品耗电量是不可能相同的，应根据各自不同的情况制定单位产品耗电量定额。

冷库产品分冷冻品和冷藏品两大类。计算单位产品耗电量时，冷冻品如机制冰、冻肉、冻副产品或冻鱼等，应分别按不同制冷设备进行计算。冷藏品应分别按高温储藏（冷却物冷藏）和低温冷藏（冻结物冷藏）进行计算。对于各种制冷系统共用的设备（如水泵、冷却塔风机等），可按制冷系统（冻结、制冰、储冰、高温冷藏、低温冷藏）制冷压缩机的制冷量大小进行分配计算。

对于冷冻品和机制冰，制定单位产品耗电量的定额比较容易，因为环境温度变化对其影响很小（围护结构渗入热只占总耗能量的5%～10%），可直接按下列公式计算：

$$\text{单位产品耗电量}=\frac{\text{设备总耗电量}}{\text{冷加工产品总数量}(t)} \tag{8-1}$$

对于冷藏品，制定单位产品耗电量的定额比较困难，因为环境温度变化对其影响较大。因而只能以设计工况下的单位产品耗电量作为定额依据，并随环境温度变化进行调整。可参照下列公式计算：

$$\text{单位产品耗电量}=\frac{\text{设备总耗电量(设计)}}{\text{冷加工产品总数量}(t)}\times\xi \tag{8-2}$$

式中 ξ——环境温度修正系数，可按 $\xi=\dfrac{t_{实}-t_{库}}{t_{设}-t_{库}}$ 进行计算

$t_{实}$——实际环境温度

$t_{库}$——库房温度

$t_{设}$——设计环境温度

另外可参照以往类似冷库的使用经验,其单位产品耗电量见表8-7。

表 8-7　某5 000t冷库单位产品耗冷、耗电量计算

产品名称	单位	产量	耗冷量/kW	耗电量/(kW·h)		单位产品耗冷量/kW	单位产品耗电量/[(kW·h)/t]
				制冷用电	风机用电		
猪肉冷加工	t	300	86 458	45 464	12 500	108	72.45
机制冰	t	300	43 981	15 999		147	53.33
储冰	t	300	4 356	2 023		1.44	0.67
冷却物冷藏	t	32 000	44 450	16 169	5 000	1.38	0.66
冻结物冷藏	t	95 000	61 888	28 749		0.65	0.30
合　计		以月计	241 133	108 404	17 500		

(二) 及时进行技术改造,淘汰能耗大的设备

科学技术在不断地发展,各种能耗低、效益高的设备会不断地出现。要及时进行技术改造,用新技术、新设备替代旧设备、老技术。根据实际测定,各类旧型号制冷机单位轴功率制冷量普遍比新系列的制冷机低,能耗指标高。如20世纪50年代生产的5-135/12和5-200/12这两种型号的氨活塞式制冷机与8AS-12.5氨活塞式制冷机相比,单位轴功率制冷量分别低15%和4%。

(三) 合理堆垛,提高库房利用率

对商品进行合理堆垛,正确安排,能使库房增加装载量,即提高了库房的利用率(在设计许可条件下)。

(1) 改进堆码方式或提高堆码技术可提高商品堆码密度　如冻猪肉的堆码,四片井字垛头,平均储存库容为375～394kg/m^3;三片井字垛头,储存库容只能是331～338kg/m^3。可见四片井字垛比三片井字垛能提高装载量约13%。

近年来,有的冷库广泛采用金属框架堆放猪肉为垛头,中间进行分层错排填装,平均储存库容可达420～435kg/m^3 左右。

(2) 充分利用有效容积　由于商品质量、批次、数量、级别等不同,虽在货源充足的情况下也会有部分容积利用不足。因此,在使用中应采取勤整并巧安排等办法,减少零星货堆,缩小货堆的间隙,适当扩大货堆容量,提高库房有效容积利用率。

(四) 其它措施

(1) 对制冷系统定期放油、放空气、融霜和除水垢,以保持热交换设备良好的传热效果和充分利用传热面积,以达到降低制冷系统的能量消耗的目的。

据资料介绍,蒸发器传热面如有0.1mm厚的油膜,为了保持已定的低温要求,蒸发温度就要下降2.5℃,耗电增加11%。当冷凝器的水管壁结水垢1.5mm

时,冷凝温度要比原来上升2.8℃,耗电增加9.7%。当制冷系统中混有不凝结气体,其分压力达到196kPa时,耗电要增加18%。

(2) 对冷却水系统要注意改善水质,减缓热交换器上的结垢,保持热交换器良好的传热效果,降低冷凝压力(冷凝温度)以达到节能的目的。据计算可知,冷凝温度在25~40℃之间,每升高1℃,增加耗电量3.2%左右。

(3) 节约用水 节约用水既能达到节省水源,又达到节省电能的目的。制冷系统用水主要是下列三个方面:冷凝器用水,压缩机汽缸冷却用水和冷风机冲霜用水。为了节约用水,大多数都采用循环用水。

(4) 制冷系统运行时,应根据库房的热负荷和外界环境温度,合理调配制冷设备(压缩机、氨泵、水泵、冷却塔风机、冷风机等)。

第四节 制冷系统安全运行管理

制冷系统承受压力虽属于中低压范畴,但有些制冷剂(氨)具有毒性、窒息、易燃和易爆的特点,给系统的安全操作提出了严格要求。为了确保制冷系统的运行安全,不仅要做到正确设计、正确选材、精心制造和检验,而且还必须做到正确使用和操作。

制冷系统必须有完善的安全设备,所有制造材料的质量和机械强度,必须符合国家的有关技术标准。同时,正确地使用和操作,对保证制冷系统的运行安全是至关重要的。特别要求操作人员,对每项工作都要极其负责,要严格执行安全技术规程和岗位责任制。

一、安全装置

(一) 压力监视及其安全设备

1. 压力监视

制冷系统的运转是否处于安全状态,其主要监视手段是通过压力表显示系统各部位的压力。这样,一方面便于进行正常的操作管理,另一方面是为能及时地察觉制冷设备内有无异常或超压现象,予以控制或报警。

对分散式制冷设备的氨制冷系统,每台氨制冷机的吸排气侧、中间冷却器、油分离器、冷凝器、储氨器、氨液分离器、低压循环储液桶、排液桶、低压储氨器、氨泵、集油器、加氨站、热氨管道、油泵、滤油装置以及冻结设备,均须装有相应的压力表。

这里必须强调指出,氨压力表盘上注有明显的“氨”字样。这是因为普通压力表是由铜合金制造的,当接触到氨制冷剂时,很快就被腐蚀。氨压力表是用钢材制造的,对氨有着相应的化学稳定性。所以,氨压力表不允许用普通压力表代替。

制冷系统上的压力表,必须经过检验部门检验合格,并铅封好的,方可使用。

2. 压力保护安全设备

为了防止超压运行,在制冷设备上皆设置安全阀或压力控制继电器,或压差控制继电器,以及自动报警等压力保护安全设备。一旦工作压力发生异常,出现超压运行时,安全设备即自动动作,把设备内的气体排至大气一部分,或自动停机,以保证制冷系统不致因超压运行而发生事故。因此,压力保护安全设备不得任意调整或拆除。

(1) 安全阀 制冷机器和设备上设置安全阀是严格的。例如,在氨制冷机的高压侧、冷凝器、储氨器、排液桶、低压循环储液桶、低压储氨器、中间冷却器等设备上均须装有安全阀。

为了便于检修和更换,要求在安全阀前设置截止阀。但是,这些阀都必须处于开启状态,并加以铅封,以免失去安全保护作用。

制冷设备上的安全阀必须定期检验,每年应校验一次,并加铅封。安全技术规程还规定:在运行过程中,由于超压,安全阀启跳后,需重新进行校验,以确保安全阀的功能。

在校验和维护安全阀时,有时需要清洗和研磨,然后应进行气密性试验。试验压力为安全阀工作压力的1.05~1.1倍,气密性试验合格的安全阀经过校正调整到指定开启压力,加以铅封。调整及复验时使用的压力表精度不低于1级。例如,氨制冷机上的高压安全阀,其开启压力为吸排气侧之间的压力差达到1 570kPa时,应自动开启。对于两级压缩,压力差达到590kPa时,应能自动开启,以保护氨制冷机。

在冷凝器、储氨器等高压设备上的安全阀,当压力达到1 810kPa时,应能自动开启。在中间冷却器、低压循环储液桶、低压储氨器等设备上的安全阀,当压力达到1 230kPa时,安全阀应能自动开启。

常用制冷剂(R12、R22、R717)所用制冷设备的安全阀开启压力见表8-8。

表 8-8 安全阀开启压力

制冷剂名称 / 项目	开启压力/kPa		
	R12	R22	R717
冷凝器和高压储液器	1 570	1 810	1 810
中间冷却器、低压循环储液桶、排液桶、低压储液器	980	1 230	1 230

R22两级压缩机的低压机,其中安全阀自动开启的压力与两级氨压机相同,所以不再重复叙述。规程规定:氨制冷系统高压侧的最高工作压力不得超

过 1 470kPa。那么,为什么高压设备上安全阀的开启压力 1 810kPa 比最高工作压力还高出 340kPa 呢？这主要是由于安全阀一旦在超压时自动开启,往往不容易恢复到完全密封状态,而造成制冷剂的经常泄漏损失。在这种情况下,绝对禁止用拧紧弹簧式安全阀的调整螺栓来消除泄漏(这也是安全阀必须铅封的主要原因之一)。所以,规定安全阀的开启压力值高于最高工作压力,这样不会因压力波动就开启,更不会经常开启。不允许操作人员任意调整和提高安全阀的开启压力。

在设备上设置安全阀,最重要的一点是要求它在达到开启压力时必须具有足够的排气能力。因此,要求出厂的安全阀应经过额定排量试验合格。排放系统的气流阻力尽可能要小而且畅通,其管道的截面积应符合表 8－9 的要求,以确保迅速排除超压部分的制冷剂。

表 8－9　安全阀的通道直径与容器内储液量的关系

储液量 / 安全阀规格/mm	容器内制冷剂存储量/kg				
	<1 000	1 000～2 000	2 000～3 000	3 000～4 000	>4 000
安全阀通道直径	10	20	30	40	50

目前,在制冷系统的氨泵回路和中间冷却器中,广泛应用的自动旁通阀是弹簧式安全阀的一种特定形式,也起着安全保护的作用,即当压力超过调定值时,阀门自动开启,起旁通降压作用。

(2) 继电器保护安全设备　制冷系统的压力安全保护,除设有安全阀、带电信号的压力表和紧急停机装置外,还采用压力继电器、压差继电器等安全设备,以实现制冷机的高压、中压、低压保护,油压保护,以及制冷设备的断水保护。

制冷机高压保护的目的是当制冷机排出压力过高时切断电源,以防止发生事故。在生产运行中往往由于冷却水断水故障,或制冷系统中进入大量空气,或高压系统的阀门误操作等原因,使制冷机的排出压力超过规定值。此时,高压保护装置立即动作,制冷机自动停机。

高压压力继电器常与安全阀并用,在这种情况下,高压压力继电器切断开关的动作压力,应调整到比安全阀的开启压力稍低为宜。因为,在发生异常高压时,压力继电器首先动作可以避免万一发生事故,同时也不会伴随有安全阀开启后所带来事后处理的麻烦。只有在高压压力继电器发生故障不能动作,或因火灾等异常情况下,安全阀才开启。

低压保护是当制冷机在运转过程中,由于制冷剂泄漏,供液不足等原因,产生吸气压力过低,甚至出现抽空现象时的安全保护。此时,低压保护装置动作,制冷机作为故障停机,以便操作技工检查停机原因,消除故障。使用低压压力继电器的机组,应与感温控制阀相配合,能充分地发挥其作用。

中压保护是指两级压缩中的低压级排出压力的安全保护,其目的同单级压缩的高压保护相仿。

当低压级排气压力(中压压力)超过规定值时,压力继电器立即动作切断电源,使制冷机作事故停机。凡单机双级制冷机,都需设置中压保护,而用单级机配套的双级制冷机,其中压保护可以用低压级制冷机的高压压力继电器,但其压力应调整到中压的安全保护调定值。

高压和低压继电器的调整压力值,依制冷剂的种类而定。表 8-10 列出了常用的 R12、R22 和 R717 制冷剂,其压力继电器触点断开和启动的调整压力值。

表 8-10　高压和低压压力继电器的调整压力值

制冷剂	高压压力(表压)/MPa		低压压力(表压)/MPa	
	断开	启　动	断　开	启　动
R12	12.7	比高压断开压力低 1.96～2.94	比蒸发温度低 5℃的相应饱和压力,其值不宜小于 0.098	比低压断开压力高 0.69～0.98
R22 R717	16.2	比高压断开压力低 0.98～2.94	比蒸发温度低 5℃的相应饱和压力,其值不宜小于 0.098	比低压断开压力高 0.98～1.96

中压压力继电器的调整值,应根据实际经验确定,一般情况下,其调整压力不大于 784kPa。对中、小型氟利昂制冷剂的制冷系统,一般不设置安全阀,仅用高、低压力继电器作安全保护设备。

压力继电器和压差继电器还可用于断水事故保护。一般采用两种方法:发出断水警报信号,并作事故停机,或者发出断水警报,经过一段延时作事故停机,延时时间约为 30s 左右。

冷冻油压差保护,是在制冷机运行时确保一定的油压。当油压低于某一定值时,压差继电器动作,制冷机必须停机,以免发生设备事故。油压保护不能使用压力继电器,只能采用压差继电器,因为曲轴箱或油箱是与制冷机吸入侧相通。其压差继电器动作的调定值是:旧式活塞式制冷机为 49kPa;带卸载装置的系列活塞式制冷机为 147kPa。

压差继电器,也是氨泵不上液的安全保护设备。用于氨泵的压差继电器的特点是量程范围小,在 9.8～147kPa 的范围内,动作较为灵敏,同时采用延时措施。

综上所述,随着制冷系统自动控制程度的提高,压力保护安全设备也日益完善。

(3) 熔塞　在储液器和冷凝器上设置的熔塞也是一种安全设备,可以防止因火灾而出现的爆炸事故。熔塞因火灾等外部发生的高温而熔化。它和因操作管理上的失误而产生的高压、所设置的安全阀和压力继电器等安全设备不同。异常高压时，熔塞不起安全保护作用。

熔塞是镶在压力容器壁上的易熔合金塞子，其主要成分是铋(Bi)、铅(Pb)和锡(Sn)组成，其熔点为60～80℃。

（二）液位监视及其安全设备

为防止制冷机湿冲程，必须在气液分离器、低压循环储液桶、中间冷却器上设置液位指示、控制和报警装置，在低压储液器上设液位指示和报警装置。排液桶、集油器等均应装设液位指示器。

如使用玻璃液位指示器时，必须采用高于最大工作压力的耐压玻璃管，不得以锅炉用玻璃管代替，并设有自动闭塞装置(例如弹子角阀，如有可能采用板式玻璃液位指示器则更好)。为了保证使用安全，液位计应经耐压试验，其试验压力见表8-11。

表8-11 液位计的试验压力

制冷剂	最小试验压力/kPa		高压侧试验压力，相当制冷剂的饱和温度/℃
	低压侧	高压侧	
R717	1 176	1 960	51
R12	980	1 617	65
R22	1 176	1 960	52

注：耐压试验，是用水和压缩机润滑油为介质的液压试验，不应用制冷剂作试验介质。

液位计内应清洁，防止堵塞，玻璃管式液位计应设有金属保护管，定期检查液位指示、控制和报警装置，并保证灵敏可靠。

（三）温度监视及其安全设备

制冷机的吸排气侧、轴封器端、分配站、热制冷剂的集管上均设有温度计，以便监视和记录制冷系统的运行工况。

为避免排气温度过高，一般还在制冷机排气管上装置温度控制器。在大、中型电机上也设有温度计。

所用的温度计种类主要有热电偶温度计、电阻温度计、半导体温度计和电接点的水银温度计等。

制冷机的排气温度、冷冻油温度、冷却水的进出口温度、电机温度以及库房温度等都是检查制冷系统安全运行的重要参数。所以，要求温度显示准确可靠，并能进行有效地控制，测温元件的位置应全部浸入被测介质中，或被介质所包围，不得随意改变测温点的位置，以避免造成温度的异常或滞后。

采用电接点的水银温度计测温时,应采用电压为36V的电源。

制冷机吸排气侧的温度变化能反映出机器运转是否正常、中间冷却器供液的多少,甚至还能反映出阀片的损坏情况等,所以要求在制冷机排气管上的温度控制器感温元件应尽可能靠近排气腔。如果采用温度套管的形式,应在套管内加入冷冻油,以便准确和迅速地反映排气温度的变化。当排气温度超过调定值时,即发出警报并使制冷机作为故障停机。

设置在制冷机曲轴箱中的温控器感温元件,当油温超过允许值时,温控器动作,发出警报,并使制冷机作故障停机;对于高速、多缸活塞式制冷机,其冷冻油温的保护值可取60℃(最高不超过70℃)。

在氟利昂制冷系统中,由于冷冻油中溶解有大量制冷剂,会造成开机时不起油压,使机器断油。为防止这一现象的发生,可以在曲轴箱内装设电加热器,在起动前,电加热器先自动加热,使溶解在油中的制冷剂受热蒸发,然后再自动起动制冷机。

(四) 电气参数的监视及其安全设备

机器间应设置电压表,并定时记录电压数值。当电网的电压波动接近规定幅度时(即不应低于340V,不高于420V),应密切注意电流变化和电机温升,以防止发生电机烧毁事故。

每台制冷机、氨泵、水泵、风机都应单独装设电流表,并有过载保护装置。

冷藏库须设置库内解救报警装置,一旦有人困在库内,可在库门附近发出呼救信号。同时向机器间或值班室人员传达报警,以便及时解救。报警线路应采用36V以下电压。

冷库的隔热材料,如聚苯乙烯等,属于易燃物质,应注意电缆和电器设备不得直接与这类隔热板建筑物接触,以免因电器事故引起火灾。

(五) 其它安全防护设备

(1) 为避免制冷剂倒流,在制冷机的高压排气管道和氨泵出液管上,应分别装设止回阀。这里值得提醒的是,中间冷却器、蒸发器、气液分离器、低压储液器等设备的节流阀禁止用截止阀代替,以避免因供液不当而使制冷机出现湿冲程。

(2) 冷凝器与储液器之间设有均压管,在运行中均压管应是开启状态,两台以上储液器之间还分别设有气体和液体均压管。这些均压管不得处于切断状态,使其起到保证高压设备之间的压力均衡、液态制冷剂流动畅通以及液位稳定的作用。

(3) 高压储液器设在室外时,应有遮阳棚,以防止日光直晒,不致使温度升高而影响安全运行。

(4) 机器的转动部位均需设置安全保护罩,设在室外的设备应设有防止非操作人员入内的围墙或栏杆。

（5）在机器间和设备间内应设有事故排风设备，以便在事故发生时能及时排除有害气体。在运行或检修时，也可减少室内空气的污染。其排风能力要求是室内空气更换不少于 8 次/h。而且在室内和室外都装设事故排风机的按钮开关，备有事故电源供电供在紧急情况下确保风机工作。

（6）机器间和设备间的门应向外开，并应留有两个进出口，以保证安全。机器间外设有事故开关、消火栓，机房配备带靴的防毒衣，橡皮手套、木塞、管夹、氧气呼吸器等防护用具和抢救药品，并把它们放在便于索取的位置，要专人管理、定期检查、确保使用。

（7）为避免对邻近环境的污染和影响安全，要求安全阀的泄压管高出机房屋檐 1m 以上，或高出冷库四周 50m 以内的最高建筑物 1m 以上，或高出冷凝器操作平台 3m 以上，而且要确保泄压管的畅通。

二、安 全 操 作

制冷系统中的安全装置对生产运行中所出现的异常危险情况，防止发生爆炸或重大事故起到了良好的保证作用。但是，由于错误的操作，或违反安全技术规程而造成的重大事故还时有发生。因此，还必须制定科学而合理的安全操作规程，并严格遵守执行才能杜绝事故发生。

为了使制冷系统安全运转，有三个必要的条件：第一是使系统内的制冷剂蒸气不得出现异常高压，以免设备破裂；第二是不得发生湿冲程、液爆、液击等误操作，以免设备被破坏；第三是运动部件不得有缺陷或紧固件松动，以免损坏机械。

（一）阀门的安全操作

阀门是控制制冷系统安全运转所必不可少的部件，在制冷系统内应该有一定数量的调节阀、截止阀和备用阀。

向容器内充灌制冷剂时，阀门的开启操作应缓慢打开。过快的加载速度会使设备潜在的原有的微型缺陷，没有足够的时间产生滑移过程，应变速率在缺口根部区域增大，从而降低了材料的断裂韧性，容易引起脆性破坏。

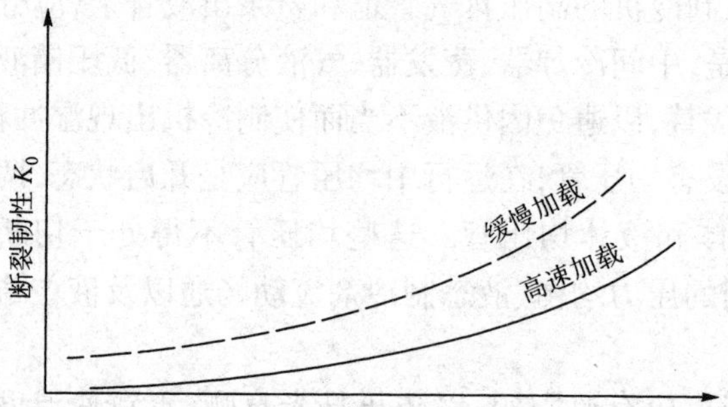

图 8－1 加载速率对材料断裂韧性的影响曲线

加载速度不同对材料断裂韧性的影响如图 8－1 所示。材料的断裂韧性 K_0 越低，设备发生脆性破坏的可能性就越大，所以，向容器内加载时，缓慢打开阀门，有利于保证容器的安全。

制冷系统中,有液态制冷剂的管道和设备,严禁同时将两端阀门关闭。尤其在工作状态下,供液管、排液管、液态制冷剂调节站等管道一般是充满液体的,在停运前都应进行适当抽空。否则,当在满液情况下,关闭设备或管道的进出口截止阀时,因吸收外界热量,液体产生体积膨胀而使设备或管道引起爆裂事故,通常称为"液爆"。一般情况下,液爆时大都在阀门处崩裂,事故的后果是很严重的。

由此可见,充满制冷剂的管路两端的阀门至少要有一个必须处于开启状态。同理,冷风机在用水冲霜时,严禁将分配站上的回气阀和排液阀全部关闭。

在制冷系统操作中,可能发生液爆的部位应特别加以注意,这些部位主要有:

(1) 冷凝器与储液器之间的液体管道;

(2) 高压储液器至膨胀阀之间的管道;

(3) 两端有截止阀的液体管道;

(4) 高压设备的液位计;

(5) 在氨容器之间的液体平衡管;

(6) 液体分配站;

(7) 气、液分离器出口阀至蒸发器(或排管)间的管路;

(8) 循环储液器出口阀至氨泵吸入端的管路;

(9) 氨泵供液管路;

(10) 容器至紧急泄氨器之间的液体管路。

开启回气阀时,也应缓慢动作,并注意倾听制冷剂的流动声音,禁止突然猛开,以防过湿气体冲入压缩机内而引起事故。开启阀门时,为防止阀芯被阀体卡住,要求转动手轮不应过分用力,当开足后应将手轮回转 1/8 圈左右。

为了避免误操作阀门而发生事故,压缩机至冷凝器总管上的各阀门应处于开启状态,加以铅封。各种备用阀、灌液阀、排污阀等平时应关闭,并加铅封或拆除手轮。对连通大气的管接头应加闷盖。所有控制阀手轮上,可以挂启闭牌,调节站上的阀门应注明控制某冷间或某设备的标志,最好在所有靠近阀门的管道上标上制冷剂的流向箭头。

(二) 设备的安全操作

制冷系统中的运动部件,如传动皮带、联轴器等应加防护装置,否则禁止运转。为了防止低压、低温管路在融霜时受到压力波动和温度变化的影响,规定进入蒸发器前的压力不得超过 784kPa,并禁止用关小或关闭冷凝器进气阀的方法加快融霜速度。

为防止环境污染和氨中毒,从制冷系统中排放不凝性气体时,需经过专门设置的空气分离器将空气排入水中。

为防止高温、高压的气体制冷剂窜入库房，使机器负荷突增，规定储液器液面不得低于其径向高度的30%。

为了防止储液器、排液器出现满液影响冷凝压力、使系统运行工况恶化，储液器的液面不得超过径向高度的80%。

由于制冷设备内的冷冻油与氨一般呈有压力的混合状态，为避免酿成严重的跑氨事故，严禁从制冷设备上直接放油。

另外，当设备间的室温达到冰点温度时，对所有用冷却水的设备，在停用时应将剩水放尽，以防冻裂。

（三）设备和管道检修的安全操作

为防止检修时因设备内残存的制冷剂造成操作者中毒或窒息，特别是为避免氨与空气混合到一定比例后遇到明火发生爆炸，以及氟利昂制冷剂遇到明火会分解出剧毒物质等事故，在制冷剂未抽空或未置换完全而未与大气接通的情况下，严禁拆卸机器或设备的附件进行焊接作业。同时，还规定在制冷机房和辅助设备间不能有明火，冬季严禁用明火取暖。

为了防止触电事故，在检修制冷设备时，特别是检修库内风机、电器等远离电源开关的设备，须在其电源开关上挂上工作牌，检修完毕后由检修人员亲自取下，其它人员不允许乱动。

在检查和维修机器间和泵房内的机器设备和阀门时，必须采用36V以下电压的照明电源，潮湿地区应采用12V以下的照明电源。

在检修制冷系统的管道时，若需更换管道或增添新管路，必须采用符合规定的无缝钢管（氟利昂制冷系统可以采用无缝紫铜管），严禁采用有缝管和水暖管件。

制冷系统在大检修以后，应进行耐压强度和气密性试验，当设备增加焊接或连接管道后，应进行气密试验，合格后方允许使用。

（四）充灌制冷剂的安全操作

新建或大修后的制冷系统，必须经过气密试验、检漏、排污、抽真空，当确认系统无泄漏时，方可充灌制冷剂。如用充氨试漏时，设备内的充氨压力不超过196kPa。

由于充氨操作危险性大，要求在值班班长的指导下进行。为防备万一，还应备有必要的抢救器材。向制冷系统内充灌制冷剂的数量应严格控制在设计的要求和设备制造厂家所规定的范围内，并认真做好秤量数据的记录。

氨瓶或氨槽车与充氨站的连接管必须采用无缝钢管，或用耐压在2 940kPa以上的橡皮管，与其相接的管头，需有防滑沟槽，以防脱开发生危险。

三、制冷剂钢瓶的使用和管理

盛装制冷剂的钢瓶，必须严格遵守国家劳动总局颁布的“压力容器安全监察规程”和“气瓶安全监察规程”的规定。

制冷剂钢瓶属于液化气体压力容器，钢瓶的爆炸是常见的事故，往往造成人身伤亡的惨痛后果。发生爆炸事故的主要原因是：

(1) 超过允许的充装量；

(2) 使用超过期限的钢瓶；

(3) 使用受损有缺陷的钢瓶；

(4) 使用了其它易爆或助燃气体的钢瓶而又未清理干净；

(5) 存放地点的温度过高或曝晒。

据劳动部门统计，氨瓶爆炸事故中，约90%是因为超装而引起的。这说明事故的性质是属于责任事故。

经验证明，充满液氨的钢瓶，放在日光照射的场地上0.5h就能爆炸，爆炸率是100%。

为了保证生产和人身的安全，对制冷剂钢瓶的充装、使用、运输和储存都必须遵守下列安全技术要求。

(一) 充装的安全要求

1. 钢瓶的检查

钢瓶充装前，须有专人检查，有下列情况之一者，不准充装：

(1) 漆色、字样和所装气体不符、字样不易识别的气瓶；

(2) 安全阀件不全、损坏或不符合规定的气瓶；

(3) 不能判别装有何种气体，或钢瓶内没有余压的气瓶；

(4) 超过检查期限的气瓶；

(5) 钢印标志不全，不能识别的气瓶；

(6) 瓶体经外观检查有缺陷，不能保证安全使用的气瓶。

钢瓶不得用储氨器或其它容器代替。钢瓶必须每三年交当地劳动管理部门指定的检验单位进行技术检验，检验合格后，打上钢印方可使用。

2. 充装时的安全要求

(1) 制冷剂的充装数量，可按钢瓶标定值，也可按表8-12的规定。实际充装量为钢瓶容量乘以充装系数。

表 8-12　制冷剂的充装系数

制冷剂名称	化学式	充装系数
R717	NH_3	0.53
R12	CF_2Cl_2	1.14
R22	CHF_5Cl	1.02

(2) 认真填写充装记录,其内容应包括:充装日期、氨瓶编号、实际充装量、充装者和复验者姓名等。

(3) 称量衡器应保持准确。

(二) 钢瓶使用的安全要求

(1) 操作人员启闭钢瓶阀门时,应站在阀的侧面缓慢开启。

(2) 钢瓶的瓶阀冻结时,应把钢瓶移到较暖的地方,或者用洁净的温水解冻,严禁用火烘烤。

(3) 立瓶应防止跌倒,禁止敲击和碰撞。

(4) 不得靠近热源,与明火的距离不得小于 10m,夏季要防止日光曝晒。

(5) 瓶中气体不能用尽,必须留有剩余压力。

(三) 运输的安全要求

(1) 旋紧瓶帽、轻装、轻卸、严禁抛滑或撞击。

(2) 钢瓶在车上应妥善加以固定,用汽车装运时应横向排列,方向一致,装车高度不得超过车帮。

(3) 夏季要有遮阳设施,防止曝晒。

(4) 车上禁止烟火,禁止坐人,并应备有防氨泄漏的用具。

(5) 严禁与氧气瓶、氢气瓶等易燃易爆物品同车运输。

(四) 储存的安全要求

(1) 专用钢瓶仓库与其它建筑物的距离规定为:距厂房不小于 25m;距住宅和公共建筑物不小于 50m。

(2) 氨瓶仓库应为不低于二级耐火等级的单独建筑,地面至屋顶最低点的高度,应不小于 3.2m,屋顶应为轻型结构,地面应平整不滑。

(3) 仓库内不应有明火或其它取暖设备。

(4) 仓库内有良好的自然通风或机械通风设备。

(5) 旋紧瓶帽,放置整齐,妥善固定,留有通道。堆放不应超过五层,瓶帽、防振圈等附件,必须完整无缺。

(6) 氨瓶严禁与氧气瓶、氢气瓶同室储存,以免引起燃烧或爆炸,并应在附近设有消防、灭火器材。

(7) 禁止将有氨液的钢瓶储存在机器设备间内。临时存放钢瓶,在室外要远离热源,防止阳光曝晒;在室内应选择通风良好、便于保管的独立建筑。

四、人身安全及救护

制冷系统的操作人员要做到安全生产,不仅要掌握制冷技术知识和具有熟练的安全操作能力,而且还必须掌握有关人身安全和救护知识。

在冷库生产过程中,电器设备、运动机械、高温高压气体、低温环境以及制冷剂等，都可能危及人身的安全。因此，必须认真贯彻执行有关的安全规定和条例。一般通用电器设备、运动机械、高温、高压等，均有完善的安全规定。这里主要介绍制冷剂对人体生理的影响及其紧急救护措施。

（一）制冷剂对人体生理的影响

制冷剂对人体生理的影响，较为重要的有中毒、窒息和冷灼伤。引起人中毒的制冷剂有氨和二氧化硫，引起人窒息的制冷剂有氟类，所有的制冷剂都会引起冷灼伤。

氟利昂类制冷剂本身是无毒、无臭、不燃烧、不爆炸的，但是，当有水和氧气混合时，与明火接触则发生分解，生成氟化氢、氯化氢和光气，这些对人体都是有害的，特别是光气对人体十分有害。而且氟利昂类制冷剂虽无毒，但它在常温下的气态密度比空气大，当其在空气中含量（容积浓度）超过 80% 时，会引起人窒息。

窒息可分为突然窒息和逐渐窒息两类。突然窒息是指在空气中制冷剂含量很高，操作人员立即失去知觉，好像头部受到打击一样而跌倒，可能在几分钟内死亡。这种窒息发生在设备检修中不按照安全技术规程进行操作的情况下。另一类是逐渐窒息，主要是由于制冷剂泄漏，使空气中的氧含量逐渐降低，而使人慢慢地发生窒息。这种情况通常很容易被人们所忽视，因此对人造成伤害的可能性就更大。要避免逐渐窒息对人员的危害，必先了解窒息对人体生理的影响。

当空气中的氧气含量降低到 14%（体积比）时，出现早期缺氧症状，即呼吸量增大、脉搏加快，注意力和思维能力明显减弱，肌肉的运动失调。当空气中的氧气含量降到 10% 时，仍有知觉，但判断功能出现障碍，很快出现肌肉疲劳，极易引起激动和暴躁。当空气中氧含量降到 6% 时，出现恶心和呕吐，肌肉失去运动能力，发生腿软，不能站立，直至不能行走和爬行。这一明显症状往往是第一个也是唯一的警告，然而发现已经为时已晚，严重者窒息已经发生。这种程度的窒息即使经过抢救可能苏醒，也会造成永久性的脑损伤。

制冷剂泄漏时，对人体的危害程度取决于制冷剂的化学性质及其在空气中的浓度，以及人在此环境中所停留的时间长短。制冷剂的毒性分为 6 级，1 级毒性最大。二氧化硫为 1 级，它是一种早期采用的制冷剂，目前已很少使用。氨为 2 级，当空气中氨的浓度在 0.5%～1% 时，人在此环境中停留 30min 就会患重症或死亡；当氨浓度达到 15.5%～27% 时，遇明火即有爆炸的危险。制冷剂毒性比较见表 8-13，按其对人体毒性和危险的大小进行排列。空气中的含氨量对人体生理的影响见表 8-14。

冷灼伤是指裸露着的皮肤接触低温制冷剂造成皮肤和表面肌肉组织的损伤。在有可能直接接触制冷剂的场合，应采用防护措施。

表 8-13 各种制冷剂的毒性比较

制冷剂名称	毒性级别	对空气的相对密度	发生危险的条件	
			按容积计的蒸气含量/%	停留时间/min
二氧化硫	1	2.07	0.5~0.8	5
R717	2	0.55	0.5~0.8	30
二氧甲烷	3	2.74	5.0~10.0	30
R22	4	3.55	10.0~15.0	30
R11	4	4.44	5.0~10.0	30
R12	5	3.93	25.0~30.0	60

表 8-14 空气中的含氨量对人体生理的影响

对人体生理的影响	空气中的含氨量/(mg/kg)
可以感觉氨臭的最低浓度	53
长期停留也无害的最大值	100
短时间对人体无害	300~500
强烈刺激鼻子和咽喉	408
刺激人体眼睛	698
引起强烈的咳嗽	1 720
短时间(30min)也有危险	2 500~4 500
立即引起致命危险	5 000~10 000

(二) 预防措施

制冷系统的操作人员对工作要极端地负责任,确保机器、设备和管道的密封,不能泄漏。凡是有可能接触到制冷剂工作的人员,应接受安全教育,严格遵守有关技术规程。

机房必须备有橡皮手套、防毒衣具(带靴的下水衣)、安全救护绳、胶鞋以及救护用的药品,并应妥善放置在机房进口的专用箱内,使之取用方便。

机房内应配备二氧化碳、"干粉"等灭火器材,以备事故发生时使用。

(三) 氧气呼吸器的使用和保管

1. 氧气呼吸器的工作原理

氧气呼吸器是借助肺力而动作的一种呼吸器。由人体的肺部呼出的气体进入清净罐,二氧化碳被吸收剂清除掉,残余的气体与氧气瓶储存的氧气混合后组成新鲜空气,被呼吸进入人体的肺部。

2. 氧气呼吸器的使用方法

(1) 使用时,将头和左臂穿过悬挂的皮带,然后落于右肩上,再用紧身皮带把呼吸器固定在左侧腰际。

(2) 打开氧气瓶的开关,手按补给钮,排出呼吸器内各部分的污气。

(3) 把覆面由头顶套入,戴向下颌,它的大小以既能保持气密,又不太紧为原则。校正眼镜框的位置,使其适合视线。

(4) 检查气压表的压力数,以便核对氧气呼吸器的工作时间。必要时可按汽笛进行联系。

3. 氧气呼吸器的消毒和保管

(1) 消毒　使用前后都必须消毒。消毒的主要部分是气囊、覆面以及呼吸用的软管。消毒时可用2%～5%的石炭酸溶液或酒精清洗。

(2) 保管　避免日光直接照射,以免橡胶老化或高压氧气部分降低安全度。保持清洁,防止灰尘,切忌与各种脂肪油类接触。每年应检查氧气瓶内的存氧情况和吸收剂性能,要及时充氧和更换吸收剂,使氧气呼吸器处于准备使用状态。

(四) 紧急救护

1. 发生漏氨时的急救措施

如果漏氨事故发生在机房内,应先正确判断情况,开启事故排风机,组织有经验的技工穿戴防护用具进入机房抢救。先关停所有运转设备,寻找出漏氨点。如果在高压管道漏氨,应切断漏氨口两端的阀门和与有关设备相连通的管道。可采用放空的办法,待管内余氨放完,用新鲜空气吹扫管道,然后进行补焊。如果在低压系统管道(如库房内冷却设备)漏氨,应迅速查明漏氨部位,关闭该冷间冷却设备的供液阀和回气阀。如果冷间氨气甚浓,可开动风机排除氨气,并用醋酸溶液喷雾中和,然后用管卡将漏点夹死,再将货物转移,待货物出空,库温升高后再行补焊(操作人员可根据制冷系统的不同特点和具体情况,灵活采用安全有效的处理方法)。

2. 发生氨中毒的急救措施

氨对人体造成的伤害,大致可分为三类:

(1) 氨液溅到皮肤上会引起冷灼伤;

(2) 氨液或氨气对眼睛有刺激性或灼伤性伤害;

(3) 氨气被人体吸入,轻则刺激呼吸器官,重则导致昏迷甚至死亡。

对造成伤害的急救措施是:当氨液溅到皮肤上或衣服上时,应立即把被氨液溅湿的衣服脱去,用水或2%硼酸水冲洗皮肤,注意水温不得超过46℃。切忌干加热,当解冻后,再涂上消毒凡士林、植物油脂或万花油等。

当呼吸道受氨气刺激引起严重咳嗽时,可用湿毛巾或用水弄湿衣服,捂住鼻子和口,由于氨易溶于水,因此,可显著减轻氨的刺激作用。也可用食醋把毛巾弄湿,再捂口、鼻,由于醋蒸气与氨发生中和作用,使氨变成中性盐,这样也可减轻氨对呼吸道的刺激和中毒程度。

当呼吸道受氨刺激较大而且中毒比较严重时,可用硼酸水滴鼻漱口,并给中毒者饮入0.5%的柠檬酸水或柠檬汁。但切勿饮白开水,因氨易溶于水会助长氨的扩散。

当氨中毒十分严重,致使呼吸微弱、甚至休克、呼吸停止时,应立即进行人工呼吸抢救,并给中毒者饮用较浓的食醋,有条件时施以纯氧呼吸。遇到这种严重情况,应立即请医生或将中毒者送医院抢救。

不论中毒或窒息程度轻重与否,均应将患者转移到新鲜空气处进行救护,不让其继续吸入含氨的空气。对腹部以下器官,当吸附氨而产生强烈刺痛感时,应立即进水池即可逐渐缓解。

附　　录

附录 1　冷库建设项目竣工验收技术经济资料*
——隐沙路万吨冷库

表 1　　　　　　　　工程综合技术经济指标

造价指标	总 投 资	1 609 万元
	冷藏造价	567 元/(t·次)
	冻结造价	11 009 元/(t·d)
	储冰造价	518 元/(t·次)
	制冰造价	6 511 元(t·d)
	行政生活建筑造价	131 元/m^2
钢材耗量指标	总 耗 量	4 248.6t
	冷　藏	0.193t/(t·次)
	冻　结	2.06t/(t·次)
	储　冰	0.173t/(t·次)
	制　冰	4.18t/(t·d)
	行政生活建筑	0.03t/m^2
木材耗量指标	总 耗 量	2 939.5m^3
	冷　藏	0.191m^3/(t·次)
	冻　结	0.525m^3/(t·d)
	储　冰	0.125m^3/(t·次)
	制　冰	1.02m^3/(t·d)
	行政生活建筑	0.026m^3/m^3
水泥耗量指标	总 耗 量	8 164t
	冷　藏	0.309t/(t·次)
	冻　结	2.85t/(t·d)
	储　冰	0.267t/(t·次)
	制　冰	6.42t/(t·d)
	行政生活建筑	0.325t/m^2

说明：冷藏、冻结，储冰造价的计算，包括生产工程和辅助生产工程，不包括厂外工程和行政生活设施。行政生活建筑造价单独计算。

* 建设单位：上海市水产供销公司；编制日期，1981 年 11 月 11 日。

1. 冻结时间

	鱼体终温	鱼体始温	气温	冻结室温度	冻结时间
106#	前排 -22.14℃ 后排 -13.53℃	5℃	24℃	始温 -4℃ 终温 -24℃	8h
101#	前排 -17.43℃ 后排 -18.83℃	4℃	24℃	始温 -9℃ 终温 -24℃	8h

2. 制冰时间

	盐水浓度(°Bé)	盐水温度	盐水流速 m/s	结冰时间
1#	17	-10℃	0.035	34h
2#	21	-10℃	0.029	34h
3#	19	-10℃	0.026	34h

3. 耗电指标

冻结 95.83kW·h/t

制冰 60.9kW·h/t

冷藏 0.64kW·h/t

储冰 0.24kW·h/t

4. 耗水量指标

冻结

理鱼 1.14t/t

制冰 1.5t/t

冷却水 46 320t/d

冲霜水 2 362t/d

包冰水 0.1t/t

5. 氨压缩机制冷量

单级机 154kcal/h

双级机 154kcal/h

冷凝面积 2 280m^2

6. 蒸发器的蒸发面积配比

冻结间 148m^2/(t·d)

制冰池 3.26m^2/(t·d)

冷藏间 0.427m^2/(t·次)

储冰间 0.225m^2/(t·次)

表 2　　工程投资执行情况

工程项目名称	实际竣工							
	建筑面积/m^2	决算/元		主要材料消耗表				
		土建	工艺	钢材/t	木材/m^3	水泥/t	沥青/t	软木/m^3
1. 主库	15 396	4 505 383.46	2 252 631.69	2 366	1 990	3 484	124	750
2. 冰库	5 567	1 469 959.60	1 221 846.61	1 261	574	1 828	61	350
3. 机房	780	295 688.37	1 367 360.08	95.5	18	233		
4. 氨泵房	368	171 586.11	191 713.07	52.7	10	105		
5. 总降压站	272	60 143.39	218 866.44	9.5	4.8	58		
6. 水厂区	223	214 228.44	139 594.33	67.7	10	157		
7. 固定码头、碎冰楼	52	251 576.25	46 673.19	119	85	140		
8. 充电间	134	29 647.00	29 048.55	2.3	3.5	24		
9. 仓库	4 112	589 287.62	78 169.74	144	98	320		
10. 卸鱼场二区	1 305	134 946.51	159 142.06	25.6	28	122		
11. 食堂.浴室、锅炉房	1 913	181 790.40	46 702.80	25	31.5	205		
12. 宿舍	1 909	273 735.00		50	60	300		
13. 人防	454	89 761.60		55	10	150		
14. 总体与其他		831 978.38	728 532.84	11.3	18.4	1 038		
总　计	32 485	9 099 712.13	6 482 281.40	4 248.6	2 939.5	8 164	185	1 100

隐沙路万吨冷库工程总结报告

隐沙路万吨冷库建在市水产供销公司第三批发部基地内。与冷库配套同时建设的 5 个卸鱼码头，处理鱼货 3 担/d 的 8 000m^2 卸鱼场，3 万担/次的咸鱼加工池等，投资 282 万元的地方基建项目，已于 1979 年 1 月建成先投产。该基地原有土地 30 亩。冷库设计任务书批准后，向市规划局征土地 5 252 亩；经上海港务监督批准，从现有驳岸线向黄浦江填伸 377m，征得土地 149 亩；基地现共有土地 50 152m^2。设计通道由殷行路桥边的隐沙路进出，因上海柴油机厂征地扩建，现改由陆丁巷老白港路进出。该基地全部建成后，将成为目前上海水产鱼货处理较完整的一个渔港后勤设施。现将冷库工程的建设总结报告如下：

（一）工程概况

隐沙路万吨冷库工程自 1973 年 6 月批准设计任务方案，1974 年 7 月批准扩大初步设计。建设规模为：冷藏 10 000t/次，冻结 240～300t/日，制冰 200t/日，贮冰 4 600t/次，建筑面积 29 950m^2，总投资 1 050 万元。在冷库建设过程中，根据国家水产总局确定该库采用冷冻工艺自动控制，冻结间机械传动和土建采用升板施工方案。于 1978 年 12 月批准同意投资 470 万元，总投资调整为 1 520 万元。1980 年 3 月批准增加职工宿舍 2 000m^2,建筑面积调整为 31 950m^2。1980 年 10 月国家水产总局基建财务会议同意调整建筑安装附加费,增加投资 89 万元,总投资调整为 1 609 万元。为此,该工程现按总投资 1 609 万元,建筑面积 31 950m^2,建设规模:冷藏 10 000t/次,冻结 240 ~ 300t/d,制冰 200t/d,贮冰 4 600t/次,作为竣工验收依据。

冷库总体,土建.水电由上海工业建筑设计院设计,固定码头和碎冰楼由交通部第三航务工程局设计。军工路到基地降压站 35kV 外线电源由上海宝山供电所设计。内外电话线由上海市内电话局设计,制冷工艺和外接生活用水管线由我公司组织人员设计;并根据兄弟冷库试验的经验,自行设计了自动控制装置,冻结间机械传动装置和理鱼流水操作线。

本工程土建由市建筑第三工程公司承建,打桩由市基础公司第一工程队承担。吊装由市机械施工公司三队承担。设备通道,水、电由市工业设备安装公司。设备、管道、保温及调试,分别由安装公司锅炉队和调试队承担。码头由交通部第三航务工程局第一工程处建造。上海勘察院负责基地的地质钻探试验。

冷库工程共分十四个单项,自 1973 年开始平整场地,共填土 15 万 m^3,同年 11 月三航局一处码头开工,1974 年 11 月完成。1975 年 9 月市建 308 队开始冷库、冰库制桩,1976 年 3 月打桩,1978 年调由市建 303 队继续施工;同年 4 月份安装公司 8 队进场加工预制设备,1980 年开始设备安装。1981 年 4 月冷库、冰库和附属工程,除 2 000m^2 住宅由市建 104 工程队施工,现进行内外粉刷,拟在年底单项验收外,其它工程已全部竣工投产。经核定:本工程共消耗钢材 4 284.6t,木材 2 939.5m^3,水泥 8 164t。财务决算投资为 1 609 万元。

根据冷库建设进度,1980 年 9 月组织冷库投产组,1981 年 5 月试生产前成立冷冻厂领导班子,并建立理鱼、冷藏、制冰、机房四个车间和行政、生产业务、技术设备三个小组,制订了各工程的岗位责任制和安全操作规程。投产组根据冷库生产要求承担了自己设计的脱盘,整装包冰,理鱼过磅,托盘上架等 88 台非标设备的制作和投产必须的劳防、生活用品、氨、冷冻油、盐和铲车、冰桶、鱼盘、鱼盘架等生产工具设备及原料的一切准备工作。保证试生产的及时进行。

(二) 试生产情况

1. 冷库、冰库、冻结、制冰、理鱼等生产能力调试情况

冷藏库自 4 月 16 日开始打冷,5 月 7 日达到设计温度 −18℃;5 月 30 日冻结间降温到设计要求 −24℃;5 月 23 日冰库降温到 −4℃;冰池盐水温度 −10℃。均达到设计需求,5 月 8 日冷藏库开始进货,冻结、制冰、冰库、理鱼间也先后投入试生产。冷藏库:经 2~7 层实际使用,每层鱼货堆放能力为 1 670t,6 层共计为 10 020t,达到设计 10 000t/次规模。6 间冻结间:经试冰,如 106 号冻

结间进货85车共25.5t。风机开8h,前排鱼体平均温度-22.14℃,后排鱼体平均温度-13.56℃,符合设计-12℃的要求。安装机械传动装置的冻结室,转动后风机打冷8h,前排鱼体平均温度-18.83℃,后排鱼体平均温度-17.43℃,鱼体前后排温差仅-1.4℃;基本达到转动的设计目的。经测算,6间冻结间一天二冻,可达306t,达到240～300t/d的设计规模。制冰:3只冰池同时生产,按生产水源温度21.5℃,一天能生产240t;每只冰池36h生产105t,结冻时间在36h内,冰块质量符合要求。为此按实测能力,夏天水温度升高,预计24h内能生产机冰210t,已达到200t/d的生产规模。冰库:贮存量由于设计考虑的冰块容量系数0.9偏高和土建滑模改为壁架柱填充墙施工及扣除柱头,操作场地等,实际堆冰面积减少,两层冰库只能达到4 200t/次,比批准能力4 600t/次减少400t/次,自控系统:冷库、冰库、冻结、制冰的温度遥测和低压循环桶,氨液分离器,中间冷却器等液压自控装置,经调试使用,运转正常。氨压缩机过载保护装置正在调试中。理鱼生产流水线:机械流水线,经实际使用,22人每小时理鱼6t,比用手工理鱼24人,4t/h的生产能力有较大提高,工人劳动强度减轻,达到了设计目标。

2. 动力照明,给排水系统

基地供电总容量为4 200kW,接进35kV电源由35kV电站降压后分配至3只1 000kW和1只560kW变压器低压配电,并接有6.6kV,320kV的备用电源。经试生产运行,供电设施良好最高用电量为1 800kW,预见全面投产后供电3 000kW,能达到生产要求。冷藏库的地热地坪,由于穿过稻壳层的电热电缆温升积累发生火警。现改为将电线穿过冷藏门框至电热地,并将220V电压接为串联电路的降压措施后,经实际观察使用情况正常。其它动力设备、照明装置和导线敷设均符合设计要求。基地生活用水,接市自来水厂10cm水管供给。生产用水,由自建5 000t/d小水厂供水。现制水浑浊度在3以下(标准是5);余氯是0.6～0.8(标准是0.8),供水分别与冷库100t,冰库60t的水箱组成给水系统。排水系统,除冷凝器间冷却排水管不够大外,其它均能达到设计要求。

3. 生产辅助及生活在配套项目

食堂、厨房、浴室为二层建筑,建筑面积1 859m²;锅炉房建筑面积54m²;卸鱼场二区为三层建筑(其中底层、二层为冷冻厂办公室,劳防、更衣室使用),建筑面积1 305m²;渔需仓库,建筑面积4 112m²,变电间建筑面积134m²,均于1978年、1979年先后建成使用。基地建设因受先生产后生活的影响,后勤配套设施偏紧。为解决生产和生活配套必须、冷库项目中增批2 000m²住宅,建于工农新村,年内竣工。市水产局批准更新资金项目880m²,冷库烘衣,总务仓库等用房。正在建设,年内竣工,现利用施工临时食堂作为过渡。修理间和停车场地已列入国家水产总局批准的基地第二期工程,鱼品加工车间项目内建设。目前还存在冷藏、理鱼等工人更衣、休息室不足。

4. 环保、防火及安全设施

冷库建筑设有防雷带,各层均有消防龙头及消防皮管,灭火机等消防器材。考虑安全保卫的需要,机房、总降压站,氨泵房水厂区等建筑增建了围墙。

冷库生产的“三废”污染:充电间的电瓶废水已建排放处理装置。理鱼间的洗鱼水,现按国家环保条例,正在抓紧调查,确定鱼水的处理方案上报项目,要求列入第二期工程内进行建设,并根据初验会议的要求,正在研究制订卸鱼场,理鱼间的管理制度,以减少鱼渣和清扫集中鱼渣的处理办法。锅炉房的噪音为85~92dB,现正在采购消音器,给予解决。机房开动的压缩机噪音为88dB,机房值班室内为62dB,现对机房的噪音正在采取消音、隔离措施。

通过调试,试生产的全面考核,试生产中冷库一次最高存放3 400t,为冷库能力的34%;冰库最多一次存放1 392t,为冰库能力的33%。建筑结构没有发现可疑情况,冷库、冰库的建筑沉降平均为3cm。初验评定:工程质量优良,生产工艺合理,制冷效果良好。已基本符合设计和生产使用要求。同意报请市建委、国家水产总局正式验收。

(三)工程建设回顾

隐沙路万吨冷库工程自1973年6月批准计划任务书到1981年4月竣工。工程的准备和建设期长达7年零11个月。工程周期长的主要原因是由于“文化大革命”影响;造成施工单位调换多,设计修改多,工程遗留问题多。“文化大革命”期间,该工程也曾列过重点工程,可是有名无实,打打停停,到1978年底仅完成码头,生活设施等外围工程和冷库,冰库的打桩。主体工程的全面施工是在粉碎“四人帮”以后的1979、1980年二年时间。在国家水产总局,市建委、计委、财办领导的支持下,经施工、设计等兄弟单位的大力支持和共同努力,密切配合,克服和解决了断桩,吊柱头,升板等一系列困难,加快了工程建设进度,为此实际施工周期为3年零4个月。在主体工程全面施工的2年建设中,我们主要体会有:

1. 加强现场领导,取得各方支持,是加快冷建设的根本保证

粉碎“四人帮”以后,拨乱反正,参于隐沙路工程建设的广大工人,技术人员和干部精神振奋,在集中力量完成鱼货处理场地等地方基建项目后,在市水产局,水产供销公司的支持下,第三批发部组织劳动力,迎酷暑,战高温,用人工清除了冷库99根60×60的断桩,为工程继续施工扫除了障碍,1979年隐沙路冷库列为市重点项目以后,市建委、财办、水产局领导多次到工地召开现场会议。详细分析工程情况,具体研究处理施工中的技术问题。为隐沙路冷库工程确定了“1980年底土建竣工,设备安装完”的奋斗目标。并根据冷库建设的特点,帮助建立了由建设单位牵头,各施工单位参加的冷库现场指挥小组,水产局由一位副局长负责成立了局、公司、第三批发部共同组成的冷库建设领导小组,到工地现场办公。市建工局为支持现场指挥小组工作,指派专人负责联系。市建三公

司、安装公司八队、锅炉队等都加强了工地施工领导力量。在建设过程中,设计院也经常赴现场及时处理技术问题。使现场指挥小组成为工程建设中强有力的领导核心。坚持现场小组每周一次的碰头会议。及时检查进度,调整力量,切实加快了工程的建设进度。1980 年一年完成了 691 万元工程量,超过前 7 年的累计完成数,占投资计划的 42%。

2. 统筹安排,抓住重点,集中力量打歼灭战

1980 年是隐沙路万吨冷库施工高潮,为实现年底土建竣工,安装完的目标,在市建委、建工局的具体帮助下,现场指挥组首先抓了年底施工总进度计划的落实。施工单位详细计算了全年单项工程的工作量,然后按工程进展情况,我们按季、按月排了具体工程计划,并在每周碰头会上检查计划进度,没有完成的就及时分析原因,采取措施,确保整个工程的计划执行。其次,抓关键工程,我们抓住冷库建设中单体工程多,设备安装工作量大的特点,在安排主体工程进度的同时,将设备安装工作量集中的单体工程,如压缩机房,冷凝器房、氨泵房作为主攻目标,进行集中力量打歼灭战,使这些工程土建在 1980 年上半年都基本达到竣工要求,为设备安装早日上马创造了条件,第三,抓交叉施工。在计划执行中,我们通过合理安排,密切配合,进行交叉施工,达到加快工程建设的目的,如为了把冷库升板脱下的三个月时间抢回来,市建 303 队在砌冷库砖墙时,内粉刷也随之而上,使锅炉队完成地坪保温后就能立即进行墙面保温施工;安装队又根据冷库砖墙砌建进度,穿插排管吊装施工。在统筹安排,相互配合中抢回了升板施工拖延的时间,为实现 1980 年的冷库土建竣工,安装完的总计划目标作出了贡献。

3. 树立全局观念,发扬协作精神

在冷库建设中,我们还体会到,土建、安装、建设单位能共同树立一个奋斗目标。团结一致,密切配合,是加快工程建设的一个重要单位。在本工程建设过程中,由于土建、安装、建设单位团结一致,共同为加快工程建设,坚持密切配合,发扬了互相协作精神,打破了施工常规,使工程建设进度不断加快。如在氨泵房的施工中,因氨泵房的结构与冷库相连,必须将冷库砖墙砌到二层后才能进行吊装。氨泵房上不去,整个制冷系统的管道连接工程就无法进行。市建 303 队为支持安装早日上马,采取了冷库砖墙到顶后立即拆除脚手进行氨泵房的结构吊装,然后再在氨泵房屋面板上再搭脚手继续冷库砖墙施工。又如,在氨泵房的基础施工、设备安装过程中,因氨泵房 312m^2 建筑内需浇捣的大小设备基础达 20 多个,占总面积的 50%。基础挖土无法使用机械,建设单位就主动组织力量进行突击。303 队也突击用 4 天时间完成扎筋,支模、浇捣等全部基础工程。市安装八队又立即组织力量用 3d 时间完成七只贮液桶,十三只氨泵的全部就位工作。使氨泵房从基础开挖到设备就位,包括混凝土养护时间在内前后仅花了 12d 时间。

4. 狠抓工程质量，确保物资供应

只有确保工程质量，才能取得真正的速度，我们在抓工程进度的同时，坚持严格要求工程按设计要求和施工规范执行。当质量要求与工程进度发生矛盾时，以首先确保工程质量的原则办事，使整个冷库工程的质量有了保证。经市建工局评定为土建全优工程的有冰库机房降压站、包装仓库等四个项目；冷库、氨泵房、水厂、锅炉房、充电间，码头碎冰楼等均被市建三公司评为优良工程。冷库、冰库、机房，冷凝器房、氨泵房等安装工程也被市安装公司评定为优良工程。由于施工单位重视工程质量，使冷库、冰库、冻结、制冰等生产调试获得一次成功。为确保工程质量，建设单位还专门组织力量，在工程安装前将15台氨压缩机，电机和24面开头板，14台氨泵，1 142只阀门等设备，全部进行了清洗检查，并积极配合土建，安装工程队按设计要求进行质量复查，在调试前对各路管道进行严格排污、捉漏等检查，也为确保冷库工程质量作了努力。

为了保证工程建设按计划进度进行，我们在每周碰头会上安排检查工程进度的同时，检查工程的下一步所需要的预制构件、材料、设备的数量、品种等落实情况，没有落实的就立即定人，定时间进行安排落实，使整个工程的建设中切实做到了打有准备之仗。但在落实安排工程的物资供应上，与上级领导部门和兄弟单位的大力支持是分不开的。1979年冷库工程改变直供项目以后。在国家建委，水产总局的大力支持下，确保了该工程的钢材、木材、水泥的需要。特别是1979年下半年，为冷库、冰库升板施工的12块楼板需集中浇捣，国家水产总局物资局在短短的7、8月两个月内从全国调拨了1 021t钢材，市建工局统配站、市构配件公司、市建三公司材料单位均为工程的材料供应作出了贡献。

（四）施工中曾发生的一些问题

回顾整个工程建设，成绩是主要的。但在建设中曾发生和存在一些问题，主要有：

（1）原主库设计桩基为645根，由于打桩时遇到砂层厚，细砂百分比大，虽经设计、施工单位努力采取减少桩数，桩尖加套钢尖靴等等措施，实际打桩677根，其中断桩有99根。这是上海地区，该基地周围建筑施工中未曾发生过的问题，使工程建设推迟，现经设计院采取满堂基础的措施。工程质量仍达到设计要求。

（2）主库9块楼板全部提升后，由于柱头发生偏斜。使第9块楼板向东南方向偏斜了6.5cm。超出规范要求；迫使冷库保温工程施工时采取东南面增加软木保温措施。达到了设计要求。

（3）主库升板后，由于各层楼与大电梯间各层穿堂地坪标高发生误差10cm左右，现各层冷藏门进出处已浇捣斜坡，但对铲车进出已造成不便。

（4）冷库地秤保温层使用的软木因储存日久，边角损坏较多，施工时又将稻壳作为填缝材料,已造成底层理鱼间楼板有结露滴水现象。

(5) 由于冻结间的围笼间顶板预埋螺丝多和柱头保温面积不足,虽在施工中增加柱帽的四周保温面积,但现仍产生结露,滴水问题。

(6) 主库电热电焊穿过稻壳保温层的电线,使用电热电缆后由于温升积累发生火警。经消防队积极努力及时扑灭。没有造成大火,一扇冷藏门框等受损部分已全部修复。

(7) 冷库制冰池地坪的油毡在倒冰架后面没有翻边贴至墙面。使水从墙缝一直流渗到底层理鱼间。造成稻壳部分受潮。现经修改图纸,采取在倒冰架后面地坪上加建排水沟措施。

(五) 需解决的问题

为了保证冷库正式投产后的正常使用,根据试生产情况,要求今后补配套和改建的问题有:

(1) 冷凝器间排水通往黄浦江的下水道管径不够大,必须另外增加排水管。

(2) 现脱盘间面积小,只能安置一套设备,今后 6 间冻结间同时使用时,脱盘能力不够,要求扩建 65m^2 脱盘间和增加一套设备。

(3) 根据现有的一条流水线作业传送带和 3 条台板人工理鱼线,每小时的能力达不到 1 间冻结间的进冻量。要求改 2 条台板生产线为流水作业传送带,达到每小时冻结 1 间的能力。

(4) 由于冷库和理鱼工人的更衣,休息室不足,目前试生产的冷藏,理鱼工人的更衣,休息室,只能分散安排,已造成管理难;今后二班生产还需增加人员,为此要求增加工人更衣,休息室 1 000m^2。

(5) 市环保局要求抓紧安排洗鱼水的处理设施,经过处理,达到排放标准后才能排入黄浦江。

初验会议对改建和补配套工程的内容进行了审定。同意改建工程,在正式验收投产后由生产单位负责建设。所需投资由试生产期间的纯收入留成部分解决,关于基地洗鱼水处理、1 000m^2 冷库工人更衣,休息室工程,拟请国家水产总局在已批的鱼品加工车间项目中增加投资,面积给于补配套。

通过正式验收后,我们将进一步按照冷库生产要求,健全各项管理制度,加强技术操作训练。按照国家要求的各项经济技术指标,来进行考核。全面实现优质,高产,低消耗,努力为国家增收节支,为实现水产四个现代化作出应有的贡献。

以上报告,当否,请指示。

上海市水产供销公司

1981 年 11 月 3 日

隐沙路万吨冷库试生产工作小结

1980年9月,根据冷库基建进度,我们在上级关怀、支持下,抽调人员成立冷库投产组,负责生产准备工作,至1981年3月底,基本完成投产以前的各项准备工作。冷库在4月16日放冷,5月8日首批鱼货进库;5月25日吊出第一排冰;26日冻结室投入使用。比上级提出6月初全面投产要求,提前10天左右。经过五个多月试生产,各项设备运转正常,冷藏、冻结、制冰产量均达到设计要求。到10月底已生产人造冰1.2万t,冷藏品40.2万t/d,冻鱼4800t,利润18.2万元。

(一)投产前准备工作

主要抓以下四个方面:

1. 非标设备的定型和制作

冷库生产上使用的各种非标设备,如理鱼传送机械,脱盘上格机,鱼货出冻脱盘设备,整桩包冰机械等,都是自己定型制作。为了使所有非标设备,尽可能提高生产效率,方便操作,减轻工人劳动强度,我们组织有关人员。到本市和外地水产冷冻厂学习、参观、吸收经验。经过比较选择,结合我部冷库具体条件,定型定数量。在批发部技术设备、物资等部门支持配合下,共制作38台非标设备。这些设备都赶在试生产前完成。经过几个月使用,基本符合生产要求。

此外,还根据基建进度,完成各项配套和辅助工作,如2700多只冰桶整理就位;550部速冻鱼车拼接、油漆、上钩、铲车整修、冰库垫脚板铺设等。

2. 生产工人培训

冷库现有基本职工343人,占85%。车间干部、行政管理人员,少数骨干由公司从兄弟单位抽调支援和批发部内部调整。第一线生产工人,尤其是冷藏、理鱼、制冰工人,几乎都是78、79届中学毕业青年。为了使他们能尽快熟悉生产过程,掌握操作技术,去年10月份,78届青年116人报到后,在兄弟单位支持下,全部送到局系统五个冷库去培训。培训期间,指定专人负责联系,既配合实习厂对青年进行思想教育和业务指导,又注意发现和培养骨干。经过半年培训,在试生产前陆续回厂。今年八月份又分配来79届青年129人。目前这三个车间共有生产工人256人,其中78、79届青年占93%,三个车间13个班组,25名班组长中,78、79届青年就占21人。

通过几个月试生产,多数表现较好,能胜任本职工作。这批青年在老师傅帮助指导下,已经是冷库生产上的主力军,生产任务主要靠他们来完成,政治思想上也有所提高,已有3人入团,21人打了入团报告。

3. 做好主要原材料准备和后勤设施工作

试生产共灌入制冷系统液氨55t,而自已氨瓶容量仅有2.4t,通过向外租借氨瓶加强调度和计划衔接,在汽车班配合下,能够按调试和试生产进度,按时、按量保证供应。冷冻油、制冰用盐也都做到按计划供应。

冷库劳动防护用品品种多、数量大，大部分品种又是专用防护用品，必须提前申请订购或定制。1980 年 10 月份即编制计划，提出需要量，经过总务部门努力，共计 26 个品种、金额 8 万元，都在试生产前陆续准备就绪。

由于基建原列工人休息室等项目，因故调整，所以冷库建成后，没有专门工人休息室，特别是冷藏，理鱼工休息室很困难。经多方设法，在批发部全面规划下，有的采取内部调剂，有的采取临时隔建，陆续解决了 200 多人的休息场所。

通过协商，利用原市建公司工地临时食堂改作临时烘衣房，利用外厂报废氨管改装烘衣设备等。通过以上措施，使投产以后的后勤生活设施基本得到解决，保证生产顺利进行。

4. 设置组织机构，建立必要规章制度

1981 年 5 月经上级批准，冷库正式定名为“上海市水产供销公司第三批发部冷冻厂”，建立压缩机、冷藏、理鱼、制冰四个生产车间和生产业务、技术设备、行政管理三个职能组。按生产产品或操作工序划分工作范围，如理鱼车间负责理鱼、过磅、上鱼车；冷藏车间负责进出冻、脱盘、堆桩等。在投产前陆续制订了四个车间的岗位责任制，操作规程，交接班制度和产品工艺规程，质理标准等 31 份制度，组织工人学习，逐步贯彻执行，在试生产前，设计印制各种必要原始记录、生产报表 12 种。投产以后，部分车间建立了定额超产奖励试行办法，通过几个月实践，基本上适应生产管理需要，对于逐步建立正常生产秩序，增加产量提高质量起了一定作用。

（二）调试和试生产情况

冷藏库 4 月 16 日开始打冷，根据新座放冷规范，以每天降温 1.5℃，降到 4℃时，温度保持 2～3d 不变，0℃以下每天降温 2～3℃到 5 月 7 日冷库温度达到设计温度 −18℃，冻结室，冰库也按上述过程降温，5 月 30 日冻结间降温到设计要求 −24℃，5 月 23 日冰库降温到 −4℃，冰池盐水温度达到 −10℃。冷库、冰库、冰池、冻结室调试降温一次成功。这主要是安装工程队在管道加工、焊接、设备安装中能严格按照设计要求，确保工程的质量结果；也是冷库参加安装调试人员严格把关，主动协助配合，细致检查的结果。

在安装调试工作中，主要抓住以下三个方面：

1. 施工图纸的审理与交底工作

由于工程建设过程较长，设计人员中途几次变动，更有必要在工艺施工图纸最后交给安装公司以前，要经过全面的，比较仔细的审理，发现问题及时修改完善。出图后，先后三～四次向安装公司按各工种进行技术交底，事先明确施工范围和要求，做到相互衔接，在施工过程中基本上没有发现大的返工和修改现象。

2. 严格施工质量把关

施工安装过程中,按项目指定专人配合协助土建、安装单位,15 台压缩机从浇捣基础到安装试车,都按要求经过检查复试。安装间隙一一作好原始记录。从试车到目前,15 台压缩机,116 只汽缸没有发现"拉毛"现象。14 台氨泵,1 142 只氨阀在安装前都经过清洗检查,氨泵还经过单机运转,质量不合格不安装,3 台冰池行车,上轨前全面经过整修,冷风机安装前送到交通大学去测试风速等等,从而保证了安装设备的质量。

3. 管道清洗、排污、试压、找漏

冷风机镀锌管子,内污较多,用 $15kg/cm^2$ 气洗,排出碎铅杂物 3kg 多。重要部位如:14 台冷凝器底部采取总管开刀排污;又如 7 只低压循环桶等都经过严格排污措施,然后试压找漏。白天找漏噪音大,就放在夜间找;局部找过后再全面复找一遍。冰池 V 型管还作了浸水试漏。各工艺管道、机房、冷凝器间,氨泵房、冷藏、冻结、制冰等均进行分段试压,低压系统压力 $12kg/cm^2$;高压系统压力达 $18kg/cm^2$;再充氨 $3kg/cm^2$,没有发现漏气,堵塞等问题,使试压过程情况正常,达到一次成功。冷库、冰库在冷却排管供液 30min 后,全部结霜,供液畅通,结霜均匀。

5 月 8 日开始试生产,冷藏库进货、冻结、制冰、冰库也先后投入使用。6 间(2~7 层)冷藏库都已试用过,最高库存量达 3 940t,六楼冷库一次堆放鱼货 1 422t,尚有空余,经过实际测算,鱼货堆放能力每层可堆 1 670t,共计 10 020t。冷藏库达到设计能力堆放鱼货 10 000t 的要求。

6 间(底层)冻结室已分别经过试冻,同时试用最多达五间,一天冻鱼货 128t。打冷温度测试,106 号冻结室进货 85 吊,共 25.5t,冷风机开 8h 后,前排鱼体中心温度 -22.14℃,后排鱼体中心温度 -13.56℃。安装机械传动装置的 101 号冻结室传动后风机打冷 8h,前排鱼体中心温度 -18.83℃,后排鱼体中心温度 -17.43℃。达到设计温度 -12℃要求。

理鱼车间,目前有一条生产流水线,三条理鱼台板作业线。经实际使用,一条流水作业线 22 人,按 22%花色鱼、80%统货,每小时可理鱼 6t 左右,一天可理鱼一间半以上,比用台板理鱼 24 人,每小时 4t 左右的生产能力有较大提高。如果四条线全部改成流水作业,一天一冻,一班操作可以完成六间冻鱼任务。

制冰车间,3 只冰池同时生产,按生产时的水源温度 21.5℃,一天能生产 240t,每只冰池容量为 105t,结冰时间在 36h 内,冰块质量符合要求。为此,按实测的生产能力,夏天水温度升高,预计 24h 内能生产 210t,已达到 200t/d 的规模。

冰库贮存,三楼冰库最多已存冰 1 392t,经实测冰块堆测算能力,因为设计建筑面积计算方法不同,冰块容量计算有出入,再加上未扣除柱头和未留操作地位实际测试,只能达到 4 200t,未能达到 4 600t 的设计要求。

供电、供水、轧冰、冲冰等设施,经试生产均能达到设计要求。

万吨冷库在 5 个多月试生产过程中,操作正常,设备运行情况良好,工艺流程基本适应生产要求。

(三) 试生产过程中,还存在以下几个方面的问题

(1) 冻结回弄间,有结霜滴水现象,造成操作不方便,目前还未有较好措施。

(2) 冷凝器间通黄浦江的下水道管径太少,开 2 只 720m^2/h 水泵,出水来不及。

(3) 脱盘间面积太小,只能放一套设备,今后六间冻结室同时生产,必须使用二套脱盘设备,要求扩建 65m^2 脱盘间。

(4) 根据目前试生产情况,冷藏、理鱼工人更衣休息室不足,今后二班生产还要增加人员,要求增建工人更衣休息室 1 000m^2。

(5) 现有铲车 12 台,如同时有冻鱼,进出货任务,数量不足,至少要再添置 4 台铲车。

(6) 主库月台方向朝北,冷天和雨天进出货、发鱼,工作上有很多困难,要采取适当措施。

(7) 目前冷库青年多,骨干少,思想上、生产上带来不少问题,要求上级部门再支援一部分骨干力量。

以上是冷库投产五个多月来初步情况,由于我们管理水平、业务水平不高,工作不够细致踏实,存在问题不少。在国家验收后,我们要进一步加强思想政治工作,开展技术培训,健全各项规章制度,整顿生产秩序,建立和考核各项经济技术指标,讲究经济效益,在四个现代化建设中,作出应有贡献。

隐沙路万吨冷库简介

1982 年 6 月

(一) 工程概况

本工程于 1973 年 6 月由农林部批准同意计划任务书方案。1974 年 10 月批准扩初设计。

工程总体,水电和各单项工程的土建由上海工业建筑设计院承担。码头部分交通部第三航务工程局设计院承担;35kV 高压输电线路由上海市宝山供电所设计;生活供水外线由冷库筹建组承担设计。冷库的制冷工艺和其它非标设备及自动控制等均由供销公司技术人员承担设计。

冷库建设在黄浦江下游西岸,军工路老白港路 50 号渔港基地内。基地内设有每日处理鱼货 3 万担五档卸货码头。8 000m^2 卸货场地及 3 万担/次咸鱼加工池等设施组成了一个比较完整的水产渔港后勤设施。

冷库的建设在上级有关领导部门大力支持下。土建于 1975 年 10 月开工,工艺设备于 20 世纪 80 年代初开始进入全面安装。在设计、施工安装和建设单位的共同努力下,在 1981 年 4 月安装,继系统试冷一次成功后,终于在 5 月份投入了全面试生产,达到设计要求。

（二）规模及投资

冷藏容量：10 000t/次

冷藏温度：－18℃

冻结能力：300t/d　　15kg容量鱼盘一冻152t/次

冻结温度：－23℃

制冰能力：200t/d　　1 252kg冰块

制冰盐水温度：－10℃

冰库容量：4 200t/次

冰库温度：－4℃

建筑面积：31 950m²

根据批准总投资为1 609万元。经实际竣工决算为1 570万元。其主要单位决算为：

主库681.6万元，冰库264.5万元，机房与氨泵房201.4万元，其余均为总降压站，水厂、固定码头，卸鱼场二区等设施费用。

（三）土建情况

（1）主库和冰库的结构类型相同，均采用混凝土升板无梁楼板。柱距6m×6m。主库内净层高为4.3m²。主库建筑面积15 396m²。主库六层间作同温层处理。底层设六间冻结，冻结间顶层与层以正贴软木的做法，冻结围墙亦以软木作为隔热层。其外围结构原设计是采用升板带滑模，后因施工与造价之故采用框架砖砌，外墙及阁楼均用稻壳保温。最底层为架空层。

（2）冰库、制冰和理鱼间为一个单体共5 567m²，分四个楼面，底层为理鱼间，二层三层为贮冰库，上下二层以软木保温，中间为同温层，四层作为制冰车间层高7.3m，并南北两侧设螺旋滑道二个以重力式供渔船充冰，卸鱼场浇冰和进冰库之用。

（3）机房、氨泵房、大电梯间、总降压站及水厂属框架结构，机房780m²，氨泵房368m²。

（四）制冷工艺及非标设备

1．制冷工艺的生产流程

以日产冻结300t/d的产量。冻结鱼货可分别从卸鱼场的地下通道和地面输送线，进入理鱼车间。在理鱼车间设有四条理鱼作业线，按原设计四条作业线均采用双层自动台板理鱼。鱼货进入理鱼间，由主传送分配至作业线的鱼冰分离池。再斜传送带将鱼货直接送以2～10m/min速度自动台板，根据不同种类的鱼货与要求，由工人自己选择其适当台面速度。两侧由16～20名理鱼工作作业，据试生产的实际测点，在不采用一人一磅的情况下，每小时可理鱼21～22吊车。（每吊20盘，每盘15kg）。根据设计，每间冻结量为25.2t/次，折84吊车，基本上每小时理好一间鱼货的产量。8h 可以冻结完毕。

理鱼台板鱼货做好后，由下层传送带送至检验磅，并由此进入上架提升机械进入吊车。吊车在双轨式鱼车轨上由机械传动链将鱼车推入进冻线后逐间进入冻结室。出冻线亦设有机械传动链。出冻时由传送链推出再由辅线将吊车推至脱盘间的下架传送带，并由此将鱼盘进入装有电热丝的躺盘、敲盘机，脱了盘的鱼货经过初包冰衣设备(水温 3～5℃)由工人直接在液压顶泵机械上堆垛。每桩为十三皮即 975kg，并由铲车铲入电梯后进各层楼面的库位。

在每层冷库的门斗间，设有以二扇门为串联的铜丝，电热地坪与电热门，在门的外侧和门斗内分别装了二道风幕，外侧采用 SSy 型，内侧试用由 SSy 改型的横风幕，两者功率相同。由于形式上改变成气流的强制循环，据实际测定和使用者反映，效果较 SSy 型好，但造价比 SSy 型为高些。

2. 制冷设备配置

根据冷库总热负荷计算：冷藏 215 000kcal/h。冻结 1 440 000kcal/h。制冰与冰库 1 447 000kcal/h，在 －15℃ 系统配置了 6AW－17 2 台 8AS－17 2 台。－33℃ 和 －28℃ 系统配置 8ASJ－17 14 台。立式冷凝器 LN－150m^2 4 台，卧式冷凝器 WN－19/8 2 台，油氨分离器 YF－150 4 台，中间冷却器 XQ－100 4 台，氨贮液器 ZA－5 4 台，排液桶 ZA－3 1 台。低压循环桶 AF－1 200(改制放长)7 台。紧急泄氨器 017－32 1 台。齿轮氨泵 2CN－55/4－1 14 台，其它属非标的有：油加热器、空气分离器、溢油桶及以 JY－325 改制的各类油包等。冷凝器冷却方式用黄浦江混水直接冷却。

各系统的蒸发面积配比情况如下：

冻结间 148m^2/(t·d)，制冰池 3.26m^2/(t·d)。

冷藏间 0.407m^2/(t·次)，储冰间 0.225m^2/(t·次)。

冻结室和冷库均以氨泵，下进上出供液，每间冻结室配自行设计下吹风套片冷风机 6 台计 3 750m^2，总风量在 453 000m^3/h，风压为 23.2H_2O，风速在 2～3m/s，101 和 106 冻结室的冻结速度测定如下：

冻结间	鱼体始温	大气温度	进冻室温	冻结时间	鱼盘中心温度
101	4℃	24℃	始－4℃	8h	前排－17.43℃
			终－24℃		后排－18.83℃
106	5℃	24℃	始－4℃	8h	前排－22.14℃
			终－24℃		后排－13.53℃

(五) 制冷工艺的自动控制

根据目前国内的实际情况，这次仍以继电器元件为主。其中一次元件绝大部分都采用武汉流量仪表厂和武汉江新仪表厂的产品。从初步的使用情况看,多数产品的质量还是可以的。系统的检测装置选用上海电表三厂生产的 JXC－96 型小型数字集中检测装置。用以检查库温和氨压缩机在运转中的排气温度变化,以便及时判断阀片的泄漏程度,保障安全生产和运行。

自动控制的主要内容如下:

(1) 氨压缩机的自动控制及保护装置必须具备八项条件才能运转。

(2) 氨压缩机的半自动加油装置:选用 UQK－42 型浮球液位器。

(3) 氨压缩机的卸载装置。配制 23D－10B 二位三通板式电磁阀及整体阀板。

(4) 冷藏库的自动控制:每间冷库用 2 台 KCW－1 型控测温仪控制库房温度。

(5) 冷藏库氨压缩机的开停车。当六间冷藏库中只要一间温度－18℃时,由于 KCW－1 型控测温仪动作。发出开车指令(音响,灯光)如低于－18℃时就指令停车。

(6) 冻结间的工艺操作。整个程序简略如下:

进冻准备→冲霜→免冲霜→进冻至进冻完→冻结至冻结完→出冻至出冻完。假如第一次冻结或发生事故必须事故指令消失后,才能指令其中任意一个程序。

(7) 冻结氨压缩机的能量控制,冻结氨压缩机的启动有能量控制器调节。开启氨压缩机和氨泵的程序在矩阵板预先排好。

(8) 冻结低压缩循环桶回路。每只低压缩循环桶装有二套 YZK－1 型氨液面控制器,一只装在桶身的三分之二高处;另一只在三分之一处并作正常供液用。

(六) 水产冷库有关工艺设备的应用情况

(1) 理鱼台面的机械传动和其它上架设备等从一年的使用情况看,总的是适应生产的,在很大程度上减轻了劳动力,也受到理鱼工人的欢迎,但是,根据水产食品加工工艺的要求还存在很大差距,尚待进一步改进和提高。

(2) 出冻脱盘的机械设备,从使用以来还是经得起考验的,由于新单位新工人多,对设备的机械强度要求很高,经一年来的使用与改进,基本上已形成了目前的出冻线,其敲盘的速度为每小时不少于 20 吨。

(3) 液压顶泵和液压整庄包冰设备,对减轻劳动强度是很明显的,尤其是液压顶泵在考虑工人的操作上较为适中,但也存在清理地坑上比较麻烦有待改进,对整庄冰的形式看来还是可以的,但对库内包冰的清理麻烦与库外常温条件下包冰的质量关系尚待进一步研究改进。

(4) 冷库电热地坪的应用主要参照外贸冷冻五厂进口冷库与外贸三厂的使用情况,以康铜丝电热电缆为主,设于冷库的门斗地坪与门框内,用 KCW－1 型控测仪以控制门温为主。另在门间冻结间的门框和地坪亦用康铜丝电热电缆，作为保持门的密缝措施，经一年来使用情况是好的，尤其门的进出端保持无冰块状态。

(5) 冻结面冷风机封板的节点处理，据以往冷库选用的冷风机，尤其是冻结间冷风机的使用，在冲霜时的漏水现象较为普遍，由于在设计中比较注意了几个问题，经改进后的封板节点既解决了漏水又方便了安装，经一年来使用没发生漏水现象。

(6) 内外风幕的应用，在每层库门外选用了杭州肉联厂生的 SSY 型风幕，但由于库门的使用频繁和门框略高之故，总感效果欠佳，库内热蒸汽还有大量进入的现象，为此，根据冷库的门斗结构形式改制了横吹强制循环式风幕，其功率与 SSY 型相同，由于减小了风口的有效距离并增加了回风吹入口，使风幕的隔气效果明显改善。

(7) 理鱼轨道的设计与道叉的简化，冷库鱼车轨道总长度在 800 左右，考虑到加工与安装的方便，为此采用的各类道叉均不用铸铁配件制作而简单的由 100×14 扁钢直接焊接配联结法兰，现场制作方便加工简单，并在安装上亦都采用可卸式结点，便于门架和道叉的维修调换。

(8) 对冷库所有氨阀进行必要的冷处理，据长期来冷库对氨阀的使用与维修要求，我们在安装前将 1 450 多只氨阀的阀杆全部作了表面镀硬铬处理，然后再用 20kf/cm^2 气压浸水找漏、检查，发现有的氨阀还有沙孔现象，这项工作是较为细致的，并为冷库的一次试冷成功创造了有利条件。经一年来的实际使用证明：对经常处于冷态和结露部分的阀杆没有发现锈蚀和泄漏现象。

各项经济指标

造价指标

冷藏造价　567 元/(t·次)

冻结造价　11 009 元/(t·d)

储冰造价　518 元/(t·d)

制冰造价　6 511 元/(t·d)

行政生活建筑造价　131 元/m^2

水泥耗量指标

总耗量　8 164t

冷藏　0.309t/(t·次)

冻结　2.86t/(t·d)

储冰　0.267t/(t·次)

制冰　6.42t/(t·d)

行政生活建筑　0.325t/m^3

钢材耗量指标

总耗量　4 248.6t

冷藏　0.193t/(t·次)

冻结　2.06t/(t·次)

储冰　0.173t/(t·次)

木材耗量指标

总耗量　2 939.5m^3

冷藏　0.191m^3/(t·次)

冻结　0.525m^3/(t·d)

储冰　0.125m^3/(t·次)

制冰 4.18t/(t·d) 制冰 1.02m³/(t·d)
行政生活建筑 0.0304t/m² 行政生活建筑 0.026m³/m²

土建单位造价

1. 主库 291.5 元/m²
2. 冰库 262 元/m²
3. 机房 378.4 元/m²
4. 氨泵房 466 元/m²
5. 总降压站 218.5 元/m²
6. 水厂区 700 元/m²
7. 固码头和碎冰楼 257.9 元/m²
8. 充电间 221.2 元/m²
9. 仓库 142.8 元/m²
10. 卸鱼场二区 99.8 元/m²
11. 食堂浴室 95.0/m²
12. 宿舍 146.6 元/m²
13. 人防 197.7 元/m²

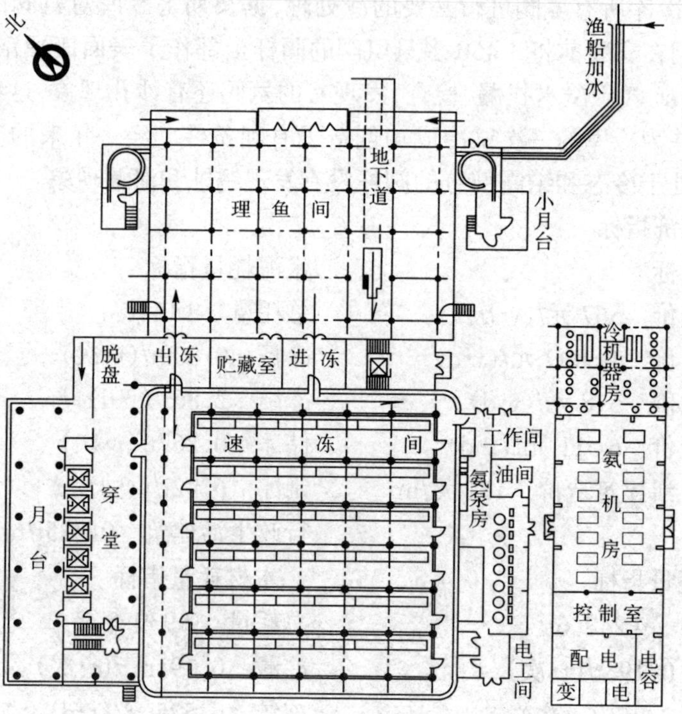

冷库平面图

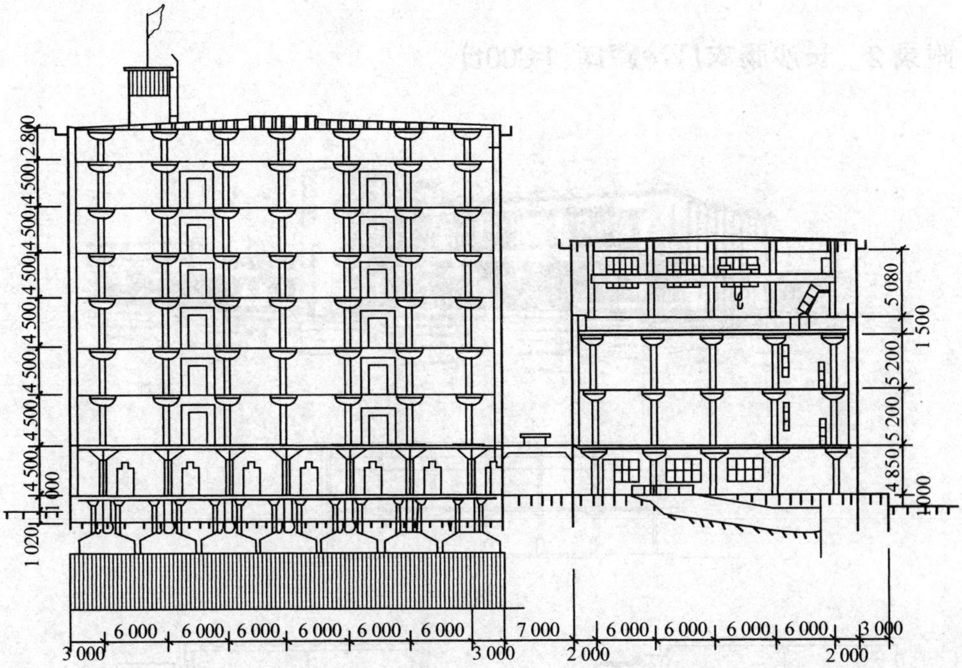

冷库剖面图

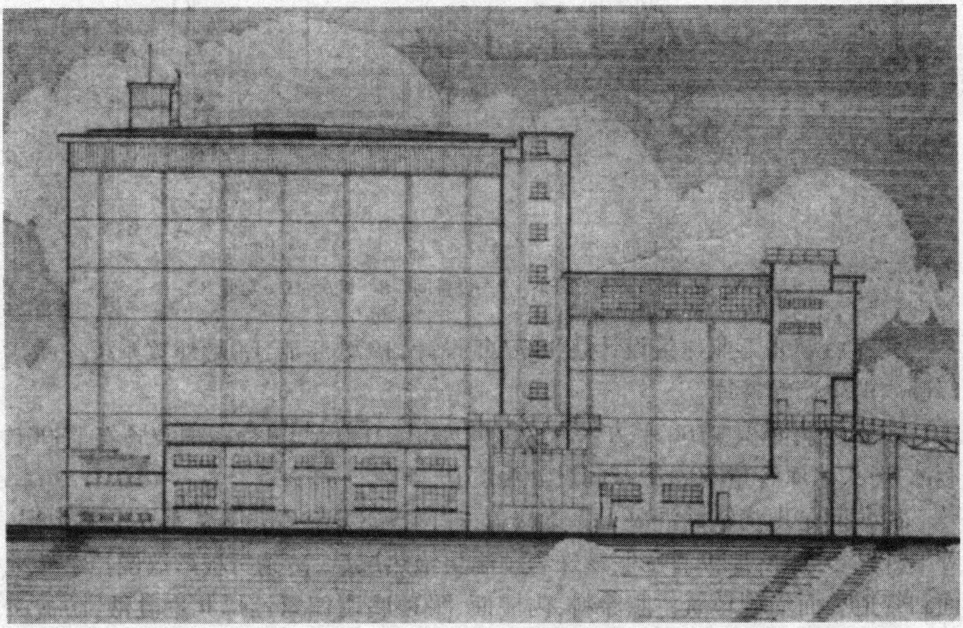

冷库南立面图

附录2　长沙肠衣厂冷藏库(1 800t)

透视

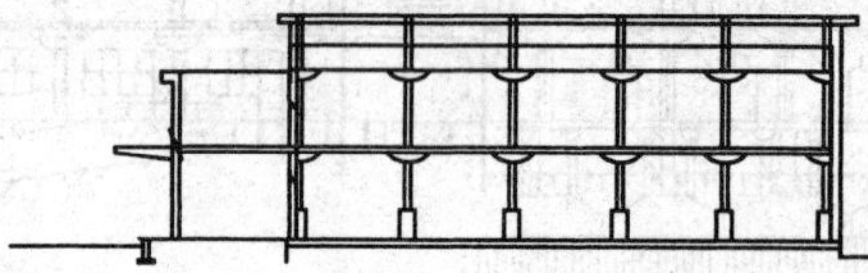

剖面

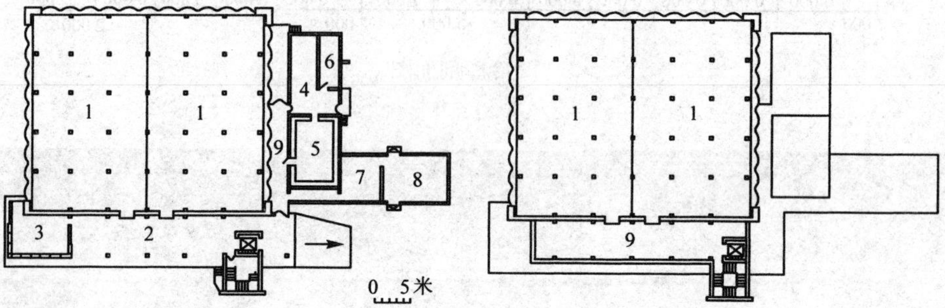

一层平面　　二层平面

1—冷藏间　2—站台　3—工人休息室　4—制冰间
5—贮冰间　6—值班室　7—设备间　8—机房　9—穿堂

此库由湖北工业建筑设计院1977年设计，1978年施工，是外贸系统冷藏出口肠衣的生产性冷库。

主库建筑面积3 100平方米。冷藏间面积2 020m²，可冷藏桶装肠衣1 800t，制冰5t/d，冰库容量50t；冷藏间设计温度0～5℃。

冷藏间是现浇钢筋混凝土无梁楼盖，柱网5.8×5.8m，层高4.6m，共两层。外墙外贴200mm厚沥青膨胀珍珠岩预制块绝热层后，砖砌折板形墙围挡。楼地面和管道表面均刷环氧树脂涂料，内墙面、平顶底刷偏氯乙烯共聚乳液，防盐卤腐蚀。冷藏间内设排水地漏，以备冲洗地面盐卤之用。库内用电瓶铲车运输，装设电动门。

附录 3　四川德阳冻兔厂冷藏库(500t)

透视

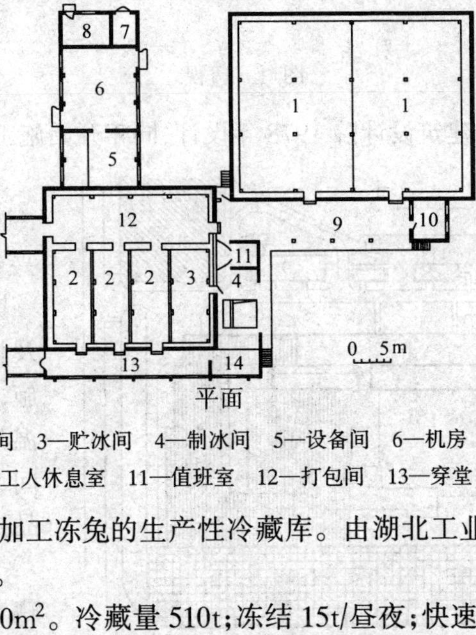

平面

1—冷藏间　2—冻结间　3—贮冰间　4—制冰间　5—设备间　6—机房　7—变电间　8—配电间　9—站台　10—工人休息室　11—值班室　12—打包间　13—穿堂　14—吊笼贮存间

这是外贸系统加工冻兔的生产性冷藏库。由湖北工业建筑设计院 1975 年设计,1978 年投产。

主库面积 1 380m^2。冷藏量 510t;冻结 15t/昼夜;快速制冰 5t/日;贮冰间容量 50t。

冷藏间设计温度 −20℃,冻结间 −25℃,贮冰间和打包间温度 −10℃。加工好的兔肉用吊笼直接从加工间通过吊轨运至冻结间,冻后再运至打包间低温包装。

冻结间采用吊顶式冷风机。

冷藏间及冻结间地坪预埋通风管防冻。

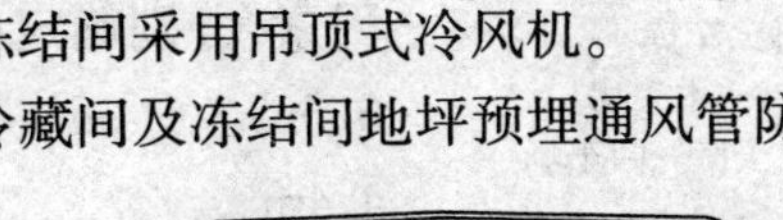

冷藏间剖面

冻结间剖面

附录4 武汉第六冷冻厂万吨冷藏库

图1 透视

该库由湖北工业建筑设计院1978年设计，同年开始施工，属分配性冷库。

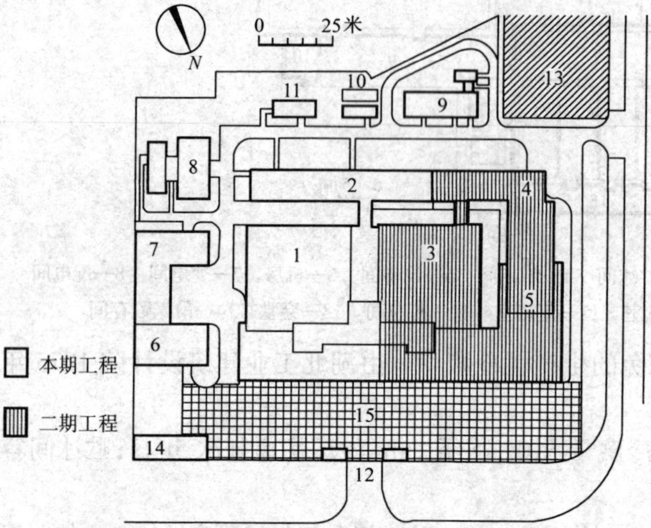

图2 总平面

1—高温冷藏库 2—机房 3—低温冷藏库 4—制冰、贮冰
5—冻结间、理鱼间 6—办公、仓库 7—机修、车库
8—食堂 9—浴室、锅炉房 10—循环泵房 11—木工房
12—传达、业务办公 13—职工生活区 14—商店 15—回车场

这是一个高、低温冷藏两个库体分两期兴建的设计实例。第一期建5 000t高温度及相应的生产、生活设施；第二期建5 000t低温库和冻结间、制冰间、贮冰间、理鱼间、蛋品挑选间等。

5 000t高温库冷藏部分的建筑面积8 250m^2。冷藏间根据较合理的货箱尺寸，必要的机械码垛间距等因素，分别确定柱网为6.3m×6.3m，层高为4.4m。

厂内地形倾斜、底层的前部分全埋在地下，后部分半埋在地下。地面除作防水处理外，还在筏式基础上设架空层，设自动水泵排出可能出现的少量渗水。

库内运输工具用电瓶铲车，配以自动冷藏门。

冷藏间结构采用预制框架，升板法无梁楼盖。

制冷工艺采用氨泵供液，全自动操作。

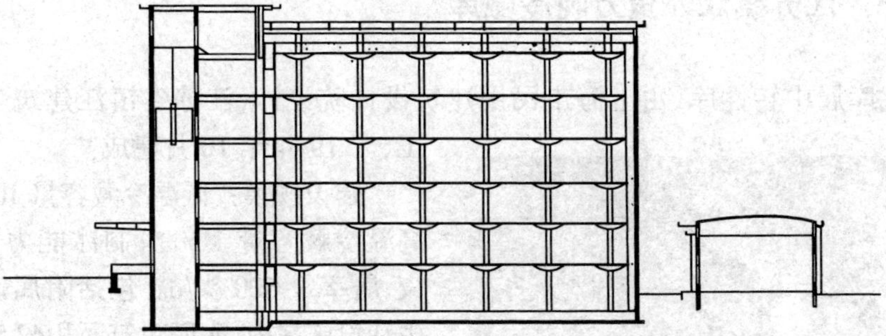

图 3　剖面

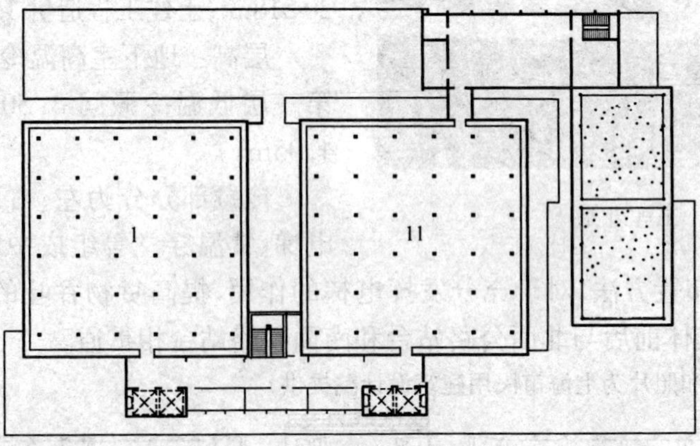

图 4　二层平面

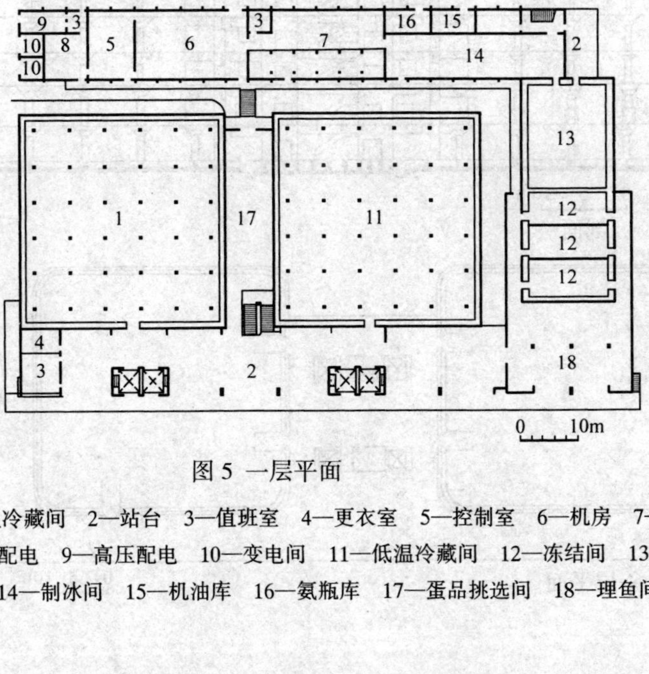

图 5　一层平面

1—高温冷藏间　2—站台　3—值班室　4—更衣室　5—控制室　6—机房　7—设备间
8—低压配电　9—高压配电　10—变电间　11—低温冷藏间　12—冻结间　13—贮冰间
14—制冰间　15—机油库　16—氨瓶库　17—蛋品挑选间　18—理鱼间

附录5　江苏镇江外贸万吨冷藏库

此库属中转性库，由上海市民用建筑设计院设计，江苏省镇江建筑公司施工，于1974年10月建成。

主库外景

建设规模：低温冷藏容量10 000t；高温冷藏容量1 500t；制冰能力15t/昼夜；屠宰量600头/d。包括附属设施及生活设施在内，库区建筑面积42 597m²，总投资778万元。冷藏库建筑面积20 518m²，土建工程造价150元/m²。

层高：地下室高温冷藏间3.92m；第一层低温冷藏间4.50m；以上各层4.05m。

冷藏部分分为左、右两个库体，以电梯、常温穿堂等组成中间连接体。4台3t电梯的布置方法，对于充分发挥电梯的作用，提高货物吞吐的效率有其特点。中间连接体前后与北面公路站台和南面铁路站台相贯通。

（本库资料和照片为上海市民用建筑设计院提供）

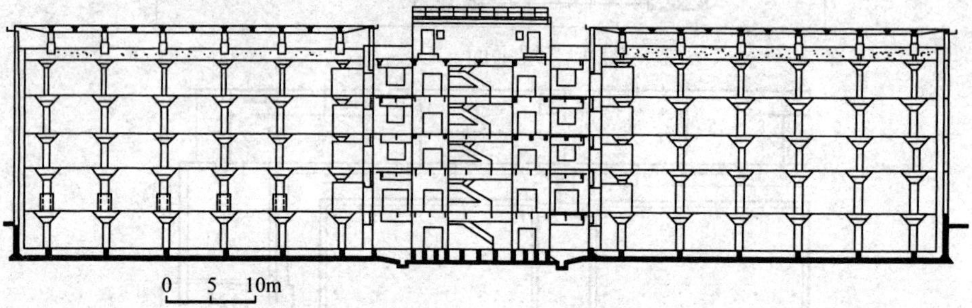

剖面

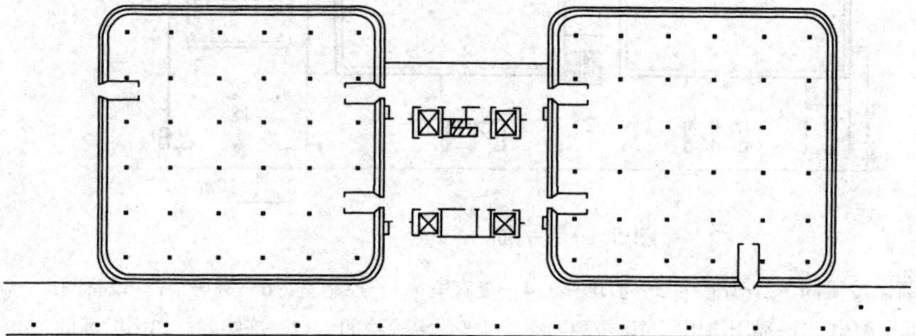

一层平面

附录6 上海龙华果品冷库(5 500t)

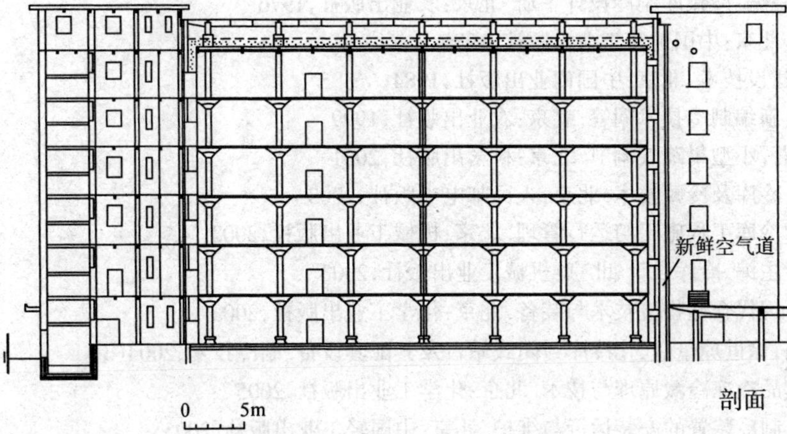

剖面

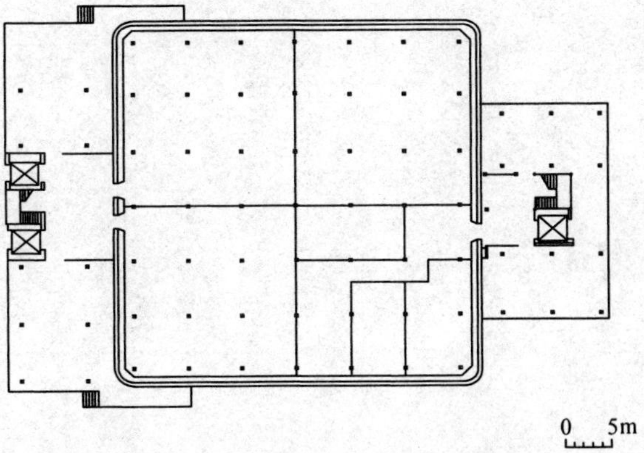

平面

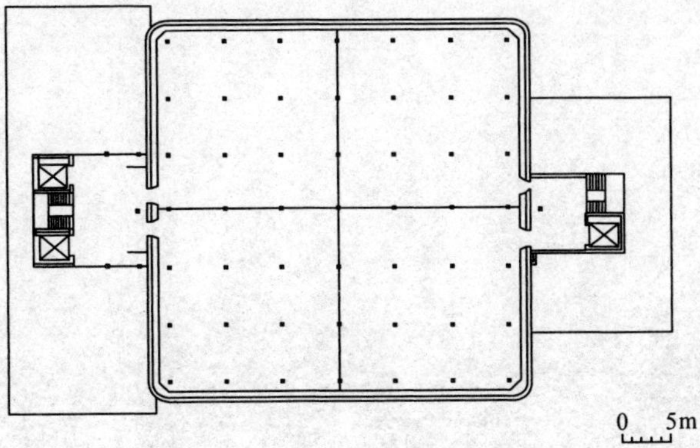

平面

参考文献

商业部设计院编.冷藏库制冷设计手册.北京:农业出版社,1976

冷藏库设计.北京:中国建筑工业出版社,1980

美国冷藏库建设技术.北京:中国商业出版社,1984

徐世琼主编.新编制冷技术问答.北京:农业出版社,1999

赵家禄等编著.小型果蔬气调节.北京:科学出版社,2001

余华明编著.冷库及冷藏技术.北京:人民邮电出版社,2003

王一农主编.冷库工程施工与运行管理.北京:机械工业出版社,2003

李建华、王春主编.冷库设计.北京:机械工业出版社,2003

张晓川编著.现代仓储物流技术与装备.北京:化学工业出版社,2003

瞿晓华,谢晶,徐世琼.现代化冷库封闭式站台及其配套设备.制冷技术,2004(3)

谢晶主编.食品冷冻冷藏原理与技术.北京:化学工业出版社,2005

谈向东编著.制冷装置的安装运行与维护.北京:中国轻工业出版社,2005